KB164938

國語學叢書 75

구문의 자리채우미 '하다' 연구

정연주 저

태학사

머리말

이 책은 2015년 고려대학교 일반대학원에 제출한 박사학위논문 "'하다'의 기능에 대한 구문 기반 연구"를 일부 수정하여 펴낸 것이다.

수정된 제목인 "구문의 자리채우미 '하다' 연구"는 필자가 박사학위논문을 제출할 당시 논문의 내용을 가장 잘 드러내는 제목으로 꼽던 것이었다. 그러나 당시 구문문법적 관점에 입각한 '구문'이라는 개념과 그에 기반하여 사용한 '자리채우미'라는 개념 모두가 읽는 이에게 낯설 수 있다고 판단하여 제목으로 삼지 않았었다. 몇 년이 지난 지금은 '구체적이거나 추상적인 언어 형식의 연쇄에 의미가 직접 연합되어 있는 덩어리 기호 단위'로서의 '구문'이라는 개념이 학계에 두루 인지되고 있으므로 글의 제목을 수정하게 되었다.

제목대로 이 책은 특정 언어 형식들의 연쇄가 하나의 덩어리 기호로 기능하는 인용 구문, 자격 지정 구문 등에서 덩어리의 앞부분을 듣거나 말하는 것만으로 덩어리의 뒷부분, 특히 서술어 자리에서 어떤 용언이 쓰일 것인지가 충분히 예측될 때, 그런 서술어 자리를 형식적으로 채우기 위해 사용되는 '하다'에 대해 다룬 것이다. 원형적인 동사나 형용사가 그 자체로 뚜렷한 어휘적 의미를 갖고 자신의 논항을 취하며 절의 구성에서 적극적인 역할을 하는 것과 달리, 구문의 서술어 자리를 채우기 위해 쓰인 '하다'는 함께 나타나는 다른 요소들로부터 자신의 의미를 규정받게 된다.

한국어 통사론을 공부해 오면서, 필자는 절을 이루는 데 있어 가장 중요한 요소라고 할 만한 서술어와 그 논항 구조에 특히 관심을 가져 왔다. 그러다가 2008학년도 봄 학기에 정주리 선생님께 구문문법 강의를 수강하면서 서술어가 절을 이루는 데 핵심적인 역할을 하지 않을 수도 있으며 오히려 구문이라는 언어 단위가 절의 구조와 의미를 주도할 수 있다는 사실을 접하게 되었다. 그 사실은 무척 흥미로운 것이었지만, 당시 필자가 가지고 있던 언어관으로는 그 사실을 체화하기가 쉽지 않았다.

다행스럽게도 당시 고려대 대학원 국어학 공부 모임에 인지언어학에 관심을 가진 동료들이 많아, 함께 조운 바이비(Joan Bybee), 마이클 토마셀로(Michael Tomasello), 윌리엄 크로프트(William Croft) 등의 저작을 공부하며 인지언어학과 사용 기반 이론, 구문문법 이론에 대해 본격적으로 공부할 수 있었다. 그 과정에서 인간이 가진 인지 능력에 부합하는 방식으로 언어를 바라보는 관점을 배울 수 있었고, 구문문법적 관점의 근간에 대해서도 이해를 높일 수 있게 되었다. 이에 더해 언어유형론 공부 모임을 통해 언어에 대한 기능주의적 관점을 접할 수 있었던 경험도 이 책을 쓸 수 있는 자양이 되었다. 이 책에 담긴 생각들은 이런 토양에서 싹틀 수 있었다. 따라서 이 책은 필자만의 결실이 아니라 함께 공부한 동료들과의 공동 결실인 셈이다.

이 책이 나오기까지 도움을 주신 분들이 많다. 부모의 마음으로 때로는 엄하게, 때로는 따뜻하게 학문의 길을 일러 주시며 자유롭게 생각을 펼칠 수 있도록 격려해 주신 홍종선 선생님, 심사 논문의 부족한 점을 짚어 주시고 이를 보완할 수 있도록 아낌없는 조언을 해 주신 최호철 선생님, 고창수 선생님, 박진호 선생님, 장경준 선생님께 감사드린다. 마지막으로 필자의 박사학위논문이 국어학총서의 한 자리를 메울 수 있도록 해 주신 국어학회에 감사드린다.

2017년 11월

정 연 주

차례

머리말 / 3

7

제1장 서론

1.1. 연구 목적

본고는 '하다'가 구문 속에서 의미적으로 잉여성을 띠게 된 서술어 자리를 형식적으로 채우는 기능을 할 수 있음을 보이고, 이와 함께 서술어 자리가 의미적 잉여성을 띨 수 있게 되는 전제인 '구문'이라는 언어 단위가 한국어 통사론에서 적극적인 기능을 하고 있음을 보이는 데에 목적이 있다.

'하다'는 다양한 단위와 관계하며 다양한 기능을 하는, 쓰임의 범위가 매우 넓은 단어 중 하나이다. 가령 '공부하다', '간명하다'에서처럼 서술성 명사 뒤에서는 형식적인 동사로서 기능하고, '밥하다', '나무하다'에서처럼 비서술성 명사 뒤에서는 "짓다", "마련하다"에 준하는 의미를 갖는 실질동사처럼, 또 '영이가 집에 간다고 했다', '이 소설은 조선시대를 배경으로 한다' 같은 문장 속에서는 "말하다", "삼다"에 준하는 의미를 갖는 실질동사처럼 기능한다.

그런데 이런 현상을 '하다'의 어휘 의미로 설명하기는 어렵다. 그 이유는 다음과 같다.

첫째, '공부하다', '간명하다', '밥하다', '나무하다', '영이가 집에 간다고 했다', '이 소설은 조선시대를 배경으로 한다' 등에서의 '하다'를 모두 설명할 수 있는 의미를 상정하기란 매우 어렵다.

둘째, 만약 '하다'에 의미 내용이 매우 적기 때문에 여러 가지 논항구조를 취할 수 있는 것이라고 본다면, '하다'는 그 포괄적인 의미만큼 거의 아무런 제약 없이 나타나야 할 것이다. 하지만 '나는 영이에게 공을 주었다'에서 '주었다' 대신 '했다'를 쓸 수 없는 것처럼 '하다'의 분포에는 여러 가지 제약이 있다.

셋째, 만약 '하다'에 "짓다", "말하다" 등의 어휘 의미를 각각 기술하려 한다면, '하다'의 분포를 본 후 그 의미를 기술하고 그 기술된 의미를 바탕으로 '하다'의 분포를 설명한다는 점에서 순환론적인 기술에 그칠 뿐이다. 게다가 '나는 진실을 말했다'에서 '말하다' 대신 '하다'를 쓸 수 없는 것에서 볼 수 있듯이 '하다'가 어느 경우에나 "말하다"의 의미로 쓰일 수 있는 것도 아니다. 이때의 '하다'는 특정 구문 패턴과 연계되어서만 그런 의미로 쓰인다.

이상의 이유로 '하다'에 특정한 어휘 의미를 설정하여 그것으로 '하다'가 관여하는 모든 단어와 문장을 설명하는 일은 불가능하다고 본다.

'하다'가 모든 경우에 자신의 의미를 가지고 절의 의미적 핵심으로서 논항을 취하는 어휘적인 기능을 하는 것이 아니라면, '하다'는 문법적인 기능을 하는 것으로 볼 수 있을 것이다.

'하다'의 문법적 기능에 주목한 대표적인 연구인 서정수(1975)에서는 '하다'의 기능을 '형식동사' 기능과 '대동사' 기능으로 구별한 바 있다. 형식동사는 의미가 거의 없으면서 선행요소가 동사의 형태를 갖추게 하는 동사이고 대동사는 앞에 나온 특정 동사나 환경에 따라서 규정된 특정한 동사를 대신하는 동사라고 하였다. 그리고 '공부하다', '간명하다'에서처럼 비실체성 요소가 선행하는 '하다'는 형식동사 기능을 하는 것으로, '밥하다', '나무하다'에서처럼 실체성 요소가 선행하는 '하다'나 '영이가 집에 간다고 했다'에서처럼 구문론적 관계 속에서 추상동사를 대행하는 '하다' 등은 대동사 기능을 하는 것으로 보았다.

하지만 이 중 대동사라고 규정된 '밥하다', '나무하다'의 '하다'가 '영이가 집에 간다고 했다'의 '하다'와 동일한 성격을 띠는 것인가 하는 점에 대해서는 재고할 여지가 있다. 서정수(1975:84~94)에서는 대동사에 대해 설명하면서 '밥하다'의 '하다'는 그 목적어와 관련되어 수행되는 가장 알맞은 동작을 규정짓는데, 이때 가장 알맞은 동작이란 화자나 환경에 따라 얼마든지 달리 지정될 수 있으며, 언어 문화적 특성이나 습성과 매우 밀접한 관계가 있다고 하였다. 아마도 이는 밥을 주식으로 하는 우리 사회에서는 그만큼 밥을 지을 일도 많이 있고, 그런 환경하에서 '밥'과 결부될 만한 동작이 "짓다"에 준하는 것으로 한정되면, 그런 경우에 대동사 '하다'가 쓰인다고 본 것으로 이해된다.

이런 설명은 대동사의 상위 범주인 대용어가 갖는 특성에 대한 일반적인 설명과 잘 맞는다. 가령 일반적으로 대용어 범주에서 논의되어 왔던 다양한 종류의 요소들을 모아 그 특징을 개관하고 있는 Bhat(2004:1장, 9장)에서는 '대명사'[1]라는 용어가 인칭대명사, 지시사(=현장지시사), 의문사, 비한정사, 관계사, 조응사(=문맥지시사) 등의 단어 부류를 아우르는 데 쓰여 왔음을 언급하면서 각각의 기능에 대해 다음과 같이 언급하였다.

(1) ㄱ. 인칭대명사: '화자'와 '청자'라는 담화상의 역할을 부호화하는 기능
　　ㄴ. 지시사(=현장지시사): 사건의 참여자 또는 사건 자체를 발화 행위 참여자의 시공간적 위치를 참조하여 위치시킴으로써 식별하는 기능
　　ㄷ. 관계사, 조응사(=문맥지시사): 그 발화나 이전 발화에 나타나는 다른 표현을 전방적 또는 후방적으로 가리키는 기능
　　ㄹ. 의문사, 비한정사: 청자로부터 관련된 정보를 얻기 위해 질문의 범위를 나타내거나 알려지지 않은 개체, 명시될 필요가 없는 개체를 나타내는 기능

---

1) 언어학사적 전통에 따라 '대명사'란 용어를 쓰고 있지만 실상 '명사'의 범위를 넘어선 개념이어서, Bhat(2004)에서의 '대명사'는 '대용어'에 대응하는 용어로 이해될 수 있다.

이 중 위에서 설명한 '밥하다'의 '하다'는 (1ㄴ)에 가까운 것이라고 할 수 있다. 지시사는 발화 장면에서 파악할 수 있는 내용을 화·청자의 시공간적 위치를 참조하여 가리키는 기능을 하는데, 서정수(1975)의 설명에 따르면 '밥하다'의 '하다'도 (비록 화·청자의 시공간적 위치를 참조하지는 않지만) 발화 장면에서 파악할 수 있는 내용을 대신하는 기능을 한다는 점에서 (1ㄴ)과 유사하다. 즉 서정수(1975)에서의 대동사는 (1ㄴ, ㄷ)에 걸쳐 있는 개념이라고 할 수 있는데, '앞에 나온 특정 동사를 대신하는 동사'로서의 대동사는 (1ㄷ)에, '환경에 따라서 규정된 특정한 동사를 대신하는 동사'로서의 대동사는 (1ㄴ)에 해당한다.

그러면 '영이가 집에 간다고 했다'에서의 '하다'는 (1ㄴ)과 (1ㄷ) 중 어디에 속할 수 있을까? 이 경우의 '하다'가 문맥에서 이미 나온 동사를 대신하는 것이 아님은 분명하다. 그런데 발화 장면을 참조하여 파악할 수 있는 내용을 대신하고 있다고 보기도 어렵다. 화자가 발화 장면 속에 "말하는" 동작이 있을 때 그것을 대신하면서 '영이가 집에 간다고 했다'라는 발화를 하는 것이 아니기 때문이다. 즉 이때 '하다'의 의미는 문맥에 존재하는 동사나 발화가 이루어지는 상황 맥락을 참조함으로써 해석되는 것이 아니라는 점에서 (1ㄴ, ㄷ)과 다르고, 그 대신 발화자 뒤에 피인용문이 오고 그 뒤에서 '하다'가 쓰인다는 구문 구조적 특성에 의거하여 "말하다"로 해석된다는 특징을 갖는다.

본고는 '밥하다'의 '하다'와 '영이가 집에 간다고 했다'의 '하다'가 이처럼 다른 성격을 갖는다는 것에 주목한다. 그리고 '밥하다'의 '하다'를 대용어의 일종으로 보는 것에는 문제가 없지만, '특정 구문 구조 속에서 의미가 예견되는 '하다''에 대해서는 그 정체가 무엇인지에 대해 좀 더 탐구할 필요가 있다고 본다. 본고의 목적은 이 경우 '하다'의 정체가 무엇인지를 밝히는 데에 있다.

본고에서는 '구문'이라는 개념에 주목함으로써 '영이가 집에 간다고 했다' 속 '하다'의 기능을 적절히 포착할 수 있음을 주장하려고 한다. '구문'은 구문 문법(Construction Grammar)적 관점에 입각한 개념으로, 형식 연쇄2)에 의미가 직접 연합되어 있는 덩어리 기호 단위를 말한다(Bybee, 2010:9).

구문 문법적 관점에서는 이런 덩어리 기호 단위들이 문법의 기본 단위로서 화자들의 마음속에 존재하며 언어를 운용할 때 접근되고 이용되는 것으로 본다. 가령 [NP{발화자}-가 (NP{수신자}-에게) S{피인용문} V{발화동사}]라는 형식 연쇄에 "누가 누구에게 무엇이라고 말하다"라는 의미가 연합된 구문3)이 국어 화자의 마음속에 언어 지식으로서 존재하는 것으로 가정하는 것이다.

그런데 [NP{발화자}-가 (NP{수신자}-에게) S{피인용문} V{발화동사}]라는 구문에서 '발화자-(수신자)-피인용문'까지 언급하는 것만으로도 그것을 단서로 삼아 그 뒤에 어떤 서술어가 올 것인지가 쉽게 예측될 수 있을 때, 그런 서술어 자리는 의미적으로 잉여성을 띠게 된다. 서술어 자리에서 쓰일 동사를 구체적으로 언급하지 않아도 이미 그것이 무엇인지를 국어 화자가 알고 있기 때문이다. 이런 경우에는 의미적으로 잉여성을 띠게 된 서술어 자리를 의미가 매우 포괄적인 동사로써 형식적으

---

2) 여기에는 특정 요소로 고정된 자리와 여러 요소에 열린 자리가 포함될 수 있다.

3) 본고에서는 구문 단위를 [ ]로 묶어 표시할 것이다. 구문은 형식과 의미가 연합된 기호적 단위이므로 구문에 대한 정보를 제공할 때에는 형식에 대한 정보뿐 아니라 의미에 대한 정보도 함께 제공되는데, 구문을 구성하는 형식들 각각과 직접 연계된 의미 정보는 [ ] 안에서 해당 형식 정보의 바로 뒤에 이어지는 { } 안에 표시하였고, 구문 전체와 연합된 의미는 [ ] 밖에서 " " 안에 기록하여 기술하는 방식을 취하였다. 한편 구문을 구성하는 형식 정보에는 조사에 대한 정보도 포함된다. 한국어의 특성상 다양한 조사가 교체되어 쓰일 수 있고 또 조사를 실현하지 않는 것도 가능하지만, 간명한 표기를 위해 격조사를 대표로 적는 방식을 취하였다. 또 Goldberg(1995)에서는 형식에 대한 정보로서 NP, VP 등의 범주가 아니라 Subj, Obj 등의 문법관계를 제시하고 있지만, 한국어에서는 대개의 경우 격조사로 문법관계까지 대표할 수 있으므로 본고에서는 NP, V, VP, S 등의 범주 정보와 함께 격조사를 제시하는 방식을 선택하였다. 이때 V는 하나의 서술어에 준하는 기능을 하는 단위를 대표하는 것으로, VP는 주어를 제외하고 목적어나 보어와 서술어가 묶인 단위를 대표하는 것으로, S는 주어와 서술어를 포함하는 단위를 대표하는 것으로 썼다.

로 채워 주는 것만으로도 해당 구문의 의미적, 문법적 완결성을 도모할 수 있을 것이다.4)

'하다'는 이처럼 특정 구문 속에서 의미적으로 잉여성을 띠게 된 서술어 자리, 하지만 문법적으로는 채워져야 하는 자리를 형식적으로 채우는 요소로서 기능할 수 있다고 본다. 이런 주장은 아래와 같은 두 가지 주장을 포함하고 있다.

> (2) ㄱ. 형식 연쇄에 의미가 직접 연합된 덩어리 기호 단위가 존재한다.
> ㄴ. 그런 덩어리 단위 속의 서술어 자리가 의미적으로 잉여성을 띠게 되는 경우가 있다. 그리고 그런 경우와 '하다'의 쓰임 사이에 긴밀한 관계가 있다.

본론에서는 (2ㄱ)과 (2ㄴ)의 주장을 뒷받침하는 근거들을 제시할 것이다. 그리고 이 근거들을 토대로 하여 '영이가 집에 간다고 했다'와 같이 특정 구문 구조 속에서 의미가 해석되는 '하다'는 '형식 연쇄에 의미가 연합해 있는 덩어리 구문 속에서 의미적으로 잉여성을 띠게 된 서술어 자리를 형식적으로 채우는 기능을 하는 요소'임을 주장할 것이다.

이제 선행 연구를 비판적으로 검토함으로써 본고의 연구 범위를 보다 분명히 하고자 한다.

1.2. 선행 연구 검토

지금부터는 '하다'의 범주에 대해 언급한 대표적인 선행 연구들을 검

---

4) 이처럼 구문 속의 한 자리를 형식적으로 채우는 기능을 하는 요소를 '자리채우미'라 부를 수 있다. 자리채우미에 대해서는 5.2절에서 자세히 논의할 것이다.

토하고 그 결과를 토대로 하여 본고의 연구 범위를 구체화하고자 한다.

'하다'가 어떤 범주에 속하는지에 대해 언급한 선행 연구는 크게 두 계열로 나뉜다. 하나는 분포에 입각하여 '하다'의 범주를 규정하고자 하는 연구이고, 다른 하나는 기능에 입각하여 '하다'의 범주를 규정하고자 하는 연구이다. 본고의 목적은 '하다'의 문법적 기능을 규명하는 데 있으므로, 이 절에서의 초점 역시 '하다'의 기능을 규명하고자 한 선행 연구를 개관하는 데 있다. '하다'의 분포에 초점을 둔 연구에 대해서는 이 자리에서 잠시 언급하고자 한다.

'하다'를 '접사'나 '동사', '보조동사', '보조형용사' 등으로 부르는 것은 '하다'를 기본적으로 분포적 관점에서 바라보고 있음을 보여 준다. 만약 '하다'가 다른 요소에 의존하지 않는 분포를 보인다는 점에 주목하면 그런 '하다'를 '동사'라고 부른다. 만약 '하다'가 다른 요소에 의존하는 분포를 보인다고 판단한다면, 그 중에서도 단어를 만드는 생산적인 패턴 내부의 고정된 자리에서 쓰인다고 보는 경우에는 '접사'로, 그렇지 않다고 보는 경우에는 '보조동사' 또는 '보조형용사'로 부르게 된다. 그리고 '보조동사', '보조형용사'는 '하다'의 뒤에 어떤 종류의 어미가 분포하는 가에 따라 구별된다.

[표 1] 분포적 특성에 따른 '하다'의 범주 명칭

분포적 특성			범주 명칭
다른 요소에 의존해서 쓰이지 않는다.			'동사'
다른 요소에 의존해서 쓰인다.	단어를 만드는 생산적인 패턴 내부의 고정된 자리에서 쓰이지 않는다.	• 현재 시제를 나타내기 위해 선어말어미 '-ㄴ/는-'이나 관형사형 어미 '-는'이 후행할 수 있다. • 명령형, 청유형 어미가 후행할 수 있다. • 의도나 목적을 나타내는 '-러', '-려'가 후행할 수 있다.	'보조동사'
		• 선어말어미 '-ㄴ/는-'이나 관형사형 어미 '-는'이 후행하지 않는다. • 명령형, 청유형 어미가 후행하지 않는다.	'보조형용사'

		● 의도나 목적을 나타내는 '-러', '-려'가 후행하지 않는다.	
		단어를 만드는 생산적인 패턴 내부의 고정된 자리에서 쓰인다.	'접사'

이처럼 '하다'의 분포적 특성에 초점을 두고 있는 연구로는 주시경(1910), 최현배(1937), 이상복(1975), 하치근(1989), 정원수(1989), 박재희(2013) 등이 있다.

주시경(1910:32~34, 103~105)에서는 '하다'를 움, 엇몸 되게 하는 것, 움몸 되게 하는 것의 세 가지로 나누었다. '노래를 하자'에서의 '하다'는 움으로, '정(精)하-'나 '크기는 하-' 등의 '하다'는 엇몸 되게 하는 것으로, '일하-', '나무하-', '더하-', '자게 하-', '보기는 하-' 등의 '하다'는 움몸 되게 하는 것으로 보았다. 자립성이 있는 '하다'를 움으로 일컫고 다른 요소에 기대어 의존적으로 쓰이는 '하다'를 엇몸 되게 하는 것, 움몸 되게 하는 것으로 일컬은 것이므로 '하다'를 분류하는 데 있어서 분포적 관점을 취한 것이다.

최현배(1937:502~552, 645~657, 710~729, 915~932, 948~954)에서는 '하다'를 크게 으뜸움직씨(주동사), 도움움직씨(보조동사), 도움어떻씨(보조형용사), 움직씨로 만드는 발가지(동사 파생 접미사), 어떻씨로 만드는 발가지(형용사 파생 접미사)의 다섯 가지로 나누어 보고 있다. 이 중 도움움직씨로 쓰인 사례에는 '나는 거기 가기는 한다'(시인적 대용), '날마다 오게 하다'(시킴), '하루 세 끼는 먹어야 한다'(당위), '슬퍼하다'(어떻씨의 어찌꼴에 도움움직씨가 붙은 복합어라고 봄)가 포함되어 있다. 또 도움어떻씨로 쓰인 사례에는 '참 놀랍기는 하다'(시인), '아니하다', '못하다'(어찌씨에 도움어떻씨가 붙은 복합어라고 봄)가 포함되어 있다. 한편 움직씨로 만드는 발가지로 쓰인 사례에는 '일하다', '나무하다', '구하다', '더하다', '출렁출렁하다' 등과 '척하다', '체하다', '양하다', '뻔하다'가 포함되어 있고, 어떻씨로 만드는 발가지로 쓰인 사례에는 '얌전하다', '점잔하다', '악하다', '얼룩얼룩하다' 등과 '듯하다', '법하다', '만하다', '직하다'가 포함되어 있다. 이 중 '키가 크기는 하다'의 예를 설명하면서 "'키가 크기는 크다'에서 보이는 되풀이의 거북함을 면하기 위해 뒤에 오는 풀이씨 대신에 그 대용사라 할 만한 '하다'를 붙인다'(최현배, 1937:725)라는 언급을 하기도 했는데, 이를 통해 '하다'의 기능에 대한 생각을 엿볼 수 있지만, 기본적으로는 분포적 관점에서 '하다'를 분류하고 있다.

정원수(1989)에서는 '하다'는 동사 어간과 파생 접미사의 두 특성을 모두 가지는데, 기원적으로는 동사 어간으로 기능하나 그 어휘 의미의 포괄성으로 인해 파생 접미사로까지 기능 변환이 이루어지고 있으며, 따라서 동사 어간으로서의 성격과 파생 접미사로서의 성격 사이에서 중간적인 성격이 드러나기도 한다고 하였다. 주시경(1910), 최현배(1937)과 궤를 같이하되 형태가 동일한 요소가 다양한 범주에 속하게 되는 이유를 덧붙인 것이라 할 수 있다.

한편 이상복(1975)에서는 '하다'는 어느 경우에나 독립된 단어이며, 접사가 아니라는 점을 강조하고 있다. 기존에 명사와 접사가 결합한 파생어로 처리되어 왔던 '일하다', '운동하다' 등이 '일을 열심히 했다', '일을 다 했다'처럼 중간에 다른 요소가 개재하는 양상을 보이므로 이를 한 단어로 볼 수 없고 두 개의 단어로 보아야 한다는 것이 주된 논지이다. '구하다' 같이 한 단어의 성격을 보이는 것도 있지만 '하다'가 자유형의 독립된 단어로 쓰이는 분포가 넓은 것을 볼 때 이때의 '하다' 역시 독립된 단어로 보아 '구하다' 등을 파생어가 아닌 합성어로 보는 것이 일관성 있는 처리가 될 것이라고 주장하였다. 이 역시 '하다'가 보이는 분포상의 특징에 입각하여 '하다'의 범주를 규정하려 한 논의에 해당한다.

하치근(1989) 역시 '하다'가 파생 접미사가 아니고 용언이라는 점을 주장하는 데 방점을 두고 있다. 파생 접미사는 특정한 범주에 속하는 어근에 붙어 특정한 범주에 속하는 단어를 파생해야 하는데 '하다'는 다양한 범주에 통합되어 동사나 형용사를 만든다는 점, 다른 파생 접사와 달리 '하다'가 가진 자질이 교점에 스며들지 않는다는 점, 앞 요소와 '하다' 사이에 분리성이 느껴진다는 점이 그 근거로 제시되었다. 이 중 '하다'가 가진 자질이 교점에 스며들지 않는다는 것은 '하다'가 선행 요소에 대해 의미적인 기여를 하지 않음을 말하는 것인데, 의미적인 기여는 하지 않더라도 문법적인 측면에서 용언으로 쓰일 수 있게 하는 기여를 하므로 '하다'가 가진 자질이 교점에 스며들지 않는다는 언급은 부적절해 보인다. 이를 제외하고 남은 두 기준은 '하다'가 보이는 분포상의 특징과 관련된 것이다. 즉 이 논의 역시 주로 분포상의 특징에 입각하여 '하다'를 어느 경우에나 용언인 것으로 범주화하고 있다. 다만 '공부하다', '포근하다'의 '하다'는 어근의 서술성을 보충해 주는 형식적인 용언이고 '밥하다'처럼 실체성 명사와 결합하는 '하다'는 동작성의 고유 자질을 가진 실질적인 용언이라고 함으로써 '하다'의 기능에 대한 언급도 덧붙이고 있다.

박재희(2013)도 '하다'를 분포적 관점에서 관찰하고 있는데, 다만 자립성 여부에 주목한 것이 아니라 변형생성문법적 관점에 입각하여 그려진 수형도상에서 '하다'가 어떤 위치에 나타나면서 어떤 통사론적 단위와 관계되는지에 주목했다는 점에서 특징적이다. 가령 '하다'는 VP의 핵 자리에서 쓰여 단어 단위와 관계되며 동사를 만들거나, AP의 핵 자리에서 쓰여 단어 단위와 관계되며 형용사를 만들거나, CauseP의 핵 자리에서 쓰여 동사구 단위와 관계되며 복합사건을 형성하거나, NegP의 핵 자리에서 쓰여 절 단위와 관계되며 장형 부정문을 형성하거나, PrP의 핵 자리에서 쓰여 절이나 문장 단위와 관계되며 양태 표현을 형성한다고 보았다.

이상의 논의들은 '하다'의 분포에 초점을 두어 '하다'의 범주를 규정한 것이다. 하지만 본고의 관심은 '하다'의 분포가 아니라 기능에 있다. 즉 '하다'가 동사나 형용사를 만드는 의존적인 자리에서 쓰이거나 자립적으로 동사로서 쓰일 수 있다는 사실 자체보다는, 어떻게 해서 동사나 형용사를 만드는 자리에서 쓰일 수 있는가, 어떻게 해서 본용언 자리나 보조용언 자리에서 쓰일 수 있는가 하는 동기에 관심이 있다.[5] 그러므로 '하다'의 분포에 주목하는 관점과 그것을 반영하는 용어에 대해서는 더 이상 언급하지 않고, '하다'의 기능에 주목하는 관점과 그것을 반영하는 용어에 초점을 두어 선행 연구를 살핀 후 이를 토대로 하여 본고의 관점을 보이고자 한다. 가령 '하다'를 '형식동사' 내지는 '기능동사', '대동사', '자리채우미' 등으로 부르는 것은 '하다'가 쓰이는 위치보다는 '하다'가 문장 혹은 담화 속에서 어떤 기능을 하는가, 어떤 동기로 쓰이는가에 관심을 두고 있음을 보여 준다.

'하다'의 기능에 주목한 선행 연구는 '하다'의 기능을 전체적으로 개관하고자 한 연구와 부분적으로 언급한 연구로 나뉠 수 있다. 또 다른 기준을 적용하면 '하다'의 어휘적 기능에 중심을 둔 연구와 문법적 기능에 중심을 둔 연구로 나뉠 수도 있다. 여기에서는 '하다'의 기능을 전체적으로 개관하고자 한 연구를 중심으로 하여 그것을 어휘적 기능에 주목한 연구와 문법적 기능에 주목한 연구로 나누어 살피고자 한다.

1.2.1. '하다'의 어휘적 기능에 주목한 연구

'하다'가 어휘적 의미를 갖는 하나의 당당한 동사라는 점에 주목하고 이에 기반하여 '하다'의 다양한 모습을 설명하고자 한 연구에는 Park, B. S.(1974), 김영희(1984), 김제열(1999), 김성덕(2005) 등이 있다.

---

5) 김의수(2003:100)에서는 '하다'가 파생 접사이거나 동사라는 주장은 주시경(1910)을 비롯한 전통문법에서 강하게 제기되었는데, 이는 가장 손쉬운 해결안이지만 시정곤(1994)에서 지적했듯이 'X하다'류의 높은 생산성과 '도착하다', '도착을 하다', '도착은 하다'의 밀접한 관련성을 포착해 주지 못한다고 언급하였다. 다양한 분포를 보이는 '하다' 사이에 존재하는 관련성을 포착하기 위해서는 '하다'의 기능에 주목할 필요가 있을 것이다.

먼저 Park, B. S.(1974)는 '하다'가 의미적으로 빈 요소라는 주장을 비판하면서 '하다'는 "행동" 또는 "행동성"이라는 의미를 가지고 어휘적인 기능을 하고 있음을 강조한 논문이다. 주된 근거는 '좋아하다', '싫어하다'가 '좋다', '싫다'와 분명히 다른 의미를 보이며, 이런 차이는 '하다'에 기인하는 것으로 볼 수밖에 없다는 것이다. 이를 토대로 하여 '하다'는 어느 경우에나 의미 있는 요소이고 본동사라는 점을 주장하고 있으나, '하다'는 이 논문에서 다루어진 현상보다 더 다양한 성격을 보인다는 점이 간과되어 있다.

김영희(1984)는 서정수(1975)에서 '하다'에 '대동사' 기능이 있다고 언급한 것에 대해 주로 비판하면서, '하다'는 대동사가 아니라 실질동사로서 기능함을 주장하고 있다. 우선 '하다'가 대치 기능을 보이기는 하지만 대치 기능은 대용어뿐 아니라 상의어에 의해서도 이루어질 수 있는데, '하다'는 '먹다', '피우다' 등과 다층적인 계층적 관계를 이루면서 상하의어 관계를 보여 주므로 '하다'는 대용어가 아니라 상의어로서 하의어를 대치할 수 있는 것이라고 하였다. 또한 '하다'가 조응 대동사(=문맥지시사)의 요건이나 상황 대동사(=현장지시사)의 요건을 만족하지 않는다고 하면서6) '하다'는 상황 대동사도, 조응 대동사도 아닌 실질동사라고 주장하였다. 결론적으로 '하다'는 실질동사이되 구체적인 의미 자질이 극히 적고 외연 의미는 극히 넓다는 점이 특징적인 '포괄동사'라고 하였다. 이에 더해 이 논문의 각주 8에서는 '얘, 숙제하니?'에 대한

---

6) '하다'가 조응 대동사라면 그것의 선행사가 있어야 하며 만약 담화 구조나 접속문 구조에서라면 그 선행사가 '하다'에 선행해 있어야 하고 내포문 구조라면 그 선행사가 '하다'를 성분통어해야 하는데 이런 요건이 만족되지 않는다는 점, 또 '하다'가 일반적인 조응 대동사인 '그리하다'와 대치될 수 없다는 점을 '하다'가 조응 대동사가 될 수 없다는 주장의 근거로 들었다. 또한 '하다'가 일반적인 상황 대동사인 '이러다', '그러다', '저러다'와 대치가 불가능한 경우가 많으며 '하다'의 의미는 발화 상황에 좌우되지 않으나 '이러다', '그러다', '저러다'는 발화 상황을 근거로 하여 지시를 획득한다는 점에서 다르다는 것을 '하다'가 상황 대동사가 될 수 없다는 주장의 근거로 들었다.

대답으로 '해'가 가능한 것은 '하다'가 조응 대동사이기 때문이 아니라 선행사 가운데 서정수(1975)에서 형식동사라고 본 '하다'만을 되풀이했기 때문이라고 보면서, 이 경우의 '하다'도 조응 대동사가 아니라 실질동사이며, 나아가 '하다'가 형식동사라는 설도 재고될 여지가 있음을 언급하였다.

하지만 이런 주장으로는 '하다'가 쓰임에서 제약을 보이는 현상을 설명하기가 어렵다. '하다'가 내포 의미 차원에서 의미 자질이 극히 적고 외연이 극히 넓은 동사이기 때문에 여러 동사의 상의어로서 다양한 쓰임을 보인다고 한다면, '하다'는 넓은 의미만큼 거의 모든 동사에 대해 상의어로서의 자격을 가지면서 쓰임에서 거의 제약을 보이지 않아야 할 것으로 생각된다. 하지만 '영이는 집에 간다고 했다'의 '하다'가 '말하다'의 상의어라서 하의어인 '말하다'를 대치할 수 있는 것이라고 한다면, 왜 '걔가 말하더라, 저는 널 용서한다고'를 대신하여 "걔가 하더라, 저는 널 용서한다고'가 쓰일 수는 없는 것인가? 이처럼 '하다'가 쓰임에서 제약을 보이는 현상을 ''하다'는 구체적인 의미 자질이 극히 적고 외연 의미는 극히 넓은 실질동사로서 다른 동사들의 상의어이다'라는 주장만으로는 설명하기가 어렵다. '하다'의 의미가 매우 포괄적이라는 점을 부정할 수는 없을 것이나, 이런 어휘의미론적 접근만으로는 '하다'의 다양한 기능과 그 가운데 존재하는 제약을 아울러 설명하기가 어려운 것이다.

게다가 '포괄동사'와 '대동사'를 서로 배타적인 개념으로 파악하는 것 자체도 적절하지 않은 면이 있다. '포괄동사'는 순전히 어휘의미론적 차원에서 어휘의 성격을 규정지은 것이라면, '대동사'는 어떤 언어 요소가 담화 속에서 수행하는 기능을 중심으로 어휘의 성격을 규정지은 것이다. 어떤 언어 요소가 어휘의미론적으로 포괄적이라는 특징을 갖는 것과 그것이 담화 속에서 대용어로 쓰일 수 있는 것을 서로 배타적인 개념으로 볼 필연성이 없으며, 오히려 '하다'를 비롯한 몇몇 요소들은 극히 적은 내포 의미와 극히 넓은 외연 의미로 포괄적인 의미를 가지고 있다는 성격 때문에 발화 상황 속에서 화·청자에게 식별 가능한 어떤 것을 대신하며 대용어로 기능할 수 있게 된다고 볼 수 있을 것이다.[7] 이처럼 포괄어휘와 대용어의 관계를 배타적이지 않은 것으로 보면, 김영희(1984)에서 제시된 논지, 즉 '하다'는 대동사가 아니라 포괄동사라는 주장은 적절하지 않은 것이 된다.

김영희(1984)에서는 전형적인 상황 대동사인 '이러다, 그러다, 저러다'와 '하다'의 분포가 같지 않으므로 '하다'를 상황 대동사로 볼 수 없다는 주장도 하고 있지만, 이에 대해 양명희(1998:179~180)에서는 '하다'와 '이러다, 그러다, 저러다'는 모두 상황 대동사 기능을 할 수 있지만 지시사의 유무에 따라 용법이 서로 달라지는 것일 뿐이라고 보고 있다. 본고에서도 이러한 논의에 동의하며, 포괄어휘로서 대용어 기능을 할 수 있는 '하다'와 지시 요소를 포함하여 대용어로 쓰이는 '이러다, 그러다, 저러다'는 구성 요소의 성격이 다르므로 서로 다른 특성을 보이는 것이 당연하다고 본다. '이러다, 그러다, 저러다'와 달리 '하다'에는 대용 기능에 특화된 요소가 없지만, 이런 일반 항이 쓰였다는 것 자체가 맥락의 해석을 요구하는 잠재성을 갖기 때문에 대용어로 쓰일 수 있는 것이다.

정리하건대, '하다'가 어휘의미론적으로 '포괄어휘'라는 것은 '하다'가 발화 장면이나 문맥을 통해 파악되는 내용을 대신하면서 '대용어' 기능을 하는 것과 배타적이지 않다. 오히려 화·청자가 공유하고 있는 담화 세계에서 분명히 파악할 수 있는 어떤 것을 대신하는 문법적 기능을 실현할 때 '의미가 거의 없는 언어 요소'가 이용되기 쉽기 때문에 이 두

---

7) 참고로 Haspelmath(1997:182~183)에서는 'person, thing, place, time' 등을 뜻하는 명사들이 'someone, something, somewhere, sometime' 등의 개념을 나타내기 위해 비한정적 대명사로 쓰이는 언어들이 많이 있음(조사 대상 100개의 언어 중 42개의 언어)을 언급하고 있다.

개념은 서로 양립할 수 있다. 즉 '하다'는 어휘의미론적으로 '포괄어휘'이고, 의미가 매우 포괄적이라는 바로 그 특성 때문에 담화 세계에서 분명히 파악할 수 있는 동작적 내용을 대신하는 기능도 할 수 있다.

　마지막으로 김제열(1999)에서는 '하다'에 "추상적인 움직임"이라는 의미를 설정하고, '하다'는 의미를 갖는 동사로서 주체 논항과 내용 논항을 취한다고 보았다. 다만 '하다'는 의미적으로 의존성이 있어서, 그 구체적인 의미는 내용 논항과의 관계를 통해서 드러난다고 본다. 가령 '밥을 하다'에서 '밥'은 어떤 행위의 결과물로서의 성격을 가지므로 '하다'는 "대상 완성 행위"라는 문맥 의미를 갖는 것으로 파악된다는 것이다. 이처럼 '하다'의 독자적인 의미를 인정하면서도, '하다'는 선행어와의 의미 통합에 의해 구체적인 의미를 갖고 서로 다른 논항구조를 실현하게 된다고 보았다.

　'하다'에 매우 추상적인 의미가 있고 그래서 의미적으로 의존적이라는 논의에 동의할 수 있지만, 여기에서 의문이 드는 점은 매우 포괄적인 의미를 가지며 의미적으로 의존성이 있는 '하다'가 어떻게 내용 논항을 '취할' 수 있는지에 대한 것이다. 구체적인 의미를 갖는 동사라면 그 동사가 나타내는 사태 의미와 관련되는 참여자들을 그 동사가 취한다고 말할 수도 있을 것이지만 '하다'는 그와는 경우가 다르다. 이 논의에서는 '하다'는 포괄적이고 추상적인 의미를 갖기 때문에 언어의 일차적 기능인 정보 전달 기능을 만족스럽게 수행하지 못하고, 이 때문에 '하다'는 일반적으로 선행 요소를 동반해서 구체적 의미를 충족하게 된다고 보고 있다. 이처럼 '하다'가 의미적으로 불완전하기 때문에 다른 요소를 취해야만 한다고 보는 입장도 가능하겠지만, 이런 식의 설명은 언어를 사용하는 궁극적 목적인 의사소통적 측면과 양립하기 어렵다. 절은 기본적으로 사태 의미를 담는 단위인데, 화자들이 특정 사태를 특징 짓기에는 너무나 추상적인 성격을 갖는 '하다'를 절을 구성하기 위한 출발점으로 먼저 상정해 두고, 그 의미를 구체화하기 위한 목적으로 언어 요소들을 더해 간다고 보는 것이 자연스럽지 않기 때문이다. 이뿐 아니라 '하다'가 없는 '내일은 수학 공부.' 같은 문장은 어떻게 설명할 수 있을 것인지도 의문이다. 이런 문장은 '하다'가 문장 구성의 출발점이 되어야 할 필연성이 없음을 보여 준다. 결국 '하다'가 관여하는 문장들 모두가 '하다'가 갖는 어휘적 의미로부터 출발하여 차례차례 구성되어 간다고 보는 시각을 수용하기가 어렵다.

요컨대 '하다'가 갖는 포괄적인 어휘 의미를 통해 다양한 모습을 설명하려는 시도로는 '하다'가 보이는 분포적 제약을 설명하기가 어렵고 또 '하다'가 논항을 취하는 과정에 대해 자연스럽게 설명하기가 어렵다. '하다'가 매우 포괄적인 어휘 의미를 갖는 동사라는 점은 부정할 수 없지만, 이런 성격만으로 '하다'의 다양한 모습을 설명하기에는 난점이 많다.

1.2.2. '하다'의 문법적 기능에 주목한 연구

'하다'의 문법적 기능에 주목한 연구는 크게 '하다'에 하나의 문법적 기능을 상정하고자 한 연구와 둘 이상의 문법적 기능을 상정하고자 한 연구로 나뉠 수 있다.

1.2.2.1. 단일기능설

'하다'의 문법적 기능을 단일하게 설명하려는 시도는 크게 두 계열로 나뉜다. 하나는 문법적으로 서술성을 실현하기 위한 형식적인 동사로서 기능한다고 보는 것이고, 다른 하나는 다른 동사를 대신하는 동사로서 기능한다고 보는 것이다. 전자에는 박승빈(1935), Ree, J. N.(1974) 등이 있고, 후자에는 이창덕(1984), 한정한(1993) 등이 있다.

먼저 박승빈(1935:197~202, 212~214)에서는 '하다'를 동사 '하다'와 형용사 '하다'로 구별하였는데, 형용사 '하다'는 사물의 특정한 상태를 표시하는 의미를 함유하지 않고 오직 형용사의 세(勢)만을 표시하는 말이고 동사 '하다'는 사물의 특정한 동작을 표시하는 의미를 함유하지 않고 오직 동사의 세만을 표시하는 말이라고 하여 그 기능을 언급한 점이 특징적이다. 다시 말해 '하다'는 상태의 의미는 있으나 문법상 형용사의 세가 구비되지 못한 말에 형용사의 세를 표시하거나 동작의 의미는 있으나 문법상 동사의 세가 구비되지 못한 말에 동사의 세를 표시하는 기능을 한다고 하였다. 주로 '서늘하다, 어둡기도 하다, 붉으며 푸르며 하다', '사랑하다, 놀기도 하다, 날며 뛰며 하다' 같은 예를 들어 이와 같이 설명하고 있는데, '영이가 집에 간다고 했다'나 '밥하다' 같이 '하다'가 실질적인 의미를 가진 동사가 나올 자리에서 쓰이는 경우에 대해서도 같은 논리로 설명할 수 있는지에 대한 언급은 되어 있지 않다.

한편 이창덕(1984)에서는 '하다'는 모든 경우에 대동사로 기능하는데, 선행 요소로부터 직접적으로 서술 의미를 복사 받기도 하고, 선행 요소의 서술 의미와는 관계없이 특정 동사를 대행하기도 한다고 하였다. '하다'에 실체성 명사가 선행하거나 '-어야'가 선행하는 경우 등은 선행 요소의 의미와 관계없이 특정 동사를 대행하는 경우에 해당하고, '하다'에 동작성 명사나 부사, 상태성 명사나 부사, 피인용문이 선행하는 경우 등은 선행 요소로부터 서술 의미를 복사 받는 경우에 해당한다고 보았다. '하다'가 지시하는 서술 의미가 무엇인지는 선행 요소와 문맥에 따라 결정되고, 또 같은 요소가 선행하더라도 통사 구조가 달라지면 '하다'의 의미도 달라진다는 언급도 하였다('철이는 그를 형이라고 했다(불렀다)', '철이는 그가 형이라고 했다(말했다)', '철이는 그를 형으로 했다(삼았다)').

그런데 선행 요소로부터 서술 의미를 복사 받는 경우에 대한 설명에서 부자연스러운 부분이 보인다. 가령 '행복하다'의 '하다'에 대해 설명하는 과정은 다음과 같다. '행복하기(는) 행복하다'에서 '하다'가 대동사 기능을 하면서 '행복하기(는) 하다'가 도출되고, '행복하기(는) 하다'는

'행복(은) 하다'의 뜻과 같으므로 '행복(은) 하다'의 '하다'도 대동사로 처리되어야 한다는 것이다. 결국 '행복하다'의 '하다'는 '행복하다'를 대신하는 기능을 한다고 보는 듯한데, '행복 행복하다' 같은 표현이 쓰이지 않는 것을 비롯하여 그럴듯하지 않은 도출 과정이 상정되고 있다. '행복하다'의 '하다' 같은 것이 어떤 동사를 대리하기 위해 쓰인다는 설명을 하는 과정이 부자연스러운 것은 곧 대용어 기능으로 모든 '하다'를 설명하려는 시도가 무리함을 보여 준다. 한편 통사 구조가 달라지면 '하다'의 의미도 달라진다는 언급은 매우 의미 있어 보인다. 하지만 통사 구조가 달라지는 것과 '하다'의 대동사 기능이 어떻게 연결될 수 있는지에 대한 언급은 되어 있지 않다.

한정한(1993)에서는 '하다'의 기능이 기본적으로 조응에 있다고 보고, 문맥 조응을 하는 경우와 상맥 조응을 하는 경우로 나누어 살피고 있다. '공부하다', '건강하다', '학교에 다니기는 한다', '예쁘기는 하다'처럼 '하다'에 서술성 명사나 서술성 명사구가 앞서는 경우에는 '하다'가 문맥 조응 기능을 실현하여 선행 명사(구)의 [±상태성] 자질을 조응하게 된다고 하였고, 한편 '밥을 하다'처럼 '하다'에 비서술성 명사가 선행하거나 '우리를 슬프게 하다'처럼 부사구가 선행하는 경우에는 문맥 조응이 차단되고 화·청자가 공유하고 있는 지각 환경에 의해 파악될 수 있는 대응어와의 상맥 조응이 일어난다고 보았다. 문맥 조응은 자질만의 조응이고 상맥 조응은 선행사 전체를 조응한다는 점에서 차이가 있다는 것도 언급하였다.

이 중 문맥 조응 기능의 '하다'는 한정한(1993)에서도 언급하고 있듯이 선행어의 서술성을 문법적으로 실현시켜 주는 역할을 담당한다. 이때의 '하다'가 선행어의 [±상태성] 자질을 그대로 이어받고 있는 점을 포착하는 것도 중요하지만, '하다'가 이런 현상을 보이는 것은 근본적으로 선행어의 서술성이 문법적으로도 실현될 수 있도록 지지대를 만드는 역할을 하는 것에서 비롯된다는 점을 고려한다면, 이때 '하다'의 기능을 '문맥 조응'이라는 용어로 포착하는 것보다는 '기능동사'나 '형식동사'라는 기존의 용어로 포착하는 것이 더 적절해 보인다. 또한 상맥 조응 기능을 하는 경우에 대해 '화·청자가 공유하고 있는 지각 환경에 의해 파악될 수 있는 대응어를 조응한다'라고 언급하고 있는데, 이 과정이 어떠한 것인지에 대해서도 보다 구체화할 필요가 있다.

요컨대 '하다'에 대해 시상법 실현을 위한 형식적인 지지대가 되는 기능만을 인정하면 실질적인 의미를 갖는 동사가 나올 자리에서 쓰이는 '하다'에 대해 설명하기가 어렵고, '하다'의 기능으로 다른 요소를 대신하는 기능만을 강조하면 형식적인 지지대로서의 기능을 부자연스럽게 설명하게 되거나 간과하게 된다. 이런 점을 고려하면 '하다'에 둘 이상의 기능을 인정할 수밖에 없는 듯하다.

1.2.2.2. 복합기능설

'하다'에 둘 이상의 문법적 기능을 설정한 대표적인 논의로는 서정수(1975, 1991), 심재기(1980), 양명희(1990) 등이 있다. 이 중 심재기(1980)은 형태론적 단위에 관여하는 '하다'만을 대상으로 한 연구이므로 제외하고, 서정수(1975, 1991), 양명희(1990)의 논의를 자세히 검토해 보려고 한다.

먼저 서정수(1975)에서는 '하다'에 형식동사로서의 기능과 대동사로서의 기능을 설정하였는데, 형식동사로서의 '하다'는 선행 요소가 서술적 의미를 지닐 때 선행 요소로 하여금 문법적 형식을 갖게 한다고 하였고, 대동사로서의 '하다'는 선행 요소가 실질적인 서술 의미를 갖지 않을 때 특정한 의미의 추상적 서술어를 대신한다고 하였다. 이 논의에서 형식동사 '하다'로 파악한 항목은 (3)과 같고, 대동사 '하다'로 파악한 항목은 (4)와 같다. 항목 제시 방식과 순서는 서정수(1975)를 따랐다.

(3) 서정수(1975)에서의 형식동사 '하다'

ㄱ. 비실체성+하다: 독서하다, 독서를 하다, 영리하다, 영리도 하다, 어물어물하다

ㄴ. 의존명사+하다: 짓을 하다, 노릇을 하다, 듯하다, 직하다, 만하다

ㄷ. 인용문 일부: 그분이 논다고 <u>하는</u> 사실 / 김씨가 "철수가 옳소" <u>하고</u> 말하였다.

ㄹ. -지 아니하다

ㅁ. 그러하다, 이러하다, 저러하다, 이리하다, 그리하다, 저리하다

ㅂ. -곤 하다

ㅅ. -다가 -다가 하다 / -고 -고 하다 / -든지 -든지 하다 / -거나 -거나 하다

(4) 서정수(1975)에서의 대동사 '하다'

ㄱ. 실체성+하다: 밥을 하다, 나무를 하다

ㄴ. 의존명사+하다: 척을 하다, 체를 하다, 양을 하다

ㄷ. 인용문 일부: 그 사람이 간다고/가느냐고/가라고/가자고 <u>한다</u>.

ㄹ. -게 하다

ㅁ. -어 하다

ㅂ. -기는 하다

ㅅ. -기로 하다

ㅇ. -려고 하다, -고자 하다

ㅈ. -어야 하다

ㅊ. -으면 하다

ㅋ. -지 않나 하다, -지 않은가 하다

서정수(1975)는 이와 같은 분류를 통하여 '하다'가 시상법 실현을 위한 형식적인 지지대로 쓰이는 경우와 실질적인 동사가 나올 자리에서

쓰이는 경우를 모두 아우르고자 하였다. 그런데 여기에서도 몇 가지 의문이 제기될 수 있다.

첫째는 1.1절에서 언급했듯이 (4)에서 제시된 '하다' 중 대부분은 발화 현장에서 파악할 수 있는 내용을 대신하는 것도 아니고 문맥에서 이미 나왔던 내용을 대신하는 것도 아니라는 점에서 흔히 대동사라고 불리는 요소와는 성격이 달라 보인다는 것이다. 그런 '하다'가 어떤 과정을 통하여 실질적인 동사가 올 자리에서 쓰일 수 있게 되는지에 대해 보다 구체적인 설명이 필요하다.

둘째는 구체적인 항목들을 형식동사 또는 대동사로 분류하는 것과 관련된 문제이다. 가령 (4ㄴ)의 '하다'에 대해서 이창덕(1984:31)에서는 (3ㄱ, ㄴ)의 '하다'와 같은 기능을 하는 것으로 본 바 있고, (4ㅂ)의 '하다'에 대해서 양명희(1990:41~45)에서는 (3ㄱ)의 '하다'와 같은 기능을 하는 것으로 본 바 있다.[8] 또 (3ㄷ)의 '하다'와 (4ㄷ)의 '하다'를 근원적으로 다른 기능을 하는 것처럼 분류하기보다는, (3ㄷ)의 '하다'는 (4ㄷ)의 '하다'가 문법화를 겪은 결과인 것으로 보는 것이 더 적절해 보인다.

서정수(1991)에서는 서정수(1975)의 논의를 재정비하여 '하다'의 기능을 문법 형식 대행 기능, 추상 동사 대행 기능, 선행 용언 대행 기능의 세 가지로 구분하였다.

(5) 문법 형식 대행 기능
   : 운동을 하다, 운동하다, 정직하다

---

8) 양명희(1990:41~45)에서는 두 가지 이유를 들어 '-기는 하다'의 '하다'가 '-기'에 선행하는 동사나 형용사를 대신하는 기능을 하는 요소가 아님을 주장하였다. 첫째, '하다'가 선행하는 동사나 형용사를 대신하는 기능을 하는 것이라면 '수현이가 서울에 가기는 서울에 간다' 같은 문장 대신에 '수현이가 서울에 가기는 서울에 한다'가 쓰이는 것도 가능해야 할 것인데, 이런 경우에는 '하다'가 선행하는 동사를 대신하면서 쓰일 수 없다. 둘째, '수현이가 가기(도/조차/까지) 한다'가 자연스럽게 쓰이는 반면에 '수현이가 가기(도/조차/까지) 간다'는 어색하거나 불가능한 문장이므로, 이때의 '하다'가 '가다'를 대신하여 쓰인 것이라고 볼 수 없다.

(6) 추상 동사 대행 기능

ㄱ. 밥을 하다, 밥하다

ㄴ. -게 하다 / -어 하다 / -어야 하다 / -으면 하다

(7) 선행 용언 대행 기능

: -기는 하다 / -다가 -다가 하다 / -거나 -거나 하다 / -고 -고 하다

문법 형식 대행 기능은 선행의 의미적 용언에 대해 문법적 형식을 갖추어 주는 기능으로, 서정수(1975)의 형식동사 기능에 해당한다. 추상 동사 대행 기능은 서정수(1975)의 대동사 기능 중 상황에 따라 추정되는 추상적 동사를 대행하는 경우만을 따로 분리한 것이다. (6ㄱ)처럼 선행 요소가 실체성 체언인 경우와 (6ㄴ)처럼 '하다'가 구문론적 관계에서 대행 기능을 드러내는 경우가 이에 포함된다고 하였다. 그리고 전자의 경우 '하다'의 의미는 선행어와 밀접한 관련을 가진 화용상의 관행으로부터 드러나는 반면에, 후자의 경우 '하다'의 의미는 구문론적 구조에 따라 예견된다고 하였다. 마지막으로 선행 용언 대행 기능은 서정수(1975)의 대동사 기능 중 문맥상으로 지정된 용언을 대행하는 경우를 따로 분리한 것이다.

이 논의에서는 (6ㄱ, ㄴ) 유형에 속하는 '하다'의 의미가 어떻게 해서 드러나게 되는지에 대한 설명을 덧붙인 것이 특징적이지만, (6ㄴ)의 경우 구문론적 구조에 따라 '하다'의 의미가 예견되는 과정이 구체적으로 어떠한 것인지에 대해서는 아직 의문이 남는다. 또 (6ㄱ)과 (6ㄴ)은 실질적인 의미를 갖는 동사가 나올 자리에서 '하다'가 쓰인 것이라는 공통점이 있을 뿐 그 의미가 파악되는 기제는 서로 다른데, 이 둘을 같은 부류로 묶어 동일하게 취급하는 것이 적절한지에 대해서도 재검토할 필요가 있다. (7)을 따로 분리한 것 역시 재고될 필요가 있는데, 각주 8에서 보인 양명희(1990:41~45)의 언급처럼 '-기는 하다'의 '하다'가 (5)

에 속할 만한 성격을 보인다는 점, 또 '-다가 -다가 하다' 등 나열 구성 뒤에서 쓰이는 '하다'는 앞에 나온 말을 대용하기 위해 쓰인다기보다는 나열 구성을 형식적으로 마무리 지으려는 동기에서 쓰인다는 점을 고려한다면, (7)은 따로 분리되기보다는 (5)에 포함되는 것이 적절해 보인다. 요컨대 (5), (6), (7)로의 부류화가 적절한지에 대해 재검토할 필요가 있다.

양명희(1990)에서는 선행어로 무엇이 오는지에 따라 '하다'의 의미 및 기능이 달라진다는 점을 강조하면서 '하다'가 나타나는 단어와 구문을 선행어와의 관계에 따라 네 가지로 나누어 살폈다.

(8) 서술성 완결(Ⅰ)

: 선행어는 서술성을 가지며, '하다'는 선행어의 서술성을 서술어로 완결시키는 기능을 한다. 그 중에서도 선행어와 '하다'가 결합하여 복합 형용사, 복합 동사를 이루는 경우를 서술성 완결(Ⅰ)로 구별하였다.

ㄱ. 강하다, 선하다, 거칠거칠하다 / 흥하다, 전쟁하다, 흔들흔들하다, 함께하다

ㄴ. 음직하다, 듯하다, 만하다, 법하다, 뻔하다 / 척하다, 체하다, 양하다, 짓하다, 노릇하다, 탓하다

(9) 서술성 완결(Ⅱ)

: 선행어는 서술성을 가지며, '하다'는 선행어의 서술성을 서술어로 완결시키는 기능을 한다. 그 중에서도 선행문과 '하다'가 결합하여 문장을 이루는 경우를 서술성 완결(Ⅱ)로 구별하였다.

ㄱ. -고 -고 하다, -ㄹ락 말락 하다, -락 -락 하다, -든지 -든지 하다, -며 -며 하다, -면서 -면서 하다 ('하다'가 내포문의 구성에 따라 동사나 형용사로 실현되는 경우)

ㄴ. -다가 -다가 하다, -(느)니 -(느)니 하다, -나 마나 하다 ('하다'가 문

장 주어와 관련한 해석에 따라 동사나 형용사로 실현되는 경우)

　ㄷ. -기(는/도/야…) 하다

　ㄹ. -지 아니하다, -지 못하다

(10) 서술성 대행

：'하다'는 비서술성 선행어와 함께 사용되어 특정한 동사의 의미를 나타낸다. 이때 '하다'의 의미는 관용적으로 해석되는데, 일정한 화용론적 상황이 전제되면 다양한 선행어와 어울려 쓰일 수 있다('커피 할래요?'의 '하다'는 화용론적 상황하에서 '만들다' 또는 '마시다' 등으로 해석될 수 있다).

　ㄱ. 단순문의 '하다'

　　① 비서술성 명사+를 하다

비서술성 명사의 의미 유형	'하다'의 의미	사례
먹을 것, 입을 것, 땔 것 등을 나타내는 명사	그런 물건을 만들거나 짓거나 마련하다	밥을 하다, 옷을 하다, 나무하다
물건의 수나 양을 나타내는 명사	그만 한 수량의 물건을 만들어 내거나 생산해 내다	벼 300석을 하다
생업이나 직업에 관련되는 구체성 명사	그것을 팔거나 기르거나 생산하는 것을 직업으로 하다	담배를 하다, 고추를 하다
사업체를 나타내는 명사	그 사업체를 경영하거나 관련되는 일에 몸을 두다	공장을 하다, 가게를 하다
학문이나 전공을 나타내는 명사	그것을 전문으로 연구하는 일에 종사하다	문학을 하다
음식, 술, 담배 등을 나타내는 명사	그것을 먹거나 마시거나 피우다	점심을 하다, 술을 하다
직책, 역할을 나타내는 명사	그 직책이나 역할을 맡다	사장을 하다, 춘향 역을 하다
사람의 얼굴이나 몸의 어느 부분에 쓰는 물건이나 물질을 나타내는 명사	그것을 얼굴이나 몸에 있게 만들다	가발을 하다, 매니큐어를 하다
사람 몸의 어느 부분을 나타내는 명사	어떤 작용을 가하다	머리를 하다

어떤 표정이나 모습, 상태나 성질을 가진 사람의 얼굴이나 몸을 나타내는 명사구	그러한 상태나 성질을 드러내다	근엄한 얼굴을 하다, 예쁜 다리를 한 처녀
물건의 값, 서열이나 등수를 나타내는 명사	어느 정도에 이르다	값이 천 원을 하다, 일 등을 하다
'한'+수량명사	목적어의 내용을 행위하다	한바탕하다, 한건 하다, 한판하다

② 명사+를 명사+로 하다: 만들거나 삼는다는 뜻을 나타내거나 정한다는 뜻을 나타낸다.

③ 명사+로 하여(해서): 술어가 나타내는 행동의 원인을 나타낸다.

명사+로 하여(금): 앞말이 다음의 술어가 나타내는 행동을 맡아 할 대상임을 나타낸다.

ㄴ. 연결어미+하다

① -게 하다, -도록 하다

② -려고 하다, -고자 하다

③ -으면 하다

④ -어야 하다

⑤ -거니 하다, -려니 하다

⑥ -다시피 하다

ㄷ. 인용문의 '하다'

(11) 서술성 이행

: '하다'가 구체적인 동사의 의미를 대신한다는 점에서는 서술성 대행과 같지만, 선행어의 서술성을 성격이 다른 것으로 바꾸어 주는 기능을 한다는 점에서 특징적이다.

ㄱ. -어 하다: 상태성을 가진 선행어와 결합하여 동사를 이룬다.

ㄴ. -이 하다, -게 하다(형용사와 결합하는 경우): 상태성을 가진 선행어와 결합하여 동사를 이룬다.

이에 대해서도 몇 가지 의문을 제기할 수 있는데, 하나는 서술성 대행 기능과 관련된 것이다. 서술성 대행 기능을 하는 '하다'의 의미는 일정한 화용론적 상황이 전제됨으로써 관용적으로 해석된다고 보았는데, 가령 '밥을 하다'의 '하다'가 "먹다"로는 해석되지 않고 "짓다"로 해석되는 현상에 대해서는 그렇게 설명하는 것이 타당해 보이지만[9], '-를 -로 하다', '-로 하여'를 비롯하여 각종 연결어미 뒤에서 쓰이는 '하다', 인용문에서 쓰이는 '하다'에 대해서는 그렇게 설명하는 것이 적절하지 않아 보인다. 후자의 경우에는 발화가 이루어지는 상황을 고려함으로써 '하다'의 의미가 해석된다기보다는 '-를 -로 하다', '-로 하여', '-게', '-도록', '-려고', '-고자' 등의 언어 형식과 그 의미를 고려함으로써 '하다'의 의미가 해석되는 측면이 강하기 때문이다. 이처럼 언어 지식에 기반하여 의미가 해석되는 '하다'와 화용론적인 상황을 고려하여 의미가 해석되는 '하다'를 동일한 부류로 묶는 것이 타당한지에 대해 재고할 필요가 있다.

또한 서술성 이행 기능을 하는 것으로 분류된 '-어 하다'와 '-이 하다', '-게 하다'의 '하다'에 대해서도 재고할 필요가 있다. 형용사와 결합하는 '-이 하다'나 '-게 하다'는 사실 (10ㄱ-②)와 많은 공통점을 갖는다. 가령 '나는 밥통을 {깨끗이/깨끗하게} 했다'는 '나는 밥통을 보온 상태로 했다'와 구조상·의미상 그리 달라 보이지 않는다. 이 둘은 밥통의 변화된 상태를 나타내기 위해 '깨끗하-'라는 형용사가 쓰이는지 '보온 상태'라는 명사가 쓰이는지에서 다를 뿐이라는 점을 고려한다면, 형용사와 결합하는 '-이 하다', '-게 하다'도 (10ㄱ)에 함께 포함될 수 있을 듯하다. 이렇게 되면 서술성 이행 기능으로는 (11ㄱ)의 '-어 하다'만이 남게 된다. 그

---

9) '밥을 하다'는 현재로서는 의미가 관습화되어 특별한 맥락 없이도 "밥을 짓다"라는 의미로 해석되지만, 이 표현이 쓰이기 시작했을 때에는 화용론적인 상황을 고려함으로써 '하다'의 의미가 해석되었을 것이라는 점에 주목하여 이처럼 기술한 것이다. 이 문제에 대해서는 5.1.1절에서 다시 언급할 것이다.

런데 '-어 하다'는 중세국어에서 형용사에 결합하여 형용사를 만들고 동사에 결합하여 동사를 만드는 모습을 주로 보이다가(이현희, 1985 참고)[10] 쓰이는 과정에서 모종의 변화를 겪어 현대국어에서는 주로 형용사에 결합하여 동사를 만드는 요소가 된 것이므로, 이런 과정을 고려한다면 이 역시 서술성 이행 기능의 대표적인 사례가 되기는 어려울 것으로 보인다.

요컨대 '하다'에 둘 이상의 문법적 기능을 상정한 논의들에도 몇 가지 보완되어야 할 점이 있다. 의미적으로 서술성을 갖는 요소가 선행하는 경우의 '하다'는 선행 요소가 문법적으로도 서술성을 실현할 수 있도록 지지대 역할을 하거나 대등적으로 나열된 절들을 아우르면서 문장을 형식적으로 마무리하기 위한 지지대 역할을 한다는 것으로 그 정체가 적절히 규명되어 왔다. 하지만 서술성을 갖는 요소가 선행하지 않는 경우, 즉 실질적인 동사가 나올 자리에서 쓰이는 '하다'(흔히 대동사로 부른 '하다')에 대해서는, 이런 식으로 '하다'가 쓰이는 것이 어떤 과정을 통해 가능해지는 것인지에 대해 보다 구체적으로 규명할 필요가 있다. '밥을 하다'류의 '하다'에 대해서는 그 의미가 일정한 화용론적 상황 아래에서 관용적으로 해석되는 것으로 언급되어 왔는데, '-를 -로 하다', '연결어미 하다', '피인용문 하다' 등 특정한 구문 구조 속에 있는 '하다'는 '밥을 하다'류와는 성격이 달라 보이므로 이 경우 '하다'의 정체에 대한 보다 구체적인 규명이 필요한 것이다. 이 경우에 대한 검토를 바탕으로 하여 '하다'에 대한 기술이 전면적으로 재정비될 필요가 있다.

---

10) 중세국어 '-어 ᄒᆞ다'의 분포를 상세히 살핀 연구로는 장경준(1998)이 있다. 장경준(1998: 36~40, 52~53, 58~59)에서는 중세국어에서 형용사에 '-어 ᄒᆞ-'가 결합하는 경우에 그 결과로 동사처럼 기능하게 되는 경우도 있고(아로미 기플ᄉᆡ 구틔여 마로ᄆᆞᆯ 어려워ᄒᆞ놋다 (知深難固辭) 〈두시초 23:33a〉) 여전히 형용사로 기능하는 경우도 있음('거머ᄒᆞ다' 등 주로 색채형용사류)을 언급하였다.

1.3. 연구 범위 및 논의의 구성

이제 이상의 선행 연구 검토 내용을 토대로 하여 본고의 연구 범위를 제시하고자 한다. 위에서 언급한 이유로 본고는 '하다'에 적어도 둘 이상의 문법적 기능을 인정해야 한다고 본다. 그런데 이와 동일한 입장을 취했던 서정수(1975, 1991)과 양명희(1990)으로부터 몇 가지 보완되어야 할 점을 발견하게 되었다. 본고는 그러한 점들을 보완함으로써 '하다'의 기능을 재검토하는 데 목적을 두므로, 본고의 연구 범위 역시 서정수(1975, 1991), 양명희(1990)에서 논의되었던, 하지만 좀 더 구체적인 검토가 필요했던 부분이 중심이 된다.

서정수(1975, 1991), 양명희(1990)에서 제시된 '하다'의 사례별 기능을, 본고의 입장을 얼마간 반영하여 정리하면 아래와 같다.

[표 2] 선행 연구에서 제시된 '하다'의 사례별 기능 재정리

부류	사례	서정수(1975)	서정수(1991)	양명희(1990)
부류 1	독서하다, 독서를 하다 영리하다, 영리도 하다 어물어물하다	형식동사	문법 형식 대행 기능	서술성 완결(Ⅰ)
	짓하다, 노릇하다 듯하다, 직하다, 만하다	형식동사		서술성 완결(Ⅰ)
	척하다, 체하다, 양하다	*대동사*		서술성 완결(Ⅰ)
	그러하다, 이러하다, 저러하다 이리하다, 그리하다, 저리하다	형식동사		
	-다시피 하다			*서술성 대행*
	-곤 하다	형식동사		
	-고 -고 하다 -든지 -든지 하다 -거나 -거나 하다 -ㄹ락 말락 하다 -락 -락 하다 -며 -며 하다 -면서 -면서 하다 -다가 -다가 하다	형식동사	*선행 용언 대행 기능*	서술성 완결(Ⅱ)

	-(느)니 -(느)니 하다 -나 마나 하다			
	-지 아니하다 -지 못하다	형식동사		서술성 완결(Ⅱ)
	-기(는/도/야…) 하다	*대동사*	*선행 용언 대행 기능*	*서술성 완결(Ⅱ)*
부류 2	-로 하여/해서			*서술성 대행*
부류 3	그 사람이 간다/가느냐/가라/ 가자-(고) 한다.	대동사		서술성 대행
	-나 하다 -ㄴ가 하다 -ㄹ까 하다	대동사		서술성 대행
	-거니 하다 -려니 하다			서술성 대행
	-으면 하다	대동사	추상 동사 대행 기능	서술성 대행
	논다고 하는 사실	*형식동사*		서술성 대행
	"철수가 옳소" 하고 말하였다.	*형식동사*		서술성 대행
	-를 -로 하다			서술성 대행
	-기로 하다	대동사		
	형용사-이 하다 형용사-게 하다			*서술성 이행*
	-고자 하다 -려고 하다	대동사		서술성 대행
	-게 하다 -도록 하다	대동사	추상 동사 대행 기능	서술성 대행
	-어야 하다	대동사	추상 동사 대행 기능	서술성 대행
부류 4	실체성 명사+하다	대동사	추상 동사 대행 기능	서술성 대행
부류 5	-어 하다	*대동사*	*추상 동사 대행 기능*	*서술성 이행*
	-로 하여(금)			*서술성 대행*

부류 1로 묶은 사례들은 대체로 서정수(1975, 1991), 양명희(1990)에서 형식동사, 문법 형식 대행 기능, 서술성 완결로 불러 온 것이다. 용어는 서로 다르지만, 선행 요소가 서술적 의미를 지닐 때 선행 요소로 하여금 문법적 형식을 갖추게 하는 요소라고 본 점은 동일하다.

다만 이 부류에 포함한 것 중 논란이 있었던 부분을 기울인 글씨로 표시하였다. 먼저 '척하다, 체하다, 양하다'의 '하다'에 대해 서정수(1975)에서는 대용어의 일종으로 보았는데, '척, 체, 양' 자체에 서술성이 있는 것으로 볼 수 있으므로 양명희(1990)을 따라 부류 1로 포함하였다. '-다시피 하다'의 '동사구+-다시피' 역시, 품사는 다르지만 '척, 체, 양'과 비슷하게 "유사성 동작"의 의미를 가지므로 여기에 후행하는 '하다'도 서술적 의미를 지니는 선행 요소가 문법적 형식을 갖추게 하는 기능을 하는 것으로 포함할 수 있다고 보았다. '-고 -고 하다' 등의 나열 구성 뒤에 쓰인 '하다'도 서정수(1991)에서는 대용어의 일종으로 보았지만, 이 경우 '하다'가 앞말을 대신하기 위한 동기로 쓰인다기보다는 나열된 것을 아울러 문장을 마무리 지으려는 것이 더 근본적인 동기인 것으로 보아 양명희(1990)을 따라 부류 1로 포함하였다. '-기(는/도/야…) 하다'도 서정수(1975, 1991)에서는 대용어의 일종으로 보았지만, '예쁘기까지 예쁘다'는 불가능한 반면에 '예쁘기까지 하다'가 가능한 것을 보면 이때의 '하다'는 '예쁘다'를 대신해서 쓰이는 것이 아니라 선행의 서술성 요소가 문법적 형식을 갖추게 하기 위해 도입되는 것으로 보아야 한다는 양명희(1990)의 견해를 수용하여 부류 1로 포함하였다.

부류 2의 '하다'는 양명희(1990)에서 특정한 동사의 의미를 나타내는, 즉 대용어적 기능을 하는 '하다'로 파악한 것이다. 그런데 이 경우의 '하다'는 특정한 동사의 의미를 나타내는 것 같지도 않고, 또 발화가 이루어지는 상황이나 문맥을 고려함으로써 '하다'의 의미가 해석되는 것으로 보이지도 않는다. 이때의 '하다'는 순전히 어미를 실현하기 위해 쓰인 것일 수 있다. 가령 '영이는 감기로 결석했다'에서처럼 '명사구+-로'가 "원인"의 역할을 할 때, 화자는 그 의미를 분명하게 하기 위해 "원인"의 의미를 나타내는 어미 '-어(서)'를 추가로 도입할 수 있다. 그런데 어미는 혼자 실현될 수 없고 용언 어간과 함께 실현되어야만 한다. 이때 '하다'가 어미 '-어서' 앞의 용언 어간 자리를 형식적으로 채우는 기능을 하며 쓰인 결과가 '영이는 감기로 해서 결석했다'인 것으로 볼 여지가 있다.

이렇게 본다면 부류 2의 '하다'는 대용어적 기능을 하는 '하다'와 다를 뿐 아니라 부류 1의 '하다'와도 성격이 다르다. 부류 1의 '하다'에는 서술 성을 띠는 요소가 선행하는 반면에 부류 2의 '하다'에는 서술성을 띠는 요소가 선행하지 않기 때문이다. 즉 부류 1의 '하다'는 서술성을 띠는 선행 요소가 문법적 형식을 갖추게 하는 기능을 한다면, 부류 2의 '하다' 는 서술성과 무관하게 순전히 어미 앞의 용언 어간 자리를 채우는 기능 을 한다. 이런 성격을 띠는 '하다'는 '허나', '하지만', '해서' 등의 접속 부 사에서도 찾을 수 있다. 박진호(2008)에서는 문장과 문장 사이의 의미 관계를 표현하고자 할 때 이런 의미를 나타내는 한국어의 요소로 '-나', '-지만' 같은 연결어미를 찾아 볼 수 있는데, 이들이 자립적으로 쓰일 수 없기 때문에 별다른 의미가 없는 용언 '하/허-'를 집어넣은 결과가 '허 나', '하지만' 등일 수 있음을 언급한 바 있다.

다음으로는 부류 4에 대해 살펴보고자 한다. 부류 4로 묶은 사례는 서정수(1975, 1991)과 양명희(1990) 모두에서 대용어적 기능을 하는 '하 다'로 파악한 것이다. 본고에서도 '밥을 하다', '나무를 하다' 같은 사례 의 '하다'가 "짓다"나 "마련하다"의 뜻으로 파악되는 것이, 현재는 관습 적으로 굳어져서 그런 의미로 해석되는 것이라 할지라도 이런 표현이 쓰이기 시작한 어느 시기에는 발화 맥락에 기댐으로써 그런 의미로 해 석되었을 것이라는 점에 주목하여, 이 경우의 '하다'가 대용어 기능을 하는 것으로 본다. 다만 모든 '실체성 명사+하다'의 '하다'가 대용어 기 능을 하는 것으로 보지는 않는데, 이에 대해서는 5.1.1절에서 언급할 것 이다.

부류 3으로 묶은 사례 역시 대개 서정수(1975, 1991)과 양명희(1990) 에서 대용어적 기능을 하는 '하다'로 파악한 것이다. 하지만 부류 3으로 묶은 사례들은 특정한 구문 구조와 연계되어 있다는 점에서 부류 4와는 성격이 다르다. 부류 4의 '하다'는 일정한 화용론적 상황이 전제됨으로써 그 의미가 해석된다고 볼 수 있지만, 부류 3의 '하다'는 발화가 이루어지는 상황을 고려함으로써 그 의미가 해석된다기보다는 '-를 -로 하다', '-게', '-도록', '-려고', '-고자' 등의 언어 형식과 그 의미를 고려함으로써 '하다'의 의미가 해석되는 측면이 강하다. 이처럼 언어 지식에 기반하여 '하다'의 의미가 해석되는 경우를 부류 4와 구별하여 살필 필요가 있다고 보아 별도의 부류로 분리하였다.

여기에서도 논란이 있었던 부분은 기울인 글씨로 표시하였다. 먼저 '논다고 <u>하는</u> 사실', '"철수가 옳소" <u>하고</u> 말하였다'의 '하다'에 대해 서정수(1975)에서는 형식동사로서의 기능을 하는 것으로 보았는데, 이는 현대국어의 모습을 보고 공시적으로 '하다'의 기능을 파악한 것이다. 하지만 이런 구성은 과거의 어느 시기에 구축되어 현재까지 관습적으로 이어지며 쓰여 왔으리라는 점에 주목한다면, 이 경우 '하다'가 쓰인 동기가 무엇인지를 현재의 시각에서 규정하는 것은 별 의미가 없는 일일 수 있다. 본고에서는 이런 경우의 '하다'가 처음에는 인용 구문 속의 서술어로서 쓰이던 것이었다가 지금까지 이어져 쓰여 오면서 덩어리째로 의미가 약화되는 변화를 겪게 되었으리라는 점에 주목하여, 인용하기 위해 쓰이는 다른 구문들과 함께 부류 3으로 포함해 두었다. 또 형용사와 결합하여 쓰이는 '-이 하다'와 '-게 하다'는 양명희(1990)에서 서술성 이행 기능을 하는 '하다'로 포함했던 것인데, 1.2.2.2절에서 언급한 것처럼 '-를 -로 하다'와의 유사성에 주목하여 부류 3으로 포함하였다.

한편 부류 5로 분리한 것에 대해서는 이 경우 '하다'의 기능이 무엇인지에 대한 판단을 유보하고자 한다. 여기에 속한 '-어 하다'는 현대국어에서 보이는 성격과 중세국어에서 보이는 성격 사이에 괴리가 있어서 '하다'의 기능을 규정하기가 쉽지 않다. 서정수(1975, 1991), 양명희(1990)처럼 현대국어의 현상에 주목하여 이 경우의 '하다'가 대용어에 준하는 기능을 하는 것으로 파악할 수도 있겠지만, '-어 하다' 구성은 이미 중세국어 시기 혹은 그 이전에 확립되어 지금까지 쓰여 오면서 덩어리째로 변화를 겪었을 것이므로 현대국어 속 모습에 대한 공시적인 파악만으로 '하다'가 쓰이는 동기를 규정하는 것은 별 의미가 없을 수 있다. 그런데 중세국어에서 '-어 ᄒᆞ다' 구성 속의 'ᄒᆞ다'가 어떤 기능을 했는지에 대해서도 현재로서는 알기가 어려운 실정이다. 장경준(1998:46~54), 장경준(2002)에서 언급되었듯이 중세국어에서 비심리용언과 '-어 ᄒᆞ다'가 결합하는 경우에는 'ᄒᆞ다'가 특정 용언을 대신하는 것으로 파악될 가능성도 있고, '-어 ᄒᆞ다' 전체가 "지속"을 나타내는 '-어 잇다'나 "시도"의 의미를 나타내는 '-어 보다'와 유사한 의미를 나타내는 것으로 보이는 경우도 있으며, 또 한편으로 심리용언이나 색채형용사류와 결합하여 나타날 때에는 뚜렷한 의미적 역할을 하지 않는 것으로 보이기도 한다.11) 이 때문에 중세국어 또는 그 이전 시기의 '-어 ᄒᆞ다'의 성격에 대해 더 많은 사실이 밝혀지지 않고서는 이때 'ᄒᆞ다'의 기능이 무엇이었는지를 알기가 어렵다. 이와 함께, 오랜 역사를 가진 '-로 하여(금)'에 대한 판단도 유보하고자 한다.

이제까지의 기술을 통해 암시해 왔듯이, 본고에서는 부류 1~4 중에서 특히 부류 3, 즉 특정한 구문 구조 속에서 그 의미가 파악되는 '하다'의 정체에 대해 의문을 갖는다. 본고는 부류 1의 '하다'를 '선행 요소가 서술적 의미를 지닐 때 선행 요소로 하여금 문법적 형식을 갖추게 하는 요소'로 본 선행 연구의 견해에 대체로 동의하는 입장에 서 있다. 또한 부류 4의 '하다'를 '발화 맥락에 기대어 파악될 수 있는 내용을 대신하는 요소'로 본 선행 연구의 견해에 대체로 동의하는 입장에 서 있다. 하지만 부류 2와 부류 3의 '하다'를 '발화 맥락에 기대어 파악될 수 있는 내

---

11) 다만 이현희(1985)에서는 '믜다', '너기다' 등의 동사 어간에 '-아/어 ᄒᆞ-'가 결합할 때에는 '행동성의 강조'라는 의미가 드러나고 형용사(주로 색채형용사)에 '-아/어 ᄒᆞ-'가 결합할 때에는 '상태성의 강조'라는 의미(색감의 정도와 관련됨)가 드러나는 것으로 보임을 언급한 바 있다.

용을 대신하는 요소'라고 보기는 어렵다. 이 중 부류 2의 '하다'에 대해서는 위에서 언급했듯이 박진호(2008)에서 밝힌 '하지만' 속 '하다'의 기능과 동궤에 있는 것으로 처리할 수 있다고 보아 더 자세히 논의할 대상으로 삼지 않고, 부류 3에 속한 '하다'의 정체가 무엇인지에 대해 집중적으로 살펴보고자 하는 것이다. 그리고 1.1절에서 언급했듯이 본고에서는 부류 3에 속한 '하다'는 특정 구문 속에서 의미적으로 잉여성을 띠게 된 서술어 자리, 하지만 문법적으로는 채워질 것이 요구되는 자리를 형식적으로 채우는 기능을 하는 것으로 본다.

이제까지 본고의 연구 목적을 밝히고, 선행 연구를 검토하면서 그것을 토대로 하여 본고의 연구 범위를 한정하는 일까지를 수행해 왔다.

이어지는 2장에서는 '특정 구문 속에서 의미적으로 잉여성을 띠게 된 서술어 자리를 형식적으로 채우는 '하다''의 정체에 보다 가까이 접근하기 위해 구문의 개념을 구체화하고 구문과 '하다'가 어떤 관계에 있는지를 보이고자 한다. 또한 구문 속에서 의미적으로 잉여성을 띠는 서술어 자리를 형식적으로 채우는 '하다'를 하위분류함으로써 본고의 연구 대상이 갖는 성격을 보다 분명히 할 것이다.

3장과 4장에서는 구체적인 사례들을 통하여 '하다'가 특정 구문 속에서 의미적으로 잉여성을 띠게 된 서술어 자리를 형식적으로 채우는 기능을 한다고 볼 수 있게 하는 근거들을 보일 것이다. 3장에서는 단순 사태를 나타내는 구문을 대상으로 하여 그 속에서 '하다'가 어떤 기능을 하는지를 보일 것이고, 4장에서는 복합 사태를 나타내는 구문을 대상으로 하여 그 속에서 '하다'가 어떤 기능을 하는지를 보일 것이다.

5장에서는 4장까지의 내용을 통해 살핀 '하다'의 기능이 '하다'의 다른 기능과는 어떤 관계에 있는지를 정리하여 보이고자 한다.

마지막으로 6장에서는 논의의 핵심을 정리하면서 글을 마무리할 것이다.

이제 본고에서 자료로 이용한 말뭉치를 소개함으로써 1장을 마무리하고자 한다. 먼저 현대국어 문어를 보여 주는 말뭉치로는 21세기 세종계획의 일환으로 구축된 현대국어 문어 형태분석 말뭉치를 필자가 장르별 균형을 고려하여 300만 어절 규모로 축소한 말뭉치를 이용하였다. 이는 본문에서 '세종 문어 말뭉치 300만 어절'로 불릴 것이다. 또 현대국어 구어를 보여주는 말뭉치로는 역시 21세기 세종계획의 일환으로 구축된 80만 어절 규모의 현대국어 구어 형태분석 말뭉치를 이용하였다. 이는 본문에서 '세종 구어 말뭉치'로 불릴 것이다. 마지막으로 국어의 역사를 보여 주는 말뭉치로는 21세기 세종계획의 일환으로 구축된 역사 말뭉치를 기본으로, 여기에 언간을 중심으로 몇몇 자료를 추가한 말뭉치를 이용하였다. 이는 본문에서 '역사 말뭉치'로 불릴 것이며, 여기에 포함된 구체적인 문헌들의 목록은 부록으로 제시하였다.

제2장 구문과 '하다'의 관계

1장에서는 [표 2]에서 부류 3으로 묶인 사례들 속의 '하다'가 어떤 기능을 하는지를 밝히는 것이 본고의 연구 목적임을 언급했다. 이때의 '하다'는 대개 서정수(1975, 1991)과 양명희(1990)에서 대용어적 기능을 하는 것으로 파악되었지만, 특정한 구문 구조와 연계되어 의미가 확인된다는 점에서 발화 장면이나 문맥을 통해 그 의미가 확인되는 대용어와는 성격이 다름을 강조하였다.

'하다'의 의미가 특정한 구문 구조 속에서 확인된다는 것은 곧 '하다'의 의미가 구문 구조에 대한 화자의 언어 지식에 기반하여 해석된다는 것을 뜻한다. 이때 화자의 언어 지식이란 무엇을 말하는 것인가? 이 장에서는 이 문제에 대해 살피려고 한다. 그리고 1.1절에서 잠시 언급했듯이 본고는 화자들이 '형식 연쇄에 의미가 직접 연합되어 있는 덩어리 기호 단위'에 대한 지식을 언어 지식으로서 가지고 있다고 본다. 가령 [NP(발화자)-가 (NP(수신자)-에게) S(피인용문) V(발화동사)]라는 형식에 "누가 누구에게 무엇이라고 말하다"라는 의미가 연합되어 있는 덩어리 기호 단위가 국어 화자들의 언어 지식으로 존재한다고 보는 것이다.

그렇게 볼 수 있는 간단한 증거 한 가지는, 국어 화자라면 '철수가 영이한테 집에 간다고'라는 말을 들었을 때 그 뒤에 '말하다' 같은 동사가 이어질 것임을 쉽게 예측할 수 있다는 것이다. 이런 예측 현상은 국어 화자들이 다음과 같은 언어 지식을 가지고 있다고 상정해야 설명될 수 있다. 첫째, 국어 화자들은 'NP(발화자)-가 (NP(수신자)-에게) S(피인용문)' 뒤에 'V'가 온다는 것을 알고 있다. 둘째, 이때 'V' 자리에서 주로 쓰이는 동사는 '말하다' 등의 몇몇 발화동사에 그친다는 것을 알고 있다. 그런데 이처럼 어떤 단어 연쇄 뒤에 어떤 단어가 이어진다는 것을 안다는 것은 곧 화자들이 이 전체 단어 연쇄에 대한 '덩어리 지식'을 가지고 있다는 말과 다르지 않다. 이에 따라 본고는 국어 화자가 [NP(발화자)-가 (NP(수신자)-에게) S(피인용문) V(발화동사)]라는 형식에 "누가 누구에게 무엇이라고 말하다"라는 의미가 연합해 있는 것과 같은 덩어리 지식들을 언어 지식으로 가지고 있다고 보는 것이다.

그런데 그런 덩어리 지식들 중에는 [NP(발화자)-가 (NP(수신자)-에게) S(피인용문) V(발화동사)]의 경우처럼, 'NP(발화자)-가 (NP(수신자)-에게) S(피인용문)'까지만 들어도 그 뒤에 올 'V'가 무엇인지가 쉽게 예측되는 경우가 있다. 이런 경우에는 'V' 자리가 의미적으로 잉여성을 띠게 되어서 굳이 구체적인 의미를 가진 동사를 이용하여 그 자리가 갖는 의미를 명시할 필요가 없고, '하다'같이 포괄적인 의미를 갖는 동사로 그 자리를 형식적으로 채워도 그 자리가 갖는 의미가 무엇인지가 파악되는 동시에 절의 문법적 완결성도 도모할 수 있게 된다고 보는 것이다. 즉 본고의 연구 범위에 포함된 '하다'는 이와 같은 덩어리 지식을 기반으로 하여 덩어리 속에서 의미적으로 잉여성을 띠게 된 서술어 자리를 형식적으로 채우는 기능을 한다고 본다.

구문 문법적 관점에서는 화자들에게 언어 지식으로 존재하는 이와 같은 덩어리 기호 단위를 '구문'이라고 부른다. 그리고 본고는 부류 3에 포함된 '하다'가 구문 단위를 기반으로 하여 구문 속에서 의미적 잉여성을 띠게 된 서술어 자리를 형식적으로 채우는 기능을 한다고 보고 있다. 이런 가정이 그럴듯한 것이 되려면 우선 덩어리 지식으로서의 '구문'이라는 개념이 그럴듯한 것이어야 할 것이다. 아래에서는 구문 개념이 등장하게 된 언어학적 배경과 그 타당성을 뒷받침해 주는 인지적 배경에 대해 살피려고 한다. 2.1절에서는 구문 개념이 등장하게 된 언어학적 배경에 대해, 2.2절에서는 구문 개념을 뒷받침하는 인지적 배경에 대해 살필 것이다.

2.1. 문법 구조의 개념 변화

문법 구조란 무엇인가? 이에 대한 대답은 언어를 어떤 시각으로 바라보는가에 따라 달라진다. 체계적인 음운 대응 법칙을 기반으로 언어들 간의 계통 관계를 재구성해 내는 데에 관심을 기울였던 19세기의 역사 비교 언어학을 지나, 언어의 변화는 낱낱 요소들의 개별적 변화가 아니라 체계적 변화라는 생각을 갖게 됨을 계기로 해서 언어를 구성하는 요소들은 언어 전체 체계 속에서 다른 요소에 상대적으로 존재함을 강조한 20세기 전반기의 구조주의 언어학에 이르기까지는 단어와 형태소들의 조합이 이루어내는 문법 구조는 언어학 연구의 주된 관심사가 아니었다.

다만 주어진 언어 상태를 객관적으로 기술하는 것을 강조하며 음소와 형태소를 확인해 내는 것을 중시한 구조 기술 언어학에서는 문법 구조에 얼마간 관심을 두었다. 둘 이상의 언어 단위가 통합되어 하나의 언어 형식을 이룬 경우에 그것을 더 분석하여 최소의 의미 단위인 형태소를 확인하는 데까지 이르러야 했고, 이 과정에서 직접 구성 성분 분석(IC 분석)의 방법론이 중요하게 이용된 것이다. 하지만 단어를 넘어선 더 큰 언어 단위의 구조에 대해서 본격적인 분석을 한 것은 아니었고, 언어학의 객관화, 과학화를 중시한 나머지 의미의 문제를 도외시했다는 한계도 내포하고 있었다(서정목, 1998:2장 참고). 이런 관점에서 문법 구조란 다단계에 걸친 직접 구성 성분 분석의 결과 그 자체이다.

1957년 발간된 Chomsky의 *Syntactic Structures* 이후 본격적으로 전개된 변형생성문법에서는 구를 형성하는 규칙과 구 구조의 형식화에 주된 관심을 두게 된다. 변형생성문법은 구조 기술 언어학에서 강조한 직접 구성 성분 분석이 문장의 다양한 변이를 해명하지 못하며 발화할 수 있는 문장의 무한함도 설명해 주지 못한다는 점을 극복하고자 하였다. 직접 구성 성분 분석적인 방법론 자체는 변형생성문법에서도 수용되고 있으나 변형이라는 기제를 통해 문장의 다양한 모습을 해명하고자 했고, 순환적으로 적용될 수 있는 구 구조 규칙을 통해 문장의 무한함도 포착하고자 했다. 구조 기술 언어학에서 차치해 두었던 의미의 문제도, 통사 구조가 다르면 의미도 다름을 주장함으로써 문법 기술 과정에서 얼마간 반영하고자 하였다(서정목, 1998:3장 참고). 하지만 'Colorless green ideas sleep furiously'라는 문장의 의미론적 이상함과 그럼에도 불구한 문법적 적격성을 통해 강변했듯이 의미의 문제와 문법의 문제는 별개의 부문으로 구별될 수 있는 것이라는 입장을 취했다. 또 나무 그림으로 표상되는 문법 구조는 문법의 일반 원리가 상호작용한 결과로 나타난 결과물 정도의 부수적인 것으로 취급되었다.

20세기 말에는 변형생성문법적 시각에서 구별하려 했던 의미의 문제와 문법의 문제가 사실은 불가분의 관계에 있다는 생각이 퍼지게 된다. 이런 생각의 중심에는 '숙어'의 문제가 있었다. 숙어는 형식적으로 단어 단위를 넘어서고, 그것을 이루는 각 단어들이 독자적으로 굴절할 수도 있으며, 각 단어들 사이에 수식어가 개입되기도 하는 유연한 모습을 보이면서도, 의미적으로는 전체 단위가 하나로 묶여 있다는 특성을 갖는다. 숙어의 이와 같은 형식적 특성과 의미적 특성의 불일치 때문에, 문법 구조와 의미를 별개의 부문으로 뚜렷하게 구별하려 했던 변형생성문법적 접근으로는 숙어 현상을 문법 기술 속에 자연스레 수용하기가 어려웠다. Fillmore et al.(1988)은 이런 숙어의 문제로부터 출발하여, 문법 구조는 (단어가 그러하듯이) 의미와 결합된 단위로서 언어의 기본 단위로 취급되어야 한다는 시각을 전개하게 되었다(Croft, 2001:1장 참고).

문법 구조에 대한 이런 시각을 본격화한 문법 이론이 '구문 문법(Construction Grammar)'이다. 이 관점에서는 여러 층위에 걸쳐 존재하는 문법 구조를 '구문(construction)'이라 부르는데, 이때의 구문은 구조주의적 시각에서처럼 '구조를 이루면서 모인 언어 형식들 그 자체'도 아니고, 변형생성문법적 시각에서처럼 '문법적 규칙을 적용한 결과로 나타난 부수물'도 아니다. 이때의 구문은 '형식과 의미가 결합된 기호적인 단위'이다. 그리고 각 구문에 대한 지식의 총체가 바로 화자의 문법적 지식이라고 본다.

이제 숙어의 문제를 문법 기술 속에 수용하려는 시도가 어떻게 위와 같은 구문 개념으로까지 이어지는지에 대해 살펴보자. 가령 "누구를 놀리다"라는 의미를 갖는 영어의 숙어 'pull ONE's leg'는 각 부분들의 의미의 합으로 전체적인 의미를 설명할 수 없기 때문에 단어처럼 어휘부 속에 저장된 단위로 취급되어야 하지만, 우선 'ONE's' 자리에 my, your, John's 등 어느 하나로 고정되지 않은 명사가 위치할 수 있다는 점에서, 또 pull이 (be) pulling, pulled, pulls 등으로 독자적으로 굴절한다는 점에서, 형식적으로 고정되어 있고 전체적으로 굴절하는 일반적인 단어들과 차이를 보인다. 즉 이런 숙어들은 의미적으로는 일반적인 단어처럼 하나의 덩어리이면서도 형식적으로는 이 묶음을 이루는 각 구성 요소들이 독자적 특성을 발현하거나 형식적으로 고정되지 않은 면모를 보여서 통사론에서 다루어야 할 만한 성격을 보이는 것이다.

통사부와 의미부를 분리하고, 형식적으로 고정된 단위만을 의미와 형식이 연합된 단위로서 어휘부에 저장되는 것으로 상정하는 문법 이론에서는, 이처럼 의미적으로 특유하면서 형식적으로는 통사론적 성격을 갖는 단위를 문법 기술 속에 포괄하기가 어려워진다. 여러 개의 언어 요소가 결합했으되 부분적으로 도식성(schematicity)이 있는 단위도 그 자체로 의미 정보와 연합된 채로 문법적 지식으로서 저장되어 있음을 가정해야만 숙어를 문법 기술 내에 자연스럽게 포괄할 수 있게 되는 것이다.

그런데 이처럼 부분적으로 도식적인 단위를 저장 단위, 즉 문법 운용의 기본 단위로 간주하다 보면, 정도성을 더해가며 점점 더 도식성이 높아지는 단위들까지도 같은 방식으로 다룰 수 있다는 논리적 귀결에 이르게 된다. 결국 Goldberg(1995)에서처럼 [Subj V Obj Obl]라는 전체적으로 도식적인 단위까지도 "Subj가 Obj를 Obl로 이동하게 하다"라는 의미 정보를 결합하고 있는 저장 단위, 문법 운용의 기본 단위로 간주하는 입장으로까지 나아갈 수 있게 된다.

Croft(2001:1장)의 지적처럼 화자들이 어느 정도까지 추상화된 단위를 저장 단위로서 처리할 것인가에 대한 것은 인간의 범주화 능력에 대한 더 진전된 연구 없이는 알기 어렵고, 극도로 추상적인 단위는 화자들에게 인지되는 범주가 아닐 수 있지만, 어찌되었든 형식적 구체성을 띠는 단어로부터 형식적으로 더욱 도식적인 통사적 구조에 이르기까지 모든 것이 '구문'이라는 단위로 포착될 가능성을 발견하게 된 것이다.

2.2. 구문 개념의 인지적 근간

앞선 절에서는 언어 현상을 기술하는 과정에서 구문 개념이 도출된 배경에 대해 살폈는데, 구문 개념의 도출 배경은 이처럼 이론적이기만 한 것은 아니다. 이 절에서는 구문이 화자의 문법적 지식의 근간을 이룬다는 생각에 대한 인지적 근거를 제시하고자 한다.

언어는 의사소통을 위한 수단이므로 언어학적인 개념의 인지적 근간에 대해 살피려면 먼저 의사소통에 대해 이해할 필요가 있다. 의사소통은 전통적으로는 '화자가 의도한 의미를 기호로 부호화해서 송신하면, 청자가 그 기호를 해독함으로써 화자가 의도한 의미를 수신하는 과정'이라고 이해되어 왔다. 이는 화자로부터의 일방적인 정보 전달과 청자의 수동적인 이해를 전제로 하는 개념이다. Lakoff & Johnson(1980:10~13)에서는 이런 의사소통의 개념이 도관 은유에 기반하고 있다고 지적하였다. 즉 의사소통이란 어떤 곳에서 생겨서 어떤 도관을 따라 중계되어 다른 곳으로 전달되는 어떤 것이라고 본 것이다.

하지만 Grice(1957), Sperber & Wilson(1986), Keller(1995) 등에서는 이런 의사소통의 개념이 더 이상 유지될 수 없음을 주장하였다. 가령 Sperber & Wilson(1986)에서는 기호 자체가 나타내는 의미와 실제로 소통되는 사고 내용 사이에 간극이 존재한다는 것을 강조하였다. 예를 들어 "난 커피를 마시면 잠이 안 와."라는 발화를 통해 실제로 소통되는 내용은 맥락에 따라 커피를 마시겠다는 것일 수도 있고 커피를 마시지 않겠다는 것일 수도 있다. 이처럼 기호 자체의 의미와 실제 소통되는 사고 내용 사이에 존재하는 간극은 청자의 '추론'에 의해 채워진다. 이에 따라 의사소통의 개념은 '화자는 의도를 담고 있는 자극을 생산하고, 청자는 그 자극과 자신의 맥락을 근거로 삼아서 화자의 의도를 추론하는 과정'으로 수정된다. 청자는 더 이상 의사소통에서 수동적인 존재가 아니라, 한편으로는 기호 체계에 대한 지식을 사용하고 한편으로는 맥락에 대한 지식을 사용해서 화자의 의도를 추론하는 능동적인 존재가 된다. 그리고 화자가 제시한 자극을 바탕으로 하여 화자의 의도가 무엇인지를 적절히 추론했을 때 우리는 의사소통에 성공했다고 말하게 된다.

그런데 언어는 인간 의사소통의 중요한 수단으로서 의사소통 과정 속에 존재한다. 이 사실이 인간의 언어 지식에 어떻게 영향을 미치는지를 고려하기 위해서는 언어 습득의 문제에 대해 생각해 볼 필요가 있다. 성인의 언어 지식은 어린아이 시절부터의 언어 습득 과정을 통해 구성되는 것이므로, 성인의 언어 지식의 본질이 무엇인지를 알기 위해서는 어린아이의 언어 습득 과정을 고려해야 하는 것이다.

언어는 의사소통 과정 속에 존재하므로, 어린아이가 언어를 습득하는 것 역시 의사소통 장면 속에서 이루어진다. 그런데 의사소통은 화자가 청자에게 특정한 영향을 미치기 위해 자극을 제시하고 청자는 그 자극을 근거로 삼아 화자의 의도를 추론하는 과정이므로, 의사소통의 장에 놓인 어린아이가 언어적 관습을 배우는 데 있어서도 상대의 의도를 파악하는 것이 가장 중요한 문제가 된다. 그러므로 언어 습득 과정에서 중요한 언어 단위는 의도를 담고 있는 단위가 된다.

Tomasello(2003:19~28)에서는 어린아이들이 생후 9~12개월이 되면 어른의 의도를 알아채고 어른과 주의를 공유하는 능력이 발달하기 시작하는데, 이 이후에야 언어를 구사하는 능력이 발달하게 된다는 것은 우연이 아닐 것이라는 점을 언급하였다. 타인의 의도를 아는 능력과 언어를 구사하는 능력 사이의 밀접한 관계는, 의사소통은 의도 추론 능력을 전제로 하고 의도 추론 과정 속에서 언어가 습득되며 그러므로 언어 습득에서 중요한 단위는 의도를 담는 단위일 것이라는 점을 알 수 있게 한다. 그리고 의도를 담는 단위는 아래와 같이 보통 우리가 문장이라고 부르는 단위에 해당한다.

(12) ㄱ. 이건 코끼리.
　　 ㄴ. 오빠 어딨어?
　　 ㄷ. 멍멍이 갔다.
　　 ㄹ. 맘마 먹자.
　　 ㅁ. 이거 할머니 갖다 줘.

어린아이들이 언어를 발화하기 시작할 때에는 보통 한 단어를 발화함으로써 자신의 의도를 전달하려고 하고, 이에 언어 발달에 관한 초기의 가설들에서는 어린아이는 우선 단어를 습득하고, 그런 다음 (아마도 규칙을 통해) 단어들을 조합함으로써 문장을 만든다는 입장을 취해 왔다(Tomasello, 2003:36~40 참고). 하지만 대부분의 어린아이들의 초기 발화 중에는 어른이 사용하는 표현을 분석하지 않은 채 일어문처럼 발화하는 경우("I-wanna-do-it", "Lemme-see", "Where-the-bottle" 등)가 포함되어 있음이 지적되었다(Tomasello, 2003:38; Pine & Lieven, 1993). 이런 현상은 어린아이들이 한 단어를 가지고 의도를 전달하려고 할 때가 많은 것일 뿐, 아이들이 실제로 주목하는 단위는 의도를 담은 전체 단위일 것이라는 점을 짐작하게 한다. 이에 따라 아동의 언어 발달에 대한 기능주의적인 관점에서는, 아이들은 발화 전체를 듣고 산출하며, 아이들에게 주어진 차후의 과제는 그 발화를 분석하여 각 부분이 전체로서의 발화에서 어떤 기능적인 역할을 담당하고 있는가를 이해해 가는 것이라고 보고 있다(Tomasello, 2003:40).

이 외에도 어른의 의도를 담은 구체적인 발화 덩어리들이 아동 언어 습득의 기반이 된다는 점을 보여 주는 연구들이 있다. 가령 Dąbrowska & Lieven(2005)에서는 2~3세 아동의 질문 발화 산출에 대한 관찰을 했는데, 그 결과 아동 발화의 21~75%는 바로 앞선 성인의 질문을 반복한 것, 또는 지연하여 반복한 것, 또는 아동 스스로의 발화를 자가 반복한 것이었다고 밝혔다. 이 결과는 어린아이들이 최근에 들은 문장들을 그 자체로 기억하고 있다는 것을 말해 준다.

하지만 언어 습득은 이처럼 자신이 들은 발화를 기억하고 다시 산출하는 것에서 그치지 않는다. Tomasello(2003:28~31)에서는 어린아이에게서 점차 발달하는 '패턴 발견 능력'이 언어 습득 과정에서도 중요한 역할을 한다는 점을 강조했다. 패턴 발견 능력은 주로, 같은 기능을 하지만 특성이 조금씩 다른 사물들을 하나의 범주로 인식하는 데 이용된다. 이런 능력은 물론 언어 습득 과정에서도 작용할 수 있다. 특정한 의도를 담아내기 위해(즉 같은 기능을 위해) 유사한 언어 형식 연쇄가 이용되는 일이 반복된다면, 어린아이들은 조금씩 다르면서도 동시에 유사점을 가진 형식들 속에서 점차 패턴을 발견해 가게 된다. 게다가 어린아이와 의사소통하려는 어른은 아이의 의사소통 능력을 고려하여 되도록 간단한 구조를 가진 문장을 조금씩 변형해 가며 여러 번 반복해서 말하기 쉬우며("이거 할머니 갖다 줘", "이거 이모 갖다 줘" 등), 어린아이는 이런 문장들로부터 조금씩 패턴을 발견해 가게 된다(이거 X(사람) 갖다 줘). 이 과정이 곧 처음에는 특정 의도를 담은 덩어리로서 존재했던 문장으로부터 그 내부 구조를 분석하고 일반화해 가는 과정에 해당하며, 여기에서부터 점진적으로 어린아이의 '문법'이 구성되어 나간다.

어린아이의 문법이 언어 경험을 기반으로 하여 점진적으로 구성되어 나간다는 증거로는 다음과 같은 것이 있다. 가령 Rowland & Pine(2000)에서 관찰한 영어 화자 아이는 의문사가 있는 의문문을 발화할 때 어떤 경우에는 주어와 조동사를 도치함으로써 How did...?, How do...?, What do...?처럼 정확한 의문문을 만들기도 했지만, 또 다른 경우에는 주어와 조동사를 도치하지 않음으로써 Why I can...?, What she will...?, What you can...? 등의 오류를 지속적으로 범하는 모습을 보였다. 이는 어린아이가 의문문의 문법을 점진적으로 구성해 간다는 것을 보여 준다. 이처럼 어린아이가 가진 문법 지식은 성인의 문법 지식과 동일하지 않고, 문법 지식은 언어를 경험하는 과정에서 지속적으로 개신되는 양상을 보인다.

어린아이가 의사소통의 장 속에서 언어 경험을 통하여 문법을 점진적으로 구성해 간다는 증거들은 언어 습득을 사용 기반의 관점에서 바라보게 한다. 어린아이들은 개별적인 성장 환경 속에서 주변 사람들이 사용하는 (문장을 중심으로 한) 언어 자극에 영향을 받아 그것을 모방하면서 언어적 관습을 배우기 시작한다. 그 과정에서 만약 특정 기능을 위하여 자주 함께 쓰이는 언어 요소들이 있다면 그것을 한 단위로 묶으며(청킹, chunking), 같은 기능을 수행하는 유사한 언어 자극들이 누적되면 점차 덩어리의 내부 구조를 분석하고 일반화해 나가게 된다(Bybee, 2010:4장). 이로부터 어린아이의 문법이 점진적으로 구성되며, 언어 자극이 누적될수록 어린아이의 문법 지식은 점차 변화하여 시간이 흐르면서 어른의 문법 지식에 가까워지게 된다. 물론 어른의 언어 지식도 어린아이만큼 급격한 것은 아니지만 언어 사용의 영향을 받아 변화한다. 이처럼 언어 사용의 실제 사례들이 언어가 인지적으로 표상되는 데에 지속적으로 영향을 준다는 것은 언어에 대한 사용 기반 관점의 핵심적인 주장이다(Bybee, 2010:2.1절).

또한 어린아이들이 의도를 담은 언어 자극으로서 경험하고 기억한 형식 연쇄들로부터 패턴을 발견하고 일반화해 가는 과정이 곧 문법이 구성되는 과정이고, 이런 지식들이 구조화된 것의 총체가 곧 문법이라는 것이 구문 문법의 주장이다. 구문 문법에서 '구문'이라 부르는 것은 간단히 말하면 인간이 경험하고 기억한 언어 단위들로부터 패턴을 발견하고 일반화한 결과물에 해당한다. 앞서 언급했듯 패턴을 발견하고 일반화하는 과정은 같은 기능을 하는 언어 단위에 대하여 적용되는 것이므로, 이런 일반화의 결과물은 기능 내지는 의미와 동떨어져 존재할 수 없다. 또 구문을 구성하는 기반이 되는 구체적인 언어 경험에는 구체적인 음성적 특질과 맥락의 영향을 받은 화용적 특질 역시 공존하고 있으므로 이런 특질들도 구문에서 동떨어져 있을 수 없다. 이처럼 형식과 의미에 대한 풍부한 정보가 결합한 채 화자의 언어 지식으로서 존재하는 단위들 각각을 '구문'이라 부르는 것이다.

이런 단위는 꼭 문장 단위에만 국한되는 것은 아니고 문장보다 큰 단위일수도, 작은 단위일 수도 있다. 이런 이유 때문에 'construction'을 '구문(構文)'이라 일컫는 것이 부적절하다고 주장하며 대신 '구성(構成)'이라는 용어를 채택하기도 한다(최형용, 2013). 하지만 앞서 언급했듯이 construction은 의도를 담고 있는 단위를 중심으로 하여 구성되어 나간다. 그리고 의도를 담는 단위 중 중심적인 것은 문장이므로, '구문'이라는 용어가 이 단위의 본질적인 성격을 잘 보여 줄 수 있다.

구문은 이처럼 언어 경험을 토대로 하여 화자의 마음속에 표상된 단위들을 말하는 것이므로 한 언어에 또는 한 개인에게 구문이 몇 개가 있는지, 어떤 연쇄는 구문이고 어떤 연쇄는 구문이 아닌지를 명확히 구별하여 언급하는 것은 불가능하다. 다만 특정한 형식 연쇄에서 그것을 구성하는 언어 요소의 개별적 조합으로는 설명되기 어려운 특이한 형식적·의미적 특질이 나타나거나, 그렇지 않더라도 특정한 형식 연쇄가 빈번히 쓰인다면 그런 덩어리는 화자의 마음속에 표상된 단위, 즉 구문일 것이라고 추정할 수 있다(Goldberg, 2006:5).

요컨대 구문 문법에서는 문법적 지식이 구체적인 언어 경험의 저장, 경험 빈도에 의한 강화와 청킹, 유사한 기능을 하는 항목들에 대한 범주화라는 인간의 영역 일반적인 인지 능력에 기반하여 구성되는 것이라고 보며, 이런 시각이 어린아이의 언어 습득 과정에서 나타나는 현상들을 자연스럽게 설명할 수 있고, 숙어와 같이 부분적으로 도식적인 단위로부터 그보다 더 도식적인 단위에 이르기까지 각 층위의 다양한 구문들이 음성적·의미적·화용적으로 특유의 쓰임새를 갖고 있음을 자연스럽게 설명할 수 있다고 본다.

2.3. 구문의 구성 과정

이제 앞 절에서 언급한 구문 단위의 구성 과정을 좀 더 구체화함으로써 덩어리 단위에 대해 이해해 보자.

일반적으로 단어나 형태소들은 반복적으로 연쇄를 이루면 인지적으로 함께 묶이고, 그 연쇄는 하나의 단위로서 접근될 수 있다(Bybee, 2010:7). 가령 영어 화자에게는 supreme과 court, 또는 sesame와 street가 자주 함께 경험되므로 supreme court나 sesame street 같은 것이 하나의 덩어리로서 처리된다. 그래서 영어 화자라면 supreme을 들었을 때 다음 단어로 court를 떠올릴 수 있고, sesame를 들었을 때 street를 떠올릴 수 있다(Bybee, 2002). 물론 국어 화자에게도 이런 덩어리 지식이 있다. 가령 국어 화자에게는 '만병의'와 '근원', 또는 '목돈이'와 '필요하다', 또는 '목돈이'와 '들다' 같은 단어들이 함께 경험되는 경우가 많으므로 '만병의 근원'이나 '목돈이 필요하다', '목돈이 들다' 같은 표현이 하나의 덩어리로서 처리되고, 이에 따라 '만병의'를 들었을 때에는 '근원'이 함께 떠오르고 '목돈이'를 들으면 '필요하다'나 '들다'가 함께 떠오르게 된다.

그런데 이런 구체적인 단어 연쇄 차원에서뿐 아니라, 'X(어떤 사람)-이 Y(다른 사람)-한테 Z(물건)-을' 같은 추상적인 성격의 단어 연쇄에 대해서도 그에 이어질 요소로 '주다'나 그와 유사한 부류의 동사들을 떠올릴 수 있다는 점에 주목해 볼 수 있다. 정주리(2000)에서는 '구루랐다'라는 무의미한 동사를 만들어 '순희가 철수에게 무언가를 구루랐다' 같은 문장을 제시하고 일반 언중들에게 '구루랐다'의 의미를 추측하게 하는 실험을 했는데, 그 결과 10명 중 6명이 이를 '주다'의 의미로 추측했음을 밝히고 있다. 즉 구체적인 단어 연쇄뿐 아니라 추상적인 성격의 단어 연쇄도 화자들에게 한 덩어리로 묶여 있을 수 있고, 그런 경우에는 덩어리 중의 일부만을 언급해도 언급되지 않은 나머지 부분이 함께 떠오를 수 있게 되는 것이다.

그러면 추상적인 성격의 단어 연쇄는 어떻게 해서 한 덩어리로 운용될 수 있게 되는가? 추상적인 단어 연쇄는 구체적인 단어 연쇄들이 범주화되고 일반화된 결과로 존재하게 된다. 가령 [NP(행위자)-가 NP(수여자)-한테 NP(대상)-을 V(수여동사)]라는 연쇄의 덩어리화 과정에 대해 생각해 보자. 국어 화자는 '내가 너한테 책을 줬잖아', '영이가 철수한테 편지를 보냈어', '엄마가 나한테 용돈을 주셨어' 등의 수여 사태를 표현하는 구체적인 단어 연쇄들을 빈번히 경험한다. 이 문장들은 구체적으로 어떤 단어가 쓰였는지에서 차이를 보이고 어순에서도 얼마간 변동이 있을 수 있지만, 격조사에서 형식적인 유사성을 공유하고, 어순도 완전히 중구난방으로 나타나기보다는 많은 경우에 일정한 순서로 나타나는 경향을 보여 유사성을 공유한다. 무엇보다도 의미적으로 "수여 사태"라는 유사한 사태를 나타낸다. 이처럼 같은 기능을 하면서 형식적으로도 유사한 단어 연쇄들을 빈번히 경험하게 될 때 한국어 화자는 이 구체적인 사례문들을 한 덩어리로 처리하게 될 뿐 아니라, 나아가 범주화를 통해 이 속에서 비슷한 기능을 하는 것들(즉 행위자 역할을 하는 '나-영이-엄마', 수여자 역할을 하는 '너-철수-나', 수여되는 대상 역할을 하는 '책-편지-용돈', 동작을 나타내는 '주다-보내다-주다')을 사상할 수 있게 되고, 이런 사상을 토대로 해서 일반화를 할 수 있게 된다(Tomasello, 2003:5.2.1절 참고).

[그림 1] 수여 사태를 표현하는 사례문들의 일반화

구체적 사례1	내가	너한테	책을	줬잖아.
〈사상〉				
구체적 사례2	영이가	철수한테	편지를	보냈어.
〈사상〉				
구체적 사례3	엄마가	나한테	용돈을	주셨어.
…	…	…	…	…
〈일반화〉	⇓	⇓	⇓	⇓
	행위자-가	수여자-한테	대상-을	수여동사

이러한 범주화·일반화의 결과로 [NP{행위자}-가 NP{수여자}-한테 NP{대상}-을 V{수여동사}]라는 추상적인 연쇄가 하나의 덩어리 지식으로 존재하게 되고, 그 결과 이 연쇄의 일부, 즉 'X{행위자}-가 Y{수여자}-한테 Z{대상}-을' 같은 것을 듣는 것만으로도 '주다'나 그와 유사한 부류의 동사들이 이어질 것임이 자동으로 떠오르게 되는 것이다.

즉 어떤 구체적인 단어들의 연쇄가 덩어리로 빈번하게 경험되었을 때 그것이 하나의 단위로서 접근될 수 있는 것은 물론이고, 만약 빈번하게 경험되는 구체적인 단어들의 연쇄가 기능적·형식적 유사성에 근거하여 범주화되고 일반화될 수 있다면 그 결과로서 추상적인 성격을 갖는 연쇄도 하나의 덩어리진 단위로서 접근될 수 있다는 것이다.

이는 우리가 말을 할 때 각각의 단어를 하나하나 떠올리면서 처리하는 것이 아니라, 빈번하게 함께 나타나는 단어 연쇄는 묶어서 저장하고 처리한다는 것, 더 나아가 그러한 구체적 단어 연쇄들이 기능적·형식적 유사성에 기반하여 범주화·일반화될 수 있을 때에는 그런 추상적인 패턴까지도 언어 처리의 단위로서 다룰 수 있다는 것을 말한다.

구문은 이와 같은 과정을 통하여 다양한 추상성의 정도를 보이며 구성되어 나가는 덩어리 단위이다. 이제는 이러한 구문과 '하다'의 관계에 대해 생각해 보자.

2.4. 구문 속 '하다'의 기능

본고는 이제까지, 다양한 추상성의 정도를 갖는 자리들이 연쇄되어 있는 형식에 의미가 연합되어 있는 덩어리 단위가 언어 단위로서 상정될 수 있음을 주장해 왔다.

그런데 때로는 이 덩어리 중의 일부만 언급하더라도 전체 덩어리가 환기되면서 아직 언급되지 않은 자리에 어떤 요소가 올 것인지가 쉽게 예측되는 경우가 있다. 또 때로는 이 덩어리 중의 일부를 통하여 전체 덩어리가 갖는 핵심 의미가 드러남으로써 덩어리의 나머지 부분은 의미적인 부담을 지지 않게 되는 경우도 있을 것이다.[1]

---

1) 이는 박진호(2007b)에서 논의된 '의미의 쏠림 현상'과도 관련이 있다. 의미의 쏠림 현상이란 둘 이상의 단어로 이루어진 복합 표현 전체가 지니던 의미를 그 구성 내의 특정 단어 혼자서 지니게 되는 현상을 말한다. 가령 '바가지를 긁다'가 지니던 의미를 '바가지'만으로도 드러낼 수 있게 된 것이 그 예가 된다. 이런 의미의 쏠림 현상도 근본적으로는 덩어리로 처리되는 단위를 전제로 하여 그 중 일부를 언급하는 것만으로 환유적으로 전체 덩어리가 떠오를 때 나타난다. 하지만 역으로 '덩어리로 처리되는 단위를 전제로 하여 그 중 일부를 언급하는 것만으로 환유적으로 전체 덩어리가 떠오를 때 나타나는 의미 현상'이 곧 '의미의 쏠림 현상'인 것은 아니다. 가령 '우리는 바다를 배경으로 (삼아) 사진을 찍었다'라는 문장에 대해 생각해 보자. '바다를 배경으로'라는 요소만으로 '삼아'라는 서술어와 그 의미가 함께 떠오르므로 이때 '삼아'는 생략될 수도 있다. 하지만 이때 '바다를 배경으로'라는 표현을 구성하는 어느 요소에 '삼다'의 의미가 쏠리게 되었다고 보기는 어렵다.

이처럼 덩어리 중의 일부 자리가 의미적으로 잉여성을 띠게 되는 경우에는, 그런 자리를 형식적으로만 채워 놓고 발화를 완결해도 전체 구문을 통해 전달하려고 한 의미를 무리 없이 전달할 수 있을 것이다. 그리고 이때 의미적으로 잉여성을 띠게 된 자리를 형식적으로 채우는 데에는 의미가 구체적이고 뚜렷한 요소보다는 포괄적인 의미를 갖는 요소가 더 쉽게 쓰일 수 있을 것이다. '하다'는 매우 포괄적인 의미를 갖는 용언이고, 그래서 이처럼 구문 속에서 의미적으로 잉여성을 띠는 자리를 형식적으로 채우려고 할 때 어떤 용언들보다도 쉽게 도입될 수 있다. 본고는 '하다'가 이처럼 여러 자리를 갖는 덩어리로서의 구문 속에서 의미적으로 잉여성을 띠게 된 자리를 형식적으로 채우는 기능을 할 수 있다고 본다.

본고의 연구 범위에 속하는 구문들은 모두, 구문을 이루는 형식 연쇄 중의 일부만 언급하더라도 전체 구문의 의미가 환기되면서 서술어 자리에 올 동사가 무엇인지가 대체로 예측된다는 특성을 갖는다. 아래는 그런 성격을 짐작할 수 있게 해 주는 예이다. 국어 화자라면 [ ] 안에 어떤 동사가 올 것인지를 다음과 같이 꽤 구체적으로 예측할 수 있을 것이다.

(13) ㄱ. 영이가 너 졸업 안 했냐(고) [   ] → 묻다

　　 ㄴ. 나는 걔가 화가 나서 그런가 [   ] → 생각하다

　　 ㄷ. 정부는 이곳을 경제특구로 [   ] → 정하다, 삼다

　　 ㄹ. 나는 조카 선물을 옷으로 [   ] → 정하다, 결정하다,

　　　　　　　　　　　　　　　　　　　　　선택하다

이런 성격을 띠는 구문들 속에서 '하다'가 쓰일 수 있는 것을 보면, 이때의 '하다'는 구문 속에서 의미적으로 잉여성을 띠게 된 서술어 자리를 형식적으로 채우는 기능을 하며 도입된 것이라고 볼 여지가 있다.

구문 문법적 관점에 따르면 문법의 기본 단위는 구문이고 언어의 운용이 구문 단위를 기반으로 하는 것으로 본다. 그러므로 구문 속의 서술어 자리를 형식적으로 채우는 기능을 하는 '하다'뿐 아니라 대용어로서 기능하는 '하다'도 구문 속에서 존재한다는 점에서는 동일하다. 하지만 구문이라는 단위가 '하다'의 각 용법에 기여하는 정도는 서로 다르다. 대용어로 기능하는 '하다'는 구문 속에서 실현되기는 하되 대용어를 쓸 것인지 상황을 구체적으로 표현할 것인지는 기본적으로 화·청자가 관여하는 담화 상황의 특성에 기반하여 결정된다. 이에 비해 본고의 연구 범위에 속하는 '하다'는 여러 자리를 갖는 구문 자체의 특성에 기대어 실현 여부가 결정된다는 점에서 구문과 뗄 수 없는 관계에 있다.[2] 본고에서는 이처럼 성격이 다른 두 종류의 '하다'를 구별할 필요가 있다고 본다.

2.5. 구문 속 서술어 자리를 채우는 '하다'의 하위분류

앞 절에서 언급했듯이 구문 속에서 어떤 자리가 의미적으로 잉여성을 띠게 되는 이유로는 크게 두 가지를 생각해 볼 수 있을 것이다. 하나는 구문을 이루는 요소 중 일부만 언급하더라도 전체 구문이 환기되면서 아직 언급되지 않은 자리에 어떤 요소가 올 것인지가 쉽게 예측되기 때문이다. 또 하나는 구문을 이루는 요소 중 일부를 통하여 전체 구문이 갖는 핵심 의미가 드러남으로써 구문의 나머지 부분은 의미적인 부담을 지지 않게 되기 때문이다.

'하다' 역시 이런 두 가지 이유로 특정 구문 속에서 의미적으로 잉여

---

2) 이처럼 구문과 긴밀한 관계에 있는 만큼, 구문 속 자리를 채우는 '하다'는 대용어로 쓰일 때와 달리 고정된 위치에서 쓰인다는 구조적 제약을 특징적으로 보이기도 한다. 이에 대해서는 3.1.4절에서 언급할 것이다.

성을 띠게 된 서술어 자리를 형식적으로 채우는 기능을 할 수 있을 것이다. 즉 서술어 자리가 갖는 의미가 구문 속의 다른 요소를 통하여 충분히 환기되고 예측될 때 그런 자리를 형식적으로 채우는 기능을 할 수도 있고, 서술어 자리에 의미적 부담이 없는 경우에 그런 자리를 형식적으로 채우는 기능을 할 수도 있을 것이다.

'서술어 자리에 의미적 부담이 없는 경우'는 다시 두 가지 유형으로 나뉠 수 있다. 첫째는 의미적 서술성이 구문 속의 다른 요소를 통해 실현되고 있어서 서술어 자리에서는 의미 있는 요소를 필요로 하지 않게 되는 경우이고, 둘째는 구문 의미의 중심이 '어미' 자체에 있어서 용언이 쓰일 자리가 본래적으로 의미적 서술성을 요구하지 않는 경우이다.

이처럼 구문 속 서술어 자리를 채우는 '하다'가 쓰이는 동기가 무엇인지를 고려함으로써 '하다'를 다음과 같이 하위분류할 수 있다.

(14) 구문 속 서술어 자리를 채우는 '하다'의 하위분류
 : 구문 속에서 의미적으로 잉여성을 띠게 된 서술어 자리를 채우는 '하다'
 ① 구문 속의 다른 요소를 통해 예측이 가능해서 의미적 잉여성을 띠게 된 서술어 자리를 채우는 경우
 ② 구문의 핵심 의미가 다른 요소에 의해 전담되어 의미적 잉여성을 띠게 된 서술어 자리를 채우는 경우
  ㄱ. 의미적 서술성이 구문 속 다른 요소를 통해 실현된 경우
  ㄴ. 구문 의미의 중심이 어미에 있어서 본래적으로 의미적 서술성을 요구하지 않는 경우

이 중 1.3절에서 밝힌 본고의 연구 범위에 속하는 '하다'는 유형 ①에 속한다. 이 경우는 의미적 서술성이 구문 속 다른 요소를 통해 실현된 경우도 아니고, 구문 의미의 중심이 어미에 있어서 본래적으로 의미적 서술성을 요구하지 않는 경우도 아니며, (13)을 통해 암시했듯 다른 단

서들을 통하여 서술어가 예측 가능해지는 경우에 해당하기 때문이다.

그러면 이제 본고의 연구 범위에 포함된 '하다'의 사례들을 (14)의 분류에 기반하여 정리해 보겠다. 그 결과는 다음과 같다. [표 2]에서 부류 3으로 제시되었던 사례 중 성격이 유사한 것으로 보이는 사례들은 하나의 셀 안에 모아 두었다.

[표 3] 구문 속 서술어 자리를 채우는 '하다'의 하위부류 및 그 사례

기능			사례	
구문 속에서 의미적으로 잉여성을 띄게 된 서술어 자리를 채우는 '하다'	구문 속의 다른 요소를 통해 예측이 가능해서 의미적 잉여성을 띄게 된 서술어 자리를 채우는 경우	단순사태	그 사람이 간다/가느냐/가라/가자-(고) 한다. -냐 하다, -ㄴ가 하다, -ㄹ까 하다 -거니 하다, -려니 하다 -으면 하다 논다고 하는 사실 "철수가 옳소" 하고 말하였다.	①
			-고자 하다	②
			-를 -로 하다 -기로 하다 -를 형용사이 하다 -를 형용사게 하다	③
		복합사태	-려고 하다	④
			-게 하다	⑤
			-도록 하다	⑥
			-어야 하다	⑦
	구문의 핵심 의미가 다른 요소에 의해 전담되어 의미적 잉여성을 띄게 된 서술어 자리를 채우는 경우	의미적 서술성이 구문 속 다른 요소를 통해 실현된 경우	(5장에서 살핌)	
		구문 의미의 중심이 어미에 있어서 본래적으로 의미적 서술성을 요구하지 않는 경우	(5장에서 살핌)	

우선 ①은 '인용 구문'이라는 이름으로 묶일 수 있는 사례들을 모은 것이다. 인용 구문의 대표 형식이라 할 수 있는 '그 사람이 간다/가느냐

/가라/가자-(고) 한다'뿐 아니라 '나는 영이가 숙제를 했나 했다', '내가 학교에 갈까 한다', '나는 철수가 가겠거니 했다', '나는 철수가 집에 갔으면 한다' 등도 사유 내용을 인용하는 데 쓰이는 것으로서 인용 구문의 일종으로 함께 묶일 수 있다.

②에서 제시한 '-고자 하다'는 기원적으로 인용 구문과 성격이 유사하지만 현대국어의 관점에서는 '-고자' 뒤에 '생각하다' 등의 사유동사가 쓰이는 일이 드물어 인용 구문으로 포함하기 어려우므로 별도의 셀로 구분해 두었다.

③에 속한 사례들은 '-를'과 '-로', '-이', '-게'라는 형식을 포함하면서 대상의 자격을 지정하거나('우리는 영이를 반장으로 했다') 어떤 자격에 맞는 대상을 지정하거나('나는 음료를 콜라로 했다') 대상의 상태가 변화하는 것('나는 밥통을 보온 상태로/깨끗이/깨끗하게 했다')을 나타낸다. 조사 '-를'과 '-로'를 포함한다는 점에서 형식적으로 유사하고, 의미적으로도 '-를'과 '-로', '-이', '-게'로 표시되는 두 항 사이의 관계에 초점을 둔다는 점에서 유사하므로 하나의 부류로 묶어 두었다.

④부터 ⑦까지에 포함된 '-려고 하다', '-게 하다', '-도록 하다', '-어야 하다'는 절과 절을 접속하는 기능을 주로 하는 어미를 포함하고 있다는 공통점을 갖는다. 즉 ①부터 ③까지는 하나의 사태를 나타내는 구문 속에서 '하다'가 쓰이는 경우인 데 반해 ④부터 ⑦에 포함된 것은 둘 이상의 사태가 연결된 복합 사태를 나타내는 구문 속에서 '하다'가 쓰이는 경우라는 점에서 차이가 난다. 전자는 '하다'가 쓰이는 자리에서 쓰일 법한 실질동사의 종류가 그리 다양하지 않은 반면에 후자는 '하다'가 쓰이는 자리에서 쓰일 법한 동사(구)의 종류가 매우 다양하고 개방적이라는 점에서도 차이를 보인다.

이에 따라 우선 3장에서는 '하다'가 단순 사태를 나타내는 구문 속에서 쓰이는 경우를 살필 것이다. 여기에서는 인용 구문의 '하다'와 '-고자 하다'의 '하다', '-를 -로 하다'의 '하다'를 그 예로서 관찰할 것이다. '-를

-로 하다'와 관련된 구문은 또 몇 가지로 나뉠 수 있는데, 3장에서는 그 중 '자격 지정 구문'에 대해 살필 것이다.

4장에서는 '하다'가 복합 사태를 나타내는 구문 속에서 쓰이는 경우를 살필 것이고, 여기에서는 '-려고 하다', '-도록 하다'의 '하다'를 그 예로서 관찰할 것이다. '-게 하다'와 '-어야 하다'를 제쳐 두고 '-려고 하다'와 '-도록 하다'를 대표 사례로 뽑은 이유는 '-려고 하다'와 '-도록 하다'가 비교적 최근에 발달한 것이어서 그 발달 과정을 보다 분명히 관찰할 수 있기 때문이다.

3장과 4장을 통하여, [표 3]에서 제시한 사례들 속의 '하다'가 '특정 구문 속에서 의미적으로 잉여성을 띠게 된 서술어 자리, 하지만 문법적으로는 채워져야 하는 자리를 형식적으로 채우는 요소'라고 볼 수 있는 근거를 보일 것이다. 3~4장에서는 수많은 '하다'의 용법 중 다섯 사례만을 관찰하게 되지만, 이 사례들이 구문 속의 다른 요소를 단서로 삼아 예측이 가능해짐으로써 의미적으로 잉여성을 띠게 된 서술어 자리를 형식적으로 채우는 '하다'의 정체가 무엇인지를 대표적으로 잘 보여 줄 수 있으리라고 본다.

제3장 단순 사태를 나타내는 구문 속의 '하다'

이 장에서는 '하다'가 단순 사태를 나타내는 구문 속에서 쓰이는 경우를 살피고자 한다. 인용 구문의 '하다'와 '-고자 하다'의 '하다', '-를 -로 하다'의 '하다'(그 중에서도 자격 지정 구문의 '하다')가 그 예로서 관찰될 것이다.

3.1. 인용 구문의 '하다'

인용 구문 속 '하다'는 흔히 대동사로 불려 왔다. 가령 서정수(1975)에서는 앞에 나온 특정 동사나 환경에 따라서 규정된 특정한 동사를 대신하는 기능을 하는 것을 대동사라 하면서 인용 구문 속 '하다'의 사례도 여기에 포함하였다.

한편 이현희(1986)에서는 중세국어의 인용 구문을 대상으로 하여 (15)와 같이 국어의 전형적인 인용 구문과 중국어의 영향을 받은 인용 구문을 구별하였다.[1]

    (15) Ⅰ. 국어의 전형적인 인용 구문

        ㄱ. '피인용문' ᄒᆞ야 뉘 니ᄅᆞᄂᆞ뇨

        ㄴ. '피인용문' 뉘 니ᄅᆞᄂᆞ뇨

---

1) 기술 형식은 필자가 조금 수정하였다.

Ⅱ. 중국어의 영향을 받은 인용 구문

ㄱ. 뉘 닐오딕 '피인용문' ᄒᄂ뇨

ㄴ. 뉘 닐오딕 '피인용문(직접인용)'

ㄷ. 뉘 '피인용문' ᄒᄂ뇨

이 중 본고의 관심사는 Ⅱ형 ㄷ의 'ᄒ다'가 하는 기능에 있다. 이현희 (1986)에서는 Ⅱ형 ㄷ이 중국어의 영향을 받은 인용 구문이라고 보았지만, 이 유형이 번역체의 영향으로부터 벗어나 있는 문헌에서 자주 등장하는 것을 보면 중국어의 영향을 받은 것이라 볼 근거는 부족해 보인다.2) 아무튼 이현희(1986)에서는 Ⅰ형의 'ᄒ다'는 형식적인 기능을 함에 비해3) Ⅱ형의 'ᄒ다'는 '니ᄅ다'의 대동사 역할을 하고 있다고 보았다.

---

2) 가령 1490년대 이전에 쓰인 것으로 추정되고 있는 〈신창맹씨언간〉 2건에서 인용 구문의 사례 십여 개를 볼 수 있는데(배영환, 2012 참고), 그 중 '무명옷 이시면 계갠들 오시사 몬 ᄒ여 니블가 민망ᄒ여 ᄒ뇌'라는 사례를 제외하고는 모든 사례가 Ⅱ형 ㄷ에 속한다.

ㄱ. 가디 말라 <u>ᄒᄂ</u> 거슬 긋드리 가면
ㄴ. 게ᄂ 가면 ᄀᄂ 빅뵈와 명디와 흔ᄒ니 무명이 하 귀ᄒ니 관워니 다 무명오슬 닙ᄂ다 <u>ᄒᄂ</u>
ㄷ. 길히 ᄒ 들 길히라 <u>ᄒᄂ</u>
ㄹ. ᄀ올히 덩시리드려 ᄌᄉᆡ ᄎ려 바다 뎨역 ᄎ라 <u>ᄒ소</u>
ㅁ. 또 녹숑이사 슬거오니 녹숑이드려 무러보와 저옷 딕답ᄒ려 ᄒ거든 뎨역글 녹숑에 맛다 ᄎ라 <u>ᄒ소</u>
ㅂ. 녹숑이 저옷 딕답ᄒ거든 골 가 든건녀 보라 <u>ᄒ소</u>
ㅅ. 쉬 비치게 소□것 마니 달라 ᄒ여 쇼쳥ᄒ라 <u>ᄒ소</u>
ㅇ. 또 가래질홀 제 긔새롤 보와 도옥ᄒ라 <u>ᄒ소</u>
ㅈ. 영동의 가 알외여 우리 논 인ᄂ 겨틱셔 경셩 군과니 닉월 열흘쯰 드러오ᄂ니 게가 아라 홈씌 내 옷 가져 드러오라 <u>ᄒ소</u>
ㅊ. 또 모ᄅ매 영동의 가 무러 그 군관과 홈씌 드러오라 <u>ᄒ소</u>

3) 본고에서 중점적으로 다룰 내용과는 거리가 있지만, Ⅰ형에 대한 문제를 여기에서 간단히 살펴보고자 한다. 이현희(1986)에서는 Ⅰ형의 ㄱ에서 볼 수 있는 'ᄒ야는 형식적인 기능을 하는 것이라고 하여 Ⅱ형과 구별하였다. "'외다' 티시니 〈용비가 107〉" 같은 예에서 볼 수 있는 'ᄒ다'의 특수교체는 목적어에 'ᄒ다'가 이어질 때에는 나타나지 않으므로, 인용동사와 관련한 피인용문의 자격은 목적어라기보다는 부사에 가까운 것이라 할 수 있고, 피인용문이 인용동사의 목적어가 아닌 한 피인용문과 '니ᄅ다'의 직접적 연결은 통사적으로 문제가 있으며, 'ᄒ야가 형식적인 요소로서 그 사이에 개재하여 피인용

Ⅱ형에서 나타나는 '하다'는 피인용문과 연결되어 '닐오딕' 구절과 논리적 등가관계를 유지해 주는 기능을 하는 것으로서 '니르다'의 대동사인데, 피인용문이 발화에 나타난다는 것은 곧 화자나 청자의 의식 속에 '말을 니르'고 있다는 행위가 잠재되어 있음을 뜻하며, 이 때문에 Ⅱ형의 ㄱ이 가능할 수 있는 것이라고 하였다. 나아가 이런 논리를 확장하면, 인용동사나 그 대동사 중 어느 하나를 생략해도 그것이 인용 구문임을 알 수 있을 것이므로 각각이 생략된 문장이 나올 수 있고, 그 결과가 Ⅱ형의 ㄴ과 ㄷ이라고 본 것이다.

설명이 좀 다르기는 하지만, 이러한 견해는 서정수(1975)의 입장과 크게 다르지 않은 것으로 보인다. 인용 구문 속 '하다'에 대해 서정수(1975)에서는 '환경에 따라서 규정된 특정한 동사를 대신하는 것'이라 보았다면, 이현희(1986)에서는 '피인용문을 통해 알 수 있는, 화자나 청자의 의식 속에 잠재되어 있는 특정한 동사를 대신하는 것'이라 보고 있는 것으로 이해되며, 피인용문이 곧 환경을 이루는 것이라는 점에서

문이 '니르다'를 수식하는 역할을 하게 한다는 것이다.

하지만 이현희(1986)에서도 언급하고 있듯이 이런 경우 '하야'가 쓰이지 않는 경우가 많은데, 이 점을 자연스럽게 설명할 수 있어야 할 것이다. 만약 문법적인 문제 때문이라면 대부분의 경우에 '하야'가 쓰이는 것으로 나타날 것이 예측되기 때문이다. 또 문법적인 문제가 야기되는 원인을 명사 자격을 갖지만 부사어 기능을 수행해야 하는 피인용문과 인용동사의 직접적 연결에서 찾고 있는데, 피인용문이 인용동사에 대해 부사어 기능을 한다는 것의 근거로 든 '하다'의 특수교체 양상은 피인용문과 인용 본동사의 통사적 관계에 기인한다기보다는 의미적 기능부담량이 적고 형식적인 '하다'와 선행 피인용문 문말어미의 고빈도 인접과 그에 따른 융합, 유착의 문제를 중심으로 설명되는 것이 더 자연스러워 보인다.

Ⅰ형의 '하야'가 형식적으로 쓰이고 있다는 점은 두말할 여지가 없지만, 이런 형식적 요소가 도출되는 과정은 Ⅱ형의 ㄷ에서 보이는 '하다'와 연계하여 설명하는 것이 좀 더 자연스러울 것으로 생각된다. 즉 Ⅱ형 ㄷ의 '하다' 같은 것이 빈번히 쓰이는 과정에서 문법화한 결과로 보는 것이다. 현대국어로 치자면 '영이는 "내가 빵을 다 먹었다" 하고 소리쳤다'처럼 '하고' 뒤에 발화 양태를 나타내는 동사나 화행을 나타내는 동사 같은 것이 후행할 때, 이런 환경에서의 '하고'는 "말하다"의 의미를 지니면서도, 후행 동사에 이미 "말하다"라는 의미가 전제되어 있기 때문에 의미적인 잉여성을 띠게 된다. 이처럼 '하고'가 잉여적인 요소로 읽힐 수 있는 상황이 연결 맥락이 되어 '하고'의 인용표지로의 문법화가 진행되는 것으로 생각해 볼 수 있다.

이 두 생각은 상통하는 것으로 보인다. 그런데 이런 '하다'는 전형적인 대동사, 즉 발화 장면에서 파악될 수 있는 내용이나 문맥에서 이미 나온 내용을 대신하는 동사와는 성격이 다르므로, 대동사라는 명칭을 부여하는 것으로 그것이 쓰일 수 있게 되는 과정과 동기가 충분히 규명되지는 않는다.

이런 문제의식을 가지고, 이 절에서는 '하다'가 어떤 과정을 통해 인용 구문 속에서 쓰일 수 있게 되는지에 대해 추정해 보고자 한다. 앞서 언급했듯이 본고에서는 인용 구문이 형식 연쇄에 의미가 연합된 덩어리 기호 단위이고, 이 덩어리 중 일부분만 언급하더라도 그것을 단서 삼아 서술어로 무엇이 올 것인지를 쉽게 예측할 수 있기 때문에 의미적으로 잉여성을 띠게 된 서술어 자리를 '하다'로 형식적으로 채울 수 있게 된 것이라고 본다. 이런 가정이 납득 가능한 것이 되기 위해서는 ① 인용 구문이 덩어리 지식으로서 화자들의 마음속에 존재한다는 증거를 보여야 하고, ② 그런 덩어리 단위 속에서 의미적으로 잉여성을 띠게 된 서술어 자리와 '하다'의 쓰임 사이에 긴밀한 관계가 있다는 것을 보일 수 있어야 한다. 첫 번째 문제에 대해서는 3.1.2절에서 다룰 것이고, 두 번째 문제에 대해서는 3.1.3절에서 다룰 것이다. 본격적인 내용으로 들어가기에 앞서, 3.1.1절에서는 인용 구문의 하위 유형에 대해 개관하면서 인용 구문 속 '하다'의 쓰임에서 보이는 몇 가지 특징을 짚어 보고자 한다.

3.1.1. 인용 구문의 하위 유형

3.1.1.1. 모의문, 직접인용, 간접인용

인용 구문은 흔히 본래의 언어 형식을 바꾸지 않고 그대로 표현하려는 직접인용 구문과 본래의 언어 형식을 화자의 관점에 따라 내용 중심

으로 바꾸어 표현하는 간접인용 구문으로 나뉜다(이필영, 1993:13). 이
는 피인용문을 얼마나 추상화하는가에 따라 정도적으로 나뉘는 개념이
라 할 수 있다.[4]

(16) ㄱ. 영이가 "제가 대답하겠습니다"라고 말했어. (직접인용)
　　　ㄴ. 영이가 자기가 대답하겠다고 말했어. (간접인용)

이 중 직접인용 구문과 밀접한 관계에 있는 유형으로 남기심(1973:37
~42)에서 인용 구문과 구별하여 다루고 있는 '모의문(模擬文)'도 있다.
이는 발화를 음성적 특징까지 살려 모사하듯이 인용하는 경우에 해당
한다.[5]

(17) 영이가 (영이의 목소리를 흉내 내며) "제가 대답하겠습니다아~" 했어.
　　　(모의문)

직접인용 구문인 (16ㄱ)과 모의문인 (17)은 형식적으로 매우 유사하

---

4) 사실 직접인용과 간접인용의 개념을 구체화하고 그 관계를 설정하는 문제는 그리 단순
　하지 않으므로 더 깊은 연구가 필요하다. 가령 문숙영(2012)에서는 보통 간접인용은 '화
　시 중심이 원래화자와 인용화자로 이원화되어 있던 것에서 인용화자로 일원화되는 과
　정'으로 보아지고 있지만, 시제와 장소의 화시소는 화시 중심의 전이에 따른 변화와 거
　의 관련이 없는 것을 볼 때 화시 중심의 일원화라는 특성은 부분적으로만 충족되는 것
　임을 강조하고 있다. 그러므로 원래 발화로부터 인용화자의 시점이 개입되는 변화가 어
　떤 식으로든 더해지는 경우는 직접인용에서 벗어난 것으로 보되, 그것에서 그치지 않고
　언어마다 혹은 동일 언어 내 방언마다 간접인용으로의 전환에 기여하는 기제 및 기제별
　전이의 요구 폭과 허용 폭이 어떻게 다른지에 집중할 필요가 있다고 하였다.
5) 남기심(1973:6)에서는 직접인용문의 보문자로는 '-(이)라고'만이 쓰인다고 보았고, 피인
　용문 뒤에 '하고'가 오는 경우는 모두 모의문에 해당한다고 보아 직접인용 구문으로부터
　구별하였다. 하지만 피인용문 뒤에 '하고'가 온다고 해서 모두 발화를 음성적 특징까지
　살려 모사하듯이 인용하는 경우에 해당하는 것은 아니다. 본고에서는 피인용문 뒤에 오
　는 형식적 요소를 통해 모의문과 직접인용 구문이 구별될 수 있다고 생각하지는 않는
　다. 그보다는 발화를 음성적 특징까지 살려서 사실에 가깝게 모사하려는 의도가 모의문
　을 규정짓는 중요한 특징이라고 본다.

므로 이 둘을 구별할 필요가 있는지 의문이 들 수 있다. 하지만 기본적으로 전형적인 모의문은 인용할 발화를 '모사의 대상이 되는 행동'으로서 취급한다는 특징을 갖는다. 이에 비해 직접인용 구문은 인용할 발화를 '사실에 가깝게 전달할 언어 형식'으로 취급한다.

이러한 개념적 차이는 인용하는 발화를 현실감 있게 모사하면 할수록 그러한 모의문의 서술어 자리에는 '말하다'를 쓸 수 없는 반면에(18ㄱ), 모사에 초점을 두지 않고 단지 발화된 문장의 형식적인 측면에서 사실에 가까운 전달을 추구하는 경우에는 그러한 문장의 서술어 자리에서 '말하다' 등의 발화동사를 쓰는 것이 가능해지는 경향이 있다는 점으로도 반영된다(18ㄴ).

(18) ㄱ. 영이가 (영이의 목소리를 흉내 내며) "제가 대답하겠습니다아~" {하고는/??말하고는} 교실 앞으로 나갔어. (모의문)
ㄴ. 영이가 (화자의 일상적인 목소리로) "제가 대답하겠습니다" {하고는/말하고는} 교실 앞으로 나갔어. (직접인용)

(18ㄱ)은 영이의 '발화 행동'에서 '행동' 면에 더 초점을 두는 것이다. (18ㄱ)과 같은 문장을 발화할 때에는 남의 발화를 전달하려는 것보다 '남의 구체적인 행동을 모사하려는 것'에 목적이 있으며, '발화'에 초점이 있지 않으므로 이런 상황에서는 발화 의미를 갖는 '말하다' 같은 동사도 잘 쓰이지 않는 것으로 보인다.[6] 행동을 모사하는 것만으로 화자의 의사소통적 의도가 충분히 전달되므로, 서술어 자리에는 해당 절을 형식적으로만 마무리할 수 있도록 해 주는 요소가 쓰이면 된다. 그것이

---

6) 다만 '영이가 (영이의 목소리를 흉내 내며) "제가 대답하겠습니다아~" 하고 말했어.'처럼 '하고' 뒤에서는 '말하다'가 쓰일 수 있는데, 이는 직접인용 구문으로부터 '하고'라는 인용 표지가 발달하면서 '하고 말하다'라는 표현도 자주 쓰이게 되었고, 이런 특성이 모의문으로도 옮겨간 결과인 것으로 생각된다.

바로 (18ㄱ)의 '하다'라고 생각된다.

한편 (18ㄴ)은 영이의 '발화 행동'에서 행동 면보다 '발화' 면에 더 초점을 두는 것이다. (18ㄴ)의 화자는 피인용문이 형식적인 면에서 사실에 가깝도록 하려는 의도를 갖지만, 그러면서도 인용하려는 발화의 행동적 속성보다는 '내용을 갖는 발화'로서의 속성에 더 초점을 둔다. 이에 따라 직접인용 구문의 피인용문은 발화 의미를 갖는 '말하다' 같은 동사와 함께 쓰일 수 있다.[7]

나아가 간접인용 구문은 직접인용 구문보다 '발화의 내용적 측면'에 더욱 초점을 두어, 발화를 보다 추상화하여 다루는 성격을 갖는다. 즉 인용 구문 관련 범주는 피인용문의 추상성 정도에 따라 '모의문-직접인용 구문-간접인용 구문'이라는 세 초점부(focal point)를 갖는 스펙트럼을 이룬다.

[그림 2] 피인용문의 추상성에 따른 인용 관련 범주의 스펙트럼

'행동'을 모사함	본래의 '언어 형식'을 사실에 가깝게 전달함	본래의 언어 형식을 '내용' 중심으로 전달함
모의문	직접인용 구문	간접인용 구문

피인용문을 구체적인 개체로서 다룸 ────────────→ 피인용문을 추상화하여 다룸

정도성의 문제가 관여하고 있기는 하지만, 개념상 '행동'을 취급하는 모의문과 '언어 형식'을 취급하는 인용 구문은 구분될 필요가 있다고 본다.[8] 그리고 모의문은 실제 의사소통 상황에서 상대적으로 드물게 나

---

7) 다만 직접인용 구문에서도 '말하다'보다는 '하다'나 '그러다'가 쓰이는 것이 훨씬 더 빈번하고, 때로는 '말하다'가 쓰이는 것이 어색해 보이는 경우도 발견된다. 직접인용 구문의 서술어 자리에서 '하다'나 '그러다'가 쓰이는 빈도가 매우 높아서 '말하다'가 쓰이면 어색하게 느껴지는 직관까지도 갖게 되는 듯한데, 이때 '하다'가 쓰이는 빈도가 높은 이유에 대해서는 후술할 것이다.

8) Evans(2012)에서는 직접인용, 간접인용, 두 관점 인용을 인용 현상의 전형(canon)으로

타나는 것이기도 하므로, 이 절에서는 모의문은 제외하고 직접인용 구문과 간접인용 구문만을 대상으로 하여 인용 구문의 문제를 살필 것이다.

간접인용 구문은 피인용문에서 상대높임법이 드러나지 않으며 인칭 대명사나 시간 표현, 지시 표현이 화자의 현재 관점에 맞게 전환되어 제시된다는 점에서 직접인용 구문으로부터 구별된다. 이에 비해 직접 인용 구문의 피인용문에는 상대높임법, 양태, 화행을 나타내는 문말 요소와 문말 억양이 그대로 드러날 수 있다는 점이 특징적이다.

이 점은 직접인용 구문에서는 인용표지로 '하고'가 쓰이는 데 비해 간접인용 구문에서는 인용표지로 '고'가 쓰이는 강한 경향을 도출하는 데에도 영향을 미친다. 간접인용 구문의 인용표지 '고'는 직접인용 구문 의 인용표지와 마찬가지로 'ᄒ고'로부터 온 것이지만, 간접인용 구문에 서는 그것이 '고'로 줄어들게 된 것이다. 이는 직접인용 구문의 피인용 문 문말에서는 그 화행을 드러내는 억양이 실현되며 뒤에 휴지가 동반 되는 경우가 많아서 피인용문의 종결어미와 'ᄒ고'가 잘 유착9)되지 않

서 상정해 두고, 이에 비추어 여러 언어에서 나타나는 인용 현상을 이해하는 것이 유형 론적 연구를 위해 유용할 것임을 주장하고 있다. 직접인용의 전형은 원발화자의 말(이 라고 생각되는 것)을 재현하는 것인데, 원발화의 모든 언어적 특징(언어/방언의 선택 등)을 포함하면서, 모든 화시적 표현을 원발화자의 관점에서 제시하는 것이라고 하였 다. 간접인용의 전형은 원발화자의 말을 인용화자의 관점에 동화시키는 것으로서, 원발 화의 언어적/문체적 특징을 인용화자의 마음에 맞게 대치하며, 모든 화시적 표현을 인 용화자의 관점에서 제시하는 것이라고 하였다. 또 두 관점 인용의 전형은 모든 차원에 서 원발화자와 인용화자의 관점을 동시에 취하는 것이라고 하였다. 여기에서는 모의문 을 따로 구별하지 않고 직접인용에 포함한 것으로 파악되는데, 한국어의 특징(전형적인 모의문에서는 '말하다' 같은 동사가 잘 쓰이지 않는 특징)을 고려한다면 모의문이 직접 인용으로부터 구별되는 것이 좋을 듯하다.

9) 김현주(2010:39~41)에서는 '융합'이라는 개념과 '유착'이라는 개념을 구분할 것을 제안 한 바 있다. 이에 따르면 '둘 이상의 단위에 대한 인지적 처리가 자동화되는 과정'을 '융 합'이라 부를 수 있고, '그렇게 자동화된 단위들 사이에서 추가적인 형식적 감소가 일어 나는 과정'을 '유착'이라 부를 수 있다. 즉 별개의 단위가 유착을 겪게 된다는 것은 이들 이 융합형을 이루었음을 전제한다. 본고에서도 이 용어법에 따라 '융합'과 '유착'을 구분 하기로 한다.

는 반면에, 간접인용 구문의 피인용문에서는 그런 수행 억양이 실현되지 않아 / ㅏ /로 끝나는 종결어미와 'ㅎ고'가 쉽게 유착될 수 있기 때문이다(이필영, 1993:38).[10] 이처럼 직접인용 구문과 간접인용 구문은 피인용문의 간접화·추상화 정도에서뿐 아니라 인용표지에서도 차이를 보인다.

3.1.1.2. 발화 인용, 사유 인용, 인지 인용, 해독 인용

한편 인용 구문은 피인용문의 출처의 성격을 기준으로 삼아 발화 인용, 사유 인용, 인지 인용, 해독 인용 구문으로 나눌 수 있다. 발화 인용 구문은 입 밖으로 산출된 언어 형식을 인용하는 데 쓰이고, 사유 인용 구문은 마음속에 생각으로서 존재하는 언어 형식을 인용하는 데 쓰이고, 인지 인용 구문은 마음속에 앎으로서 존재하는 언어 형식을 인용하는 데 쓰이고, 해독 인용 구문은 읽거나 들어서 내면화된 언어 형식을 인용하는 데 쓰인다.

(19) ㄱ. 영이가 <u>철수한테</u> 좋아한다고 말했어. (발화 인용)

ㄴ. 나는 얼른 집에 가야겠다고 생각했어. (사유 인용)

ㄷ. 나는 오늘 휴강이라고 알고 있어. (인지 인용)

ㄹ. 나는 <u>철수한테서</u> 오늘 휴강이라고 들었어. (해독 인용)

이 네 유형은 의미에서뿐 아니라 형식적으로도 다른 특성을 보이는데,

---

10) 다만 직접인용 구문에서 쓰이는 또 다른 인용표지인 '-(이)라고'는 '-(이)라 ㅎ고'가 유착한 결과로 나타난 것이다. 김상대(1977), 안주호(2003)에 따르면 직접인용표지 '-(이)라고'는 초기에 주로 문장어(책 등에서 옮긴 문장)를 인용하는 기능으로 많이 쓰였다고 하는데, 문장어를 인용할 때에는 피인용문 문말에서 그 화행을 드러내는 억양이 실현되지 않는 경우가 많으므로 종결어미 '-(이)라'와 'ㅎ고'의 유착이 쉬웠을 것이고, 그 결과로서 나타난 것이 '-(이)라고'인 것으로 볼 수 있을 것이다.

밑줄 친 것처럼 발화 인용 구문에는 수신자 논항이 나타날 수 있다는 것, 해독 인용 구문에는 출처 논항이 나타날 수 있다는 것이 특징적이다.

3.1.1.3. 인용 구문 하위 유형의 형식화

이제 직접인용과 간접인용의 구별에 발화 인용, 사유 인용, 인지 인용, 해독 인용의 구별을 교차하면 다음과 같이 서로 다른 형식적·의미적 특성을 갖는 인용 구문의 하위 유형들이 도출된다.

(20) ㄱ. (발화 간접인용 구문) 영이가 철수에게 좋아한다(고) 말했다.

ㄴ. (발화 직접인용 구문) 영이가 철수에게 "좋아해"라고/하고 말했다.

ㄷ. (사유 간접인용 구문) 영이는 철수가 좋다(고) 생각했다.

ㄹ. (사유 직접인용 구문) 영이는 '요즘 철수가 좋네'라고/하고 생각했다.

ㅁ. (인지 간접인용 구문) 영이는 순이가 철수를 좋아한다(고) 안다.

ㅂ. (인지 직접인용 구문) 영이는 '순이가 철수를 좋아한다'??라고/ 하고 안다.

ㅅ. (해독 간접인용 구문) 영이는 친구한테서 순이가 철수를 좋아한다(고) 들었다.

ㅇ. (해독 직접인용 구문) 영이는 친구한테서 '순이가 철수를 좋아해' 라고/ 하고 들었다.

앞서 직접인용 구문에서는 '-(이)라고, 하고'가 인용표지로 쓰일 수 있음을 언급했는데, (20)처럼 인용 구문을 구분하고 나면 그 기술이 더 정교해져야 함을 알 수 있다. 즉 (20ㄴ, ㄹ)의 발화 사태, 사유 사태는 '-(이)라고'와 '하고'를 인용표지로 취할 수 있다는 점에서 동일하지만, (20ㅂ)의 인지 사태는 직접 인용 형식으로 표현되는 것 자체가 매우 어색하고, (20ㅇ)의 해독 사태는 '-(이)라고'를 통해서만 직접 인용 형식으로 표현될 수 있다는 차이를 보이는 것이다.

그러므로 이처럼 조금씩 다른 특성을 보이는 (20)의 구문들은 각각 별개의 구문으로서 다루어져야 할 필요가 있다. 아래의 (21)은 각 구문을 형식화한 것이다. 단, (20ㅂ)의 인지 직접인용 구문은 수용성이 낮은 것으로 보아 더 이상 다루지 않기로 한다.[11]

(21) ㄱ. 발화 간접인용 구문:

　　　　[NP(발화자)-가 (NP(수신자)-에게)[12] S(피인용문)-(고) V(발화동사)]

　　ㄴ. 발화 직접인용 구문:

　　　　[NP(발화자)-가 (NP(수신자)-에게) S(피인용문)-(라고) V(발화동사)]

　　　　[NP(발화자)-가 (NP(수신자)-에게) S(피인용문)-(하고)[13] V(발화동사)]

　　ㄷ. 사유 간접인용 구문:

　　　　[NP(사유자)-가 S(피인용문)-(고) V(사유동사)]

　　ㄹ. 사유 직접인용 구문:

　　　　[NP(사유자)-가 S(피인용문)-(라고) V(사유동사)]

　　　　[NP(사유자)-가 S(피인용문)-(하고) V(사유동사)]

　　ㅁ. 인지 간접인용 구문:

---

11) 누군가가 어떤 사실에 대해 인지하고 있음을 표현하는 경우에 그 내용은 그에게 이미 하나의 관념으로서 내면화되어 있는 것이기 때문에 직접인용으로 표현되는 경우를 상상하기가 어렵다. 이필영(1993:48)에서도 인지동사(이필영(1993)에서는 사유동사라 부름)류가 직접인용절을 취하지 않음을 언급한 바 있다.

12) 수신자에 괄호를 친 이유는 어떤 발화가 특정한 수신자를 전제하여 일어나는 경우에는 수신자 논항을 설정할 수 있지만 특정한 수신자를 전제하지 않은 발화도 가능하므로 결과적으로 발화 인용의 상황에서 수신자 논항이 필수적이지 않기 때문이다.

13) 인용표지로 '-(이)라고'가 쓰이는 경우에는 그 뒤에 '하다'가 후행할 수 있지만 인용표지로 '하고'가 쓰이는 경우에는 그 뒤에 '하다'가 다시 후행할 수 없다. 또 '-(이)라고'와 '하고'의 분포는 겹치는 경우가 많지만 늘 교체 가능한 것도 아니다. 가령, 사유 직접인용 구문의 사례이기는 하지만 이필영(1993:36)에서는 '철수는 '비가 오는구나'라고 생각했다'가 좀 어색한 데 비해 '철수는 '비가 오는구나' 하고 생각했다'는 자연스러운 것으로 기술하고 있다. 이처럼 두 경우에 차이가 있음이 발견되므로 일단 인용표지로 '-(이)라고'가 쓰인 경우와 '하고'가 쓰인 경우의 두 구문을 각기 나누어 다룰 필요가 있다.

[NP{인지자}-가 S{피인용문}-(고) V{인지동사}]

ㅂ. 해독 간접인용 구문:

[NP{해독자}-가 NP{출처}-에게서 S{피인용문}-(고) V{해독동사}]

ㅅ. 해독 직접인용 구문:

[NP{해독자}-가 NP{출처}-에게서 S{피인용문}-라고 V{해독동사}]

3.1.1.4. 문제 설정

그런데 (21)에 제시한 구문 중 일부 구문의 서술어 자리에는 때로 '말하다', '생각하다' 등 구체적 의미를 갖는 동사 외에 포괄적 의미를 갖는 동사인 '하다'가 쓰일 수 있다는 것이 특징적이다. 도입부에서 언급했듯이 '하다'를 대동사라고 규정한 연구들도 있지만, 일반적으로 대용어 범주에서 다루어지는 동사들이 쓰이는 동기(발화 장면에서 파악될 수 있는 내용이나 문맥에서 이미 나온 내용을 간략하게 대신함)와 인용 구문 속 '하다'가 쓰이는 동기 사이에 차이가 있을 뿐 아니라, 인용 구문 속 '하다'는 피인용문 바로 뒤에 고정되어 나타난다는 점에서도 전형적인 대동사와 차이를 보인다. 아래의 예문을 보자. 피인용문과 전형적인 대동사인 '그러다' 사이에는 다른 요소가 개재해도 문제가 없지만, 피인용문과 '하다' 사이에는 다른 요소가 개재하면 어색해진다.

(22) ㄱ. 브라질이 이긴다고 <u>펠레가</u> {그랬어/²했어}.

ㄴ. 펠레가 브라질이 이긴다고 <u>여러 번</u> {그랬어/²했어}.

ㄷ. 펠레가 브라질이 이긴다고 <u>여러 사람한테</u> {그랬어/²했어}.

피인용문과 '하다' 사이에 '는', '도', '만' 등의 보조사가 개입하는 정도는 자연스럽게 수용되지만, 주어나 부사어 등이 개입하는 것은 (의미 해석이 불가능한 것은 아니지만) 빈번히 접할 수 있는 형식도 아니고 좀 어색하게 느껴진다. 세종 문어 말뭉치 300만 어절 중 인용 표지(JKQ)와 동사 '하다'가 10개의 요소 이내에서 인접하는 경우를 검색해 본 결과 총 약 550개의 사례가 추출되었는데, 거기에서도 인용표지 바로 뒤에 '까지', '는', '도' 등의 보조사가 결합하는 것을 제외하고는 다른 요소가 개재하는 예가 발견되지 않았다. 세종 구어 말뭉치를 대상으로 조사해 보아도 피인용문 뒤에 '하다'가 이어지는 예문 중 어떤 요소가 그 사이에 개입하는 경우가 드물었고 그 중에서도 대개는 '도', '는', '나', '까지' 등의 보조사나 부정사가 개입한 예였으며, 그 외의 것은 아래의 네 사례 정도에 불과했다.

> (23) ㄱ. 내 친구가 소개시켜 주겠다고 <u>이렇게</u> 해서 만났는데,
>
>   ㄴ. 이학년 이 반 반장이라고 <u>딱</u> 하면은,
>
>   ㄷ. 남자 애들을 쫙 모은 다음에 우리 언니랑 붙자고 <u>말</u> 하는 거예요.
>
>   ㄹ. 한번 만나자고 <u>전</u>에 했었는데,

이 중 (23ㄱ~ㄷ)에서 개입한 요소는 간투사에 가까운 성질을 갖는 것으로, 긴밀한 관계에 있는 요소들 사이에서도 꽤 자유롭게 나타난다. 그렇다면 (23ㄹ)의 한 사례만이 꽤 의미 있는 요소가 피인용문과 '하다' 사이에 개입한 사례가 된다.

한편 (21)에 제시한 인용 구문의 모든 하위 유형에서 '하다'가 자유롭게 쓰일 수 있는 것은 아니라는 점에도 주목해 볼 수 있다. 가령 똑같이 사유동사가 올 자리라고 하더라도 어느 경우에나 '하다'가 쓰일 수 있는 것은 아닌데, (24ㄱ)은 가능하지만 (24ㄴ)은 가능하지 않다.

> (24) ㄱ. 어쩐지 네가 늦게 온다 {<u>했다</u>/생각했다}.
>
>   ㄴ. '학생들에게 현장을 직접 경험할 기회를 주자'라고 {*<u>해서</u>/생각해서} 이런 규정을 만들었습니다.[14]

또한 '하다'가 해독동사나 인지동사 대신에 쓰일 수는 없다.

(25) ㄱ. 철수는 나한테 곧 온다고 {했다/말했다}. (발화인용)

ㄴ. 영이는 이번에야말로 자기 차례가 오겠지 {했다/생각했다}. (사유인용)

ㄷ. 나는 영이한테서 철수가 곧 온다고 {*했다/들었다}. (해독인용)

ㄹ. 나는 철수가 대학원생이라고 {#한다/안다}. (인지인용)

이를 바탕으로 하여 이 절을 통해 풀어내고자 하는 문제는 다음과 같다.

(26) ㄱ. 인용 구문 속 '하다'는 어떤 기능을 하는가?

ㄴ. 인용 구문 속 '하다'는 왜 (22)에서 살핀 것처럼 고정된 위치에서만 쓰이는 경향을 보이는가?

ㄷ. (24~25)에서 본 것처럼 인용 구문의 모든 하위 유형에서 '하다'가 자유롭게 쓰이지 않는 이유는 무엇인가?

그런데 인용 구문 속에서 '하다'가 쓰이는 일은 옛말에서부터 오랜 시간 이어져 온 것이므로, 이 문제들을 풀어내고자 할 때 현대국어 자료만을 연구 대상으로 삼을 수는 없고 옛말 자료를 참고해야만 한다. 인용 구문 속 서술어 자리에서 '하다'가 쓰이기 시작한 것이 어떤 동기에 기반하고 있었는지를 추정하려면 가능한 한 옛말로 거슬러 올라갈 필요가 있는 것이다. 문제는 옛말 자료에서 인용 구문의 모습을 살펴보면 문헌의 성격에 따라 인용 구문의 모습이 다르게 나타난다는 점이다. 그러므로 이 문제를 풀기 위해 어떤 성격의 문헌을 참고하는 것이 유용

---

14) '#'은 비교되는 것과 의미가 다름을 나타내기 위한 표시이다.

한지를 먼저 짚어 둘 필요가 있다.

가령 한문의 영향으로부터 꽤 벗어나 있는 장르라 할 수 있는 언간의 인용 구문을 보면, 1490년대 이전에 쓰인 〈신창맹씨언간〉의 인용 구문과 1550년~임진왜란 전에 쓰인 〈순천김씨언간〉의 인용 구문은 두 언간이 쓰인 시기의 차이에도 불구하고 '피인용문 니르다/ᄒ다' 형식의 인용 구문이 많이 발견된다는 점에서 공통된 면모를 보인다. 하지만 여타 한문의 영향 하에 있는 문헌에서는 이와 달리 '닐오ᄃᆡ 피인용문 (ᄒ다)' 형식의 인용 구문이 많이 보인다.

이 문제와 관련하여 안주호(2003)에서는 인용 구문의 문형이 시간의 흐름에 따라 '닐오ᄃᆡ 피인용문' → '닐오ᄃᆡ 피인용문 ᄒ다' → '피인용문 ᄒ다/니르다'로 변화해 온 것으로 본 바 있다. 하지만 이러한 문형의 차이는 시기별 변화의 문제라기보다는 문체별 변이의 문제로 보인다. 그 근거는 아래와 같다.

첫째, 고대 한국어의 모습을 볼 수 있는 자료 중 번역어체의 영향을 받지 않은 장르에 속하는 향가 자료에서 인용 구문의 사례 몇을 볼 수 있는데, 이때 인용 구문은 '피인용문-인용동사' 어순을 취하며 나타난다.

(27) ㄱ. 彗星也白反也人是有叱多 〈彗星歌〉

　　　양주동(1942): 彗星여 슬ᄫᅥ 사ᄅᆞ미 잇다

　　　홍기문(1956): 혜셩야 슬ᄫᅡ야 사ᄅᆞ미 잇다

　　　김완진(1980): 彗星이여 슬바녀 사ᄅᆞ미 잇다

　　ㄴ. 慕人有如白遣賜立 〈願往生歌〉

　　　양주동(1942): 그릴 사ᄅᆞᆷ 잇다 ᄉᆞᆲ고샤셔

　　　홍기문(1956): 그리 사ᄅᆞᆷ 잇다 ᄉᆞᆲ고샤셔

　　　김완진(1980): 그리리 잇다 ᄉᆞᆲ고쇼셔

둘째, 1490년대 이전에 쓰인 것으로 추정되는 〈신창맹씨언간〉과

1550년대 이후에 쓰인 것으로 추정되는 〈순천김씨언간〉 역시 (27)과 마찬가지로 '피인용문 니르다/ᄒ다' 형식의 인용 구문을 주로 보이고 있다.15)

셋째, 〈순천김씨언간〉과 동시대에 쓰인 16세기 후반의 언해문들에서는 15세기 언해문과 마찬가지로 '닐오ᄃᆡ 피인용문 (ᄒ다)' 형식의 인용 구문이 여전히 우세하게 나타난다. 가령 〈聖觀自在求修六字禪定諺解〉, 〈禪家龜鑑諺解〉, 〈誡初心學人文諺解〉, 〈小學諺解〉, 〈論語諺解〉, 〈大學諺解〉, 〈孟子諺解〉에서 발췌하여 뽑은 인용 구문 43개의 사례 중 35개가 '닐오ᄃᆡ 피인용문 (ᄒ다)' 형식을 취하고 있다.16)

앞서 (15)를 통해 보였듯 이현희(1986)에서도 중세국어를 대상으로 국어의 전형적인 인용 구문과 중국어의 영향을 받은 인용 구문을 구별하여 제시한 바 있다. Ⅱ형의 ㄷ을 중국어의 영향을 받은 인용 구문으로 보는 것은 재고되어야 한다고 보지만, 대체로 '피인용문 니르다'를 국어의 전형적인 인용 구문으로, '닐오ᄃᆡ 피인용문'을 중국어의 영향을 받은 인용 구문으로 보는 시각에 동의할 수 있다.17)

---

15) 다만 1586년의 〈이응태묘출토언간〉에 인용 구문의 사례가 다섯 개 보이는데, 그 중 두 개는 '피인용문 ᄒ다' 유형이고(아래의 ㄱ~ㄴ), 세 개는 '닐오ᄃᆡ 피인용문 ᄒ다' 유형이다(아래의 ㄷ~ㅁ). 비율로만 따지면 '닐오ᄃᆡ 피인용문 ᄒ다' 유형이 60%를 차지하고 있어 본고의 주장에 반례가 되는 듯하지만, 규모가 매우 작은 언간이어서 통계적인 수치의 가치는 크지 않다.
  ㄱ. 이 내 안ᄒ 어듸다가 두고 ᄌᆞ식 ᄃᆞ리고 자내를 그려 살려뇨 ᄒ노이다
  ㄴ. 빈 ᄌᆞ식 나거든 누룰 아바 ᄒ라 ᄒ시ᄂᆞ고
  ㄷ. 날ᄒ고 ᄌᆞ식ᄒᆞ며 뉘 긔걸ᄒᆞ야 엇디ᄒᆞ야 살라 ᄒᆞ야 다 더디고 자내 몬져 가시ᄂᆞ고
  ㄹ. 자내 샹해 날ᄃᆞ려 닐오듸 둘히 머리 셰도록 사다가 홈ᄢᅴ 죽쟈 ᄒ시더니
  ㅁ. 믜양 자내ᄃᆞ려 내 닐오ᄃᆡ 튄듸 누어셔 이 보소 눕도 우리ᄀᆞ티 서ᄅᆞ 에엿쎄 너겨 ᄉᆞ랑ᄒᆞ리 눕도 우리 ᄀᆞᇀ가 ᄒᆞ야 자내ᄃᆞ려 니르더니
16) '피인용문 인용동사' 형식으로 나타난 8개의 사례는 모두 〈誡初心學人文諺解〉의 것인데, 이 문헌은 경전을 언해한 것이 아니라 지눌이 불문의 초심자에게 권면하는 사항을 적은 것을 언해한 것이어서 다른 언해서와 내용상 성격이 다르다. 이처럼 격식성이 비교적 덜한 문헌을 번역할 때에는 원문의 영향을 덜 받을 수 있었을 것이라고 생각된다.
17) 임동훈(1995)에서도 중세국어 문헌 자료는 대부분 문어를 반영하고 있으며, 이 또한 한문 원본을 저본으로 토를 단 뒤 축어적으로 언해된 것이 다수를 차지하고 있어서 상당히 많은 중세국어 문헌 자료들은 한문 구조의 간섭을 받지 않을 수 없었고, 'NP이 닐오

참고로 한문 원문이 함께 실려 있지 않은 〈月印釋譜〉의 문체는 일반
적인 언해체와는 성격이 좀 다르다고 알려져 있는데(안병희, 1979), 인
용 구문에 대해서만큼은 언해문과 크게 다르지 않은 양상을 보인다. 가
령 〈月印釋譜〉 권1, 2, 4, 7, 8, 10, 11, 12에서 196개의 인용 구문을 발췌
하여 검토한 결과 '닐오ᄃᆡ 피인용문 (ᄒᆞ다)' 형식이 157개, '피인용문 니
ᄅᆞ다/ᄒᆞ다' 형식이 39개가 발견되었다. 〈月印釋譜〉에 나타나는 이러한
양상이 국어의 일상적인 인용 구문을 반영하는 것이라고 볼 수는 없을
듯하다. 부처님의 행적을 기술하기 위해 저경을 참고하는 과정에서 한
문투의 영향을 받았을 가능성이 있고, 또 〈月印釋譜〉와 〈法華經諺解〉
가 원문을 공유하는 부분에서 나타나는 인용 구문의 양상이 서로 유사
하다는 것도 〈月印釋譜〉 속 인용 구문이 국어의 일상적인 인용 구문을
반영하는 것이라고 보기 어렵게 한다. 〈法華經諺解〉는 직역의 성격을
강하게 띠는 문헌이기 때문이다.[18]

ᄃᆡ S ᄒᆞ다' 유형도 한문 구조가 언해문에 간섭한 예로 보인다는 점을 언급하였다. 또한
이를 국어 문장 구조에 맞게 바꾸면 'NP이 S 니ᄅᆞ다'가 될 것임도 언급하였다.
18) 권화숙(2010:105~154)에서는 〈月印釋譜〉와 〈法華經諺解〉로부터 동일한 원문에 기반을
두고 있지만 동사의 어순이 달리 번역되고 있는 부분을 대조하고 있다. 그 중 〈月印釋
譜〉의 사례가 발화나 사유 내용을 인용하는 문장에 해당하는 것으로는 아래에 제시한
열두 사례가 있다(대응되는 〈法華經諺解〉의 사례가 인용 구문에 해당하지 않는 것도 있
는데, 그런 사례는 아래에서 예문을 보이면서 ( ) 안에 제시하였다). ㄱ~ㅂ까지의 여섯
사례는 〈月印釋譜〉에서는 인용동사가 원문의 어순을 따름으로써 피인용문에 앞서 나타
나는 반면 〈法華經諺解〉에서는 이와 다른 어순을 보이는 경우에 해당하고, ㅅ~ㅌ까지
의 여섯 사례는 〈月印釋譜〉에서는 인용동사가 원문의 어순과 달리 피인용문에 후행하
는 반면 〈法華經諺解〉에서는 이와 다른 어순을 보이는 경우에 해당한다. 즉, 〈月印釋
譜〉의 내용 중 〈法華經諺解〉와 원문을 공유하는 부분에서 나타나는 인용 구문이 이 열
두 사례를 제외하고는 〈法華經諺解〉와 동일한 어순 양상을 보이고, 동일한 어순 양상을
보이지 않는 사례에서도 원문의 어순을 따르거나 따르지 않는 양상에서 〈法華經諺解〉
의 인용 구문과 비슷한 비율을 보임을 알 수 있다. 〈月印釋譜〉의 인용 구문이 직역의
성격을 강하게 띠는 〈法華經諺解〉 속 인용 구문과 비슷한 양상을 보인다는 것은 곧 인
용 구문에서만큼은 번역체 문헌과 〈月印釋譜〉가 유사한 성격을 보인다는 것을 짐작하
게 해 준다.
ㄱ. 원문: 廣言諸根明了
月印釋譜: 너비 닐오ᄃᆡ 諸根이 ᄇᆞᆰ다 ᄒᆞ니라 〈11:106a〉

(法華經諺解: 諸根이 불고물 너비 술오니라 (廣言諸根明了ᄒᆞ니라) 〈1:167a〉)

ㄴ. 원문: 讚言善哉
月印釋譜: 讚歎ᄒᆞ야 닐오ᄃᆡ 됴타 호리라 〈15:68a〉
法華經諺解: 讚歎ᄒᆞ야 善哉라 닐오리라 (讚言善哉라 호리라) 〈4:113b〉

ㄷ. 원문: 是諸比丘比丘尼自謂已得阿羅漢是最後身究竟涅槃
月印釋譜: 이 比丘 比丘尼들히 제 너교ᄃᆡ ᄒᆞ마 阿羅漢ᄋᆞᆯ 得ᄒᆞ야 이 最後身이며 究
竟涅槃이라 ᄒᆞ야 〈11:127a~b〉
法華經諺解: 이 모든 比丘 比丘尼ㅣ 阿羅漢ᄋᆞᆯ ᄒᆞ마 得호라 제 너겨 이 最後身 究竟
涅槃이라 ᄒᆞ고 (是諸比丘比丘尼ㅣ 自謂已得阿羅漢ᄒᆞ야 是最後身究竟涅槃이라 ᄒᆞ
고) 〈1:192a〉

ㄹ. 원문: 爾時窮子雖欣此遇猶故自謂客作賤人
月印釋譜: 그ᄢᅴ 窮子ㅣ 비록 이 맛나물 깃그나 순직 제 너교ᄃᆡ 客ᄋᆞ로 와 일ᄒᆞᄂᆞᆫ
賤人이로라 ᄒᆞ더니 〈13:25b〉
法華經諺解: 그ᄢᅴ 窮子ㅣ 비록 이 맛나물 깃그나 순직 녜ᄀᆞ티 소ᄂᆞ로 짓ᄂᆞᆫ 賤人이
로라 제 너길씨 (爾時窮子ㅣ 雖欣此遇ᄒᆞ나 猶故自謂客作賤人이로라 홀씨) 〈2:214b〉

ㅁ. 원문: 而汝謂爲實得滅度
月印釋譜: 네 너교ᄃᆡ 實로 滅度ᄅᆞᆯ 得호라 ᄒᆞᄂᆞ다 ᄒᆞ시ᄂᆞ니 〈15:25b~26a〉
法華經諺解: 네 實로 滅度 得호라 너기ᄂᆞ다 ᄒᆞ시ᄂᆞ니 (而汝ㅣ 謂爲實得滅度ㅣ라 ᄒᆞ
시ᄂᆞ니) 〈4:41b〉

ㅂ. 원문: 自念老朽等者
月印釋譜: 제 念호ᄃᆡ 늘구라 홈 들흔 〈13:10b〉
(法華經諺解: 늘구믈 제 念홈 들흔 (自念老朽等者ᄂᆞᆫ) 〈2:190a〉)

ㅅ. 원문: 自謂已得涅槃無所堪任
月印釋譜: ᄒᆞ마 涅槃ᄋᆞᆯ 得ᄒᆞ야 맛들 이리 업소라 ᄒᆞ고 〈13:4a〉
法華經諺解: 내 너교ᄃᆡ ᄒᆞ마 涅槃ᄋᆞᆯ 得호라 ᄒᆞ야 이긔여 맛돌 ᄭᅥ시 업서 (自謂已得
涅槃이라 ᄒᆞ야 無所堪任ᄒᆞ야) 〈2:178a〉

ㅇ. 원문: 所謂治世語言資生業等皆順正法
月印釋譜: 世間 다ᄉᆞ리ᄂᆞᆫ 말와 資生ᄒᆞᄂᆞᆫ 業 들히 다 正法을 順ᄒᆞᄂᆞ니라 니ᄅᆞ샤미니
〈13:14a〉
(法華經諺解: 니ᄅᆞ샨 世間 다ᄉᆞ룔 말와 資生ᄒᆞᇙ 業 들히 다 正法을 順타 ᄒᆞ샤미라
(所謂治世語言과 資生業等이 皆順正法이시니라) 〈2:197a〉)

ㅈ. 원문: 譬佛念二乘之子久淪五道性習昏淺未堪說大也
月印釋譜: 부톄 二乘 아ᄃᆞ리 五道애 오래 ᄢᅥ디여 性 비ᄒᆞ시 어득고 녇가바 어루
큰 일 몯 니르리로다 念ᄒᆞ샤믈 가줄비니라 〈13:10a〉
(法華經諺解: 부톄 二乘 아ᄃᆞ리 五道애 오래 ᄢᅥ듀믈 念ᄒᆞ샤ᄃᆡ 性 비ᄒᆞ시 어둡고 녇
가와 이긔여 큰 法 니르디 몯ᄒᆞ샤믈 가줄비니라 (譬佛이 念二乘之子ㅣ 久淪五道ᄒᆞ
샤ᄃᆡ 性習이 昏淺ᄒᆞ야 未堪說大也ㅣ라) 〈2:190a〉)

ㅊ. 원문: 不語他人云是我子
月印釋譜: 놈ᄃᆞ려 이 내 아ᄃᆞ리라 니ᄅᆞ디 아니코 〈13:19a〉
法華經諺解: 다ᄅᆞᆫ 사ᄅᆞᆷᄃᆞ려 닐오ᄃᆡ 이 내 아ᄃᆞ리라 아니코 (不語他人云是我子코)

결국 중세국어 자료 중 일상어체 인용 구문의 모습을 보여 주는 문헌으로는 〈신창맹씨언간〉이나 〈순천김씨언간〉을 들 수 있고, 여타의 문헌들은 대개 한문의 영향을 받은 인용 구문의 모습을 보여 주는 것으로 생각된다. 언간 자료를 이용할 때에는 투식적 표현들이 자주 나타난다는 점에 주의를 기울여야 하지만, 훈민정음이 반포된 지 얼마 지나지 않은 시점에 쓰인 〈신창맹씨언간〉의 인용 구문과 그로부터 60여 년 이후에 쓰인 〈순천김씨언간〉의 인용 구문이 별다르지 않은 모습을 보인다는 점에서, 이들 문헌에서 보이는 인용 구문은 투식적 표현이라기보다는 일상어에 가까운 성격을 띠는 것으로 판단할 수 있다.

그렇다면 안주호(2003)의 기술은 다음과 같이 수정되어야 할 것이다. 예로부터 번역투의 영향을 받지 않은 일상적인 문체에서는 '피인용문 니르다/ᄒ다' 문형이 인용 구문의 대표 문형이라 할 수 있고, 번역투의 영향을 받은 언해문의 문체에서는 '닐오ᄃᆡ 피인용문 (ᄒ다)'가 인용 구문의 대표 문형이었다고 할 수 있는데, 시간이 흐르며 진행된 언문일치의 경향에 따라 일상적인 문체에서의 인용 구문이 언해문 등 기타 문어체에 점차 영향을 미치게 된 결과로 '닐오ᄃᆡ 피인용문'→'닐오ᄃᆡ 피인용문 ᄒ다'→'피인용문 ᄒ다/니르다' 같은 인용 구문의 문형 빈도 변화가 일어나게 된 것이라고 추정할 수 있다.

그리고 현대국어 인용 구문의 뿌리는 번역어체라는 매우 특수한 문체로부터 이어져 온 것이라기보다는 주로 일상어체로부터 이어져 온

〈2:204a〉
ㅋ. 원문: 今佛至此亦云不久涅槃
月印釋譜: 이젯 부톄 이에 니르르샤 ᄯᅩ 아니 오라 涅槃호려 ᄒ샤 〈15:86b〉
法華經諺解: 이젯 부톄 이에 니르르샤 ᄯᅩ 니르샤ᄃᆡ 아니 오라 涅槃호리니 (今佛이 至此ᄒ샤 亦云ᄒ샤ᄃᆡ 不久涅槃호리니) 〈4:135b〉
ㅌ. 원문: 所言滿萬二千歲
月印釋譜: 萬二千歲를 치오다 니르샤ᄆᆞ 〈18:27a〉
(法華經諺解: 니르샨 萬二千歲 초ᄆᆞ (所言滿萬二千歲ᄂᆞᆫ) 〈6:137b〉)

것이라 가정하는 것이 합리적이므로, 본고에서 인용 구문의 옛 모습을 살필 때에는 〈신창맹씨언간〉과 〈순천김씨언간〉을 주된 자료로 이용할 것임을 일러두고자 한다.19)

3.1.2. 덩어리로서의 인용 구문

이제 (26ㄱ)의 문제, 즉 인용 구문 속 '하다'의 기능이 무엇인지에 대한 문제에 접근해 보자. 도입부에서 언급했듯이 본고에서는 인용 구문이 형식 연쇄에 의미가 연합된 덩어리 기호 단위이고, 이 덩어리 중 일부분만 언급하더라도 그것을 단서 삼아 서술어로 무엇이 올 것인지를 쉽게 예측할 수 있기 때문에 의미적으로 잉여성을 띠게 된 서술어 자리를 '하다'로 형식적으로 채울 수 있게 된 것이라고 본다. 이를 증명하기 위한 과정으로서 이 절에서는 인용 구문이 덩어리 지식으로서 화자들의 마음속에 존재한다는 정황과 증거를 보이고자 한다.

그런데 본고에서는 옛말뿐 아니라 현대국어의 인용 구문에서 발견할 수 있는 몇몇 현상들도 인용 구문의 덩어리성에 대한 중요한 증거로 채택할 것이다. '하다'가 의미적으로 잉여성을 띠는 서술어 자리를 채우는 요소로 쓰이기 시작했을 때 이미 인용 구문이 덩어리로 처리되는 단위였다는 것을 보이는 것이 목적이므로, 현대국어의 인용 구문에서 발견할 수 있는 현상들을 증거로 채택하는 것은 부적절하다고 생각될지도 모른다. 하지만 인용 구문이 현대국어 화자들에게 덩어리로 처리되고

---

19) 안주호(2003)에서 언급한 바와 같이 국어사 문헌에서 확인할 수 있는 인용 구문의 빈도는 (자료의 편향 때문에) '닐오ᄃᆡ' 피인용문이 우세하게 나타나다가, 근대국어 이후 점차 '피인용문 ᄒᆞ다/니ᄅᆞ다'가 우세해지는 것으로 변해 간다. 그런데 본고에서 중심 자료로 삼는 중세국어 언간 자료의 경우 이미 '피인용문 ᄒᆞ다/니ᄅᆞ다'가 매우 우세한 모습을 보이므로, 근대국어 이후의 언간 자료를 굳이 살피지 않더라도 중세국어 언간 자료들과 별다르지 않은 모습을 보이리라는 것이 예측되며 실제로 그러한 것으로 보인다. 이에 따라 중세국어 언간 자료만을 본고의 중심 자료로 삼는다.

있는 단위라고 한다면, 이 사실을 토대로 하여 현대국어의 인용 구문과 동일한 기능을 하며 언어생활에서도 유사한 비중을 차지했을 옛말의 인용 구문이 옛말 화자들에게도 덩어리로 처리되고 있었으리라는 것을 짐작할 수 있을 것이다. 형식에서 조금 차이가 있을 뿐 옛말의 인용 구문과 현대국어의 인용 구문은 기본적인 성격에서 연속선상에 있으므로, 현대국어의 인용 구문이 현대국어 화자들의 언어 지식으로 존재하는 양상이 옛말의 인용 구문이 옛말 화자들의 언어 지식으로 존재하는 양상과 유사했을 것이라고 추정하는 것에는 별 무리가 없다고 본다.

3.1.2.1. 인용 구문의 형식적 고정성

우선은 인용 구문이 꽤 고정된 형식으로 빈번하게 쓰이고 있었다는 점이 인용 구문이 덩어리로 운용되는 단위일 것이라는 점에 대한 정황을 보여 준다. 만약 인용 구문이 [NP(발화자)-이 (NP(수신자)-의게) S(피인용문) V(발화동사)] 같은 꽤 고정적인 형식을 취하면서 빈번하게 쓰인다면 이 형식은 하나의 덩어리로 묶여 운용된다고 볼 여지가 있을 것이다. 2.3절에서 언급했듯이 일반적으로 단어나 형태소들이 반복적으로 연쇄를 이루면 인지적으로 함께 묶이고, 그 연쇄는 하나의 단위로서 접근될 수 있는 모습을 보이기 때문이다(Bybee, 2010:7).

2.3절에서는 어떤 구체적인 단어들의 연쇄가 덩어리로 빈번하게 경험되었을 때 그것이 하나의 단위로서 접근될 수 있는 것은 물론이고, 만약 빈번하게 경험되는 구체적인 단어들의 연쇄가 형식적·기능적 유사성에 근거하여 범주화되고 일반화될 수 있다면 그 결과로서 추상적인 성격을 갖는 연쇄도 하나의 덩어리진 단위로서 접근될 수 있음을 언급했었다.

이 절에서는 인용 구문 역시 전체로서 한 덩어리를 이루는 언어 처리의 단위가 될 만한 성격을 가짐을 보이고자 한다. 인용 구문의 구체적인 사례문들 역시 형식적 측면에서 꽤 고정적인 면모를 보이며 기능적으로도 어떤 언어 형식을 인용한다는 일관된 기능을 갖고 있다. 여기에 일상 언어생활에서 인용 표현의 사용 빈도가 높다는 요인이 합하여질 때, 인용 구문은 충분히 한 덩어리로 묶여 처리될 만한 단위가 됨을 보이고자 하는 것이다.

인용 구문의 쓰임은 역사가 오랜 것이므로, 예로부터 인용 구문의 형식적 특성이 어떠했는지, 그것이 오늘날까지 어떻게 이어져 왔는지를 살피는 것이 현재의 논의에 도움이 될 것이다. 다만 여기에서 인용 구문의 형식적 특성을 살피려는 것은 궁극적으로 인용동사로 '니ᄅ다' 등의 실질동사가 아닌 'ᄒ다'가 쓰일 수 있게 되는 과정을 추적하려는 것이므로, 인용동사로 'ᄒ다'가 쓰인 예는 차치해 두고 실질동사가 쓰인 사례들을 대상으로 인용 구문의 형식적 특성을 살펴야 할 것이다. 조사 대상은 〈순천김씨언간〉으로 한정하는데, 일상어체로 조사 대상을 국한하기 위함이다.[20]

〈순천김씨언간〉에서 'ᄒ다' 외의 동사가 인용동사로 쓰인 인용 구문의 사례는 116개가 있었는데, 그것이 어떤 문형으로 나타났는지를 정리하면 아래와 같다.

[표 4] 〈순천김씨언간〉에서 'ᄒ다' 외의 동사가 인용동사로 쓰인 경우의 문형

'ᄒ다' 외의 동사가 인용동사로 쓰인 경우의 문형	빈도
① (NP{발화자·사유자}-이) S{피인용문} V{인용동사}[21]	102
② S{피인용문} NP{발화자·사유자}-이 V{인용동사}[22]	1
③ (NP{발화자}-이) NP{수신자}-의게 S{피인용문} V{인용동사}[23]	3
④ (NP{발화자}-이) S{피인용문} NP{수신자}-의게 V{인용동사}[24]	1
⑤ (NP{사유자}-이) NP{대상}-을 S{피인용문} V{인용동사}[25]	4
Ⓐ NP{수신자}-의게 NP{발화자}-이 V{인용동사}-오ᄃᆡ S{피인용문} ᄒ다[26]	1
Ⓑ (NP{발화자·사유자}-이) V{인용동사}-오ᄃᆡ/어 S{피인용문} ᄒ다[27]	4

---

20) 〈신창맹씨언간〉에서는 인용동사 자리에 'ᄒ다' 외의 것이 쓰인 예가 소수에 지나지 않는다.

[표 4]를 보면 인용 구문이 'NP(발화자·사유자)-이 S(피인용문) V(인용동사)'[28] 같은 문형으로 나타난 사례가 압도적인 비율을 차지하고 있음을 알 수 있다. 문형 Ⓐ, Ⓑ에서 볼 수 있듯이 인용동사가 피인용문에 선행하여 나타나는 사례도 보이기는 하지만, 전체 116개의 사례 중 다섯 사례에 그친다.

그리고 피인용문과 인용동사 사이에 다른 요소가 개입한 사례가 아래의 (28)과 같이 일부 보이지만, 보통은 다른 요소가 개입하여 나타나지 않는다. 즉 피인용문과 인용동사가 인접하여 나타나는 것 역시 여전히 매우 빈번히 경험되었던 것이라 할 수 있다. 2.3절에서 수여 구문에 대해 언급하면서 수여 구문의 구체적 사례문들이 실현될 때 얼마간 어순의 변동이 있을 수 있지만 완전히 중구난방의 어순으로 나타나기보다는 많은 경우에 일정한 순서로 나타나는 경향을 보인다는 점을 언급하였는데, 인용 구문의 경우도 마찬가지로 대개 일정한 순서로 논항들

---

21) 세 번 사르미 가디 "닛고 잇다가 갓까스로 싱각히여 보내노라" 니르고 보내여라 〈순천김 38〉
    팔월도 머럿다 구월도 머럿다 너기다니 〈순천김 3〉
22) 셔방니미 와도 민셔방ᄀ티 ᄃ녀 갈가 내 반길 부니니 〈순천김 147〉 (이처럼 '반기다'라는 동사가 쓰인 사례를 인용 구문의 사례로 포함한 이유는 3.1.2.3절에서 제시될 것이다.)
23) ᄌ셕ᄃ릭손듸 다 됴히 오노라 니르소 〈순천김 49〉
24) 아므려나 비 골히디 말라 ᄒ여 싱원ᄃ려 닐어라 〈순천김 84〉
25) 너희ᄂ 나놀 사란ᄂ가 너겨도 〈순천김 29〉
26) 네 아바님씌 싱워니 유무를 호듸 "어마니미 편티 아니신 증을 뎌겨 보내셔늘 의워ᄂ게 무르니 야글 ᄒ셔도 ᄆᄋ매 용심곳 겨시면 쇽졀업ᄉ니 듕에 ᄆᄉ믈 편케 ᄒ 일도 측ᄒ 이를 업시 ᄒ 히나 야글 댱복ᄒ면 여히리라 ᄒ니 늘근 어미 외오 두고 듕병이 날로 디터 간다 ᄒ니 외오 인ᄂ ᄌ식기 텬디가뎌 민망이 업세라 ᄒ여 용심곳 녇신ᄒ면 아니한 식이 발ᄒ리라" ᄒᄂ매라 〈순천김 28〉
27) 내 너교듸 수미 누읜가 ᄒ노라 〈순천김 83〉
    닐어 짐 히여 보내라 ᄒ늬 〈순천김 164〉
28) 발화자·사유자는 문면에 나타나지 않는 경우가 많지만, 생략된 것일 뿐 전형적으로 문두 위치에서 복원되는 것이 가능할 것이므로 'NP(발화자·사유자)'가 위치할 자리를 명시해 두었다.

이 배치되는 경향을 보이는 것이다.

(28) ㄱ. 이룰 의논ㅎ여 져웃 오고져 ㅎ면 아바님두려 "하 궁코 의지 업서
　　　니디게라" <u>아바님두려</u> 니르면 두려올 법 잇거니와 내 닐어 "혼자
　　　셜워 두려 오나지라" ㅎ면 아니ㅎ리라 〈순천김 42〉

　　ㄴ. 아므려나 비 골히디 말라 ㅎ여 <u>싱원두려</u> 닐어라 〈순천김 84〉

　　ㄷ. 싱원 보와둔 뎌 사룸 사괴여 둔니디 말라 <u>다시곰 내 유무대로</u> 니
　　　르라 〈순천김 166〉

　　ㄹ. 내의 ᄆ음대로 몯 샹면될가 <u>슬슬</u> 셜워ㅎ노라 〈순천김 3〉

　　ㅁ. 복기린 싱이룰 몯 미츨가 <u>욕됴</u> 서운ㅎ여 ㅎ뇌 〈순천김 49〉

즉 발화를 인용하거나 사유 내용을 드러낼 때 '발화자·사유자-(수신
자·대상)-피인용문-인용동사' 형식을 이용하는 것은 예나 지금이나 매
우 보편적인 것이었고, 남의 말이나 자기 생각을 인용하는 표현은 문체
를 떠나 매우 빈번하게 쓰이는 것이므로, 인용의 의미를 전달하는 개별
표현들이 개인에게 누적될 때 그것들을 토대로 해서 [NP(발화자)-이
(NP(수신자)-의게) S(피인용문) V(발화동사)]나 [NP(사유자)-이 S(피인용
문) V(사유동사)] 등과 같은 꽤 일관된 형식에 "발화 인용", "사유 인용"
이라는 기능이 연합된 추상적인 기호가 구축될 수 있다.

이처럼 구축되어 온 인용 구문은 의사소통 과정 속에서 세대에 걸쳐
전수되고, 어린아이는 그처럼 전수되어 온 인용 구문들의 구체적 사례
들을 들으며 개별 표본을 덩어리째 기억하고 그 속에서 유사한 기능을
하는 것들을 범주화하여 일반화하면서 개체 발생적으로 인용 구문을
구성해 나간다. 이러한 과정의 결과로 현대국어 화자들은 위의 (21)에
서 제시한 바에 준하는 인용 구문에 대한 표상을 갖추고 있으리라 상정
할 수 있다. (21)을 아래에 다시 제시하였다.

(21) ㄱ. 발화 간접인용 구문:

　　　[NP(발화자)-가 (NP(수신자)-에게) S(피인용문)-(고) V(발화동사)]

　　ㄴ. 발화 직접인용 구문:

　　　[NP(발화자)-가 (NP(수신자)-에게) S(피인용문)-(라고) V(발화동사)]

　　　[NP(발화자)-가 (NP(수신자)-에게) S(피인용문)-(하고) V(발화동사)]

　　ㄷ. 사유 간접인용 구문:

　　　[NP(사유자)-가 S(피인용문)-(고) V(사유동사)]

　　ㄹ. 사유 직접인용 구문:

　　　[NP(사유자)-가 S(피인용문)-(라고) V(사유동사)]

　　　[NP(사유자)-가 S(피인용문)-(하고) V(사유동사)]

　　ㅁ. 인지 간접인용 구문:

　　　[NP(인지자)-가 S(피인용문)-(고) V(인지동사)]

　　ㅂ. 해독 간접인용 구문:

　　　[NP(해독자)-가 NP(출처)-에게서 S(피인용문)-(고) V(해독동사)]

　　ㅅ. 해독 직접인용 구문:

　　　[NP(해독자)-가 NP(출처)-에게서 S(피인용문)-라고 V(해독동사)]

　앞서 인간에게는 기본적인 성격이 유사하지만 참여자가 조금씩 다른 장면들을 비슷한 방식으로 부호화하는 것을 반복 경험하는 과정에서 같은 기능을 수행하는 요소들을 범주화하고, 나아가 경험한 개별 사례들을 일반화할 수 있는 인지 능력이 있음을 언급하였다. 한국어 화자들은 인용이라는 기능을 꽤 고정적인 방식으로 부호화하여 빈번히 표현하고 있으며, 이를 토대로 해서 갖가지 구체적인 인용 표현들로부터 발화자·사유자·인지자·해독자의 기능을 하는 것, 피인용문 기능을 하는 것, 인용 행위를 나타내는 것 등을 연결하고 일반화하여 (21)에서 보인 것과 같은 추상적 형식을 구축할 수 있게 되는 것이다. 그리고 이런 범주화·일반화 과정은 의사소통 맥락 속에서 구체적인 표현들을 통해 행해지는 기능의 유사성에 기반하여 이루어지는 것이므로, 이런 과정을 통해 구성되는 추상적인 형식 연쇄는 "발화 인용", "사유 인용", "인지 인용", "해독 인용"이라는 기능과 동떨어질 수 없다.

이와 같은 과정을 통해 (21)에서 제시한 것과 같은 형식적 덩어리가 각종의 "인용"이라는 의사소통 기능과 연합된다. 이와 같은 형식과 의미의 짝, 즉 형식 연쇄에 의미 정보가 연합되어 하나의 언어 기호로서의 자격을 갖는 단위를 '구문'이라 칭할 수 있다.

이제까지는 인용 구문이 하나의 덩어리로 처리되는 단위일 것이라는 점에 대해 그 정황을 제시한 것이라면, 다음 절들에서는 인용 구문이 하나의 단위로서 접근되고 처리되는 단위라는 것을 알 수 있게 해 주는 증거들에 대해 살필 것이다.

3.1.2.2. 동사의 예측 가능성과 그에 따른 생략 현상

인용 구문이 하나의 덩어리 단위로서 운용된다는 것에 대한 첫 번째 증거로 제시할 수 있는 것은, 인간 참여자와 피인용문만 보고도 인용동사가 무엇인지를 얼마간 예측할 수 있다는 점이다. 이런 예측 현상은 '인간 참여자-피인용문-인용동사'가 인지적으로 한 덩어리로 묶여 있음을 가정해야만 잘 설명될 수 있다. 이들이 긴밀하게 결합된 정보로서 존재하기 때문에 이 중 일부분만 언급하더라도 그것과 연결되어 있는 인용동사가 자동으로 떠오르게 되는 것이기 때문이다. 앞서 언급한 sesame를 말할 때 street가 자동으로 예측되는 현상, '만병의'를 말할 때 '근원'이 자동으로 예측되는 현상도 이 단어들이 인지적으로 한 덩어리로 묶여 있기 때문인데, 인간 참여자와 피인용문만 언급해도 인용동사가 예측되는 현상도 이와 다르지 않은 것이다.

우리는 인간 참여자와 피인용문을 단서로 삼아 피인용문 뒤에 인용동사가 후행한다는 것을 짐작할 수 있을 뿐 아니라, 그 인간 참여자와

화자의 동일성 여부(남기심, 1973:76 참고), 피인용문의 수신자가 있는
지의 여부, 피인용문의 종결어미 형식(-다, -라, -냐, -자, -마, -은가, -을
까, -으면, -나 등), 피인용문의 내용 등을 단서로 삼아 해당 피인용문에
구체적으로 어떤 인용동사가 후행할 것인지에 대해서도 대체로 짐작할
수 있다. 아래의 (29)에서 이런 단서들에 근거하여 서술어가 예측되는
사례들을 볼 수 있다.

(29) ㄱ. 영이가 너 졸업 안 했냐(고) [   ]   → 묻다
     ㄴ. 나는 내일 가겠다(고) [   ]   → 말하다
     ㄷ. 사장님이 그 제도 폐지하라(고) [   ] → 말하다, 지시하다
     ㄹ. 걔가 며칠 전부터 만나자(고) [   ] → 말하다, 요청하다
     ㅁ. 나는 걔가 화가 나서 그런가 [   ] → 생각하다
     ㅂ. 지원자가 없으면 내가 할까 [   ]   → 생각하다

이와 같은 예측 가능성에 기반하여 실제로 인용동사 없이 피인용문
만 실현되는 경우도 종종 볼 수 있다. (30ㄱ~ㄷ)은 〈순천김씨언간〉에
나타난 사례이고, (30ㄹ~ㅅ)은 현재 한국어에서 접할 수 있는 사례이
다. 이런 현상 역시 인용 구문이 화자들에게 하나의 덩어리로서 처리되
고 있다는 것에 대한 증거가 된다.

(30) ㄱ. 아ᄆᆞ려나 ᄃᆡ녕 ᄀᆞᆷ미나 ᄯᆞ고 ᄃᆞᆺ옷 ᄀᆞᄋᆞᄆᆞ란 믿 바다 보ᄆᆞ로나 하
         보내고져코 <u>샹해 니블가</u> 무명을 보내려터니 〈순천김 9〉
     ㄴ. 이룰 너룰다가 주쟈코 굽좌더니 하 바삿다 훌ᄉᆡ 서너 둘 ᄉᆞ이어니
         너겨 <u>너룰 몬져 주쟈</u> 보내노라 〈순천김 59〉
     ㄷ. 아바니미 이제 ᄃᆞ럿던 녀는 ᄉᆞ랑코 <u>그 쳐비라</u> 어든 거슨 ᄉᆞ랑을
         아니ᄒᆞ고 〈순천김 31〉
     ㄹ. 걔는 <u>전화한다고</u> 복도에 나갔어.

ㅁ. 자기는 허드렛일하러 여기 온 게 아니지 않냐고 나가 버렸어.

ㅂ. 아이들 고모가 제사상에 놓으라고 과일을 보냈어요.

ㅅ. (기사문에서) 그는 조만간 전국 투어 콘서트를 열 예정이라고.

이 중 (30ㄹ~ㅂ)에 제시된 예들을 인용동사가 생략된 사례로 보려면 우선 두 가지 문제를 고려해야 한다. 첫째, 인용동사가 정말 나타나지 않은 것인지, 아니면 인용동사가 '다고', '냐고', '라고' 안에 들어 있는 것으로 인식되고 있는지의 문제이다. (30ㄹ~ㅂ)이 '전화한다 하고', '않냐 하고', '놓으라 하고'가 줄어든 예문일 가능성도 있기 때문이다. 하지만 (30ㄹ~ㅂ)의 문장에 '나한테/저한테'라는 여격어를 넣었을 때 어색한 것을 보면(이금희, 2005:120~121 참고) 인용동사가 실현되지 않은 것으로 판단할 수 있을 듯하다.

(30') ㄹ. *걔는 <u>나한테</u> 전화한다고 복도에 나갔어.[29]

ㅁ. *걔가 <u>나한테</u> 자기는 허드렛일하러 여기 온 게 아니지 않냐고 나가 버렸어.

ㅂ. *아이들 고모가 <u>저한테</u> 제사상에 놓으라고 과일을 보냈어요.[30]

cf) ㅅ. *그는 <u>기자에게</u> 조만간 전국 투어 콘서트를 열 예정이라고.

만약 인용동사 '하다'가 '전화한다고', '않냐고', '놓으라고'에 포함되어 있다면 그 발화가 향하는 여격어가 실현되지 못할 이유가 없을 것이다. 인용 구문에서 여격어가 실현되는 것은 그만큼 '발화를 전달하는 행위' 자체에 초점이 주어지는 것이고, 그런 경우에는 그 행위를 나타내는 인

---

29) '나한테'가 '전화하다'의 논항으로 해석되면 비문이 아니지만, 인용동사의 논항으로 해석되는 경우에는 비문임을 나타내고자 의도한 것이다.

30) '저한테'가 '보내다'의 논항으로 해석되면 비문이 아니지만, 인용동사의 논항으로 해석되는 경우에는 비문임을 나타내고자 의도한 것이다.

용동사가 실현되어야만 하는 것 같다. 분명히 인용동사가 생략된 것으로 판단할 수 있는 (30ㅅ)에서도 여격어가 실현될 수 없다는 것이 이런 주장을 뒷받침한다. 요컨대, 인용동사가 출현한다면 여격어도 수의적으로 출현할 수 있다. 만약 여격어가 출현할 수 없다면, 인용동사도 없는 것으로 볼 수 있을 것이다.

또한 이필영(1993:119~120)에서의 언급처럼 '하다'가 들어 있는 것으로 인식되는 표현의 경우 '-다고', '-냐고', '-라고' 대신 '-대고', '-내고', '-래고'로 실현될 수 있는 모습을 보이는데, (30ㄹ, ㅁ, ㅂ)에서는 '-대고', '-내고', '-래고'로의 실현이 불가능한 것도 그 안에 인식 가능한 '하다'가 들어 있지 않으며, 인용동사가 생략된 것임을 지지하는 것으로 보인다.

(30ʺ) ㄹ. 걔는 *전화한대고 복도에 나갔어.

　　　ㅁ. 걔가 자기는 허드렛일하러 여기 온 게 아니지 *않내고 나가 버렸어.

　　　ㅂ. 아이들 고모가 제사상에 *놓으래고 과일을 보냈어요.

　　　cf) A: 그 모임에는 누가 간대?

　　　　　B: 철수는 간대고, 나도 갈까 생각 중이야.

'하-'는 '-아/어' 계열 어미와 만날 때 '해'로 실현되며, 그 영향으로 '~ 한다 해서' 같은 것이 유착되면 '~ 한대서' 형식이 된다. 이에 비해 어미 '-고'는 '-아/어' 계열 어미가 아니므로 이에 '하-'가 결합할 때 '해'로 실현될 일이 없고, '~ 한다 하고'로만 실현된다. 이 '~ 한다 하고'가 유착되면 '~ 한다고'라는 형식만을 띨 것 같지만, (30ʺcf)에서 볼 수 있듯이 '~ 한대고'로도 나타날 수 있다는 것이 특징적이다. 인용동사 유착형은 주로 구어에서 많이 실현되는데, 구어에서는 종결어미 '-어'나 '-어요'의 사용 빈도가 매우 높고, 따라서 인용동사 유착형에서 '대/래/내/재'를 접하는 경험이 매우 빈번하기 때문에 이런 특성이 '-아/어' 계열 어미가 관여하지 않는 경우로도 확장되는 것으로 보인다. 하지만 (30ㄹ~ㅂ)은

(30")에서 볼 수 있듯이 '대고/내고/래고'로의 실현이 불가능하다. 그러므로 (30ㄹ~ㅂ)은 '다고/냐고/라고' 안에 인용동사가 유착된 것으로 인식되고 있는 사례가 아닌 것으로 판단할 수 있다. 기원적으로는 인용동사가 유착된 형식으로부터 온 것이지만, 이제는 그 안에 인용동사가 있는 것으로 인식되지 않을 정도로 문법화가 진행되었다. 즉 이들 사례는 인용표지만이 실현된 것이고, 그에 후행해야 할 인용동사가 나타나지 않은 것으로 보는 것이 더 타당하다.

둘째로, '-다고', '-자고', '-라고'는 그 자체로 하나의 어미로 굳어져 인용 구문을 벗어나 확장된 용법을 갖기도 하는데(박만규, 1995, 1996; 유명희, 1997; 유현경, 2002; 이금희, 2005; 채숙희, 2011b 등 참고), (30ㄹ, ㅂ)을 인용동사가 나타나지 않은 사례가 아닌 독립적 어미 '-다고', '-라고'가 실현된 사례로 보아야 하는 것이 아닌지에 대한 문제를 고려해야 한다.

(31) ㄱ. 얼굴만 <u>예쁘다고</u> 최고인가?

　　 ㄴ. 거기 음악 감상 <u>하라고</u> 만들어 놓은 데 아니에요?

　　 ㄷ. 초장에 삼겹살을 <u>굽자고</u> 만든 판이 아닌 거 같애.

(ㄴ, ㄷ은 채숙희(2011b:98)의 예)

(31ㄱ)에서는 '-다고'가 이유를 제시하는 연결어미로 쓰이는 용법을, (31ㄴ, ㄷ)에서는 '-라고, -자고'가 의도나 목적을 제시하는 연결어미로 쓰이는 용법을 볼 수 있다. 이와 같은 맥락에서 (30ㄹ)의 '-다고'를 이유를 제시하는 연결어미로, (30ㅂ)의 '-라고'를 목적을 제시하는 연결어미로 볼 가능성이 있다.

본고에서는 (30ㄹ, ㅂ)의 '-다고', '-라고'가 이유나 목적을 나타내는 독립적인 연결어미로 쓰인 것으로 해석될 수도 있고, 정말 누군가의 발화가 있었고 그 발화를 인용하기 위해 쓰인 것으로 해석될 수도 있다고 본다.31) 다만 발화 인용 의미로 쓰일 때에는 '-다고', '-자고'와 후행절 사이에 얼마간의 휴지가 개재하는 것이 자연스러워 보인다.32)

   (30''') ㄹ. 걔는 전화한다고↗ (휴지) 복도에 나갔어.

       ㅂ. 아이들 고모가 제사상에 놓으라고↗ (휴지) 과일을 보냈어요.

(30ㅁ)처럼 '-냐고'가 쓰이는 경우에는 이런 중의성이 없이 발화 인용의 의미로만 해석되는데, 이때에도 '걔가 자기는 허드렛일하러 여기 온 게 아니지 않냐고'와 '나가 버렸어' 사이에 상승 억양과 함께 약간의 휴지가 개입하는 것이 일반적인 것으로 보인다. 인용동사가 생략된 다른 예로 '책이나 좀 볼까 학교 나왔어' 같은 문장에서도 휴지 없이 발화하는 것보다는 '책이나 좀 볼까'와 '학교 나왔어' 사이에 휴지가 개재하는 것이 더 자연스럽다.

요컨대 '-다고', '-라고', '-자고' 뒤에 인용동사가 출현하지 않는 경우는 이들 어미가 인용 구문을 벗어나 독자적 연결어미로 쓰이는 경우일 수

---

31) 박만규(1996)에서도 '영호는 몸이 아프다고 회사에 결근했다' 같은 예문이 상황에 따라 두 가지 의미로 해석될 수 있다고 하였다. 즉 영호가 이전에 자기가 몸이 아프다고 발화한 적이 있어서 화자가 그런 사실을 바탕으로 하여 해당 문장을 발화할 수도 있고, 영호는 이전에 그런 발화를 한 적이 없으나 화자가 영호의 결근 이유를 추측하여 해당 문장을 발화할 수도 있다는 것이다. 다만 박만규(1996)에서는 이 두 경우를 모두 '이유보어' 로서의 '-고'문이 가지는 해석이라고 보았는데, 본고는 전자의 경우는 보통의 인용 구문의 일종으로 포함할 수 있되, 서술어가 생략된 것이라고 본다. 전자의 경우에서 읽히는 "이유"의 의미는 '-다고' 자체의 의미라기보다는 담화 맥락상에 존재하는 의미로 볼 수 있으며, 또 전자의 경우와 후자의 경우가 휴지의 개입 및 억양에서 얼마간 형식적 차이를 보이는 듯하기 때문이다.

32) 대학원생 네 명을 대상으로, '-다고' 뒤에 억양과 휴지를 개입한 것(예: '영이는 전화한다고↗ (휴지 개입) 밖에 나갔어')과 특별한 억양과 휴지를 개입하지 않은 것(예: '영이는 전화한다고 밖에 나갔어')의 쌍을 여러 개 들려주고 가장 먼저 떠오른 의미가 무엇인지를 선택하게 한 결과, 대체로 억양과 휴지가 개입한 경우에 "그런 발화가 실제로 있었음"의 의미로, 특별한 억양과 휴지가 없는 경우에 "그러한 이유로"의 의미로 이해된다는 답변을 얻을 수 있었다.

도 있고 인용 구문 속에서 쓰이되 단지 인용동사가 출현하지 않은 경우
일 수도 있다. 그리고 이 두 경우는 특별한 억양과 휴지의 개입 여부에
서 차이를 보이는 경향이 있다. 특별한 억양과 휴지가 개재하는 것은
인용 구문에서 인용동사가 출현하지 않는 것에 대한 보상적 성격을 띠
는 것이라 할 수 있을 것이다.

　이에 따라 (주로 특별한 억양이 실리고 휴지가 개입하는 경우) (30)
의 사례들을 인용동사가 생략된 사례로 판단할 수 있다. 이처럼 문법적
인 서술어 없이 하나의 절이 구성되는 현상을 전통적인 문법관으로는
설명하기가 어려울 것이다. 이 경우는 서술성 명사 등 의미적으로 서술
성을 띠는 요소조차 없는 경우여서 설명이 더욱 어려워진다. 하지만 형
식 연쇄에 의미가 직접 연합한 덩어리 단위인 구문 개념에 기반하면
[NP(발화자)-가 (NP(수신자)-에게) S(피인용문)-(고) V(발화동사)]가 하나
의 긴밀한 덩어리이고, 이에 따라 'NP(발화자)-가 S(피인용문)-고'까지만
언급해도 쉽게 예측되는 서술어를 생략한 채 하나의 절을 문제없이 구
성할 수 있다고 설명할 수 있다.

　요컨대 우리는 인간 참여자와 피인용문만 보고도 그 뒤에 올 서술어
가 무엇인지를 얼마간 예측할 수 있고, 또 그런 예측 가능성에 기반하
여 때로는 서술어 없이 복합문의 선행절이 구성되는 현상이 나타나기
도 한다. 이를 통해 우리는 인용 구문이 국어 화자들의 언어 지식 속에
한 덩어리로서 존재한다는 것을 알 수 있다.

　이제까지 살핀 예측 가능성의 개념과 관련하여 한 가지 사항을 더
언급해 둠으로써 이 절을 마무리하고자 한다. 한국어는 서술어가 문말
에 위치하기 때문에 주로 앞에 오는 요소들을 단서로 삼아서 뒤에 올
서술어를 예측할 수 있게 되고, '하다'는 그처럼 예측되는 서술어 자리
를 형식적으로 채우는 기능을 할 수 있다. 그렇다면 서술어가 문말에
위치하지 않는 언어의 경우는 어떨까? (32)처럼 한국어와 어순이 다른
언어에서도 특정 구문의 서술어 자리에서 의미상 꽤 포괄적인 동사가

쓰이면서 해당 구문의 무표적인 의미를 드러내는 현상이 발견되는 것을 보면, 서술어의 예측 가능성이라는 것은 한국어처럼 서술어가 문말에 오는 언어에서만 특별하게 적용되는 개념이 아니라 어순에 관계없이 언어 보편적으로 적용될 수 있는 개념인 듯하다. 박진호(2010a)에서는 아래와 같은 예문들이 영어의 특정 구문 속 서술어 자리에서 자리를 채우는 요소(원문에서는 '자리채우미'로 부름)가 쓰인 예가 될 수 있을 것이라고 본 바 있다.

(32) ㄱ. I put the candle out.
ㄴ. He made the napkin off the table.

하나의 덩어리를 이루는 요소 중 앞의 요소를 보고 뒤의 요소를 예측할 수 있을 뿐 아니라 뒤의 요소를 보고 앞의 요소를 예측하는 것이나 주변의 요소를 보고 그 가운데에 있는 요소를 예측하는 것이 가능함을 보여 주는 증거도 몇 가지를 찾아볼 수 있다. 가령 Goldberg(1995:35~36)에서는 비언어학자 열 명에게 아래와 같은 구문 속에서 무의미 단어인 topamased가 무엇을 의미하는지에 대해 물어 보았는데, 열 명 중 여섯 명이 give의 의미로 해석했음을 언급한 바 있다. 이는 영어 화자들이 topamased가 실현된 자리에서 give류의 동사가 쓰일 것이라고 예측했음을 보여 준다. 즉 주변의 요소를 보고 그 가운데에 있는 요소를 예측한 것이다.

(33) She topamased him something. (Goldberg, 1995:35)

또 예측 가능성은 음성적 감쇄를 통해 물리적으로 드러나기도 한다. Bybee(2010:3.3.2~3.3.3절)에서는 음성적 감쇄 현상은 실시간 담화 요인 및 단어가 사용되는 과정에서 저장된 표본 자체의 변화가 상호작용하면서 일어난다고 하였다. 실시간 담화 요인은 어떤 단어가 담화상에서 첫 번째로 발음되었을 때보다 두 번째로 발음되었을 때 그 길이가 보통 더 짧게 실현되는 현상, 또 담화상에서 강세를 받는 단어 또는 휴지에 앞서 나타나는 단어는 길게 발음되는 현상 등에 영향을 미친다. 한편 단어가 사용되는 과정에서 저장된 표본 자체의 변화란 I don't know 속의 don't에서 모음이 schwa로 삭감되고 어두 자음이 탄설음화되거나 사라지며 어말의 [t]가 사라지는 현상이 나타나는 것과 같이 매우 빈번히 쓰이는 특정 구절 속에서 특별하게 나타나는 음성적 감쇄 현상[33], 또 어떤 단어가 음성적으로 감쇄되기 쉬운 환경에서 자주 쓰이면 그 감쇄형 자체의 표상이 점차 강화되면서 음성적으로 감쇄되기 쉬운 환경을 벗어나서도 일반적으로 감쇄형으로 쓰이게 되는 현상 등과 관련된 것이다.

이 중 저장된 표본 자체의 변화는 특정 단어들의 연쇄가 반복적으로 경험되면서 청킹되어 편안하고 유창하게 발음되면서 나타나는 음성적 감쇄 현상에서 비롯된 것인데, 이런 덩어리를 구성하는 둘 이상의 단어는 서로 긴밀한 관계를 맺고 있는 만큼 어떤 요소를 통한 다른 요소의 예측 가능성도 높아진다고 할 수 있을 것이므로, 음성적 감쇄 현상이 나타나는 것도 본고에서 다루는 예측 가능성에 대한 한 지표가 될 수 있을 것이다. 그리고 영어의 It's raining 같은 연쇄는 앞에 있는 요소인 it을 분명하게 발음하지 않은 채 [sre'nɪŋ]처럼 발음되기도 한다. 이처럼 앞에 오는 요소가 음성적으로 감쇄되어도 문제없이 이해되는 현상은 덩어리를 이루는 요소 중 뒤에 있는 요소를 단서로 삼아 앞에 있는 요소를 예측할 수 있음을 보여 주는 증거가 될 수 있을 것이다.

즉 이제까지 언급한 서술어의 예측 가능성은 서술어가 문말에 오는

---

33) 이러한 don't의 음성적 감쇄 현상은 I don't inhale이나 what if they don't go for your fantasy? 같은 저빈도 구절에서는 나타나지 않는다(Bybee, 2010:41).

한국어의 특수성에 기인한 것이라기보다는, 어순에 관계없이 어떤 요소들이 덩어리를 이루고 있고 그 중 서술어 자리에 오는 요소가 제약적일 때 그런 서술어 자리가 보편적으로 갖게 되는 성격이라고 말할 수 있다. 다만 문두나 문중에 위치하는 제약적인 요소에 비해 문말에 위치하는 제약적인 요소가 더 쉽게 예측되는지 여부에 대해서는 별도의 연구가 필요하다.

3.1.2.3. 비인용동사가 인용동사 자리에서 쓰이는 현상

인용 구문이 한 덩어리로 처리되고 있다는 제안의 두 번째 근거는 피인용문을 논항으로 취하는 것으로 보기 어려운 동사들이 인용 구문 속 인용동사 자리에서 쓰이는 현상에서 찾을 수 있다.

가령 '실실거리다'라는 동사는 각종 사전에 기록된 문형 정보에서도 볼 수 있듯이 행위자 논항 하나만을 요구하는 자동사이다. 하지만 이 동사는 자동 구문에서만이 아니라 '철수는 한 푼만 달라고 실실거렸다'에서 볼 수 있듯이 발화 인용 구문 속 발화동사 자리에서도 쓰인다. 그리고 이 문장은 "철수는 한 푼만 달라고 말하면서 실실거렸다"라는 의미로 해석된다. 이때 "말하면서"라는 의미는 어디에서 나오는 것일까? '실실거리다'는 어떻게 해서 피인용문과 어울리게 되는 것일까? '실실거리다'의 의미와 논항구조만으로는 이런 문장을 설명하기가 어렵다.

이처럼 피인용문과 어떤 동사가 함께 나타나는 현상, 그리고 이때 "말하면서"라는 의미가 더해지는 현상이 그 동사 자체의 성질로는 설명되기가 어렵다면, 다음과 같이 구문 개념에 기반한 대안적 설명을 시도해 볼 수 있을 것이다.

인용 구문이 형식 연쇄에 의미가 직접 연합된 덩어리 기호 단위로서 존재하는데, 이 구문의 서술어 자리에는 발화 동작을 직접 나타내는 '말하다' 같은 동사가 오는 것이 전형적이다. 하지만 '실실거리다' 같은 동사를 이 구문의 서술어 자리에 도입하여 쓸 수도 있는데, '실실거리다'에는 "말하다"의 의미가 없지만 인용 구문 자체가 "말하다"라는 의미와 연합된 기호 단위이기 때문에 구문 의미에 힘입어 이런 문장에서 "말하면서"라는 의미가 읽히게 된다.

이때 전형적으로 '말하다' 같은 동사가 쓰이는 인용 구문의 서술어 자리에 '실실거리다' 같은 동사가 통합하는 현상은 환유에 기반한 것이다. 환유는 한 요소가 인접한 다른 요소를 대표하는 현상인데, '철수는 한 푼만 달라고 말했다'라는 발화 사태와 '철수는 실실거렸다'라는 발화 양상 사태가 긴밀하게 인접해 있기 때문에, '실실거리다'를 '말하다' 대신 쓰더라도 두 사태 사이의 긴밀성에 대한 지식에 기반하여 '말하다'의 의미가 충분히 환기될 뿐 아니라, 동시에 '실실거리다'라는 발화 양상까지 드러낼 수 있게 되는 것이다.

이처럼 형식 연쇄에 의미가 직접 연합된 기호 단위인 인용 구문과 환유 현상에 기반하여 '실실거리다'가 피인용문과 어울릴 수 있게 되고, 해당 문장에서는 "말하면서"의 의미가 읽히게 되는 것이라고 보는 것이다.[34]

그런데 '철수는 한 푼만 달라고 실실거렸다'는 앞서 (30)에서 보았던 '걔는 전화한다고 복도에 나갔어'와 마찬가지로 발화동사가 생략되고 별개의 절이 접속된 사례가 아닌가 생각할 수도 있다. 하지만 의미적·형식적으로 보아 이 둘은 구별될 수 있다고 본다.

우선 의미적인 면에서 '걔는 전화한다고'가 나타내는 발화 사태와 '복도에 나갔어'가 나타내는 동작 사태 사이에는 시간적인 간격이 있는 반면에, '철수는 한 푼만 달라고'가 나타내는 발화 사태와 '실실거렸다'가

---

34) 이와 유사하게 정연주(2015)에서는 '들판에 유채꽃이 노랗다'라는 문장의 구성 및 이 문장이 "들판에 유채꽃이 가득하다"라는 의미를 드러내는 것이 이 문장의 서술어인 형용사 '노랗다'로는 설명되기 어렵다는 점을 지적하고 이에 대해 구문 개념과 환유 개념에 기반한 설명을 시도한 바 있다.

나타내는 발화 양상 사태는 거의 동시적으로 일어난다. 즉 '철수는 한 푼만 달라고 실실거렸다'가 더 긴밀한 사태 연쇄, 곧 하나의 사태에 가까운 것을 표현하는 것이다.

사태 사이의 개념적 긴밀성은 형식적인 면으로도 반영된다. 앞서 (30)의 예를 다루면서 '개는 전화한다고'와 '복도에 나갔어' 사이에는 상승 억양과 휴지가 동반되어야 자연스러운 경우가 많음을 언급하였다. 하지만 '철수는 한 푼만 달라고'와 '실실거렸다' 사이에서는 억양구가 분절되거나 휴지가 개재하지 않아도 자연스럽다. 개념적으로 더 긴밀한 절이 형식적으로도 더 긴밀한 방식으로 실현되는 것이라 할 수 있다. '철수는 한 푼만 달라고 실실거렸다'의 특성을 전형적인 인용 구문의 사례인 '그는 집에 간다고 말했다' 및 인용동사가 생략된 사례인 '개는 전화한다고 복도에 나갔어'와 비교하여 제시하면 아래와 같다.

[표 5] 사태의 긴밀성에서 차이를 보이는 세 유형의 인용 관련 문장과 그 특징

	'그는 집에 간다고 말했다'	'철수는 한 푼만 달라고 실실거렸다'	'개는 전화한다고 복도에 나갔어'
의미	하나의 사태	두 개의 사태이지만, 거의 동시적으로 일어난다는 점에서 매우 긴밀한 관계에 있는 사태임	시간적인 간격이 있다는 점에서 긴밀성이 좀 덜한, 별개의 두 사태임
형식	'-다고'와 '말하다' 사이에 휴지가 개입하지 않음	휴지가 개재하지 않는 편이 자연스러움	'-다고'와 '복도에 나갔어' 사이에 길게 끄는 상승 억양과 휴지가 개입해야 더 자연스러움

Givón(2001:12장)에서는 사태 사이의 관계가 개념적으로 긴밀할수록 절의 통합도 더 긴밀해짐을 언급한 바 있다. 간접사동과 직접사동이 보이는 차이가 한 예시가 될 수 있을 것인데, 사동주가 피사동주에게 무엇을 하라고 시키는 상황과 피사동주가 실제로 그 일을 하는 상황 사이에 시간적 간격이 있고 피사동주의 행위가 꼭 일어난다는 필연성도 떨어지는 간접사동은 형식적으로도 복합적인 절로 표현되는 경향이 있다

면, 사동주가 피사동주에게 시키는 상황과 피사동주가 실제로 수행하는 상황이 동시적으로 발생하고 피사동주의 수행이 반드시 일어나는 직접사동은 형식적으로도 단순하게 하나의 절로 표현되는 경향이 있다. [표 5]에서 보였듯이 '철수는 한 푼만 달라고 실실거렸다'에 포함된 두 사태는 개념적으로 보아 '그는 집에 간다고 말했다'보다는 긴밀성이 덜하지만 '걔는 전화한다고 복도에 나갔어'보다는 더 긴밀한데, 이와 같은 개념상의 긴밀성 차이가 억양과 휴지에서 나타나는 형식적 특성으로도 반영된다고 볼 수 있을 것이다.

즉 '철수는 한 푼만 달라고 실실거렸다'류의 문장은 '그는 집에 간다고 말했다'류의 문장과 '걔는 전화한다고 복도에 나갔어'류의 문장 사이에서 중간적인 성격을 보인다. 본고에서는 이 부류의 문장이 특별한 억양과 휴지의 개입 없이 쓰이는 경우를 위주로 하여 '걔는 전화한다고 복도에 나갔어'류보다 '그는 집에 간다고 말했다'류에 가까운 속성을 띨 수 있다는 점에 주목한다. 즉 이런 경우에는 '실실거리다' 같은 동사가 인용 구문 속의 인용동사 자리에서 쓰인 것으로 파악될 가능성이 있다고 보고 논의를 전개하고자 한다.

그러면 어떤 경우에 '실실거리다'처럼 발화 의미를 직접 갖지 않는 동사가 인용 구문 속 인용동사 자리, 보다 구체적으로는 발화 인용 구문 속 발화동사 자리에서 쓰일 수 있게 되는 것인가? Goldberg(1995:1.4절)에 이와 유사한 현상에 대한 설명이 시도된 바 있으므로 그 내용을 먼저 살피기로 한다.

"재채기하다"의 의미를 갖는 sneeze는 의미상 분명한 자동사이지만 무언가를 이동시키는 사건을 나타내기 위해 타동사적 용법으로 쓰이기도 한다(He sneezed the napkin off the table). 이런 사례를 설명하기 위해 sneeze에 "재채기를 함으로써 무엇을 이동시키다"라는 의미가 있음을 상정할 수도 있겠지만, 이는 순환론적인 상정일 뿐 아니라 영어 화자들에게 sneeze의 의미로서 자연스럽게 받아들여지지도 않고, 범언어적으로 보아도 이와 같은 의미를 부호화하는 단일 동사가 있다는 것이 그리 자연스럽지 않다.

이에 따라 Goldberg(1995:1.4절)에서는 "무언가를 이동시키다"라는 의미는 [Subj{cause} V Obj{theme} Obl{goal}]이라는 구문 자체가 갖고 있고, 여기에 공기 분출 사태를 나타내는 sneeze가 통합함으로써 "재채기하는 행위에 의해 유발되는 대상 이동 사태"를 나타낼 수 있게 되는 것이라고 설명한다. 추상적인 덩어리 구문의 존재를 상정함으로써 동사의 특성만으로는 설명되기 어려운 문장을 설명할 수 있다고 본 것이다.

이런 추상적인 덩어리 구문과 동사의 통합은 다음과 같은 방식으로 설명된다. 영어 화자는 sneeze가 나타내는 공기 분출 사태가 가벼운 무언가쯤은 이동시킬 수도 있다는 것을 세계에 대한 경험에 기반하여 알고 있다. 즉 이런 지식은 sneeze가 나타내는 사태에 연합되어 있는 시나리오적 지식의 일부라 할 수 있다. 결국 대상 이동 사태와 공기 분출 사태는 긴밀한 관계에 있으며, 이 긴밀성에 기반하여 대상 이동 사태를 나타내는 추상적인 구문과 공기 분출 사태를 나타내는 동사 sneeze가 통합할 수 있게 된다고 본다. 구문 문법적 시각에서는 화자의 동사에 대한 지식은 그 동사가 갖는 의미론적 측면(가령 sneeze가 강력한 공기 분출 사태를 의미한다는 것)뿐 아니라 이런 시나리오적 지식(그러한 공기 분출 사태가 가벼운 무언가쯤은 쉽게 이동시킬 수 있다는 것)까지도 포괄하는 것으로 보기 때문에 이런 설명이 가능해진다.

이때 아무 동사나 [Subj{cause} V Obj{theme} Obl{goal}] 구문 속에서 쓰여 무언가를 이동시키는 사태를 나타낼 수 있는 것은 아니다. Goldberg(1995:2.5절)에서는 동사 의미와 구문 의미 사이에 아래와 같은 관계가 있을 때 둘이 통합할 가능성이 있음을 언급하고 있다(e_v는 동사가 나타내는 사태 유형, e_c는 구문이 나타내는 사태 유형을 말한다).

(34) I. e_v는 다음 중 하나로 e_c에 연결되어야 한다.

A. e_v는 e_c의 하위 유형이 된다.

B. e_v는 e_c의 수단을 나타낸다.

C. e_v는 e_c의 결과를 나타낸다.

D. e_v는 e_c의 전제 조건을 나타낸다.

E. 제한된 범위에서, e_v는 e_c의 양상(manner)을 나타내거나 e_c를 허가하는 수단이거나 e_c의 의도된 결과이다.

II. e_c와는 적어도 하나의 참여자 의미역을 공유해야 한다.

(34)의 조건에 해당한다고 해서 무조건 어떤 동사가 특정 구문 속에서 쓰일 수 있는 것은 아니고 개별 구문마다, 개별 동사마다, 개별 언어마다 통합의 범위에서는 차이가 나타날 수 있다. 하지만 통합의 범위는 대개 동사의 의미가 구문의 의미와 환유적인 관계(인접 관계)에 있을 때로 제약된다는 것을 볼 수 있다. 앞서 본 sneeze는 대상 이동 사태의 일부분인 '이동 수단'을 나타낼 수 있는 동사로서 대상 이동 사태를 나타내는 구문 속에서 쓰일 수 있다((34)의 B 유형).

이와 같은 구문과 동사의 통합은 주지연(2008)에서 '합성사건'이라고 부른 것과도 밀접한 관련이 있다. 주지연(2008:5장)에서는 두 개 이상의 행위로 구성되지만 두 행위의 궁극적 목적과 주체가 일관적이며 그 복수의 행위 조합이 동시발생성, 직접적 인과성, 패턴의 전형성, 반복성 등을 띠어서 언어 사용자에게 하나의 사건으로 인식될 때에는 그 사건이 'V₁어V₂'형 합성동사로 표상될 수 있다고 하였다(예: (원고를 컴퓨터에) 쳐넣다). 본고에서는 두 개 이상의 행위로 구성되지만 하나의 사건으로 인식되는 사건을 표현할 때에는, 주지연(2008)에서 언급한 것처럼 각각의 행위를 나타내는 동사를 잇는 방법이 이용될 수도 있고, Goldberg(1995)에서 언급한 것처럼 한 행위를 나타내는 구문과 다른 한 행위를 나타내는 동사를 통합하는 방법이 이용될 수도 있다고 본다.

그러면 발화 인용 구문의 문제로 되돌아와서, 무언가를 발화하는 사태는 어떤 시나리오와 연합되어 있는지에 대해 생각해 보자.

[표 6] 발화 사태와 연합된 시나리오

1단계	의사소통 맥락에 따라 의사소통적 의도가 정해짐 사용역을 고려함
2단계	전할 메시지의 내용과 표현을 마련함
3단계	메시지를 산출함
4단계	준언어적 요소가 수반됨 심적 태도가 드러남 비언어적 요소가 수반됨

[표 6]의 시나리오는 순서 자체보다는 발화 사태가 어떤 단계들로 구별될 수 있는지에 중심을 두어 제시한 것이다. 그리고 각 단계와 관련된 동사적 표현들이 아래와 같이 풍부하게 존재한다. 1단계는 어떤 화행의 발화를 할 것인지가 정해지는 단계로, 진술, 질문, 지시, 언약, 인사, 호출 등의 의도를 나타내는 다양한 동사적 표현들과 관련된다. 이와 함께 사용역도 고려되는데, 가령 '발표하다', '보도하다' 등은 발화 상황의 공식성과 관련된 의미를 포함하는 동사라 할 수 있다. 2단계는 메시지의 내용을 마련하는 단계로, 전달할 메시지를 생각하고 구성하는 과정을 나타내는 다양한 동사적 표현들과 관련된다. 3단계는 메시지를 산출하는 단계로, 전달 매체별로 메시지의 산출을 나타내는 다양한 동사적 표현들과 관련된다. 4단계는 메시지가 산출되는 과정에서 다양한 양상이 드러나는 단계로, 준언어적 요소의 실현을 나타내는 동사적 표현들 및 발화 내용과 태도로부터 파악되는 발화자의 심리를 나타내는 동사적 표현들, 또 발화와 동시적으로 존재하는 비언어적 요소를 나타내는 동사적 표현들이 관련된다.

[표 7] 발화 사태의 시나리오와 관련된 동사적 표현

1단	의사소통 맥락에 따라 의사소통적	간청하다, 거들다, 거부하다, 격려하다, 꾸짖다, 놀리다, 다그치다, 대답하다, 독려하다, 동조하다, 말리다, 맞장구를 치다, 맹

계	의도가 정해짐	세하다, 명령하다, 문제를 제기하다, 묻다, 반대하다, 반발하다, 부인하다, 비난하다, 서약하다, 속이다, 시키다, 안심시키다, 야단치다, 약속하다, 용기를 주다, 용서를 빌다, 위로하다, 위협하다, 유혹하다, 인사하다, 제안하다, 주장하다, 지적하다, 질문하다, 책임을 떠넘기다, 초대하다, 칭찬하다, 타이르다, 평가하다, 하소연하다, 항의하다, 환영하다, 회유하다, 힐책하다 등
	사용역을 고려함	발표하다, 보도하다, 연설하다 등
2 단계	전할 메시지의 내용과 표현을 마련함	생각하다, 가정하다, 느끼다, 상상하다, 여기다, 의심하다, 짐작하다, 추측하다, 판단하다 등
3 단계	메시지를 산출함	말하다, 이야기하다, 전화하다, 통화하다, 쓰다, 작성하다, 적다, 편지하다, 손짓하다, 눈짓하다 등
4 단계	준언어적 요소가 수반됨	부르짖다, 외치다, 노닥거리다, 도란거리다, 떠들다, 재잘거리다, 종알거리다, 소곤거리다, 속삭이다, 얼버무리다, 중얼거리다, 꿍얼거리다, 내뱉다, 쏘아붙이다, 투덜대다 등
	심적 태도가 드러남	감격스러워하다, 걱정하다, 겁을 내다, 겸손해하다, 기뻐하다, 난처해하다, 놀라다, 답답해하다, 분개하다, 슬퍼하다, 아쉬워하다, 여유를 부리다, 우려하다, 으스대다, 화를 내다, 황당해하다 등
	비언어적 요소가 수반됨	갸웃거리다, 깔깔대다, 미소 짓다, 실실거리다, 울다, 웃다, 찡그리다, 한숨을 쉬다 등

그러면 각 단계에 속하는 동사들과 인용 구문의 통합 관계에 대해 살펴보자. 우선 인용 구문 속 서술어 자리에서 쓰일 것임이 자연스럽게 예측되는 동사 부류를 먼저 살필 것이다.

먼저 인용 구문과의 통합이 가장 자연스럽게 예측되는 부류를 3단계에서 볼 수 있다. 3단계 동사들은 발화매체동사라고 불러 볼 만하다. 언어적 의사소통은 음성이나 문자로 이루어지고, 이에 더해 특정 몸짓이 관습적으로 언어적 의사소통을 대신하기도 하는데, 이와 관련한 동작들을 나타내는 동사를 발화매체동사라 할 수 있다. 이들은 각종 매체를 통한 언어적 의사소통 과정을 직접 의미하는 동사이므로 인용 구문과 통합하여 쓰이는 것이 당연하다.

2단계에서 볼 수 있는 사유동사 역시 인용 구문과 통합하여 쓰이는 것이 당연하다. 생각이 언어를 수단으로 하여 이루어지는 경우에, 그것은 음성이나 문자 등의 구체적 매체를 통해 실현되지 않을 뿐이지 언어 표현이 생산되는 과정이라는 점에서 구체적 발화 사태와 유사하게 이해된다. 이에 따라 사유동사들도 발화동사와 같은 방식으로 인용 구문 속에서 쓰일 수 있다(이필영, 1993:15~16 참고).

또한 1단계 중 사용역과 관련되는 동사는, 의미 요소를 쪼개어 보면 발화매체동사의 의미 요소와 공식성 등 발화 장면 관련 의미 요소를 포함한다. 그러므로 발화매체동사와 마찬가지로 인용 구문과의 통합이 자연스럽다.

마지막으로 4단계 중 발화의 준언어적 요소를 드러내는 동사는 의미적으로 발화매체동사의 의미 요소에 목소리의 크기, 화자의 활기, 조심성, 청자에 대한 화자의 호감도 등이 더해진 것이다. 그러므로 이 동사들 역시 발화매체동사와 마찬가지로 인용 구문과의 통합이 자연스럽다.

문제는 1단계와 4단계 중 일부, 즉 위의 표에서 어둡게 표시한 부분에서 나타난다. 여기에 속한 동사들은 동사 자체의 의미만 보아서는 인용 구문과의 통합이 당연하게 설명되지 않는 경우가 많다. 이제부터 여기에 포함된 동사들이 어떻게 해서 인용 구문 속 서술어 자리에서 쓰일 수 있는지에 대해 살피고자 한다.

우선 1단계 중 어둡게 표시한 부분에 속하는 동사들을 본고에서는 화행동사라 부를 것이다(박재연, 2012 참고). 화행이란 언어를 통해 이루어지는 행위를 말하며, 그런 행위를 의미하는 동사들을 화행동사라 이름할 수 있다. 화행동사는 요청, 반대, 비난, 동조 등 언어적 의사소통을 통해 성취할 수 있는 행위를 나타내는데, 이런 행위가 꼭 언어적 의사소통을 통해서만 성취되는 것은 아닐지라도 인간이 그런 행위들을 실현하기 위한 수단으로 타인을 설득하기 위한 메시지를 구성하고 전하는 방식을 이용하는 것은 일상적인 일이라는 지식에 기반하여 이에 해당하는 동사들이 발화 인용 구문 속 발화동사 자리에서 쓰일 수 있다.

(35) ㄱ. EU 군사위원장은 "EU 군대는 1년 내에 창설돼야 한다"고 거들었다.

ㄴ. 정대철 최고위원도 "되지도 않을 신당 논의에 시간을 허비하기보
다는 차라리 조기에 매듭짓자"고 동조했다.

ㄷ. 자민련은 사법부의 용기 있는 결정이라고 환영했다.

그런데 화행동사 중에는 '간청하다, 꾸짖다, 놀리다, 다그치다, 대답
하다, 맹세하다, 명령하다, 묻다, 부인하다, 비난하다, 서약하다, 속이다'
등과 같이 〈표준국어대사전〉 등의 국어사전에서 피인용문을 취하는 동
사로서 다루어지는 것도 있지만, '거들다, 거부하다, 격려하다, 독려하
다, 동조하다, 말리다, 반대하다, 반발하다, 안심시키다, 야단치다, 위로
하다, 위협하다, 유혹하다, 인사하다, 초대하다, 하소연하다, 환영하다,
회유하다'처럼 국어사전의 문형 정보에서는 피인용문이 논항으로 다루
어지지 않고 있는 동사들도 있다.

이는 대체로, 전자 부류의 동사들은 인용 구문 속에서 쓰이는 일이
빈번한 반면에 후자 부류의 동사들은 인용 구문 속에서 쓰이는 일이 빈
번하지 않다는 직관을 반영하는 것이라 할 수 있다. 가령 전자의 부류
에 속하는 '간청하다'나 '부인하다'는 거의 언어적 의사소통만을 수단으
로 하여 목적을 이루는 행위를 나타내므로 인용 구문 속에서 쓰이는 일
이 빈번하다. 한편 후자의 부류에 속하는 것 중 '환영하다'는 언어적 의
사소통뿐 아니라 포옹이나 미소 등 비언어적 행위도 빈번히 수단으로
삼을 수 있는 행위로 인식되며, 이에 따라 인용 구문 속에서 쓰이는 일
도 상대적으로 빈번하지 않다. 즉 이들 모두는 언어적 의사소통 사태와
관련을 맺을 가능성이 있는 사태를 나타내지만, 전자 부류의 경우에는
그 가능성이 더 높고 후자 부류의 경우에는 그 가능성이 더 낮다는 점
에서 차이가 있다. 그럼에도 후자 부류의 동사들은 '언어적 의사소통을
수단으로 해서 이룰 수도 있는 사태를 나타낸다는 것'이 국어 화자들에
게 경험적인 지식으로 존재하기 때문에 이들 동사가 나타내는 사태와

발화 사태의 인접성에 기반하여 발화 인용 구문 속에서 쓰일 수 있는 것이다.

또 4단계 중 발화자의 심적 태도와 관련된 동사들을 보자.

(36) ㄱ. 노부부는 "우리 손자가 정말 대견스럽다"고 <u>감격스러워했다</u>.

ㄴ. 철수는 "다른 사람들이 도와주어서 승리할 수 있었다"고 <u>겸손해했다</u>.

ㄷ. 암스트롱은 "페이스를 조절하기 위해 선두를 내줬다"고 <u>여유를 부렸다</u>.

ㄹ. 그는 "스릴을 즐기다 보면 스트레스가 한꺼번에 확 풀린다"고 <u>으스댔다</u>.

밑줄 친 동사적 표현들은 발화자의 심적 태도에 대한 판단을 담고 있다. 그리고 한 사람의 심적 태도는 그 사람의 행동 방식, 특히 말하는 방식과 말 속에 담긴 내용을 통하여 잘 드러난다. 즉 어떤 발화가 이루어짐과 동시에 그 사람의 심적 태도가 함께 드러나는 경우가 많고, 이런 점에서 두 사태는 긴밀한 관계에 있다. 두 사태의 이런 인접성에 기반하여 심적 태도를 나타내는 동사가 발화 인용 구문 속 발화동사 자리에서도 쓰일 수 있게 되는 것으로 보인다.

마지막으로 4단계 중 비언어적 요소와 관련된 동사들을 보자. 이 절의 앞부분에서 예로 든 '실실거리다'도 이 부류에 속한다.

(37) ㄱ. 영이는 그 친구가 그런 행동을 할 리가 없는데 이상하다고 <u>갸웃거렸다</u>.

ㄴ. 철수는 한 푼만 달라고 <u>실실거렸다</u>.

ㄷ. 아이는 자기 혼자 학원에 가야 한다고 <u>울먹였다</u>.

이 동사들은 발화와 함께 동시적으로 수반되는 동작을 나타내는데, 특히 발화자의 감정 상태를 기반으로 한 동작을 나타내는 경우가 많다. 앞서 언급한 것처럼 어떤 발화가 이루어질 때에는 그와 동시에 발화자의 현재 감정 상태가 함께 드러나는 경우가 많고, 그러다 보니 발화 사태와 감정에 기반한 동작이 이루어지는 사태도 꽤 긴밀한 관계에 있게 된다. 두 사태의 이런 인접성에 기반하여 (37)에서 보인 동사들이 발화 인용 구문 속 발화동사 자리에서도 쓰일 수 있게 되는 것으로 생각된다.35)

이제까지 발화 인용 구문 속 발화동사 자리에서 쓰일 수 있는 동사 부류들에 대해 살펴보았다. 이는 세종 문어 말뭉치 300만 어절에서 인용 표지가 쓰인 사례들을 살펴 부류화한 것인데, 또 다른 유형이 있을 수 있다는 점에 유념해야 하지만 대체로 [표 7]에서 든 부류에 속하는 동사들이 발화 인용 구문 속에서 쓰일 것으로 생각된다. 그 동사들은 언어적 의사소통 사태 그 자체를 나타내는 것 또는 언어적 의사소통 사태를 의미에 포함하는 것이거나 언어적 의사소통 사태와 매우 인접해 있는 사태를 나타내는 것이었다.

이 중 언어적 의사소통 사태와 매우 인접해 있는 사태를 나타내는 동사들, 즉 [표 7]에서 어둡게 표시한 부분에 속한 동사들의 경우에는 맥락 없이 그 동사 자체의 의미만을 보아서는 피인용문과 함께 나타나는 것이 쉽게 떠오르지 않는 경우도 있었다. 하지만 그것이 나타내는 사태가 언어적 의사소통 사태와 인접할 수 있다는 것에 대한 경험적인

---

35) 시간상 동시적이라고 하더라도, 가령 "영이가 웃으면서 학교로 가는 장면"을 나타내기 위해 이동의 의미를 나타내는 구문 속에서 '웃다'라는 동사가 쓰여 '영이가 학교로 웃는다' 같은 문장이 구성되지는 않는다. 이동 사태와 웃는 사태가 동시에 일어나야 할 필연성을 거의 찾을 수 없을 만큼 두 사태 사이의 긴밀성이 떨어지기 때문이다. 이에 비해 발화와 감정을 암시하는 행동이 동시에 발생하는 경우는 일상적으로 빈번히 경험된다. 이런 긴밀한 관계에 기반하여 발화 사태를 나타내는 구문 속에서 이들 동사가 쓰일 수 있는 것으로 보인다.

지식 때문에 발화 인용 구문 속에서 쓰일 수도 있게 된다는 것에 대해 언급해 왔다. 발화 사태와 인접한 사태는, 그 인접성에 기반하여 발화 사태를 쉽게 환기시킬 수 있다. 이것이 발화 인용 구문 속 발화동사 자리에 발화 사태와 인접한 사태를 나타내는 동사를 쓰는 환유를 가능케 한다.

발화 사태와 인접한 사태를 나타내는 동사가 인용 구문 형식으로 쓰이는 현상은 발화 인용 구문이라는 덩어리 단위를 상정할 때 잘 설명될 수 있는데, 그 이유에 대해 다시금 정리해 보면 다음과 같다.

첫째, 문제의 동사들이 나타내는 사태가 언어적 의사소통 사태와 밀접한 관련을 맺고 있고 그런 사실이 해당 동사에 대한 화자들의 지식으로서 존재한다고 하더라도, 그 동사 자체가 언어적 의사소통 사태를 의미하는 것은 아니며 언어적 의사소통 사태의 주변에 인접해 있는 사태를 의미할 뿐이다. 그러므로 동사 자체의 의미만을 고려해서는 이들 동사가 인용 구문 형식으로 나타나는 현상을 설명할 수가 없다.

다시 '실실거리다'를 예로 들어 보자. '실실거리다'는 감정적 상태를 기반으로 하는 행위를 나타내고 이런 감정 표출 행위는 언어적 의사소통 행위와 함께 실현되는 경우가 많으므로, '실실거리다'는 언어적 의사소통 사태와 인접한 사태의 일종을 나타내는 것이라 할 수 있다. 하지만 '실실거리다' 자체가 언어적 의사소통 사태를 의미하지 않는다는 것은 명백하다. 그럼에도 '실실거리다'는 '철수는 한 푼만 달라고 실실거렸다'처럼 인용 구문 속에서 쓰일 수 있다.

둘째, 문제의 동사들은 인용 구문 형식으로 쓰일 때에만 "어떤 말을 하면서 ~ 하다"라는 의미를 보인다. '실실거리다'의 예를 다시 들어 보면, '누가 ~ 라고 실실거리다'의 형식으로 쓰일 때에만 "어떤 말을 하면서 슬며시 자꾸 웃다"의 의미를 보이며, 다른 형식으로 쓰일 때에는 그런 의미를 보이지 않는다. 이처럼 문제의 동사들은 인용 구문 속에서 쓰일 때 "어떤 말을 하면서" 정도의 의미가 더해지는 식으로 체계적인 의미 변이를 보이는데, 그렇다면 이러한 체계적인 의미 변이는 구문의 의미에 기인하는 것으로 보는 것이 그럴듯하다(Goldberg, 1995:1.4절 참고).

이런 이유로 본고는 인용 구문이 추상적인 덩어리 구문으로 존재하는 것으로 상정되어야 언어적 의사소통 행위를 의미로 포함하지 않는 동사들이 인용 구문 형식으로 쓰이는 현상이 자연스럽게 설명될 수 있다고 본다. 즉 이런 현상이 인용 구문이 덩어리로 운용되는 언어 기호의 자격을 갖는다는 것을 보여 주는 한 증거가 된다고 본다.

마지막으로, 언어적 의사소통 행위를 의미로 포함하지 않는 동사들이 인용 구문 속에서 쓰이는 현상이 어떤 과정에 의해 가능해지는지에 대해 정리함으로써 이 절을 마무리하고자 한다. 화자는 언어적 의사소통 사태를 발화할 의도를 가지고 있고 이에 따라 발화 인용 구문이 떠오르게 된다. 이때 발화동사 자리에 발화 사태를 나타내는 동사를 쓸 수도 있지만, 발화 사태와 긴밀히 인접해 있는 다른 사태를 나타내는 동사를 도입함으로써 환유적으로 발화 의미를 나타낼 뿐 아니라, 그 동사가 나타내는 발화 동작의 부수적 양상까지 나타낼 수 있게 된다. 청자 입장에서도 발화자와 피인용문을 듣는 순간 발화 인용 구문 전체가 활성화되고, 그렇기 때문에 서술어 자리에서 발화동사가 아닌 다른 동사가 쓰이더라도 구문에 기반하여 발화 인용의 의미를 채워 넣을 수 있게 된다.

3.1.2.4. 덩어리로 변화를 겪는 현상

셋째로, 인용 구문은 덩어리째로 변화하는 모습도 보인다. 이 역시 인용 구문이 전체로서 하나의 기억 단위가 된다는 점을 보여 준다.

가령 이필영(1993:51)에서는 (38)과 같은 예에서 발화 인용의 의미를 갖지 않는 '하다'는 실질동사로서의 발화수행적 기능이 쇠퇴한 것이라고 추정하고 있다. '하다'뿐 아니라 '그러다'도 같은 특성을 갖는다.

(38) ㄱ. 비가 <u>온다고 {해도/그래도}</u> 갈 수는 있다.

　　ㄴ. 비가 <u>온다고 {하면/그러면}</u> 그는 안 갈 것이다.

(이필영(1993:51)의 예에 '그러다'를 추가함)

인용 구문이 발화나 사유를 인용하기 위해 쓰이지 않고 이처럼 단순히 명제를 도입하는 기능을 하는 것은 어떤 과정을 통해 가능해진 것인가 하는 질문에는 여러 방식의 대답이 있을 수 있지만, 이필영(1993)처럼 실질동사로서의 발화수행적 기능이 '쇠퇴'하는 과정으로 보자면, 다음과 같은 과정을 상정해 볼 수 있다.

우선 우리는 "가정한 발화 사태"의 의미와 "가정한 사태"의 의미가 잘 구별되지 않는 맥락을 쉽게 찾아볼 수 있다. 가령 '영이가 집에 간다고 {해도/그래도} 나는 여기에 남아 있을 거야'라는 문장에서는 '영이가 집에 간다고 말하는' 발화 사태를 가정하고 있는데, 이때 '영이'는 자신의 의지로 할 수 있는 일에 대해 그 의지를 표명한다. 그런데 이처럼 누군가가 자신의 의지로 할 수 있는 일에 대해 그 의지를 표명하는 사태는, 그 의지적 사태가 곧 일어날 것이라는 점을 강하게 함축한다. 이처럼 본래는 누군가가 무엇을 할 것이라고 '말하는' 사태를 표현하는 것이었지만, 함축에 의해 누군가가 무엇을 할 것이라는 사실 자체에 초점이 놓이게 되는 경우가 있고, 이런 경우에 발화 행동의 의미를 갖는 인용동사의 의미는 약화될 수 있을 것이다. 이 내용을 정리하면 아래와 같다.

(39) "가정한 사태" 의미의 발달 과정

　　1단계: [NP{발화자}-가　S{피인용문}-(고)　하/그러-어도/으면/어야/은들...] 구문이 쓰임. (예: <u>영이가 집에 간다고 해도</u> 나는 여기에 남아 있을 거야.)

2단계: 이를 들은 청자는 누군가('영이')가 자신의 의지로 할 수 있는 일에 대해 그 의지를 표명하는 것은 곧 그 사태가 일어난다는 것과 다르지 않음을 추론하고 그 사태 자체에만 주목함. (예: 청자는 "발화"라는 의미에는 주목하지 않고 "영이가 집에 간다"라는 사태에만 주목함)

3단계: 이에 따라 "가정한 발화 사태"가 "가정한 사태"로 인식되면서, [S{가정한 사태}-(고) 하/그러-어도/으면/어야/은들...] 구문이 등장함. 이때 '하/그러-'는 "발화 행동"의 의미를 갖는 것으로 인식되지 않음. 이에 따라 (38)과 같이 발화 사태와는 전혀 무관한 상황에서도 이 새로운 구문이 쓰일 수 있게 됨.

본고는 이와 같은 의미 변화 현상이 인용 구문의 덩어리성을 함의하고 있다고 보는데, 그 이유를 정리하면 아래와 같다.

우선 이때 동사 '하/그러-'는 혼자서 의미 변화(약화)를 겪는 것이 아니라 [NP{발화자}-가 S{피인용문}-(고) 하/그러-어도/으면/어야/은들...] 구성 전체 속에서 의미 변화를 겪는다. '하/그러-'가 피인용문이나 '-어도', '-으면', '-어야', '-은들' 등의 조건적 연결어미와 동떨어져서는 이런 식의 의미 변화를 겪을 수 없기 때문이다.

그런데 만약 이 덩어리 전체가 나타내는 의미인 "가정한 발화 사태"가 국어 화자에 의해 "가정한 사태"로 추론되는 상황이 일회성에 그치는 것이었다면, "가정한 사태"의 의미를 나타내는 [S{가정한 사태}-(고) 하/그러-어도/으면/어야/은들...] 같은 구문이 별도의 구문으로 발달하여 정착되기는 어려웠을 것이다. 맥락 속에 잠시 존재했던 추론 의미일 뿐일 것이기 때문이다.

즉 맥락 속에 있던 추론 의미가 독자적인 의미로 정착되어 새로운 구문이 등장하기에 이르려면 다음과 같은 과정이 필요하다. 국어 화자는 [NP{발화자}-가 S{피인용문}-(고) 하/그러-어도/으면/어야/은들...]의 사례들을 경험하고, 여기에서 "가정한 발화 사태"를 "가정한 사태"로 추론한다. 그런데 이런 상황이 꽤 빈번하게 반복된다. 그 결과로 맥락 속에 있던 추론 의미가 독자적인 의미로 정착되어 [S(가정한 사태)-(고) 하/그러-어도/으면/어야/은들...]이라는 별도의 구문이 등장하게 된다.

결국 'NP(발화자)-가 S(피인용문)-(고) 하/그러-어도/으면/어야/은들...'이라는 덩어리의 의미가 "가정한 사태"로 추론되었다는 것이 국어 화자의 마음속에서 누적되는 과정을 상정해야 [S(가정한 사태)-(고) 하/그러-어도/으면/어야/은들...]이라는 새로운 구문이 등장하는 현상을 자연스럽게 설명할 수 있다. 그런데 이는 곧 'NP(발화자)-가 S(피인용문)-(고) 하/그러-어도/으면/어야/은들...'이라는 덩어리가 국어 화자의 마음속에서 자신의 의미 및 맥락 속에서 추론된 의미와 연합된 채 존재한다는 것을 뜻한다. 이런 이유로 본고는 (38)에서 관찰할 수 있는 의미 변화 현상이 [NP(발화자)-가 S(피인용문)-(고) 하/그러-어도/으면/어야/은들...]이 국어 화자들에게 덩어리로 기억되고 운용되는 단위라는 것을 보여 주는 증거가 될 수 있다고 본다.

물론 이는 [NP(발화자)-가 S(피인용문)-(고) 하/그러-어도/으면/어야/은들...]이 덩어리로 처리되고 있다는 것의 증거일 뿐, [NP(발화자)-가 S(피인용문)-(고) V(발화동사)-어도/으면/어야/은들...]이 덩어리로 처리되고 있다는 것의 직접적인 증거가 되지는 못한다. 하지만 이 두 구문은 긴밀한 관계(상하위 관계)에 있는 구문들로서, [NP(발화자)-가 S(피인용문)-(고) V(발화동사)-어도/으면/어야/은들...]도 덩어리로 처리되는 단위일 가능성을 보여 준다.

참고로 일본어에도 '～といっても(～ 라고 말해도)'가 가정한 사태의 의미로서 쓰이는 현상이 있다. 동사 'いう'는 본래 "말하다"라는 실질적 의미를 갖는 것이지만 'いくら財産が多いといっても人心は得られなかった(아무리 재산이 많다 해도 인심은 얻지 못했다)' 같은 사례에서는 실질적 의미가 약화되어 "～ 라고 말해도"가 아니라 "～ 어도"의 의

미로 쓰인다. 이는 [NP(발화자)-가 S(피인용문)-(고) V(발화동사)-어도/으면/어야/은들...]이 전체로서 기억 단위가 된다는 사실에 대한 방증 근거가 될 수 있을 것이다.

아래의 사례들도 비슷한 방식으로 설명할 수 있을 것이다.

> (40) ㄱ. 백화점이 세일을 한다 하면/그러면 차가 막힌다.
> ㄴ. 냉면을 먹었다('고) 하면/그러면 설사를 한다.

(40)은 (38)과 비슷하면서도 몇 가지 점에서 다른데, 하나는 간접인용 표지 '고'가 잘 개입하지 않는다는 것, 또 하나는 후행절이 현재시제 어미와 함께 쓰여 습관상의 의미를 나타내는 경우가 많다는 것이다. 또 (38)의 사례들은 '비가 온대도, 비가 온다면' 같은 유착형으로 실현될 수 있지만 (40)의 사례들은 그렇지 않다. 의미적으로도 "가정한 사태"의 의미를 나타내는 것이 아니라 "(예외 없는 결과를 도출하는) 조건적 사태"의 의미를 나타낸다는 점에서 다르다. 이처럼 (38)과 (40)은 별개의 구문이다.

(38)이 발화 인용의 의미로부터 의미 변화를 겪은 결과인 것으로 추정해 볼 수 있는 것처럼, (40)에 대해서도 유사한 과정을 상정해 볼 수 있다. 단 간접인용표지가 개입하지 않는다는 점, 유착형으로 실현되지 않는다는 점을 고려하면 이 사례는 발화를 '직접인용'하는 구문으로부터 발달한 것이다.

이때 (40ㄱ)과 같은 사례가 의미 변화의 연결 맥락이 되는 것으로 볼 수 있는데, 이 사례는 '백화점이 "세일을 한다" 말하면'이라는 발화 인용의 의미로 해석될 수도 있고 '백화점이 세일을 하는 조건이 있으면'이라는 의미로 해석될 수도 있는 중의성을 보이기 때문이다. 전자와 같이 발화 인용의 의미가 실현되는 경우에는 백화점의 세일 '선언'이 있은 즉시 차가 막히는 결과가 도출된다는 의미가 드러나 다소 과장적인 뉘앙스를 갖는다. 그리고 "어떤 발화 사태가 일어나면 어떤 결과가 도출된다"의 의미로부터 과장적인 뉘앙스만이 부각되면서 발화 사태의 의미는 약해지고 "어떤 사태가 일어나면 어떤 결과가 도출된다"의 의미로 발달하는 것으로 생각해 볼 수 있다. 이때 (38)과 마찬가지로 누군가가 자신의 의지로 할 수 있는 일에 대해 그 의지를 표명하는 것은 곧 그 사태의 발생을 강하게 함축한다는 것도 "발화" 의미가 약화되는 데 영향을 미친다. 결과적으로 (40ㄴ)처럼 발화 사태와 무관한 맥락에서도 이 구문이 이용될 수 있게 되는 듯하다. 이 내용을 정리하면 아래와 같다.

(41) "조건적 사태" 의미의 발달 과정

    1단계: [NP{발화자}-가 S{피인용문} 하/그러-면...] 구문이 쓰임. (예: 백화점이 세일을 한다 하면 차가 막힌다.)

    2단계: 이를 들은 청자는 누군가('백화점')가 자신의 의지로 할 수 있는 일에 대해 그 의지를 표명하는 것은 곧 그 사태가 일어난다는 것과 다르지 않음을 추론하고, 또 화자가 과장적인 뉘앙스로 말하고 있다는 것에 초점을 두게 되면서 "발화 사태"가 아니라 "사태" 자체에 주목함. (예: 청자는 "발화"라는 의미에는 주목하지 않고 "백화점이 세일을 한다"라는 사태에만 주목함)

    3단계: 이에 따라 "발화 사태가 일어난다는 조건"이 "사태가 일어난다는 조건"으로 인식되면서, [S{조건적 사태} 하/그러-면...] 구문이 등장함. 이때 '하/그러-'는 "발화 행동"의 의미를 갖는 것으로 인식되지 않음. 이에 따라 (40ㄴ)과 같이 발화 사태와는 무관한 상황에서도 이 새로운 구문이 쓰일 수 있게 됨.

마지막으로 아래의 사례도 보자.

(42) ㄱ. 당시 사람들은 지구가 둥글다고 하는 사실을 믿지 않았다.

ㄴ. 자신을 올바로 이해한다고 하는 건 쉽지 않은 일이야.

(42)는 남기심(1973:65~69), 서정수(1975:103~106), 이필영(1993:30~31) 등에서 형식동사 '하다'로 구별한 사례이며, 인용 구문의 형식을 띠고 있지만 분명히 발화나 사유 인용의 의미와 무관하게 명제 도입의 기능만을 하고 있다.

이 경우 인용의 의미는 어떤 맥락에서 약화된 것일까? 여러 가능성이 있지만 한 가지 가능성으로서 제시할 수 있는 것은, 다수에 의해 일반적으로 인정되는 성격을 띠는 명제(가령 '지구는 둥글다')를 인용의 형식으로 표현하던 것으로부터, "다수에 의해 일반적으로 언급되는 명제"란 곧 "일반적으로 받아들여지는 명제"와 다르지 않다는 추론을 거쳐, 인용의 의미가 약화되고 명제로서의 의미만이 남게 된 것으로 볼 가능성이다. 이 내용을 정리하면 아래와 같다.

(43) "명제" 의미의 발달 과정

　　1단계: 다수에 의해 일반적으로 인정되는 성격을 띠는 명제를 인용하기 위해 [S{피인용문}-(고) 하는…] 구문이 쓰임. 일반적으로 언급되는 명제를 인용하는 것이므로 발화자는 명시하지 않음. (예: 지구가 둥글다고 하는 것)

　　2단계: 이를 들은 청자는 다수에 의해 일반적으로 언급되는 명제란 곧 일반적으로 받아들여지는 명제임을 추론하고 그 명제 자체에만 주목함. (예: 청자는 "발화"라는 의미에는 주목하지 않고 "지구가 둥글다"라는 명제에만 주목함)

　　3단계: 이에 따라 "발화된 명제"가 "명제"로 인식되면서, [S{명제}-(고) 하는…] 구문이 등장함. 이때 '하-'는 "발화 행동"의 의미를 갖는 것으로 인식되지 않음. 이에 따라 (42ㄴ)과 같이 다수에 의해 일반적으로 언급되는 명제가 아닌 명제를 도입하는 경우에도 이 새로운 구문이 쓰일 수 있게 됨.

(40), (42)에서 본 의미 변화 현상 역시 동사 '하/그러-'가 혼자서 겪는 것이 아니라 [NP{발화자}-가 S{피인용문} 하/그러-면...], [S{피인용문}-(고) 하-는...] 구성 전체 속에서 나타나는 것이다. 그리고 이 덩어리 전체가 쓰일 때 그 맥락 속에 존재했던 추론 의미가 이 덩어리 자체의 의미로 정착하는 과정을 설명하려면, [NP{발화자}-가 S{피인용문} 하/그러-면...], [S{피인용문}-(고) 하-는...] 같은 덩어리가 화자의 마음속에서 자신의 의미 및 맥락 속에서 추론된 의미와 연합된 채 존재하면서 그런 경험이 누적되는 과정을 상정해야 한다. 이런 이유로 본고는 (40), (42)에서 관찰되는 의미 변화 현상이 [NP{발화자}-가 S{피인용문} 하/그러-면...], [S{피인용문}-(고) 하-는...]이 국어 화자들에게 덩어리로 기억되고 운용되는 단위라는 것을 보여 주는 증거가 될 수 있다고 본다.

이 역시 [NP{발화자}-가 S{피인용문} 하/그러-면...], [S{피인용문}-(고) 하-는...]이 덩어리로 처리되고 있다는 것의 증거일 뿐, [NP{발화자}-가 S{피인용문} V{발화동사}-면...], [S{피인용문}-(고) V{발화동사}-는...] 등이 덩어리로 처리되고 있다는 것의 직접적인 증거가 되지는 못한다. 하지만 역시 이 구문들은 긴밀한 관계(상하위 관계)에 있는 구문들로서, [NP{발화자}-가 S{피인용문} V{발화동사}-면...], [S{피인용문}-(고) V{발화동사}-는...] 등도 덩어리로 처리되는 단위일 가능성을 보여 준다고 본다. 즉 이런 현상에 비추어 보면 인용 구문의 다른 하위 유형들도 덩어리로서 처리되는 단위일 가능성이 높다고 본다.

3.1.3. 예측 가능성에 따른 '하다'의 개입

이제까지 살핀 정황과 근거들을 토대로 하여 본고에서는 (21)에서 보인 바 있는 [NP{발화자}-가 (NP{수신자}-에게) S{피인용문}-(고) V{발화동사J 등의 추상적 구문들이 국어 화자들에게 한 덩어리로 운용되는 언어 단위의 자격을 갖는다고 본다. 앞서 언급했듯 이러한 결론은 현대국어뿐 아니라 옛말의 인용 구문에도 동일하게 적용될 수 있을 것이다. 그리고 본고에서는 이런 덩어리 중 일부분만 언급하더라도 그것을 단서 삼아 서술어로 무엇이 올 것인지를 쉽게 예측할 수 있기 때문에 의미적으로 잉여적인 성격을 띠게 된 서술어 자리를 의미 내용이 적은 '하다'로 형식적으로 채울 수 있게 된 것이라고 본다. 그리고 이 절의 목표는 서술어의 예측 가능성과 '하다'의 개입 사이에 밀접한 관계가 있음을 보이는 것이다.

우선 인용 구문과 다른 구문을 비교해 보자. 구문 문법적 관점에서는 인용 구문뿐 아니라 타동 구문이나 수여 구문 등도 2.3절에서 기술한 바와 같은 과정을 통해 구성되는 덩어리 단위, 즉 구문이라 상정할 수 있지만(정주리, 2000, 2005; 이동혁, 2008 등 참고), 이들은 (44)에서 볼 수 있듯이 서술어 자리에서 '하다'가 쓰이는 일이 아주 드문 반면에, 인용 구문은 서술어 자리에서 '하다'가 쓰이는 일이 매우 흔하다는 점에서 특징적이다.

(44) ㄱ. 영이는 순이에게 공을 {주었다/*했다}.

ㄴ. 영이는 순이에게서 돈을 {받았다/*했다}.

ㄷ. 철수는 의자를 {만들었다/*했다}.

그런데 (44)의 구문들과 인용 구문은 각 구문의 서술어 자리에서 흔히 쓰이는 동사의 종류가 얼마나 다양한가에서 두드러진 차이를 보인다. (44)에서 보인 것과 같은 다른 구문은 아주 다양한 서술어들과 함께 쓰이고, 그만큼 화자가 무슨 사태에 대해 말하고자 하는지가 서술어 없이 참여자들의 관계만으로 확실하게 국한되는 경우는 많지 않다. 이에 비해 인용 구문은 서술어의 다양성 면에서 다른 구문에 비해 아주 제약된 성격을 갖고, 이에 따라 참여자들의 관계를 고려하는 것만으로 서술어로 쓰일 동사가 무엇인지에 대해 쉽게 예측할 수 있는 경우가 많다. 즉 인용 구문 속 서술어 자리에서 '하다'가 잘 쓰이는 것은, 그 자리에서 흔히 쓰이는 동사의 종류가 그리 다양하지 않아서 어떤 동사가 서술어로 쓰일 것인지에 대해 아주 쉽게 예측할 수 있다는 점, 그래서 서술어 자리가 의미적으로 잉여성을 띠게 된다는 점에 기인할 가능성이 높다.

다음으로는 인용 구문의 하위 유형들을 대상으로 하여 '하다'가 쓰일 수 있는 조건에 대해 살펴봄으로써 서술어의 예측 가능성과 '하다'의 쓰임 사이에 밀접한 관련이 있음을 보일 것이다. 먼저 발화 직접인용 구문의 경우를 보자.36)

(45) 발화 직접인용 구문

: [NP{발화자}-가 (NP{수신자}-에게) S{피인용문}-(라고) V{발화동사}]

ㄱ. 철수는 "어라, 비가 많이 오네" {했다/??말했다}.

ㄴ. 철수는 "어라, 비가 많이 오네"라고 {했다/말했다}.

ㄷ. 철수는 봉투에 "결혼 축하합니다"라고 {했다/썼다}.

발화 직접인용 구문에 대해서는 거의 제약 없이 서술어 자리에서 '하다'가 쓰일 수 있다. 다만 발화가 글로 전달되는 경우에는 서술어 자리에서 '하다'를 쓰는 것에 제약이 있다. 가령 '철수는 "결혼 축하합니다"라고 썼다'에서 '쓰다' 대신에 '하다'가 쓰일 수는 없다. 하지만 (45ㄷ)처럼 '봉투에' 등을 단서로 해서 글로 의사소통하는 상황임이 파악될 수 있으면 '쓰다'가 쓰일 자리에서 '하다'를 쓸 수 있다.

다음으로는 발화 간접인용 구문의 경우를 보자.

---

36) 직접인용 구문의 경우 '-(이)라고' 외에도 '하고'가 인용표지로 나타날 수 있지만 이때에는 인용동사 자리에 '하다'가 쓰일 수 없으므로 '하고'가 인용표지로 쓰이는 경우는 다루지 않기로 한다.

(46) 발화 간접인용 구문

　　: [NP{발화자}-가 (NP{수신자}-에게) S{피인용문}-(고) V{발화동사}]

　ㄱ. 철수는 나한테 곧 온다(고) {했다/말했다}.

　ㄴ. 철수가 나한테 빨리 오라(고) {했다/말했다/명령했다}.

　ㄷ. 철수가 나한테 언제 오냐(고) {했다/말했다/물었다}.

　ㄹ. 철수가 나한테 빨리 가자(고) {했다/말했다/요청했다}.

　ㅁ. 철수는 봉투에다가 결혼을 축하한다고 {했다/썼다}.

　발화 간접인용 구문에서도 역시 거의 제약 없이 '하다'가 쓰일 수 있다. 다만 '쓰다' 등의 문자전달동사가 쓰일 자리를 '하다'로 채우는 것은, (45ㄷ)을 통해 본 것과 마찬가지로 문자적 의사소통 상황임이 단서를 통해 파악될 수 있을 때 가능하다.

　다음으로는 사유 직접인용 구문의 경우를 보자.

(47) 사유 직접인용 구문

　　: [NP{사유자}-가 S{피인용문}-(라고) V{사유동사}]

　ㄱ. 영이는 '이번엔 내가 갔으면/가겠거니/가게 되려니' {했던/생각했던} 거야.

　ㄴ. 나는 '아, 오늘 그냥 학교에 갈 걸 그랬네/그랬구나/그랬나' {했어/생각했어}.

　ㄷ. '그게 왜 여기에 없지, 이상하다 이상하다' {했어/생각했어}.

　ㄹ. 아이가 하도 떼를 쓰기에 '그래, 그냥 맘대로 해라' {했어/²생각했어}.

　ㅁ. '이 기회에 안 하면 내가 언제 하겠냐 {해서/²생각해서} 그 일을 하기로 했어.

　ㅂ. '학생들에게 현장을 직접 경험할 기회를 주자' {해서/²생각해서} 이런 규정을 만들었습니다.

(47') ㄱ. 영이는 '이번엔 내가 갔으면/가겠거니/가게 되려니'(이)라고 {[*]했던/생각했던} 거야.

ㄴ. 나는 '아, 오늘 그냥 학교에 갈 걸 그랬네/그랬구나/그랬냐'라고 {[*]했어/생각했어}.

ㄷ. '그게 왜 여기에 없지, 이상하다 이상하다'라고 {[*]했어/생각했어}.

ㄹ. 아이가 하도 떼를 쓰기에 '그래, 그냥 맘대로 해라'라고 {[*]했어/생각했어}.

ㅁ. '이 기회에 안 하면 내가 언제 하겠냐'라고 {[*]해서/생각해서} 그 일을 하기로 했어.

ㅂ. '학생들에게 현장을 직접 경험할 기회를 주자'라고 {[*]해서/생각해서} 이런 규정을 만들었습니다.

사유 인용 구문부터는 '하다'로 서술어 자리를 채우는 일이 얼마간 제약된다. 가령 '철수는 너라고 볼 수 있겠냐 생각했대'에서 '생각하다' 대신에 '하다'가 쓰이는 일이 자유롭게 일어나지는 않는데, '철수는 너라고 볼 수 있겠냐 했대'라는 문장은 철수의 사유내용보다는 '발화'를 인용한 것으로 먼저 이해되기 때문이다. 빈도로 보아도, 세종 구어 말뭉치에 나타난 사례를 분석해 보면[37] 직접인용과 간접인용을 합하여 사유동사가 나타날 자리를 '하다'로 채운 것으로 판단할 수 있는 사례가 대략 30개 정도밖에 보이지 않는다. 발화동사가 나타날 자리를 '하다'로 채운 것으로 판단할 수 있는 사례가 대략 650개 정도 나타나는 것에 비해 수적으로 매우 적다.

하지만 만약 (47ㄱ)처럼 피인용문의 종결형이 사유 내용을 드러내는 데에 특화된 것('-(았)으면, -(겠)거니, -으려니' 등)인 경우에는 서술어

---

37) '냐/EC, 냐고/EC, 다/EC, 다고/EC, 라/EC, 라고/EC, 자/EC, 자고/EC, 마/EC, 마고/EC'를 포함하고 있는 문장을 추출하여 분석한 것이다.

자리를 '하다'로 채우는 것에 별 제약이 없다. 이처럼 특화된 표지가 없더라도 피인용문이 타인을 향한 발화 내용이 아니라 사유자의 사유 내용이라는 것이 파악될 수 있다면, 그런 경우 서술어 자리를 '하다'로 채울 수 있다. (47ㄴ~ㅂ)이 그 예인데, 이 예들에서 피인용문의 형식 자체만으로는 외적으로 발화된 것인지 그렇지 않은지를 결정할 수 없지만 피인용문의 내용과 맥락을 고려하여 그것이 사유 내용을 나타냄이 파악되며, 그럴 때에는 서술어 자리에서 '하다'를 쓸 수 있다. 이에 더해 피인용문이 발화될 때 '끝을 길게 끄는 문말 억양'38)이 이용되면 피인용문이 사유 내용임을 알리는 단서가 되면서 서술어 자리에서 '하다'를 쉽게 쓸 수 있게 된다. 다만 (47')에서 볼 수 있듯이 같은 상황에서 직접인용표지 '-(이)라고'가 쓰이는 경우에는 사유동사가 나타날 자리에서 '하다'를 쓰는 것이 제약된다.

다음으로는 사유 간접인용 구문을 보자. (48)은 사유 간접인용 구문의 사유동사 자리에 '하다'가 자연스럽게 수용되는 경우 몇 가지를 보인 것이고, (49)는 (47)에서 보았던 사례들을 조금 수정하여 간접인용 형식으로 바꾼 것이다((49ㄱ, ㄴ)에서는 '자기'가, (49ㄷ~ㅂ)에서는 간접인용표지 '-고'가 이들을 간접인용 구문으로 확인시켜 준다).

(48) 사유 간접인용 구문

: [NP{사유자}-가 S{피인용문}-(고) V{사유동사}]

ㄱ. 네가 공을 튀기고 있었구나. 어쩐지 어디서 통통 소리가 난다고 <u>했다</u>.

ㄴ. 네가 영이를 좋아하나 보다고 <u>했어</u>.

---

38) 문말 억양 뒤에 휴지가 동반되는 경우도 많다. 이는 '-냐 하다', '-다 하다', '-어라 하다', '-자 하다'가 빠르게 발음되는 경우에는 일상 언어에서 빈번한 발화 인용의 기능이 먼저 활성화되므로, '하다' 앞에 쉼을 두어 그러한 활성화를 막는 기능을 한다고도 볼 수 있을 것이다.

ㄷ. 어쩐지 어디서 많이 봤다고 <u>했다</u>.

ㄹ. 사정이 어려워서 그랬을 수도 있겠다고 <u>하지만</u>, 잘 이해는 안 돼.

(49) ㄱ. 영이는 이번엔 자기가 갔으면/가겠거니/가게 되려니 {<u>했던</u>/생각했던} 거야.

　　ㄴ. 영이는 오늘 자기가 학교에 갈 걸 그랬네/그랬구나/그랬나 {<u>했대</u>/생각했대}.

　　ㄷ. 그게 여기에 없어서 이상하다고 {[*]<u>했어</u>/생각했어}.

　　ㄹ. 아이가 하도 떼를 쓰기에 그냥 맘대로 하라고 {[*]<u>했어</u>/생각했어}.

　　ㅁ. 이 기회에 안 하면 내가 언제 하겠냐고 {[*]<u>해서</u>/생각해서} 그 일을 하기로 했어.

　　ㅂ. 학생들에게 현장을 직접 경험할 기회를 주자고 {[*]<u>해서</u>/생각해서} 이런 규정을 만들었습니다.

앞서 사유 인용 구문부터는 서술어 자리에서 '하다'를 쓰는 일이 얼마간 제약됨을 언급하였는데, 간접인용에서는 위에서 본 직접인용보다 더욱 제약이 생긴다. 사유 간접인용 구문에서 '하다'가 자연스레 쓰이는 사례는 대개 (48)에서 볼 수 있듯이 피인용문이 '-다고' 형식을 취하면서 '안 그래도, 어쩐지, 웬일로, 어디서, -나 보다, -겠-' 등의 추측 표현이 나타나는 경우이거나, (49ㄱ, ㄴ)처럼 사유 내용을 드러내는 데에 특화된, 또는 언어를 통해 사유할 때 자주 쓰이는 종결어미가 나타나는 경우일 때이다.

한편 (47)과 비교하여 제시한 (49)를 보면, (49ㄷ~ㅂ)의 경우 '하다'를 쓰면 사유 인용 구문으로 해석하기가 어려움을 볼 수 있다. (47)을 설명하는 부분에서 언급했듯이 사유 직접인용 구문에서는 피인용문의 문말 억양을 길게 끄는 것이 앞말이 사유 내용이라는 것에 대한 중요한 단서로 작용할 수 있었는데, 그에 비해 사유 간접인용 구문에서는 문말 억양을 단서로 이용할 수 없는 것이 이 현상에 영향을 미친 듯하다. 지금까지의 내용을 정리하면 다음과 같다.

(50) ㄱ. 발화 직접인용 구문과 발화 간접인용 구문에서는 서술어 자리에서 '하다'가 쓰이는 것에 별 제약이 없다.

　① 다만 글로 의사소통하는 상황에 대해 말할 때에는, 그런 상황이라는 것이 담화 맥락에서 특별히 드러나 있지 않으면 서술어 자리에서 '하다'가 쓰이기 어렵다.

ㄴ. 사유 직접인용 구문에서는 서술어 자리에서 '하다'가 쓰이는 것에 더 많은 제약이 있다. 하지만 피인용문의 종결형이 사유 내용을 드러내는 데에 특화된 것이거나, 피인용문의 내용과 맥락, 끝을 길게 끄는 문말 억양 등을 통해 피인용문이 사유자의 사유 내용이라는 것이 드러날 수 있으면 서술어 자리에서 '하다'가 쓰일 수 있다.

　② 피인용문이 사유자의 사유 내용이라는 것이 드러나는 상황이 아니면 서술어 자리에서 '하다'가 쓰이기 어렵다.

　③ 또 직접인용표지 '-(이)라고'가 쓰인 경우에는 서술어 자리에서 '하다'가 쓰이기 어렵다.

ㄷ. 사유 간접인용 구문에서는 서술어 자리에서 '하다'가 쓰이는 것에 더 많은 제약이 있다. 하지만 피인용문의 종결형이 사유 내용을 드러내는 데에 특화된 것이거나 추측 표현 등을 통해 피인용문이 사유자의 사유 내용이라는 것이 드러날 수 있으면 서술어 자리에서 '하다'가 쓰일 수 있다.

　④ 피인용문이 사유자의 사유 내용이라는 것이 드러나는 상황이 아니면 서술어 자리에서 '하다'가 쓰이기 어렵다.

즉 발화 인용 구문과 사유 인용 구문의 경우, 서술어 자리에서 '하다'

가 쓰이는 조건과 관련하여 (50)에서 ①~④로 표시한 것과 같은 제약이 있다. 이 중 ②와 ④는 동일한 성격의 제약이므로 하나로 묶으면, '하다'가 쓰이는 데 있어서 세 가지의 제약이 발견된다고 말할 수 있다. 그리고 이 세 가지 제약은 모두 서술어의 예측 가능성과 관련되어 있다.

첫 번째 제약, 즉 글로 의사소통하는 상황에 대해 말할 때 서술어 자리에서 '하다'가 제약되는 이유에 대해 생각해 보자. 글로 의사소통하는 상황임이 담화 맥락에서 특별히 드러나지 않았을 때에는, '인간 참여자-피인용문'을 들었을 때 무표적으로 활성화되는 것은 문자적 의사소통 상황이 아니라 '음성적 의사소통 상황'이다. 문자적 의사소통보다 음성적 의사소통이 먼저 떠오르는 것은 의사소통에서 글보다 말이 보다 기본적인 매체라는 점, 그에 따라 [NP{발화자}-가 (NP{수신자}-에게) S{피인용문}-(라고) V{발화동사}] 구문이 음성을 매체로 한 발화를 인용하는 데에 훨씬 빈번하게 쓰인다는 점에 기인한 것이다. 세종 구어 말뭉치에서 발화를 인용하는 기능을 하는 사례들을 2,800개 정도 분석해 보니[39], 그 중 100개 정도만이 문자를 매체로 한 의사소통 상황에 대한 것이고 나머지 대다수는 음성적 의사소통 상황에 대한 것이었다.

즉 국어 화자는 '인간 참여자-피인용문'을 들었을 때 자신의 언어 경험에 비추어 그에 후행할 동사로 가장 먼저 '말하다' 같은 음성적 의사소통 동사를 예측하게 된다. 다만 해당 피인용문이 음성으로 전달되는 것이 아니라 문자로 전달되는 것임이 여러 가지 수단을 통해 보장된다면, 그런 피인용문에 후행할 동사로는 '쓰다' 같은 문자적 의사소통 동사를 예측할 수 있고, 그런 상황에서는 서술어 자리에서 '하다'가 쓰일 수 있다. 이를 통해 서술어의 예측 가능성과 '하다'의 쓰임 사이에 긴밀

---

39) '냐/EC, 냐고/EC, 다/EC, 다고/EC, 라/EC, 라고/EC, 자/EC, 자고/EC, 마/EC, 마고/EC'를 포함하고 있는 문장 중 발화를 인용하는 기능을 하는 사례가 대략 2,800개 발견되었다.

한 관계가 있음을 확인할 수 있다.

이제 두 번째 제약, 즉 사유 인용 구문의 서술어 자리에서 '하다'가 쓰이는 일이 제약되는 이유에 대해 생각해 보자. 사유 인용 구문과 발화 인용 구문은 동사 외에서는 형식적으로 다르지 않은 경우가 많다. 그런데 만약 현재 말하고 있는 구문이 사유 인용 구문이라는 것을 신호하는 특별한 단서가 존재하지 않는다면, '인간 참여자-피인용문'이라는 형식을 접할 때 먼저 떠오르는 구문은 발화 인용 구문이 된다. 이는 실제 담화에서 발화 인용이 사유 인용보다 더 빈번하게 실현된다는 점에 기인한다. 가령 세종 구어 말뭉치로부터 발화 인용 기능을 하는 문장과 사유 인용 기능을 하는 문장을 구별해 본 결과, 발화 인용 기능의 사례는 대략 2,800개 정도가, 사유 인용 기능의 사례는 대략 600개 정도가 보였다.

즉 국어 화자는 '인간 참여자-피인용문'을 들었을 때 자신의 언어 경험에 비추어 그에 후행할 동사로 가장 먼저 '말하다' 같은 발화동사를 예측하게 된다. 다만 여러 가지 단서를 통해 사유내용을 인용하고 있다는 것이 분명히 드러나는 상황에서는, 그런 피인용문에 후행할 동사로 '생각하다' 같은 사유동사를 예측할 수 있고, 그런 상황에서는 서술어 자리에서 '하다'가 쓰일 수 있다. 이를 통해서도 서술어의 예측 가능성과 '하다'의 쓰임 사이에 긴밀한 관계가 있음을 확인할 수 있다.[40)]

---

40) 하나의 동사가 "말하다"뿐 아니라 "생각하다"의 의미를 다의로 갖는 사례들이 여러 언어에서 발견되는 것을 참고하면(가령 한문의 '謂'), 한국어의 '하다' 역시 발화 인용 구문의 서술어 자리를 채우는 요소로서 "말하다"의 의미로 쓰이다가 특정 환경에서 의미 변화를 겪어 "생각하다"의 의미까지 다의로 갖게 되었을 가능성도 있다. 이 가능성이 얼마나 그럴듯한 것인가 하는 것은 "말하다"와 "생각하다"를 다의로 갖는 단어가 존재하는 언어에서 그 단어의 용법이 어떠한가를 살피고 또 그런 다의 관계가 어떻게 해서 도출되는지를 상세히 검토한 후에 인용 구문 속 '하다'의 특성과 비교함으로써 가늠될 수 있을 것이다. 이 문제에 대한 검토는 후고로 미루고, 본고에서는 사유 인용 구문 속 '하다' 역시 발화 인용 구문 속 '하다'와 마찬가지로 예측 가능한 서술어 자리를 채운 '하다'이고, 이에 따라 결과적으로 인용 구문 속 '하다'가 "말하다" 또는 "생각하다"의 의미를 드러낼 수 있게 되었을 것이라는 가능성에 대해서만 언급해 두고자 한다.

이처럼 서술어 자리에서 '하다'가 쓰이는 데 있어서 발화 인용과 사유 인용 사이에 빈도 차이가 존재하는데, 이는 피인용문 문말 어미와 '하다'가 유착되는 현상에도 영향을 미친다.

(51) ㄱ. 영이는 오늘 공부를 한댔다. (발화내용을 인용할 때)

　　ㄱ'. *네가 공부를 다 한다니 이상하댔다(〈이상하다 했다). (사유내용을 인용할 때)

　　ㄴ. 철수가 영이한테 선물을 주재서, 그렇게 하기로 했어. (발화내용을 인용할 때)

　　ㄴ'. *나는 쉬는 김에 아르바이트나 하재서(〈하자 해서) 오랜만에 외출을 했다. (사유내용을 인용할 때)

(51ㄱ, ㄴ)은 발화내용을 인용할 때 '다 했'과 '자 해'가 유착하는 것을 보여 주고, (51ㄱ', ㄴ')은 사유내용을 인용할 때 '다 했'과 '자 해'가 유착하는 것이 자연스럽지 않음을 보여 준다. 같은 인용 구문으로서 동일한 형식을 취하고 있어도 서술어 자리에서 '하다'가 쓰이는 빈도가 높은 발화 인용 구문에서는 피인용문 문말 어미와 '하다'의 유착이 잘 일어나고 빈도가 낮은 사유 인용 구문에서는 피인용문 문말 어미와 '하다'의 유착이 잘 일어나지 않는 것이다.

마지막으로 세 번째 제약, 즉 사유 인용 구문에서 직접인용표지 '-(이)라고'가 쓰인 경우에는 서술어 자리에서 '하다'가 쓰일 수 없는 이유에 대해 생각해 보자. 이 현상을 이해하기 위해서는 '-(이)라고'의 기원에 대해 살피는 것이 도움이 된다.

김상대(1977), 안주호(2003)에 따르면 직접인용표지 '-(이)라고'는 초기에 주로 문장어(책 등에서 옮긴 문장)를 인용하는 기능으로 많이 쓰였다고 한다. 이와 같은 초기의 용법이 '-(이)라고'가 문법화하는 맥락을 반영하는 것이라고 한다면, '-(이)라고'는 기원적으로 'NP(이)라' 형식의 문장어를 직접인용하며 "NP(이)라 ᄒ고'로 쓰이던 것으로부터 '-(이)라 ᄒ고'가 유착한 결과 나타난 것이라고 할 수 있다.

그런데 문장어를 직접인용하는 상황이란, 해당 피인용문이 사람의 발화가 아닌 어떤 문헌을 출처로 한다는 점에서만 특징적일 뿐 누군가가 말한 것을 직접인용하는 상황과 별반 다르지 않다. 즉 (문헌에 나타난) 발화를 직접인용하는 상황에서 '-(이)라 ᄒ고'가 '-(이)라고'로 유착하므로, 유착형 '-(이)라고'는 발화 인용의 기능과 연합되어 있으며, 그 결과 '-(이)라고'를 접하면 발화 인용 기능이 함께 떠오르게 된다.

결국 '-(이)라고'의 실현은 발화 인용 구문을 활성화하므로, 화자가 발화 인용을 의도한 경우에는 '-(이)라고' 뒤의 서술어 자리에서 '하다'를 쓸 수가 있지만, 화자가 사유 인용을 의도한 경우에는 '-(이)라고' 때문에 사유동사가 명시되지 않고서는 사유 인용 구문이 활성화되지 않으므로 서술어 자리에 구체적인 사유동사를 도입해야만 하는 것으로 보인다.

요컨대 '하다'는 서술어 자리에서 어떤 동사가 쓰일 것인지가 쉽게 예측될 때 잘 쓰인다. 그런데 어떤 구문이 빈번하게 쓰이는 맥락이 있다면, 구문을 이루는 요소의 예측도 그런 맥락과 연계되어 이루어지기 쉽다. 인용 구문은 음성적으로 의사소통된 발화를 인용하는 상황에서 매우 빈번하게 쓰인다. 이 때문에 '인간 참여자-피인용문'을 들으면 인용 구문의 여러 하위 유형 중 발화 인용 구문이 가장 먼저 떠오르게 되고, 이에 따라 '하다'는 발화 인용 구문 속 서술어 자리에서 가장 빈번하게 쓰여 온 것이다. 다만 여러 가지 단서를 통해 문자적 의사소통 동사가 올 것이라는 것이 예측되거나 사유동사가 올 것이라는 것이 예측되는 상황에서는 그런 서술어 자리에서도 '하다'가 쓰일 수 있다.

서술어 자리에서 어떤 동사가 쓰일 것인지가 예측된다는 것은 곧 그 서술어 자리가 의미적으로 잉여성을 띤다는 것을 뜻한다. 이에 따라 서술어 자리에서 '말하다' 등의 실질적인 어휘를 쓰지 않고 의미 내용이

적은 '하다'로 서술어 자리를 형식적으로 채우는 것만으로도 화자의 의
사소통 의도를 문제없이 전달하는 발화가 문법적으로 완성될 수 있는
것이다.

이제까지 서술어가 예측될 수 있다는 것과 '하다'의 쓰임 사이에 긴
밀한 관계가 있음을 보여 왔다. 이제 마지막으로 해독 인용 구문, 인지
인용 구문 속 서술어 자리에서는 '하다'가 쓰일 수 있는지에 대해 살펴
보자. 그런데 이 구문들의 서술어 자리는 어떤 경우에도 '하다'로 채워
질 수 없다.

(52) 해독 직접인용 구문

: [NP{해독재}-가 NP{출처}-에게 S{피인용문}-라고 V{해독동사}]

ㄱ. 나는 "오늘 영업은 12시까지입니다" {*했어/*들었어}.

ㄴ. 나는 "오늘 영업은 2시까지입니다"라고 {*했어/들었어}.

(53) 해독 간접인용 구문

: [NP{해독재}-가 NP{출처}-에게서 S{피인용문}-(고) V{해독동사}]

ㄱ. 나는 영이에게서 철수가 곧 온다 {*했다/들었다}.

ㄴ. 나는 영이에게서 철수가 곧 온다고 {*했다/들었다}.

(54) 인지 간접인용 구문

: [NP{인지재}-가 S{피인용문}-(고) V{인지동사}]

ㄱ. 나는 철수가 대학원생이라 {*한다/안다}.

ㄴ. 나는 철수가 대학원생이라고 {*한다/안다}.

(52~54)의 서술어 자리에서 '하다'가 쓰일 수 없는 것과 관련하여 두
가지 요인을 생각해 볼 수 있다. 그 중 하나는 중의성 요인이다. 가령
(52), (54)의 경우 '인간 참여자-피인용문' 연쇄만으로는 발화 인용 구문

과 구별되지 않는다. 즉 해독 인용 구문, 인지 인용 구문임을 드러낼 만한 단서가 없기 때문에 구체적인 동사를 통해 의미를 실현하지 않고서는 해독 인용 기능, 인지 인용 기능을 하고 있음을 나타낼 수가 없는 것이다.

하지만 이렇게 보면 (53)의 사례가 문제가 된다. (53)에서는 '영이에게서'라는 출처 논항이 해독 인용 구문임을 알리는 분명한 단서로 나타나고 있는데도 해독동사 자리를 '하다'로 채우는 것이 불가능하기 때문이다. 그러므로 중의성 요인만으로 이 현상을 설명하기는 어렵고, 이런 현상은 '하다'의 의미에 기인하는 것이라고 보아야 할 듯하다.

'하다'는 포괄적인 의미를 갖는데, 만약 '행복하다'처럼 서술성을 갖는 다른 요소가 '하다'에 선행하는 상황이라면 그 요소의 서술성에 전적으로 기대어 형식적인 기능만을 하지만, 지금 다루고 있는 인용 구문의 경우처럼 서술성 요소가 선행하지 않는 경우에는 '하다'의 "에너지 발산"의 의미가 얼마간 역할을 하는 듯하다. (52~54)에 제시된 해독과 인지의 상황은 주체의 적극적인 에너지 발산이 요구되는 상황이 아니라, 주체에게 삶의 경험을 통해 구축된 인지 구조가 있고, 그 구조에 따라 세계를 경험한 '결과'로서의 상황을 나타내는 것이다. 이것이 '하다'가 갖는 "에너지 발산"의 의미와 어울리지 않아서 (52~54)가 불가능해지는 것일 가능성을 고려하는 것이다. 관련된 예로서 '영이가 순이한테서 돈을 해 왔다'가 "영이가 수동적으로 돈을 받는 상황"이 아니라 "영이가 적극적으로 돈을 요구해서 받는 상황"을 떠올리게 한다는 점을 생각해 보자. 둘 모두 '수수(收受)'의 상황이지만, 전자는 "에너지 발산"이라고 보기 어려운 (수동적인) 수수 상황이고 후자는 "에너지 발산" 유형에 속한다고 볼 수 있는 수수 상황인데, 서술어 자리에서 '하다'가 쓰이면 후자의 상황으로 이해되는 것이다. 이 예 역시 예측 가능한 서술어 자리를 채우는 '하다'와 "에너지 발산" 의미 사이의 관계를 보여 주는 것으로 해석될 여지가 있다.

즉 '하다'는 다른 포괄동사인 '되다', '이다' 등과 함께 의미적으로 잉여성을 띠는 서술어 자리를 채우는 기능을 할 수 있는데, 이들 동사의 의미는 아주 포괄적이지만 각각 약간의 변별적 의미 역시 내포하고 있고, 그러한 의미에 따라 서로 다른 구문에서 쓰인다고 볼 수 있다.[41] 요컨대 '하다'는 예측이 쉬운 자리에서 잘 쓰일 수 있는데, 예측될 수 있다고 해서 무조건 '하다'를 쓸 수 있는 것은 아니고, 단서를 통해 가장 먼저 활성화되는 구문이 '하다'의 추상적인 의미("에너지 발산")와 어울리지 않을 때에는 서술어 자리에서 '하다'를 쓸 수 없는 것으로 보인다.

이 절을 마무리하기 전에 한 가지 언급해 둘 것이 있다. 인용 구문 속 서술어 자리를 '하다'로 채우는 순간은 옛말에서 이미 일어난 것이고, 그 이후 지금까지 이어져 오며 쓰이는 것은 서술어 자리에 '하다'가 이미 개입해 있는 [NP(발화자)-가 (NP(수신자)-에게) S(피인용문)-(고) 하다] 같은 형식의 구문이라고 할 수 있다. 즉 이제까지 살핀 것은 '하다'가 개입해 있는 구문이 현대국어에서 어떤 조건하에 쓰이는지에 대한 것이었다. 그런데 이는 처음에 '하다'가 인용 구문 속 서술어 자리를 채우며 쓰일 수 있게 되었던 조건과 무관하지 않을 것이다. 그러므로 이 절의 논의를 바탕으로 하여 '하다'가 쓰이게 된 동기에 대해 추정하는 것에 무리가 없을 것이라고 본다.

3.1.4. 소결론

이제까지 앞서 (26)에서 설정했던 문제 세 가지 중 두 가지를 풀기 위한 논의를 해 왔다. 하나는 인용 구문 속 '하다'의 정체가 무엇인가였고, 다른 하나는 인용 구문의 모든 하위 유형에서 '하다'가 자유롭게 쓰

---

41) 이렇게 보더라도 '하다'가 발화자와 피인용문 같은 것을 논항으로 취할 만한 의미를 갖는 것은 아니며, 인용 구문의 성립을 전제로 해서 서술어 자리를 채우는 기능을 하는 것이다.

이지 않는 이유는 무엇인가였다.

전자의 문제에 대한 본고의 생각은 3.1.2절과 3.1.3절에 걸쳐 제시되었다. 3.1.2절에서 본 바와 같이 인용 구문이 국어 화자들의 마음속에서 덩어리로 처리되고 있다고 볼 만한 정황과 증거들이 있다. 그런데 인용 구문 속 서술어 자리는 꽤 제약적인 동사들이 주로 쓰이고 있다는 특징을 갖는다. 이에 따라 덩어리로서의 인용 구문 중에서 서술어를 제외한 나머지 부분만 언급하더라도 서술어 자리에 어떤 동사가 올 것인지가 쉽게 예측되는 경우가 많다. 그리고 3.1.3절에서 보았듯이 실제로 '하다'는 인용 구문 속 서술어 자리에 어떤 동사가 올 것인지가 매우 분명한 상황에서 쓰인다. 그러므로 인용 구문 속 '하다'는 형식 연쇄에 의미가 연합된 덩어리로서의 인용 구문을 전제로 하여, 이 덩어리 중 일부분만 언급하더라도 그것을 단서 삼아 서술어로 무엇이 올 것인지를 쉽게 예측할 수 있을 때 의미적으로 잉여적인 성격을 띠게 된 서술어 자리를 형식적으로 채우는 기능을 하며 도입된 것이라고 본다.

후자의 문제에 대한 본고의 생각은 3.1.3절을 통해 제시되었다. 인용 구문의 모든 하위 유형에서 '하다'가 자유롭게 쓰이지 않는 이유는 크게 두 가지가 있다. 하나는 서술어가 명시되지 않은 '인간 참여자-피인용문'으로 가장 잘 활성화되는 것은 인용 구문의 하위 유형 중 화자들에게 가장 경험 빈도가 높은 발화 인용 구문이라는 것이다. 따라서 인용 구문의 다른 하위 유형은 발화 인용 구문과의 중의성이 해소될 만큼 뚜렷한 단서가 없다면 서술어가 쉽게 예측되지 않으므로 그 자리에서 '하다'를 쓰는 일 역시 제약된다. 또 '하다'는 앞에 서술성 요소가 있을 때에는 자신의 의미를 거의 드러내지 않고 중립적으로 쓰이지만, 앞에 서술성 요소가 없고 본래 실질어휘가 와야 할 자리에서 쓰이는 경우에는 자신의 의미(즉 "에너지 발산")를 좀 더 드러내는 경향이 있고, 그래서 해독동사나 인지동사가 올 자리에서는 쓰일 수 없는 것으로 보인다.

이제 (26)에서 설정한 문제 세 가지 중 한 가지가 남았다. 인용 구문 속 '하다'는 왜 전형적인 대동사인 '그러다'와 달리 피인용문 뒤에 바로 인접하여 나타나는 경향을 강하게 보이는 것일까? 이와 관련된 예를 다시 보이면 아래와 같다.

(55) ㄱ. 펠레가 브라질이 이긴다고 했어.

ㄴ. 펠레가 브라질이 이긴다고{는/야/까지} 했어.

ㄷ. [?]브라질이 이긴다고 <u>펠레가</u> 했어.

ㄹ. [?]펠레가 브라질이 이긴다고 <u>여러 번</u> 했어.

ㅁ. [?]펠레가 브라질이 이긴다고 <u>큰 소리로</u> 했어.

(56) ㄱ. 나는 내 딸은 장남한테 안 보낸다고 <u>막 엄마가 아빠 없는 데서</u> 그러더라.

ㄴ. 그러면서 나 없으면 안 된다고 <u>매일 관리부 사람들한테는</u> 그러는데,

ㄷ. 어우 자꾸 그 여자애가 귀찮게 한다고 <u>걔가</u> 그런다구,

ㄹ. 그래서 되게 괜찮은 남자라고 <u>나한테 막</u> 그러더라구요,

(55)에서 볼 수 있듯이 피인용문과 '하다' 사이에 주어나 부사어 등이 개입하는 것은 어색하게 느껴지지만, (56)에서 볼 수 있듯이 피인용문과 전형적인 대용어인 '그러다'[42] 사이에는 더 다양한 요소가 더 자유롭게 개입할 수 있다.

이 현상과 관련하여 이기갑(1994)에서는 지시어 '그'가 포함된 '그러하-'는 발화내용과 발화행위의 지시어 사이의 거리에 상관없이 언제나 지시어로서의 자격이 분명하지만, '하-'의 경우에는 지시어가 포함되어 있지 않기 때문에 발화내용과 발화행위의 지시어 사이가 멀어지면 어

---

42) 임동훈(2011)에서는 인용 구문에서 쓰이는 '이러다, 그러다'를 담화의 한 부분을 가리키는 담화적 화시 표현의 일종으로 보았다.

색한 느낌을 주는 것으로 보인다고 하였다. 즉 '그러하-'나 '하-'나 모두 대용어로서 기능하지만 '그러하-'가 '하-'보다 지시성이 강하기 때문에 위와 같은 현상이 나타난다는 것이다.

하지만 '네가 먼저 글을 쓰고 있어. 나도 좀 이따 할게.' 같은 예에 대해 생각해 보자. 여기에서 '하다'는 분명히 앞에 나온 내용을 대신하는 대용어 기능을 한다. 하지만 여기에서는 (55)에서 본 것처럼 '하다' 앞에 다른 요소가 오는 것이 어색해진다든지 수적인 제약이 있다든지 하는 현상은 발견되지 않는다. '하다'에 아무리 '이, 그, 저' 같은 지시어가 포함되어 있지 않다고 해도, (55)처럼 '하다' 앞에 단 하나의 단어만 끼어들어도 이상한 문장이 되고 마는 것은 대용어가 쓰인 일반적인 사례들에 비추어 보았을 때 매우 특이한 것이 아닐 수 없다. 그러므로 (55)의 현상에 대해 '이때 '하다'는 대용어인데, 지시어가 없기 때문에 다른 요소가 끼어들 수 없는 것이다'라고 설명하는 것만으로는 충분하지가 않다.

한편 이지양(1996)에서는 '-다고'와 '말하다' 사이에는 다른 요소가 개입될 수 있지만 '-다고'와 '하다' 사이에는 다른 요소가 개입될 수 없는 것을 볼 때, '하다'는 '말하다'의 대용어가 아니라 독자적인 인용동사임을 알 수 있다는 주장을 하였다. 이금희(2005:22) 역시 '하다'가 '말하다, 그러다' 등과 달리 피인용문과 더 밀착되어 있는 현상을 설명하지 않는한 '하다'를 단순히 대용어라 하는 것에는 무리가 있으며, 인용 구문에서 쓰이는 독자적 인용동사로 보아야 할 것이라는 입장을 보였다.

본고에서도 이지양(1996), 이금희(2005)와 같이 인용 구문 속 '하다'가 보이는 이런 구조적 제약은 '하다'를 대용어로 보는 입장에서 설명되기가 어려울 것이라고 본다. 그리고 본고에서는 인용 구문 속 '하다'가 보이는 구조적 제약은 '하다'가 구문 속에서 자리를 채우는 요소로서 쓰이고 있기 때문에 나타나는 것이라고 본다.

이제까지 언급해 왔듯이 본고에서는 서술어 자리에 '하다' 같은 포괄동사가 쓰이는 경우는 '하다' 자체가 어떤 구체적인 사태 의미를 가지고 있어서 그것이 논항을 요구하는 경우가 아니라, 동사는 오히려 사태 의미 실현에 이렇다 할 역할을 하지 못하고 있으며 대신 추상적인 구문 패턴이 사태 의미를 드러내는 데에 주된 기여를 하고 있는 것으로 본다. 보통 추상적인 구문과 동사는 모두 언어 기호로서 절의 의미에 기여하지만, 이처럼 동사가 별 역할을 하지 않는 경우에는 구문의 역할이 더욱 커지면서 그만큼 구문의 형식적 측면을 보존하게 되는 듯하다. 즉 [NP{발화자}-가 (NP{수신자}-에게) S{피인용문}-(고) V{발화동사}] 같은 구문이 문장을 구성하는 데 중심적인 역할을 하고 발화동사 자리에는 포괄동사 '하다'가 쓰여 동사 자체로는 문장의 의미에 별 기여를 하지 못할 때에는, [NP{발화자}-가 (NP{수신자}-에게) S{피인용문}-(고) V{발화동사}]라는 구문의 형식적 측면을 보존함으로써 인용의 의미가 수월하게 전달될 수 있고, 이 때문에 피인용문과 '하다'가 인접하여 쓰여 왔다고 보는 것이다.[43)

요컨대 인용 구문 속 서술어 자리에서 '하다'가 쓰일 수 있는 것은 인용 구문이 형식 연쇄에 의미가 연합되어 있는 덩어리 단위이기 때문이고, 그에 더해 서술어 자리에 올 요소가 제약적이어서 예측이 쉽다는 성격을 갖기 때문이다.

특정 구문 속에서 서술어 자리가 의미적으로 잉여적인 성격을 띨 때 그러한 자리를 포괄적인 성격의 요소로 채운다는 것은 곧 그 포괄적 요소가 절 전체의 의미에 적극적인 기여를 한다기보다는 서술어 자리를

---

43) 다만 국어사 자료에서는 'ᄒ다'가 피인용문 앞에 위치하는 경우도 발견된다. 가령 '太子 ㅣ ᄒ샤ᄃᆡ 고짓 이스리 저즈리라 〈석보상 3:15a〉 (cf. 太子曰却 此花汁汚於床席)' 같은 사례들이 발견되는 것이다(정희창, 2002; 안주호, 2006 등 참고). 이 현상은 'ᄒ다'가 인용 구문 속 인용동사 자리에서 빈번히 쓰이고, 그 결과 'ᄒ다' 자체가 "말하다"의 의미를 갖는 것으로 인식되는 경우가 있었고, 그런 인식이 이런 사례에 반영된 결과가 아닌가 생각된다. 하지만 이와 같은 사례가 일반적인 인용 구문에 비추어 특이한 것임에는 틀림없을 것이다.

채움으로써 형식적으로 절을 완결하는 것을 주된 기능으로 한다는 것
으로 해석할 수 있다. 이런 점에서 인용 구문 속 '하다'는 서술성 명사
뒤에 쓰여 해당 명사가 문법적으로 서술어로 기능할 수 있게 하는 '하
다'와도 비슷한 성격을 갖는다.

3.2. '-고자' 소망 구문의 '하다'

이 절에서 다룰 '-고자' 소망 구문은 앞서 살핀 인용 구문과 유사한
점이 많다. 인용 구문은 발화내용이나 사유내용을 나타내는 절이 발화
동사나 사유동사에 내포되는 형식으로 실현된다는 특징을 갖는데, 중
세국어에서의 '-고져()고자' 소망 구문 역시 사유동사에 소망내용을 나
타내는 절이 내포되는 형식으로 실현된다는 점에서 유사한 것이다. 본
고에서 '-고자' 소망 구문의 문제를 인용 구문에 이어서 살피려는 것도
둘 사이의 유사성을 고려한 것이다.

이 절에서는 어미 '-고자'와 관련한 몇 가지 의문점을 형식 연쇄에 의
미가 직접 연합한 덩어리 단위인 구문 개념을 상정함으로써 풀어 보고
자 한다. 본고에서 제기하는 질문은 다음과 같다.

(57) ㄱ. 어떻게 해서 '-고자' 뒤에 '하다'가 쓰일 수 있게 된 것일까?

　　 ㄴ. 또 중세국어에서는 '-고져' 뒤에 '식브다[44]', 너기다' 등의 실질동사
　　　　가 쓰이는 경우를 종종 볼 수 있었다가 그런 사례들이 점차 줄어

---

44) 김정아(1985)에서는 '식브다'를 견해를 표시하는 사유동사로서 그 자체로서는 어떤 태도
의 사유 행위인가를 표시하지 않는 중립적 성격을 띠는 요소라고 보았다. 한편 김양진
(2006)에 따르면 '식브다'는 'ᄒ다'와 유사한 의미를 갖는 동사인 '*식'에 형용사 파생 접
미사 '-브-'가 결합한 것으로서 "행위자가 어떤 행동을 하는 상태라는 느낌이다" 정도의
의미를 갖는다.

들어 현재는 '-고자' 뒤에서 거의 '하다'만 쓰이게 되었는데, 그 이유는 무엇일까?

ㄷ. 중세국어에서 내포어미로 쓰이던 '-고져'는 점차 연결어미로도 기능을 확장하게 되었는데, 이는 어떠한 과정에 의한 것일까?

우선 '-고자'의 특징에 대해 개관한 후, 위의 의문점들을 풀어 보고자 한다.

3.2.1. '-고자'가 관여하는 구문의 특징

3.2.1.1. '-고자'의 문법적 지위

현대국어에서 '-고자'는 (58ㄱ) 같은 사례를 토대로 흔히 연결어미로 다루어진다.[45] 하지만 중세국어에서 '-고져'는 (59ㄱ)처럼 절과 절을 잇는 기능보다는 (59ㄴ)처럼 간접인용문 위치에서 쓰여 상위문 주어의 소망·의도의 내용을 나타내는 것이 주된 기능이었다(이현희, 1986).

(58) ㄱ. 철수는 집에 가고자 버스를 탔다.
　　 ㄴ. 우리는 이 일에 대해 더 이상 언급하지 않고자 한다.

(59) ㄱ. 칼흘 쥐여셔 모글 딜어 죽고쟈 노흘 가지고 모글 민여 두라 죽고져 믄져 보고 무슴믈 자바 노커니와 내 모미 하 허흐고 〈순천김 73〉
　　 ㄴ. 命終ᄒᆞ야 兜率天에 가아 兜率天子ㅣ 드외야 世尊 뵈ᅀᆞᆸ고져 너겨

---

45) 〈표준국어대사전〉 등의 사전류나 손세모돌(1997) 등의 연구물에서 이런 처리를 볼 수 있다. 한편 '-고자'를 내포문 어미라 규정한 권재일(1983) 등의 논의도 있다.

즉자히 ᄂᆞ려와 世尊ᄯᅴ 뵈ᅀᆞᄫᅡ 머리 조쭙고 ᄒᆞ녀긔 안즈니 〈석보상
6:45b~46a〉(cf. 乃至命終生兜率天 爲兜率天子 作是念 我不應久住
於此 當往見世尊 作是念已如力士屈伸臂頃 於兜率天沒現於佛前 稽
首佛足退坐一面)

절과 절을 잇는 기능이 주된 기능이 아니므로, 중세국어의 '-고져'를
단순히 연결어미라 말하기는 어려울 것이다. 본고에서는 내포절에서
나타나는 '-고져'를 일단 '내포어미'라 부르고자 한다.

그런데 절과 절을 잇는 기능이 주된 것이 아니라는 점은 현대국어의
'-고자'도 마찬가지이다. 현대국어의 '-고자'는 (58ㄱ)과 같이 절과 절을
잇는 기능으로보다는 (58ㄴ)과 같이 '-고자 하다' 형식으로 쓰이는 것이
훨씬 빈번하기 때문이다. 다만 중세국어에서는 '-고져'의 뒤에 '식브다,
너기다, ᄉᆞ랑ᄒᆞ다' 등 다양한 동사가 오는 반면에 현대국어에서는 주로
'-고자 하다'라는 고정된 형식만이 쓰이기 때문에[46] 이 형식 전체를 하
나의 양태소처럼 취급하고 이 구성 외의 '-고자'를 중심으로 하여 연결
어미로 분류하는 시각도 가능할 것이다.

3.2.1.2. 선 · 후행절의 주어 일치 제약

중세국어에서 내포어미 '-고져'는 상 · 하위절 주어가 일치할 때 쓰였
음이 잘 알려져 있다(이현희, 1986; 고은숙, 2004 등). 이런 주어 일치
제약은 연결어미로서 쓰이는 '-고자'에도 이어진다. 다만 현대국어 말뭉
치에 아래와 같이 선 · 후행절의 주어가 일치하지 않는 듯한 사례가 보
이므로 설명을 요한다.

---

46) '~ 하고자 마음먹다', '~ 하고자 생각하다' 등도 쓰이기는 하지만 빈번하지는 않다.

(60) 1955년에 그녀는 원래의 이미지에서 더 부드럽게 웃는 모습으로 다시 그려졌고, 1965년과 1968년에는 다시 현대화된 모습으로 바뀌었으며, 1972년에는 성장하는 여성주의 운동에 <u>맞추고자</u> 더욱 사업적이고 딱딱한 인상의 외모가 되었다.

(60)은 가상의 캐릭터가 그림으로 이미지화되는 과정에 대한 설명을 담은 텍스트이다. 여기에서 '성장하는 여성주의 운동에 맞추고자'라는 소망을 마음에 품는 사람, 즉 이 선행절의 주어는 '캐릭터 그림을 기획하는 사람'인 반면, '더욱 사업적이고 딱딱한 인상의 외모가 되었다'라는 후행절의 주어는 '가상의 캐릭터'이므로 선·후행절의 주어가 일치하지 않는 것으로 보인다. 선·후행절의 주어가 일치하려면 '(캐릭터 제작자는) 성장하는 여성주의 운동에 맞추고자 캐릭터를 더욱 사업적이고 딱딱한 인상의 외모로 만들었다' 같은 문장이 되어야 한다.

하지만 후행절의 형식을 유지한 채 선행절의 주어를 복원하여 실현시키면 (60')에서 볼 수 있듯이 비문이 된다. 그러므로 단순히 선·후행절의 주어가 불일치하는 경우라 말할 수 없다.

(60') <u>*캐릭터 제작자가</u> 성장하는 여성주의 운동에 맞추고자 더욱 사업적이고 딱딱한 인상의 외모가 되었다.

주어를 복원할 수 없다는 것은, 이 경우 '-고자'로 표시된 절에 문법적 주어가 없음을 뜻하는 것이다. '-고자'가 포함된 복합문의 주동자를 명시하고 싶지 않을 때, '-고자' 절은 주동자를 명시하지 않는 방식으로, 후행절은 대상 논항이 주어가 되는 방식으로 기술될 수 있다. '-고자'로 표시된 절은, '-고자' 자체가 주동자(사유자)와 그의 소망 내용을 담는다는 특성을 갖기 때문에 주동자를 감추기 위해 피동화 같은 방법을 쓸 수 없고 주동자를 명시하지 않는 방법만이 이용 가능한 것이다. 즉 이 사례는 선·후행절의 주어가 불일치하는 경우가 아니라 후행절에만 주어가 있는 경우에 해당한다. 결국 '-고자'가 연결하는 절들의 주어가 동일해야 한다는 제약은, 선·후행절 모두에 주어가 상정된다면 어느 경우에나 유지되는 것으로 볼 수 있다.

3.2.1.3. '-고자'에 후행하는 요소의 유형

세종 문어 말뭉치 300만 어절에는 '-고자'의 예 452개가 포함되어 있는데, 그 후행 요소의 유형과 빈도는 다음과 같다.

[표 8] 세종 문어 말뭉치 300만 어절에서 '-고자' 후행 요소의 유형 빈도

'-고자' 후행 요소		빈도
내포어미[47]	하다	391 (86.5%)
	사유동사(마음먹다)	1 (0.2%)
연결어미	소망 실현을 위한 행동을 나타내는 절	57 (12.6%)
	소망 실현을 위한 행동에서 행위자가 감추어진 절	2 (0.4%)
종결어미[48]	없음	1 (0.2%)

'-고자 하다'의 사례가 약 86.5%로 가장 많고, 소망 실현을 위한 행동을 나타내는 절이 이어지는 사례가 약 12.6%를 차지하는 것을 볼 수 있다. 각 유형에 속하는 사례를 하나씩만 들면 아래와 같다.

---

47) 현대국어 '-고자 하다'에서의 '-고자'를 내포어미로 분석하는 사례는 별로 없고, 또 '-고자 하다' 전체가 하나의 덩어리로 처리되며 양태소처럼 기능하기 때문에 '-고자 하다' 속의 '-고자'를 떼어 내어 이것이 어떤 성격의 어미인지 규정하고 이름 붙이는 일이 화자들의 언어 지식을 설명하는 데에는 큰 의미가 있다고 생각하지 않지만, 중세국어에서 내포어미로서 쓰이는 '-고져'와 평행하게 논의하기 위해 편의상 '하다'나 '마음먹다'에 선행하는 '-고자'를 내포어미로 분류해 두었다.

48) 말뭉치로부터 '-고자'로 문장이 마무리된 사례 하나를 볼 수 있었는데, 이는 후행 요소가 생략된 것일 뿐 이때의 '-고자'를 진정한 종결어미로 파악할 수 있는 것은 아니지만, '종결어미적으로' 기능한다는 의미에서 '종결어미'라는 명칭하에 포함해 두었다.

(61) ㄱ. 우리는 검찰수사의 방향에 의문을 <u>제기하고자</u> 한다.

ㄴ. 사람은 <u>하고자</u> 마음먹으면 무슨 일이든 다 하니까.

ㄷ. 월드컵을 세계인과 함께 하는 축제의 장으로 <u>삼고자</u> 문화관광부와 함께 이 음악회를 마련했습니다.

ㄹ. 1955년에 그녀는 원래의 이미지에서 더 부드럽게 웃는 모습으로 다시 그려졌고, 1965년과 1968년에는 다시 현대화된 모습으로 바뀌었으며, 1972년에는 성장하는 여성주의 운동에 <u>맞추고자</u> 더욱 사업적이고 딱딱한 인상의 외모가 되었다.

ㅁ. 그러나 피상적으로만 머리에 남을 뿐 솔직히 아무런 감도 잡지 못한 채 나는 동행한 자매 수녀와 함께 지구 저편 세상에 있는 한 작은 마을로 파견됐다. 오로지 주님의 뜻을 <u>실천하고자</u>.

이제 중세국어 자료(15세기 중엽~16세기)에서도 '-고져'[49]의 후행 요소를 보자. 먼저 번역어체·격식체 자료에서 나타나는 양상은 다음과 같다.[50]

[표 9] 중세국어 번역어체·격식체 자료에서 '-고져' 후행 요소의 유형 빈도

	'-고져' 후행 요소	빈도	
내포어미	ᄒᆞ다(선행하는 사유동사 없음)	1,067	(88.5%)
	ᄒᆞ다(선행하는 사유동사 있음)	23	
	爲ᄒᆞ다	3 (0.2%)	
	사유동사(너기다, ᄇᆞ라다, 식브다, ᄉᆞ랑ᄒᆞ다, 스치다, 思憶ᄒᆞ다, 願ᄒᆞ다, 發願ᄒᆞ다, 願樂ᄒᆞ다, 盟誓ᄒᆞ다, 求ᄒᆞ다, 빌다)	136 (11%)	
종결어미	'-ㅅ'(속격조사), '-ㄴ'	2 (0.2%)	

---

49) '-고져'를 대표형으로 기록하였지만 이 외에 '-오져', '-고쟈', '-오쟈', '-고뎌', '-고댜' 등의 형태도 함께 살폈다.

50) 인용 구문을 다루면서 취했던 태도와 마찬가지로, 번역어체·격식체 문헌은 한문 원문 또는 한문투의 영향을 많이 받을 수 있다는 점을 고려하여 여기에서도 번역어체·격식체 문헌과 일상어체 문헌을 구별하여 다룰 것이다.

약 1,230개의 사례 중 'ᄒᆞ다'가 후행하는 경우가 압도적이라는 점에서 현대국어와 다르지 않다. 다만 '너기다, 식브다' 등의 사유동사가 '-고져'로 표시된 절을 내포하며 쓰이는 경우가 현대국어보다 다양하게 나타난다는 점이 특징적이다. (62)에 몇 가지 사례를 보였다. (62ㄹ)에서 볼 수 있는 '爲ᄒᆞ다'는 다양한 의미를 포괄할 수 있는 한문 동사 '爲'를 기반으로 한 것으로서 '-고져'로 표시된 절을 내포한다.

(62) ㄱ. 命終ᄒᆞ야 兜率天에 가아 兜率天子ㅣ ᄃᆞ외야 世尊 뵈ᅀᆞᆸ고져 너겨 즉자히 ᄂᆞ려와 世尊ᄭᅴ 뵈ᅀᆞᄫᅡ 머리 조ᅀᆞᆸ고 ᄒᆞᆫ녀긔 안ᄌᆞ니 〈석보상 6:45b~46a〉 (cf. 乃至命終生兜率天 爲兜率天子 作是念 我不應久住於此 當往見世尊 作是念已如力士屈伸臂頃 於兜率天沒現於佛前稽首佛足退坐一面)

ㄴ. 부톄 阿難이와 韋提希ᄃᆞ려 니ᄅᆞ샤ᄃᆡ 上品上生ᄋᆞᆫ 衆生이 뎌 나라해 나고져 願ᄒᆞᇙ 사ᄅᆞᄆᆞᆫ 세 가짓 ᄆᆞᅀᆞᄆᆞᆯ 發ᄒᆞ면 곧 가아 나리니 〈월인석 8:46a~b〉 (cf. 佛告阿難 及韋提希 凡生西方有九品人 上品上生者 若有衆生願生彼國者 發三種心卽便往生)

ㄷ. ᄎᆞᆫ ᄆᆞᇑ엣 玉이 ᄃᆞ외오져 빌며 서늘ᄒᆞᆫ ᄀᆞᅀᆞᆳ 菰蒲ㅣ ᄃᆞ외오져 願ᄒᆞ노라 (乞爲寒水玉 願作冷秋菰) 〈두시초 10:22b〉

ㄹ. 宿世옛 善根을 니ᄅᆞ왇고져 爲ᄒᆞ야 나ᄅᆞᆯ 饒益ᄒᆞᄂᆞᆫ 젼ᄎᆞ로 내 지븨 와 나도소이다 (爲欲發起宿世善根ᄒᆞ야 饒益我故로 來生我家ᄒᆞ도소이다) 〈법화경 7:145b〉

'-고져' 뒤에 '-ㅅ'이나 '-ㄴ'이 결합하면서 그 뒤에 'ᄆᆞᅀᆞᆷ', 'ᄠᅳᆮ' 등의 명사가 오는 사례는 '-고져'가 종결어미처럼 쓰인 사례로 파악하였다. 정혜선(2010)에서는 속격조사는 일반적으로 연결어미와 결합하기보다는 종결어미와 결합한다는 점을 고려할 때 속격조사가 결합한 '-고져'의 문법적 성격은 종결에 가까운 것이라고 본 바 있다. 속격조사가 올 법한 자리에

서 '-ㄴ'이 쓰인 사례도, 속격조사가 결합한 사례와 관련이 있을 가능성
에 주목하여 일단 한 부류로 묶어 두었다.[51] 그 사례는 아래와 같다.

(63) ㄱ. 여스슨 貪이니 <u>가지고젓</u> ᄆᆞᅀᆞᆷ미 슬믜욤 업수미오 〈법화경 1:25a~b〉

ㄴ. 힝혀 셜법홀 처쇠 이셔도 <u>드러 빙호고젼</u> ᄆᆞᅀᆞᆷ미 업ᄉᆞ니 (<u>若有說法
之處無心聽學</u>) 〈장수경 79a〉

다음으로는 번역 과정이 개입하지 않은 자료인 〈순천김씨언간〉에서
'-고져'의 후행 요소를 보자. 101개 정도의 사례가 보이는데, 후행 요소
가 보이는 전체적인 양상은 번역어체·격식체의 경우와 크게 다르지
않다.[52]

[표 10] 〈순천김씨언간〉에서 '-고져' 후행 요소의 유형 빈도

'-고져' 후행 요소		빈도
내포어미	ᄒᆞ다(선행하는 사유동사 없음)	80 (79.2%)
	사유동사(식브다, 너기다, ᄇᆞ라다, ᄉᆡᆼ각ᄒᆞ다, 겨규ᄒᆞ다)	13 (12.9%)
연결어미	소망 실현을 위한 행동을 나타내는 절	3 (3%)[53]
종결어미	'-ㄴ' 또는 없음	4 (4%)

다만 (64)와 같이 연결어미로 쓰인 사례가 조금 보인다는 점에 주목

---

51) 장윤희(2002:282)에서는 15세기에는 명사구로 내포된 문장 뒤에 속격조사 '-ㅅ'이 결합
할 수 있었는데, 16세기에 들어서서는 이때의 '-ㅅ'이 '-ㄴ'으로 표기되어 나타나는 일이
많다고 하였다. 이때의 '-ㄴ'은, 종결된 문장 뒤에 '-ㅅ'이 결합하여 관형어가 되는 용법
이 소멸하면서 당시 언중들이 문장 뒤에 있는 '-ㅅ'을 이해하기 어려워지게 되었고, 이에
따라 '-ㅅ'을 일반적으로 문장을 관형어로 만들어 주는 동명사 어미 '-ㄴ'일 것이라고 잘
못 이해함으로써 '-ㄴ'이 나타났을 가능성이 있음을 언급하였다.

52) 65번 편지의 '나도 아ᄆᆞ려나 쉬 가고져 가노라'는 다른 사례에서 볼 수 없는 특수한 유형
이어서 [표 10]의 통계에서는 일단 제외하였다.

53) 이 수치는 (64)에서 제시한 사례 외에 '손소도 주구려 겨규를 호ᄃᆡ 다ᄆᆞᆫ ᄉᆡᆼ워니 ᄆᆞᆫ시
보와ᄃᆞᆫ 다시 <u>보고져</u> 먼 ᄃᆡ셔 분상 〈순천김 73〉'을 포함한 것이다. 하지만 이것이 연결어
미 '-고져'가 쓰인 사례인지는 재고될 여지가 있다.

할 수 있다. 중세국어의 번역어체·격식체 자료에서는 이런 사례가 보이지 않았다.

> (64) ㄱ. 칼홀 쥐여셔 모글 딜어 죽고쟈 노홀 가지고 모글 민여 두라 죽고져
> 문져 보고 무수물 자바 노커니와 내 모미 하 허후고 〈순천김 73〉
> ㄴ. 가실 제 다시 닐어 보내 뉴더기롤 주고져 고주기 후시되 효근 수
> 시리 하니 유무예 스디 심〃후니 〈순천김 153〉

(65)와 같이 종결어미처럼 쓰인 사례도 있다. (65ㄱ, ㄴ)은 '-고져' 뒤에 '-ㄴ'이 결합하면서 그 뒤에 명사 '뜯'이 온 사례이다. (65ㄷ)에서는 '내 주시글 아사 두럇고져'를 '이 말'과 동격적으로 취급하고 있는데, 소망을 표현하는 언급을 어미 '-고져'로 종결한 것처럼 보인다. (65ㄹ)은 종결어미적 '-고져'인지 애매한 점이 있다. 이와 관련하여 고은숙 (2004:77)에서는 '-고져'에 계사 '이다'가 결합하는 경우는 하위문과 상위문의 내용 순서가 뒤바뀐 경우이며, "~ 은 ~ 고자 해서이다" 정도로 해석된다고 하였다. 하지만 (65ㄹ)의 경우 '수머 아니 갈 거시매'의 목적을 '숨고져'로 해석하는 것이 어색해 보인다. 이에 따라 일단 종결어미적인 '-고져'의 사례로 포함하였으나 재론의 여지가 있다.[54]

> (65) ㄱ. 나도 죽고젼 뜨디 만히여 〈순천김 67〉
> ㄴ. 다만 내 주시글 만히 나하셔 딸리나 며누리나 후나히 나룰 두려셔

---

54) 예문 (65ㄹ)의 앞뒤 문맥은 다음과 같다.
"아이고 셜운댜 즐겨 가는가 무슨 일로 가는고 삼십 져닉 부모 동싱 니벼룬 므슨 일고
아이고 그립거든 엇디려뇨 보고져 커든 엇디려뇨 오고져 커든 엇디려뇨 동셔남브글 수
방을 도라보리 뉘 내의 졍 알리 이실고 헤아리거든 슬〃 셜워후뇌 / 부님 두고 오시먀
가노라 후신둔 내 안 얻다 두려뇨 그라타 가랴 팔월도 머럿다 구월도 머럿다 너기다니
두리 다 두라나리라 두르니 수머 아니 갈 거시매 숨고져이고 아이고 天下의 어엿쓰니
내로다 소릭도 얼굴도 아니라 홀 짜히 가 어닉 시룰 니져 알려뇨"

간스히여 <u>주기고젼</u> ᄯᅳ디 업서 혼자 안자시니 〈순천김 79〉

ㄷ. 내 산 더디나 내 ᄌᆞ시글 아사 <u>드룃고져</u> 이 말 드론 후론 하 ᄆᆞᄋᆞ미
노홉고 토심되니 ᄀᆞ이업세라 〈순천김 34〉

ㄹ. 드르니 수머 아니 갈 거시매 <u>숨고져이고</u> 〈순천김 3〉

종합하건대, '-고자(〈고져〉'는 중세국어이든 현대국어이든 내포어미
로 쓰이는 사례가 가장 많다. 다만 중세국어에서는 보다 다양한 동사가
'-고져'에 후행했던 반면 현대국어에서는 그런 사례가 많이 사라지고 거
의 '하다'가 후행하는 것으로 고정되었다.

한편 연결어미로 쓰이는 사례는 중세국어에서는 아주 소수만이 보일
뿐이었는데 현대국어에서 그 비율이 증가해 있다. 이는 '-고져'의 기능
확장의 방향성, 즉 내포절을 이끄는 기능으로부터 절을 연결하는 기능
으로 기능이 확장되는 방향성을 보여 주는 것으로 해석될 수 있다. '-ㄴ
가'나 '-ㄴ디'도 내포어미에서 연결어미로의, 같은 방향성의 기능 확장
을 겪은 것으로 알려져 있다(이지영, 2008 참고). 이와 같이 '-고져'도 내
포어미로부터 연결어미로 기능이 확장되었다고 볼 가능성이 있는 것
이다.

3.2.2. 덩어리로서의 '-고자(〈고져〉' 소망 구문

이제 (57ㄱ)의 문제, 즉 '-고자' 뒤에서 '하다'가 쓰이게 되는 과정이 어
떤 것인지의 문제에 접근해 보자. 역시 본고에서는 '-고자(〈고져〉' 소망
구문이 형식 연쇄에 의미가 연합된 덩어리로서의 언어 단위이고, 이 덩
어리 중 일부분만 언급하더라도 그것을 단서 삼아 서술어로 무엇이 올
것인지를 쉽게 예측할 수 있기 때문에 의미적으로 잉여적인 성격을 띠
게 된 서술어 자리를 의미 내용이 적은 '하다'로 형식적으로 채울 수 있
게 된 것이라고 본다. 이를 증명하기 위한 과정으로서 이 절에서는 '-고

자(〈고져〉' 소망 구문이 덩어리 지식으로서 화자들의 마음속에 존재한다는 것을 뒷받침하는 정황을 보이고자 한다.

그런데 '-고져'는 '-고자'라는 형태로 현재까지 이어지고 있기는 하지만, 현재는 사용 빈도가 낮고 다양한 형식으로 쓰이지 않는, 문어체에만 국한해서 쓰이는 어미가 되었다. 이 때문에 '-고자(〈고져〉' 소망 구문이 덩어리 지식으로 존재한다는 증거들을 풍부하게 찾기는 어렵다. 그럼에도 '-고자(〈고져〉' 소망 구문과 인용 구문의 유사성을 고려해 볼 때, 이 구문 역시 인용 구문과 마찬가지로 한 덩어리로 처리되고 있을 가능성은 충분하다. 아래에서 참고가 될 수 있는 몇 가지 현상들을 들어 보고자 한다.

3.2.2.1. '-고져' 소망 구문의 형식적 고정성

내포어미 '-고져'는 매우 고정된 형식 속에서 나타난다. 15세기 중엽~16세기의 번역어체·격식체 자료에서 내포어미로 쓰이는 '-고져'는 대개 'NP{사유자}-이 S{소망내용}-고져 V{사유동사}' 형식으로 나타나고 (66), 'NP{사유자}-이 V{사유동사}-오디 S{소망내용}-고져 ㅎ다'와 같은 형식으로 사유동사가 앞에 나타나는 사례가 일부 보인다(67). 이 두 유형의 빈도는 [표 11]과 같다.[55]

(66) ㄱ. 命終ㅎ야 兜率天에 가아 兜率天子ㅣ 드외야 <u>世尊 뵈숩고져 너겨</u> 즉자히 ㄴ려와 世尊의 뵈ᅀᆞ바 머리 조ᅀᆞᆸ고 ㅎ녀긔 안ᄌᆞ니 〈석보상 6:45b~46a〉(cf. 乃至命終生兜率天 爲兜率天子 作是念 我不應久住 於此 當往見世尊 作是念已如力士屈伸臂頃 於兜率天沒現於佛前 稽

---

55) '-고져' 소망 구문의 모절 동사 자리에서 'ㅎ다'를 쓸 수 있게 되는 과정을 추적하기 위한 것이므로, 이 절에서 살피는 예들은 모절 동사 자리에 'ㅎ다'가 쓰인 경우를 제외한 것이다.

首佛足退坐一面)

ㄴ. 善男子 善女人이 信ᄒ리 잇거든 뎌 나라해 나고져 發願ᄒ야ᅀᅡ ᄒ
리라 〈월인석 7:76b〉 (cf. 諸善男子善女人若有信者 應當發願生彼國
土)

ㄷ. 五百侍女도 阿耨多羅三藐三菩提心을 發ᄒ야 뎌 나라해 나고져 願
ᄒ더니 〈월인석 8:76b~77a〉 (cf. 五百侍女發阿耨多羅三藐三菩提
心 願生彼國)

(67) ㄱ. 世尊하 願ᄒᆞᆫᄃᆞᆫ 듣ᄌᆞᆸ고져 ᄒ노이다 〈석보상 13:47a~b〉 (cf. 唯然
世尊 願樂欲聞)

ㄴ. 내 ᄉ랑호ᄃᆡ 三途ㅅ 受苦애 열오져 ᄒ며 나 여희욜 道를 求코져
홀딘댄 (予惟欲啓三途之苦ᄒ며 要求出離之道ᅟᅵᆫ댄) 〈월인석 序:
15a〉

ㄷ. 子路ㅣ 글오ᄃᆡ 願컨댄 子의 志를 듣ᄌᆞᆸ고져 ᄒᄂᆞ이다 (子路ㅣ 日
願聞子之志ᄒᄂᆞ이다) 〈논어언 1:51b〉

[표 11] 중세국어 번역어체·격식체 자료에서 내포어미 '-고져'가 보이는 문형

문형	빈도
(NP{사유자}-이) S{소망내용}-고져 V{사유동사}	136 (84%)
(NP{사유자}-이) V{사유동사}-오ᄃᆡ S{소망내용}-고져 ᄒ다	23 (14.2%)
기타56)	3 (1.9%)

이 중 'NP{사유자}-이 V{사유동사}-오ᄃᆡ S{소망내용}-고져 ᄒ다' 유형은
한문 번역 과정의 영향을 많이 받은 유형이라 할 수 있다. 한문 원문에
서 '願' 등의 사유동사가 앞서고 그 뒤에 소망내용이 이어지는 형식으로
나타나는 문장을 직역하다 보면 '願ᄒᆞᆫᄃᆞᆫ ~ 고져 ᄒ다' 같은 형식이 되

---

56) '-고져' 뒤에서 '爲ᄒ다'가 쓰인 사례 세 개를 '기타'로 분류해 두었다.

기 쉽다. 이는 번역어체가 아닌 〈순천김씨언간〉에서 보이는 '-고져' 구문의 모든 사례가 'NP(사유자)-이 S(소망내용)-고져 V(사유동사)'의 형식으로 나타날 뿐 'NP(사유자)-이 V(사유동사)-오딕 S(소망내용)-고져 ㅎ다' 형식으로 나타나는 사례는 보이지 않는다는 사실을 통해서도 짐작할 수 있다(68). (68ㄷ)처럼 '싱각ㅎ다'라는 사유동사가 선행하는 사례가 하나 발견되기는 하나 '-고져' 뒤에 다시 '싱각ㅎ다'가 오는 것으로 보아 별도의 절이 연결된 사례라 할 수 있을 것이다.

(68) ㄱ. 올홀 견듸여 너희나 가 <u>보고쟈 ∥</u> 브라ᄂ니 그븟니로다 〈순천김 12〉

　　ㄴ. 계향이늘 자바 브리고져 <u>겨규ㅎ노라</u> 〈순천김 28〉

　　ㄷ. 반ᄃ시 졋바뎌셔 싱각ㅎ니 아들도 보고져 쏠도 보고져 지아비도 <u>보고져 싱각고</u> 〈순천김 73〉

그러므로 국어의 일상적인 문장 형식이라 하기 어려우며 번역어체·격식체 문헌에서도 낮은 빈도로 나타나는 'NP(사유자)-이 V(사유동사)-오딕 S(소망내용)-고져 ㅎ다' 같은 형식은 '-고져'가 관여하는 절의 원형적인 형식이라 할 수 없다. 이것을 제외하면 '-고져'는 'NP(사유자)-이 S(소망내용)-고져 V(사유동사)'라는 아주 고정적인 형식 속에서 쓰인다. 뿐만 아니라 '-고져'와 사유동사 사이에 다른 요소가 개재하는 사례도 (69)와 같은 사례 몇몇을 제외하고는 별로 보이지 않는다.

(69) ㄱ. 새 글워를 듣고져 <u>다시</u> 思憶ㅎ노라 (新詩更憶聽) 〈두시초 24:5a〉

　　ㄴ. 徐孺碑를 다시 닑고 닉 낀 빅를 다ᄉ려 가고져 <u>오히려</u> ᄉ랑ㅎ노라 (再讀徐孺碑 猶思理烟艇) 〈두시초 24:43b〉

　　ㄷ. 茅屋앳 景趣를 드로ᄆ로브터 竹林에 가 ᄌ올오져 <u>오직</u> 스치노라 (自聞茅屋趣 只想竹林眠) 〈두시초 8:51a〉

　　ㄹ. 아니 지엇거든 아뫼나 오리 히여 보내면 더 드려 주고져 <u>나도 ᄎ</u>

ㄱ 너기고 인노라 〈순천김 15〉

ㅁ. 이리 알타가 하 셜오면 내 소노로 주그딕 말 업시 쇼쥬를 밉게 히
여 먹고 죽고쟈 <u>요수이눈</u> 겨규를 호딕 〈순천김 41〉

즉 소망의 내용을 드러낼 때 'NP(사유자)-이 S(소망내용)-고져 V(사유
동사)'라는 고정된 형식을 이용하는 것이 꽤 빈번했고, 이에 해당하는
개별 표현들이 개인의 언어생활 속에서 누적될 때 기능과 형식의 유사
성에 기반하여 그 사례들을 범주화·일반화함으로써 [NP(사유자)-이 S
(소망내용)-고져 V(사유동사)] 같은 형식에 "누가 어떠한 소망을 품음"이
라는 의미가 연합되어 있는 추상적인 기호가 개인의 언어 지식으로서
구축되었을 개연성이 높다.

3.2.2.2. 동사의 예측 가능성과 그에 따른 생략 현상

'-고져'가 관여하는 소망 구문이 하나의 단위로서 처리되었을 것이라
는 추정에 대한 첫 번째 근거는, '-고져'만 보고도 사유동사가 후행할 것
임이 예측될 수 있었으리라는 점이다. 과거의 언어에 대해 직관을 적용
할 수 없다는 한계가 있기는 하지만, 현재 '-고자'를 듣는 것만으로 '하
다'가 함께 떠오르는 것과 마찬가지로 옛말에서는 '-고져'를 들으면 'ㅎ
다' 외에 '너기다, 식브다, ㅂ라다' 등 '-고져'와 종종 함께 쓰였던 사유동
사들이 자동으로 떠올랐을 가능성이 높다.

(70) ㄱ. 여기에서는 포괄동사의 개념을 살피고자 [   ] → 하다 (현대국어)

ㄴ. 兜率天子ㅣ 世尊 뵈숩고져 [   ] → 너기다, ㅂ라다, ㅎ다 … (중
세국어)

이와 같은 예측 가능성에 기반하여 사유동사 없이 '-고져' 절만 실현

되는 경우도 볼 수 있는 듯하다. 본고에서는 (64)에서 보았던 '-고져'의 연결어미적 용법이, 사유동사가 예측 가능하여 실현되지 않을 수 있었던 것에서부터 비롯된 것이라고 추정한다. '-고져'만으로도 사유동사의 존재가 예측되고 활성화되므로 사유동사가 명시되지 않아도 의미 전달에는 문제가 없었을 것이다. '-고져'의 연결어미적 용법 출현과 관련한 문제는 3.2.4절에서 다시 다룰 것이다.

3.2.2.3. 덩어리로 변화를 겪는 현상

현대국어에서 '-고자 하다'는 "소망" 내지는 "의지"의 의미만을 갖지만, 중세국어에서는 아래와 같이 "예정"의 의미로 쓰이는 사례가 보인다.

(71) ㄱ. 黎明은 붉고져 호딕 몯 다 블근 삐라 〈육조법 序:10〉
　　 ㄴ. 고금의감의 굴오딕 믈읫 덥다라 알하 역질 돈고쟈 홀 제 허리 알
　　　　 커든 섈리 신희탕을 머겨 뚬 내여 (古今醫鑑曰凡發熱欲出痘腰痛急
　　　　 服神解湯出汗) 〈두창집 上:60〉

이 중 (71ㄴ)은 한문 원문의 '欲'에 '-고쟈 ᄒ다'가 대응되는 경우인데, '欲'에도 "소망"의 의미뿐 아니라 "예정"의 의미가 있다.

"소망"의 의미로 쓰이던 '-고져 ᄒ다'가 이처럼 "예정"의 의미로 발달하는 과정은 현대국어에서 "예정"의 의미로 쓰이고 있는 '-려고 하다'에 비추어 다음과 같이 추정해 볼 수 있을 것이다. 화자는 타인의 행동을 보고 그 행동이 타인의 의도에 대한 비교적 뚜렷한 단서가 될 수 있을 때 그의 의도 내지 소망이 무엇인지를 추론할 수 있다(예: 화자는 철수가 가방을 싸는 모습을 보면서 철수가 집에 가려는 의도를 가지고 있다는 것을 추론한다). 이것을 토대로 화자가 타인의 의도 내지 소망에 대한 추론을 발화할 때(예: 화자가 "철수가 집에 가려고(≒고져) 한다"라

고 말한다), 청자는 화자의 추론 자체를 받아들임과 동시에, 그런 추론의 단서에 비추어 그 일이 곧 일어날 개연성이 높음을 생각하게 된다 (예: 청자는 '철수가 집에 갈 것이다'라는 추론을 한다). 이처럼 본래는 누군가가 소망을 품는 사태를 표현하는 것이었지만, 어떤 사태가 곧 실현될 것임에 초점이 놓이게 되는 경우가 있고, 이런 경우에 [NP(사유자)-이 S(소망내용)-고져 ᄒ다는 [S(예정된 사태)-고져 ᄒ다로 추론될 수 있다. 이 내용을 정리하면 아래와 같다.

(72) "예정" 의미의 발달 과정

　　1단계: 화자는 타인의 행동을 보고 타인의 의도를 추론하고, 그것을 발화하기 위해 [NP(사유자)-이 S(소망내용)-고져 ᄒ다 구문을 이용함. (예: 화자가 철수가 가방을 싸는 모습을 보면서 "철수가 집에 가려고(ᄂ고져) 한다"라는 발화를 함)

　　2단계: 이를 들은 청자는 화자의 추론 자체를 받아들임과 동시에, 그런 추론을 가능하게 한 단서에 비추어 그 일이 곧 일어날 개연성이 높음을 추론함. (예: 청자는 '철수가 집에 갈 것이다'라는 추론을 함)

　　3단계: [NP(사유자)-이 S(소망내용)-고져 ᄒ다로부터 [S(예정된 사태)-고져 ᄒ다 구문이 생겨남. 이에 따라 (71)처럼 소망내용과는 전혀 무관한, 예정된 사태를 언급하기 위해 이 구문이 쓰일 수 있게 됨.

이런 맥락에 힘입어 [NP(사유자)-이 S(소망내용)-고져 ᄒ다] 구문 전체가 "소망"의 의미를 넘어 "예정"의 의미를 갖게 되는 과정을 상정해 볼 수 있을 것이며, 이때 'NP(사유자)-S(소망내용)'이 "예정된 사태"의 의미로 바뀌게 되는 것은 [NP(사유자)-이 S(소망내용)-고져 ᄒ다] 구문 전체 속에서 일어난다. 그러므로 이 현상은 [NP(사유자)-이 S(소망내용)-고져

ᄒ다가 덩어리로 처리되고 있다는 증거가 된다.

물론 이는 [NP(사유자)-이 S(소망내용)-고져 ᄒ다]가 덩어리로 처리되고 있다는 것의 증거일 뿐, [NP(사유자)-이 S(소망내용)-고져 V(사유동사)]가 덩어리로 처리되고 있다는 직접적인 증거가 되지는 못한다. 하지만 [NP(사유자)-이 S(소망내용)-고져 ᄒ다]와 [NP(사유자)-이 S(소망내용)-고져 V(사유동사)]는 긴밀한 관계(상하위 관계)에 있는 구문들로서, [NP(사유자)-이 S(소망내용)-고져 V(사유동사)]도 덩어리로 처리되었을 가능성을 보여 준다.

3.2.3. 예측 가능성에 따른 '하다'의 개입

이제까지 살핀 정황을 토대로 하여 본고에서는 [NP(사유자)-이 S(소망내용)-고져 V(사유동사)] 형식의 추상적 구문이 한 덩어리로 운용되는 언어 단위의 자격을 가졌을 것이라고 본다. 그러면 사유동사 자리에 실질적 의미를 가진 어휘뿐 아니라 'ᄒ다' 같은 포괄동사도 쓰일 수 있게 되는 동기는 무엇인가? 현대국어에서는 이미 '-고자 하다'라는 형식이 굳어진 채 쓰이고 있어서 인용 구문에서처럼 구체적인 논의를 하기는 어렵지만, 이때에도 인용 구문과 마찬가지로 예측 가능성에 따라 의미적으로 잉여성을 띠게 된 서술어 자리에서 'ᄒ다'가 쓰이게 되었을 가능성이 있다.

[표 9], [표 10]에서 보았듯이 이 소망 구문의 서술어 자리에는 'ᄒ다'를 제외하고는 사유동사가 주로 쓰였다. 이는 매우 제약적인 것이고, 결국 '-고져' 뒤에 나올 서술어는 거의 언제나 예측이 가능했을 것이다. 이처럼 예측이 수월하여 의미적으로 잉여성을 띠는 서술어 자리에서는 구체적 의미를 갖지 않는 'ᄒ다'가 쓰이더라도 해당 구문의 무표적인 의미를 전달하는 소망 구문이 무리 없이 구성될 수 있었을 것이다. 특정 구문의 일부분만 언급되어도 그 구문의 무표적인 서술어가 자동으로 떠

오를 때에는 굳이 그 자리에서 실질적인 어휘를 명시할 필요가 없고 '후다'로 절의 형식적 완결을 위해 꼭 필요한 서술어 자리를 채우고 그 절을 마무리하는 것으로 충분하게 되는 것이다. 본고에서는 이러한 과 정을 통해 '-고져' 뒤에서 '후다'가 쓰일 수 있게 되었을 것이라고 본다.

이제 (57ㄴ)에서 제기한 문제, 즉 중세국어에서는 '-고져' 뒤에 '식브 다, 너기다' 등의 실질동사가 쓰이는 경우를 종종 볼 수 있었다가 그런 사례들이 점차 줄어들어 현재는 '-고자' 뒤에서 거의 '하다'만 쓰이게 된 이유가 무엇일지에 대해 생각해 보자.

바로 위에서 언급했듯 '-고져' 뒤에 오는 동사가 매우 제약적이어서 거의 언제나 예측 가능하다는 점'은 '-고져' 뒤에 '후다'를 거의 제약 없 이 쓸 수 있도록 하는 배경이 된다. 결과적으로 [NP(사유자)-이 S(소망 내용)-고져 후다] 구문을 사용하는 빈도가 높아지고, 그럴수록 빈번히 경험된 덩어리인 [NP(사유자)-이 S(소망내용)-고져 후다]는 화자들에게 쉽게 접근되고 쉽게 사용될 수 있는 구문으로서 굳어지게 된다. 현대국 어로 올수록 '-고자' 뒤에 실질적인 사유동사가 오는 일이 매우 드물어 지고 '-고자 하다' 형식만이 빈번히 쓰이는 것은 이런 사용 양상이 이어 져 온 결과인 것으로 보인다.[57] 그리고 '곧 밥 먹고져 후야 스랑후리라 (便思量飯喫) 〈번역노 下:41a〉'에서처럼 '후야'가 '-고져'와 '스랑후다' 사 이에서 특별한 문법적·의미적 기능을 하지 않으면서 나타나는 현상 역시 '-고져 후다'가 한 덩어리로 빈번히 쓰이다 보니 관습적으로 '-고져' 뒤에 '후다'가 따라온 결과인 것으로 해석해 볼 수 있다.

---

[57] 이에 더해 '-고 싶다'가 '-고져 식브다'를 대신하게 된 것도 '-고져'에 후행하는 사유동사의 유형빈도 감소에 영향을 미친 것으로 볼 수 있다. 또 '원하다, 바라다' 등의 동사는 현재 '-고자' 대신 '-기'가 이끄는 절을 논항으로 삼게 되었는데, 역사적으로 '-기'가 이끄는 절 이 빈번히 쓰이게 된 것 역시 '-고져'에 후행하는 사유동사의 유형 빈도 감소에 영향을 미쳤다고 할 수 있다. 다만 이들 표현이 빈번해지는 시기보다 앞서 이미 [NP(사유자)-이 S(소망내용)-고져 후다]가 매우 높은 빈도로 쓰이고 있었기 때문에, 이 요인들을 '-고져' 뒤 '후다'의 독보적 출현과 관련한 주된 동기로 보기는 어려울 듯하다.

3.2.4. '-고져'가 연결어미로 기능을 확장하는 과정

이제 (57)에서 제기한 문제 중 마지막 문제, 즉 중세국어에서 내포어미로 쓰이던 '-고져'가 점차 연결어미로도 기능을 확장하게 되는 것은 어떤 과정에 의한 것일까 하는 문제에 대해 생각해 보면서 이 절을 마무리하고자 한다. 본고에서는 '-고져'가 이처럼 기능을 확장하게 되는 것 역시 '-고져'가 관여하는 소망 구문의 서술어 자리가 의미적으로 잉여성을 띤다는 점에 기인하는 것으로 본다.

절과 절이 연결될 때, 일반적으로는 선행절의 용언에 연결어미가 결합함으로써 선행절과 후행절이 연결된다. 하지만 (73)에서 제시한 것처럼, 절과 절을 연결하는 상황에서 선행절에 용언과 연결어미가 나타나지 않는 경우를 볼 수 있다.

(73) ㄱ. 철수는 열심히 운동, 의사 선생님께 칭찬을 받았다.

ㄴ. 철수는 영이한테 연락이 왔다고, 전화 받으러 나갔어.

(73ㄱ)은 '운동하여' 정도가 나올 것이 예상되는 자리에서 용언 어간과 연결어미 없이 서술성 명사 '운동'만으로 선행절이 마무리됨을 보여 준다. (73ㄴ)은 선행절의 서술어 자리에 '말하면서'나 '하면서' 정도가 나올 법한 맥락인데 그런 용언 어간과 연결어미 없이 선행절이 마무리됨을 보여 준다.

이런 상황은 두 가지 조건이 만족될 때 가능해진다. 첫째 조건은 선행절 사태와 후행절 사태가 긴밀한 관계에 있어서 연결어미의 명시 없이도 그 관계를 파악할 수 있어야 한다는 것이다.[58] 둘째 조건은 선행

---

58) 선행절 사태와 후행절 사태가 어떤 관계에 있을 때 이런 연결어미 생략 현상이 가능해지는지에 대한 상세한 논의는 후고로 미룬다.

절의 사태 의미가 용언 없이도 파악될 수 있어야 한다는 것이다. 연결어미가 필수적이지 않은데다가 용언 어간도 의미적으로 잉여적인 성격을 띤다면 용언 어간과 연결어미 모두 나타나지 않아도 무방해진다. (73ㄱ)의 경우 서술 의미는 '운동'이라는 명사가 모두 가지고 있으므로 '하다' 등의 용언 어간59)은 의미적으로 잉여적이다. (73ㄴ)도 서술하려는 의미가 'NP(발화자)-가 S(피인용문)-고'만으로 충분히 드러나므로 용언이 의미적으로 잉여적인 경우에 해당한다. 연결어미까지 잉여적이라면 선행절에서는 서술어 기능을 하는 용언이 아예 나타나지 않아도 무방한 것이다.

이와 마찬가지로 내포어미였던 '-고져'가 연결어미처럼 기능하게 된 것도 후행하는 사유동사의 생략에 의한 것이라고 추정해 볼 수 있다. 이제까지 주장해 온 것처럼 '-고져' 뒤에 올 서술어는 매우 한정적이어서 예측이 쉬우며, 이 때문에 '-고져' 뒤의 서술어 자리는 의미적으로 잉여적인 성격을 띤다. 그리고 이 소망 사태를 나타내는 절에 소망 사태와 긴밀한 관계에 있는 다른 사태를 나타내는 절이 이어지는 경우라면, 그 선행절과 후행절의 관계를 명시할 연결어미가 없어도 무방할 것이다. 이런 조건하에 소망 구문의 서술어인 사유동사는 아예 실현되지 않을 수 있다.

이때 '소망 사태를 나타내는 절에 소망 사태와 긴밀한 관계에 있는 다른 사태를 나타내는 절이 이어지는 경우'란 어떤 경우를 말하는 것일까? '-고져'가 연결어미로 쓰인 예 (64)를 다시 보자.

---

59) 김창섭(1997)에서는 'X하다' 형식의 단어들만 종속접속 구성의 선행절에서 'X'만 나타날 수 있는 모습을 보인다고 하면서 이때의 'X'를 'X하다'의 한 활용형으로 볼 수 있음을 언급하였다. 하지만 김창섭(1997)에서도 몇 가지 반례를 들었듯이 'X하다'형의 단어만 이런 모습을 보이는 것은 아니고, 'X하다'형의 단어라고 해서 모두 이런 모습을 자연스레 보이는 것도 아니다. 이 현상에 대해서는 대규모 자료에 기반한 추가적인 검토가 필요하리라 본다.

(64) ㄱ. 칼홀 쥐여셔 모글 딜어 죽고쟈 노홀 가지고 모글 미여 드라 죽고져
　　　　<u>몬져 보고</u> ᄆᄉ믈 자바 노커니와 내 모미 하 허ᄒ고 〈순천김 73〉

　　ㄴ. 가실 제 다시 닐어 보내 뉴더기를 주고져 <u>고ᄌᄀ기 ᄒ시되</u> 효근 ᄉ
　　　　시리 하니 유무예 스디 심〃ᄒ니 〈순천김 153〉

　(64)에 제시된 사례들에서 보이는 선행절과 후행절의 관계를 따져 보
면, 선행절은 소망 사태를 나타내는 것이고 후행절은 소망을 실현하기
위한 행동을 나타내는 것임을 알 수 있다. 그리고 소망을 실현하기 위
한 행동은 다른 사람이 아닌 소망을 품은 주체 스스로가 행하는 것임을
알 수 있다. 만약 소망의 주체가 아닌 다른 사람이 행하는 행동이 후행
절로 나온다면 비문이 된다. 이는 중세국어이든 현대국어이든 마찬가
지이다.

　(74) *철수가 집에 가고자 <u>영이가</u> 택시를 불렀다.

'-고져'로 마무리되는 소망 사태 절에는 소망의 주체가 직접 행하는 목
적적 행동만이 이어질 수 있고 소망 주체 외의 다른 사람이 행하는 목
적적 행동은 이어질 수 없는 것이다.

　이는 '소망 사태'와 '소망 주체 외의 다른 사람이 행하는 목적적 행
동' 사이에 긴밀성이 떨어지기 때문이다. 소망 사태와 연합된 시나리
오를 (75)와 같이 제시해 본다면, '소망의 주체가 행하는 목적적 행동'
은 이 시나리오의 세 번째 단계에 해당되는 것이지만 '소망 주체 외의
다른 사람이 행하는 목적적 행동'은 이 단계가 끝난 후에야 일어날 수
있다는 점에서, 즉 소망 주체가 다른 사람에게 자신의 소망을 알리고
요청하는 사태가 있은 후에야 타인이 그 소망을 실현하기 위한 행동을
수행할 수 있다는 점에서 '소망 사태'와의 개념적 긴밀성이 떨어지는 것
이다.

(75) 소망을 품음 — 소망 실현을 가능하게 할 힘의 원천이 판단됨 — 스스
　　로 소망을 실현하기 위한 행동을 함 — *다른 이가 소망을 실현하기 위*
　　한 행동을 베풀어 줌

　소망 사태는 소망 주체의 내부에 존재하는 것으로서 외적으로 관찰
될 수 없다. 그러므로 소망 주체 외의 타인이 그 소망을 이루어 주기
위한 목적적 행동을 하려면 소망이 외부로 표출되는 사태가 반드시 개
재해야만 한다.[60] '소망 사태'와 '타인이 그 소망을 이루어 주기 위한 목
적적 행동을 하는 사태'처럼 서로 긴밀성이 떨어지는 사태를 연결하기
위해서는 연결어미와 용언 어간을 명시할 것이 요구된다.

　(76) 철수가 집에 가고자 <u>하여</u> 영이가 택시를 불렀다.

　요컨대 내포어미였던 '-고져'가 절과 절을 연결하는 기능을 할 수 있
게 되는 것은 서술어 생략 현상의 결과로 볼 수 있다. 서술어가 생략될
수 있는 것은 첫째, '-고져' 소망 구문이 하나의 덩어리로서 처리되고 있
고 서술어 자리에 올 요소가 아주 한정적이므로 '-고져' 절을 단서로 하
여 서술어가 쉽게 예측되어 의미적으로 잉여성을 띤다는 점, 둘째, 누
군가가 무엇을 소망하는 사태와 그 소망을 이루기 위해 스스로 목적적
행동을 하는 사태가 서로 긴밀한 관계에 있기 때문에 연결어미의 명시

---

60) (73ㄱ)의 경우 '철수는 열심히 운동'과 '의사 선생님께 칭찬을 받았다' 사이에 '몸이 건강
　　해지는 사태'나 '그 사실을 의사 선생님께 알리는 사태' 등이 개재해야 하는 것 아닌가,
　　그러니 '철수는 열심히 운동'과 '의사 선생님께 칭찬을 받았다'라는 사태도 긴밀성이 떨
　　어지는 것 아닌가 하는 생각을 할 수 있지만, '철수는 열심히 운동'과 '의사 선생님께
　　칭찬을 받았다' 사이에 필연적으로 이런 사태가 개재해야만 하는 것이 아니라는 점에서
　　소망 사태가 타인의 목적적 행동과 연결되는 경우와는 성격이 다르다. 몸이 건강해지는
　　사태, 그 사실을 의사 선생님께 알리는 사태, 의사 선생님께 칭찬을 받는 사태는 모두
　　철수가 열심히 운동하는 사태와 인과 관계에 있다는 점에서 동일한 자격을 갖는다.

없이도 두 절의 관계가 파악될 수 있다는 점에 기인한 것이다. 소망의 주체가 아닌 타인의 행동은 소망 사태와 이만큼 긴밀한 관계에 있지 않기 때문에 서술어 생략을 허용하지 않는다. 결국 '-고져'의 기능 확장 현상 및 그와 함께 나타나는 선·후행절의 동일 주어 제약 역시 [NP(사유자)-이 S(소망내용)-고져 V(사유동사)]라는 구문의 성립을 가정해야 잘 설명될 수 있다고 본다.

'-고져'의 기능 확장 과정에 대해서 이와 다른 설명을 시도한 논의도 있다. 가령 김한결(2011)은 '-고져'가 연결어미 용법으로 쓰이는 과정을 서술어 생략과 연결 짓고 있다는 점에서 본고의 논의와 동일하다. 하지만 서술어 생략의 동기에 대한 생각은 본고의 입장과 다르다. 김한결(2011:62~63)에서는 '願ᄒ슨오ᄃᆡ 즐겨 듣줍고져 ᄒ노이다 (願樂欲聞ᄒ노이다) 〈법화경 1:173b〉'에서 'ᄒ다'는 전치된 '願ᄒ다'를 되받는 역할을 하는 요소라 하였다. 그러다가 이처럼 전치된 동사가 점차 문면에 나타나지 않게 되는 변화를 겪으면서 그것을 되받는 'ᄒ다'의 성격도 바뀌게 된다고 하였다. 즉 'ᄒ다'가 매우 추상적이고 포괄적인 의미를 갖는 형식동사로 여겨지게 되고, 이처럼 추상적인 의미를 지니는 동사는 생략되기가 쉬워진다고 하였다.

하지만 '願ᄒᄃᆡ ~ -고져 ᄒ다' 식의 문장은 한문 원문을 직역하는 과정에서 나타나는 특수한 문장일 뿐 국어 소망 구문의 전형이라 보기 어렵다. 비언해 문헌인 〈순천김씨언간〉에서 이런 식의 소망 표현을 발견하기 어려운 점, 또 언해 문헌에서조차 이런 식의 소망 표현이 빈번하지 않다는 점이 그 근거가 된다. '-고져 ᄒ다'라는 매우 빈번한 표현 형식이, '願ᄒᄃᆡ ~ -고져 ᄒ다'처럼 일반적이지 않았던 특수한 표현 형식으로부터 전치된 동사가 생략된 결과로 도출된 것이라고 볼 근거가 미약해 보인다. 선행하는 사유동사 없이도 '-고져'에 'ᄒ다'가 후행하는 형식이 매우 빈번히 나타나는 것은 [NP(사유자)-이 S(소망내용)-고져 V(사유동사)]라는 구문의 존재와 연결 짓는 것이 더 자연스럽다고 생각된다.

또 정혜선(2010)에서는 '-고져'의 연결어미 기능 획득 과정과 관련하여 두 가지 가능성을 제시하고 있다. 첫째 가능성은 '-고져 ㅎ다'가 한 단위로 인식되면서 '-고져'가 연결어미의 지위를 얻게 된다는 것이다. 그런데 '-고져 ㅎ다'가 덩어리로 인식된다는 점에는 동의하지만, 그러한 인식이 '-고져'를 연결어미로 분석하게 하는 데에 어떤 영향을 미치는지는 불분명해 보인다. 당시의 화자들에게 '-고져 ㅎ다'는 소망 표출의 상황에서 빈도 높게 경험되는 하나의 덩어리였을 것인데, 어떤 연쇄가 한 덩어리로서 자주 접근될수록 화자들은 그 내부 구조를 분석하는 과정 없이 관습적으로 해당 덩어리를 자동처리하게 되기 쉽다(Bybee, 2010: 3.4절 참고). 그러므로 당시의 화자들이 한 덩어리로 처리되는 '-고져 ㅎ다'의 '-고져'를 어떤 절과 'ㅎ다'를 연결하는 기능을 하는 요소로서 분석적으로 인식했기보다는, '-고져'의 분포적 지위에 대한 특별한 인식 없이 '-고져 ㅎ다' 전체를 '소망을 표현하는 형식'으로 인식했을 가능성이 더 높다.

한편 둘째 가능성으로 제시된 것은 '-고져 ㅎ야'에서 'ㅎ야'가 생략됨으로써 '고져'가 연결어미 지위를 얻게 되었다는 것이다. 'ㅎ야는 'ㅎ다'가 특별한 의미적 기여를 하지 않는다는 점, 또 '-어'가 없어도 쉽게 선후행절의 관계가 파악된다는 점 때문에 생략되기 쉽다고 하였는데, 이는 본고의 견해와 유사한 것이다.

다만 본고에서는 정확히 'ㅎ야가 생략된 것이라고 말할 근거는 충분치 않다고 본다. 생략된 동사는 'ㅎ다'일 수도 있고 다른 것일 수도 있고 특정한 동사가 상정된 것이 아닐 수도 있다. 생략된 어미 역시 '-어'일 수도 있고 다른 것일 수도 있고 특정한 어미가 상정된 것이 아닐 수도 있다. 본고에서는 특정한 동사와 어미의 생략을 상정하지 않고 ① '-고져' 소망 구문의 서술어가 의미적으로 잉여성을 띠고, ② 소망 사태를 나타내는 절에 소망 사태와 긴밀한 관계에 있는 다른 사태를 나타내는 절이 이어지므로 선행절과 후행절의 관계를 명시할 연결어미가 없어도 무방하다는 조건 때문에 서술어가 나타나지 않을 수 있다고 보았다는 점에서 차이가 있다.

또한 이는 언어 기호로서의 구문 개념에 기반한 설명이라는 점에서도 정혜선(2010)과는 다른 것이다. 구문 개념에 기반할 때, 특별한 의미적 기여를 하지 않는 'ᄒᆞ다'가 어떻게 '-고져'에 후행할 수 있게 되는지도 잘 설명될 수 있다.

이제까지 '-고져()고자' 소망 구문에 관하여 살펴보았다. 이 구문은 [NP(사유자)-이 S(소망내용)-고져 V(사유동사)] 형식으로 구성되는데, 사유동사 자리에 오는 동사들의 성격이 매우 일관되기 때문에 '-고져' 절의 출현을 단서로 하여 그에 후행할 사유동사가 거의 중의성 없이 예측된다. 이 때문에 사유동사 자리는 'ᄒᆞ다'로 단순히 채워질 수 있다. 또한 이런 사유동사의 의미적 잉여성은, '소망 사태'에 '소망 주체가 스스로 그 소망을 실현하기 위한 행동을 하는 사태'가 이어질 때 선행하는 소망 사태의 서술어 부분이 실현되지 않아도 무방하게 하는 요인이 된다. 그리고 그 결과 '-고져'가 연결어미로 기능을 확장할 수 있게 된다. '-고져()고자'가 관여하는 소망 구문이 보이는 이런 특성들은 [NP(사유자)-이 S(소망내용)-고져 V(사유동사)] 형식의 덩어리 구문이 국어 화자의 언어 지식으로 존재했음을 상정할 때 자연스럽게 설명될 수 있다.

3.3. 자격 지정 구문의 '하다'

이 절에서는 'NP를'과 'NP로'를 포함하는 구문 중 일부에 대해 살피려고 한다. 하나의 절 속에서 'NP를'과 'NP로'가 갖는 관계는 아래와 같이 다양한데,61) 이 중 서술어 자리에 일반적으로 '하다'가 도입되는 유형은

---

61) 이는 세종 문어 말뭉치 300만 어절에서 '을/를'과 '으로/로'가 순서에 관계없이 4개의 형

①, ③, ⑤로 국한된다(예문 (77) 참고). 유형 ②, ④, ⑥, ⑦도 서술어 자리에 '하다'를 쓰는 것이 가능하기는 하지만, 이들 유형의 경우에는 '하다'가 쓰이는 현상이 빈번히 경험되지 않고, 매우 자연스럽게 느껴지지도 않는다. 따라서 본고의 관심은 우선 유형 ①, ③, ⑤로 제한하고자 한다.

[표 12] 하나의 절 속에서 'NP를'과 'NP로'가 갖는 다양한 관계

	유형	사례
①	대상-을 자격-으로	나는 이 책을 교과서로 삼았다.
②	자격-으로 대상-을	나는 교과서로 이 책을 골랐다.
③	대상-을 상태-로	나는 밥통을 보온으로 맞추어 놓았다.
④	상태-로 대상-을	나는 보온으로 밥통을 맞추어 놓았다.
⑤	자격-을 대상-으로	나는 교과서를 이 책으로 정했다.
⑥	대상-으로 자격-을	나는 이 책으로 교과서를 정했다.
⑦	대상-을 다른 대상-으로	나는 물냉면을 비빔냉면으로 바꾸었다.
⑧	다른 대상-으로 대상-을	나는 비빔냉면으로 물냉면을 바꾸었다.
⑨	대상-을 위치-로	그는 잔을 입으로 가져갔다.
⑩	위치-로 대상-을	그는 입으로 잔을 가져갔다.
⑪	대상-을 도구-로	그는 이마를 손바닥으로 가렸다.
⑫	도구-로 대상-을	그는 손바닥으로 이마를 가렸다.
⑬	대상-을 기준-으로	우리 팀은 그를 15일자로 영입했다.
⑭	기준-으로 대상-을	우리 팀은 15일자로 그를 영입했다.
⑮	대상-을 방식-으로	그는 가게를 수시로 닫았다.
⑯	방식-으로 대상-을	그는 수시로 가게를 닫았다.
⑰	대상-을 정도-로	우리 팀은 상대 팀을 1:0으로 제쳤다.
⑱	정도-로 대상-을	우리 팀은 1:0으로 상대 팀을 제쳤다.

(77) ㄱ. 나는 이 책을 교과서로 했어. (유형 ①)

───────────

태 이내에서 인접하여 나타나는 경우를 검색하고 그 중 무작위로 2,000개의 용례를 뽑아 거기에서 나타나는 유형을 분류하여 보인 것이다. 따라서 미처 포착하지 못한 다른 유형이 더 있을 수 있으나, [표 12]에서 보인 것이 우리가 일상적으로 접할 수 있는 유형들이라고는 할 수 있을 것이다.

ㄴ. 내가 밥통을 보온으로 <u>해</u> 놨어. (유형 ③)

ㄷ. 나는 교과서를 이 책으로 <u>했어</u>. (유형 ⑤)

유형 ①처럼 'NP(대상)-을 NP(자격)-으로'를 포함하는 형식에 "대상의 자격을 지정함"의 의미가 연합된 구문을 본고에서는 '자격 지정 구문'이라 부르려고 한다. 또 유형 ③처럼 'NP(대상)-을 NP(상태)-로'를 포함하는 형식에 "대상을 어떤 상태로 만듦"의 의미가 연합된 구문은 '상태 조정 구문'이라 부르고자 한다. 또 유형 ⑤처럼 'NP(자격)-을 NP(대상)-으로'[62]를 포함하는 형식에 "자격에 맞는 대상을 골라 지정함"의 의미가 연합된 구문은 '대상 선택 구문'이라 부르고자 한다.

이 세 유형은 서로 밀접하게 관련되어 있다. 우선 자격 지정 구문과 상태 조정 구문은 목적어로 표현되는 대상의 성질에 대해 언급한다는 점에서 비슷하다. 이 공통점을 고려하면 이 두 구문을 구별할 필요가 있는지에 대해 의문이 제기될 수도 있다. 하지만 두 구문 사이에 존재하는 차이, 가령 유형 ①은 '나는 <u>이 책을 교과서로</u> 강의를 했다'에서처럼 'NP를 NP로' 자체로 하나의 절을 구성할 수도 있는 반면에(3.3.2.3절 참고) 유형 ③은 그런 현상을 보이지 않는다는 차이 같은 것을 고려하면 둘은 구별될 필요가 있다. 본고에서는 유형 ①에 속하는 구문 속 'NP로' 참여자를 '자격'으로 기술하고, 유형 ③에 속하는 구문 속 'NP로' 참여자를 '상태'로 기술함으로써 두 구문을 구별하고자 한다. 이은섭(2008a)

---

62) 최호철 외(1998)에서는 '우리는 소풍 날짜를 <u>다음 토요일로</u> 결정하였다' 같은 예에서의 '-로' 논항에 대해 '선정'이라는 의미역을 설정한 바 있다. 그런데 본고는 "선정"이라는 것이 이 구문 속 어느 한 논항이 갖는 의미라기보다는 이 구문 전체를 통해 나타나는 의미라고 보며, 그래서 '-로'가 결합한 명사구 자체의 의미역으로서 설정되기에는 부적합한 면이 있다고 본다. 본고에서는 자격 지정 구문의 형식에서 '-를로 표시된 참여자와 '-로'로 표시된 참여자의 순서만 바뀐 것이 전체적인 사태 의미를 달리 파악하도록 만든다는 점을 부각하기 위해 자격 지정 구문에서 썼던 '대상'과 '자격'이라는 용어를 여기에서도 그대로 쓰려고 한다.

에서는 본고에서 '자격'이라 부른 것에 대해 '결과'라는 용어가 더 적절함을 주장한 바 있지만[63], '결과'라는 용어는 유형 ③의 '보온으로'를 포괄할 만큼 넓다. 유형 ①을 유형 ③으로부터 구별하려는 본고의 목적에는 '결과'보다는 '자격'이라는 용어가 더 잘 부합할 것이라고 본다.

한편 자격 지정 구문과 대상 선택 구문은 '대상'과 '자격' 참여자를 공유한다는 점에서 비슷한데, 그러면서도 참여자의 순서가 바뀌어 나타난다는 점에서 차이가 있다.

(78) ㄱ. 자격 지정 구문: [NP-가 NP{대상}-을 NP{자격}-으로 V]
    ㄴ. 대상 선택 구문: [NP-가 NP{자격}-을 NP{대상}-으로 V]

그런데 이런 어순의 차이가 구문 의미의 차이까지도 유발하는 것으로 보인다. 아래의 예문을 보자.

(79) ㄱ. 나는 영이를 평생을 같이할 친구로 생각했다. (자격 지정 구문)
    ㄴ. 나는 평생을 같이할 친구를 영이로 생각했다. (대상 선택 구문)

(79ㄱ)과 (79ㄴ)은 '영이=평생을 같이할 친구'라는 지정 관계를 표현하고 있다는 점에서 서로 다르지 않다. 그런데 (79ㄱ)이 단순히 영이에 대한 화자의 생각을 표현하는 것이라면, (79ㄴ)에서는 '평생을 같이할 친구'에 대해 고민하다가 여러 후보 중 영이를 골랐다는 의미가 두드러지게 드러난다.

Gundel의 일련의 연구들(Gundel, 2012 참고)에서는 정보성과 관련하여 두 종류의 '주어짐성(givenness)'이 구별되어야 함을 주장한 바 있다.

---

63) 이은섭(2008a)에서는 '여기다'와 '삼다' 구문에서 실현되는 'NP로' 항은 서술어의 행위가 구현된 후 대상의 변화 결과를 표상하므로 그것을 '결과역'으로 보는 것이 보다 합당하다고 하였다.

하나는 지시적 주어짐성(referential givenness)인데, 이는 청자의 마음속에서 언어 표현이 가리키는 개체의 지위가 어떠한가, 즉 주어진 것(지시적 구정보)인가 새로운 것(지시적 신정보)인가에 대한 화자의 가정을 반영한다. 다른 하나는 관계적 주어짐성(relational givenness)인데, 문장을 그 문장이 무엇에 대한 것인가(X)와 그것에 대해 무엇을 서술하는가(Y)라는 두 부분으로 나누면, X는 Y와의 관계에서 보았을 때 주어진 것(관계적 구정보)이고, Y는 X와의 관계에서 보았을 때 새로운 것, 즉 새로운 정보(관계적 신정보)에 해당한다. Gundel은 이때의 X를 화제(topic), Y를 정보 초점(information focus)이라고 부른다.

'대상'과 '자격' 중 무엇이 어순상 앞설 것인가 하는 문제는 이 중 관계적 주어짐성의 개념과 관련이 있어 보인다. 어순상 앞선 것은 '화제'로서 문제로 삼고자 하는 고정된 요소에 해당하는 경향이 있고, 어순상 뒤선 것은 '정보 초점'으로서, 그 화제에 대해 서술할 수 있는 대안 집합 중에서 선택된 요소에 해당하는 경향이 있다. 즉 '대상을 자격으로'의 경우에는 '어떤 대상을, 그것이 가질 수 있는 여러 자격 중에서 어떤 자격으로'의 의미를 가지고, '자격을 대상으로'의 경우에는 '어떤 자격을, 그 자격을 차지할 수 있는 여러 대상 중에서 어떤 대상으로'의 의미를 갖는다.

그런데 어떤 대상의 자격에 대해 서술할 때에는 보통 그 대상의 속성을 잘 살펴 서술하면 되는 반면에 어떤 자격에 대상을 연결할 때에는 후보가 될 만한 여러 대상을 나열해 놓고 검토한 후에 어느 하나를 선택하게 되는 경향이 있는데, 이런 경향이 대상 선택 구문에서는 선택의 의미가 두드러지는 반면에 자격 지정 구문에서는 특별히 그런 의미가 두드러지지 않도록 만드는 듯하다. (79)에서 간취되는 의미 차이는 이 때문일 수 있다. 위에서 자격 지정 구문과 달리 대상 선택 구문의 의미를 기술할 때 "자격에 맞는 대상을 골라 지정함"이라고 하여 '고르다'라는 동사를 이용한 것은 이와 같은 이유 때문이다.

요컨대 자격 지정 구문에서는 특정 대상을 화제로 설정해 두고 그것의 자격을 지정하는 의미를 갖는 데 반해, 대상 선택 구문에서는 특정 자격을 화제로 설정해 두고 그 자격에 맞는 대상을 지정하는 의미를 갖는 경향이 있다. 이처럼 정보성과 관련된 특성도 물론 구문에 연합된 정보로 존재할 수 있다. NP(대상)과 NP(자격)에만 정보성과 관련한 특성을 명시해 본다면 아래와 같이 표시될 수 있을 것이다(TOP=화제, FOC=정보 초점).

(80) ㄱ. 자격 지정 구문: [NP-가 NP(대상)$_{TOP}$-을 NP(자격)$_{FOC}$-으로 V]

ㄴ. 대상 선택 구문: [NP-가 NP(자격)$_{TOP}$-을 NP(대상)$_{FOC}$-으로 V]

본고에서는 이처럼 서로 밀접한 관련이 있으면서도 구별되는 구문들 중에서, 대표로 자격 지정 구문에 대해서만 살피고자 한다. 먼저 자격 지정 구문의 특징과 하위 유형에 대해 개관한 후에 자격 지정 구문 속의 서술어 자리에서 '하다'가 쓰이게 되는 과정에 대해 추정해 볼 것이다.

3.3.1. 자격 지정 구문의 특징과 하위 유형

3.3.1.1. 자격 지정 구문 속 동사의 빈도

자격 지정 구문은 'NP(대상)-을'과 'NP(자격)-으로'를 참여자로 가지고, 이 둘 사이에는 '대상은 자격이다'라는 지정 관계가 성립할 수 있으며, 이 지정 관계는 주어와 관련된 것이거나 주어가 부여한 것이라는 특징을 갖는다.

(81) ㄱ. 나는 <u>지금의 학습 환경을 내 것으로</u> 만들려고 노력했다.

ㄴ. 우리는 <u>원화를 국제거래에서의 결제통화로</u> 격상시키고 싶다.

ㄷ. 그들이 <u>유럽과 아시아를</u> 왜 <u>하나의 대륙으로</u> 생각하지 않았는지
는 모를 일이다.

ㄹ. 우리는 그들이 <u>진성여왕의 치세를</u> <u>신라 멸망의 원인으로</u> 보려는
배경에 주목해야 한다.

자격 지정 구문에서 서술어로 쓰이는 동사 중 그 빈도가 높은 것들을
순서대로 제시하면 [표 13]과 같다. 이는 세종 문어 말뭉치 300만 어절
에서 '을/를'과 '으로/로'가 순서에 관계없이 4개의 형태 이내에서 인접
하여 나타나는 경우를 검색하고 그중 무작위로 2,000개의 용례를 뽑은
후, 그중에서 자격 지정 구문의 사례로 파악되는 예들을 검토하여 얻은
수치이다.

자격 지정 구문의 서술어로 쓰인 동사로는 '하다'가 가장 많이 보이
고, '삼다'가 그 뒤를 따른다. 자격 지정 구문과 관련한 가장 중심적인
실질동사는 '삼다'라고 할 수 있을 것이다.[64]

[표 13] 자격 지정 구문 속에서 쓰인 동사의 빈도

동사	빈도
하다	132
삼다	25
보다	15
내세우다	5
치다	4
생각하다	4
받아들이다	4
두다	3
처리하다	3
인정하다	3

---

64) 사실 '삼다'는 국어사 자료에서 한문의 '爲'에 대응되는 동사로 쓰이고 있어서 '하다'와
마찬가지로 포괄동사일 가능성이 높다. 하지만 한글 문헌에 국한해서 볼 때 '삼다'는 자
격 지정 구문 속에서만 보인다는 점에서, 다양한 구문 속에서 쓰이는 포괄동사 '하다'와
는 성격 차이가 있다. 현재로서는 '삼다'의 어원에 대해 확실히 알기 어렵기 때문에 여기
에서는 지정동사의 일종으로 취급하려고 한다.

사용하다	3
이용하다	3
규정하다	3

다음으로는 동사의 의미 유형별로 자격 지정 구문과의 통합 빈도를 살펴보자. '그 아이는 <u>자신을 중심으로</u> 모든 것을 생각한다'에서처럼 동사 없이 복합문의 선행절을 구성한 사례가 가장 많고, 그 다음으로는 포괄동사 '하다'가 쓰인 사례가 많으며, 그 다음으로는 지정동사류와 인지동사류 순이다.

[표 14] 자격 지정 구문 속에서 쓰인 동사의 유형별 빈도

동사 유형		사례	빈도 (비율)
없음			244 (46.1%)
포괄동사		하다	132 (25%)
지정동사류		삼다, 규정하다, 정하다, 지정하다, 내정하다, 상정하다, 정의하다, 인정하다, 옹립하다, 위촉하다, 임명하다 등	51 (9.6%)
인지동사류		보다, 치다, 생각하다, 받아들이다, 느끼다, 알다 등	35 (6.6%)
선택동사류		선출하다, 들다, 채택하다, 지목하다, 뽑다, 선정하다, 선택하다 등	14 (2.6%)
기타	이용동사류	이용하다, 사용하다, 쓰다, 활용하다, 기용하다, 채용하다 등	15 (2.8%)
	그 외	고집하다, 논의하다, 제시하다, 지급하다, 공부하다, 내다팔다, 개발하다, 데려가다, 바치다 등	38 (7.2%)
			529

[표 14]를 통해서도 자격 지정 구문은 '삼다'를 포함한 지정동사류와 가장 긴밀한 관계를 맺고 있음을 알 수 있다.

자격 지정 구문은 지정동사류 외에도 여러 동사 부류와 함께 쓰인다. 자격 지정 구문이 지정동사류와 함께 쓰일 때에는 대상이 어떤 정체성을 갖는다는 지정이 일어나는 사태를 나타낸다면, 자격 지정 구문이 인지동사류와 함께 쓰일 때에는 대상이 어떤 정체성을 갖는다는 지정이 앞으로 존재하는 사태를 나타낸다. 즉 이 두 경우는 대상의 자격을 지

정하는 과정에 주목하는지 대상의 자격에 대한 앎에 주목하는지에서 차이를 보인다. 또 자격 지정 구문이 선택동사류와 함께 쓰일 때에는 대상이 어떤 정체성을 갖도록 선택하는 사태를 나타낸다. 이때는 대상이 그 정체성을 갖게 되는 결과가 발생할 수도 그렇지 않을 수도 있다는 점에서 앞의 두 경우와 다르다. 이는 자격 지정 구문을 통해 드러나는 사태 의미는 "대상의 자격을 지정함"과 관련된 것이되, 자격 지정 구문이 그와 통합하는 특정 동사 부류를 환경으로 해서 다의를 가짐을 보여 준다.65) 이 중 가장 빈번히 경험되는 의미, 즉 자격 지정 구문과 지정동사류가 통합할 때의 의미가 자격 지정 구문의 여러 의미 중 가장 표상이 강한 것이라고 할 수 있을 것이다.

이용동사류를 포함한 몇몇 동사들은 기타 부류로 포함되었다. 이들 동사와 자격 지정 구문이 통합할 때 나타나는 의미는 앞 문단에서 보인 경우처럼 자격 지정 구문의 다의성을 보여 준다기보다는 자격 지정 구문과 지정동사류가 통합할 때의 의미에 더하여 추가적인 의미를 드러내는 것으로 판단할 수 있다는 점에 근거한 것이다. 가령 '나는 이 자료들을 증거로 이용했다'는 "대상이 어떤 정체성을 갖는다는 지정이 일어남 + 대상을 이용함"이라는 사태 의미를 드러낸다. 이런 의미를 자격 지정 구문이 갖는 단의로 보기는 어려울 것이다. 앞 문단에서 설정된 자격 지정 구문의 단의 하나를 완전히 포함하면서 거기에 다른 의미가 더해진 의미이기 때문이다. '그 외'에 포함된 '지급하다, 공부하다, 내다 팔다, 개발하다, 데려가다' 등과 자격 지정 구문이 통합할 때에도 마찬가지로 자격 지정 구문과 지정동사류가 통합할 때의 의미에 더하여 추가적인 의미가 드러난다. 특히 이들 동사는 동사의 의미만 고려해서는 자격 지정 구문과의 통합이 당연히 예측되지 않는다는 점에서도 주목될 수 있다. 이 점에 대해서는 아래의 3.3.2.4절에서 다룰 것이다.

---

65) 구문의 다의성에 대한 논의는 Goldberg(1995:2,3,1절) 및 이동혁(2008)을 참고할 수 있다.

3.3.1.2. 자격 지정 구문의 하위 유형

앞서 인용 구문을 다루는 부분에서는 발화 간접인용 구문, 발화 직접
인용 구문, 사유 간접인용 구문, 사유 직접인용 구문, 인지 간접인용 구
문, 해독 간접인용 구문, 해독 직접인용 구문을 서로 조금씩 다른 형식
적·의미적 특성을 지닌 인용 구문의 하위 구문으로 다룬 바 있다. 이
와 마찬가지로 자격 지정 구문에 대해서도 아래와 같이 하위 구문을 나눌
수 있는데, 다만 하위 구문들 사이에서 형식적 특성의 차이는 발견되지
않고 앞 절에서 언급한 바와 같은 의미적 특성의 차이만이 발견된다.[66]

(82) ㄱ. 자격 지정 과정 구문:

[NP{지정자}-가 NP{대상}-을 NP{자격}-으로 V{지정동사}]

---

[66] 본고에서 자격 지정 구문의 하위 구문으로 제시한 것들은 의미상 긴밀한 관련이 있으면
서 형식적으로도 구별되지 않으므로 이들을 별도의 구문으로 구별할 필요가 있을까 하
는 의문이 생길 수 있다. 하지만 다른 언어에서 나타나는 현상에 비추어 봄으로써 이들
이 별도의 구문으로 구별될 만하다는 것에 대한 방증 근거를 얻을 수 있다.
　가령 본고에서 '자격 지정 과정 구문', '자격 지정 인지 구문'이라고 부르는 것은 중국
어학에서 '치동(致動; 목적어가 나타내는 사물로 하여금 어떤 성질, 행위를 갖거나 혹은
다른 사물이 되게 하는 것)', '의동(意動; 목적어가 나타내는 사물을 어떤 성질을 가진
것으로 인정하는 것)'이라고 불리는 것과 개념상 관련되어 있다(王力, 1980:43절 참고).
그런데 상고 중국어와 중고 중국어에는 치동이 실현될 때 성조가 바뀌는 현상이 존재했
다고 한다(Shi, 2002:3.3.1절).

　甘其食, 美其服
　gan qi shi, mei qi fu
　sweet they food, beautiful they cloth

　본래 형용사 gan의 기본 성조는 음평이고 형용사 mei의 기본 성조는 상성인데, 위의
예문에서처럼 치동 용법으로 쓰일 때에는 두 형용사 모두가 거성으로 발음된다고 한다.
치동 구문이 이와 같은 형식적 특성을 갖는다는 점을 고려하면, 의동 구문과 치동 구문
은 의미상 유사하지만 형식적인 면에서 구별되는 별개의 구문이라고 할 수 있고, 이를
방증 근거로 삼으면 한국어에서도 자격 지정 과정 구문과 자격 지정 인지 구문을 구별
하는 것이 보다 그럴듯할 수 있다.

ㄴ. 자격 지정 인지 구문:

[NP(인지자)-가 NP(대상)-을 NP(자격)-으로 V(인지동사)]

ㄷ. 자격 지정 선택 구문:

[NP(선택자)-가 NP(대상)-을 NP(자격)-으로 V(선택동사)]

자격 지정 구문은 적어도 (82)에 제시한 세 하위 구문을 포함하는 상위 범주가 된다.

그런데 본고에서 자격 지정 구문이라는 하나의 범주로 다루고 있는 것을 본고와는 다른 방식으로 성격이 다른 별개의 두 범주로 구별해야 한다고 주장한 연구도 있으므로 그에 대해 비판적으로 검토함으로써 이 절을 마무리하고자 한다. 임창국(2006)이 그런 연구 중 하나이다.

임창국(2006)에서는, 본고에서는 자격 지정 구문이라는 하나의 범주 아래에서 다루는 아래의 두 사례를 각각 결과 이차술어 구문과 묘사 이차술어 구문으로 구별한 바 있다. 각각의 예는 (83)에 제시하였고, 임창국(2006)에서 둘을 구별하는 근거로 제시한 것은 [표 15]로 정리하였다.

(83) ㄱ. 헌법재판소가 동성동본금혼을 위헌으로 규정했다. (결과 이차술어 구문)

ㄴ. 최 작가는 술을 죽음의 동반자로 선택했다. (묘사 이차술어 구문)

[표 15] 임창국(2006)에서 결과 이차술어 구문과 묘사 이차술어 구문을 구별하는 근거

	결과 이차술어 구문	묘사 이차술어 구문
① 의미 특성	• 이차술어구는 서술어가 가리키는 동작의 결과로 인해 갖게 되는 속성을 나타낸다. 예) 헌법재판소가 동성동본금혼을 위헌으로 규정했다.	• 이차술어구는 동작의 결과라기보다는 목적어 명사구가 이미 가지고 있는 속성을 묘사한다. 예) 최 작가는 술을 죽음의 동반자로 선택했다.
② 이동 가능성	• 어순 뒤섞기가 불가능하다. 예) *헌법재판소가 위헌으로 동성동본금혼을 규정했다.	• 어순 뒤섞기가 가능하다. 예) 최 작가는 죽음의 동반자로 술을 선택했다.

③ 생략 가능성	• 이차술어구가 필수적이다. 예) 헌법재판소가 동성동본금혼을 *(위헌으로) 규정했다.	• 이차술어구가 수의적이다. 예) 최 작가는 술을 (죽음의 동반자로) 선택했다.
④ 주제화 가능성	• 이차술어구가 주제화되지 않는다. 예) *위헌으로는 헌법재판소가 동성동본금혼을 규정했다.	• 이차술어구의 주제화가 허용된다. 예) [?]죽음의 동반자로는 최 작가가 술을 선택했다.
⑤ 분리 대용 가능성	• 목적어 명사구와 이차술어구를 분리하여 대용할 수 없다. 예) 그 학회가 철수의 논문을 올해의 우수논문으로 선정했다. *다른 학회들은 명수의 논문을 그랬대.	• 목적어 명사구와 이차술어구를 분리하여 대용할 수 있다. 예) 순이는 술을 방황의 탈출구로 선택했어. [?]돌이는 담배를 그랬지.
⑥ 분포	• 타동사의 목적어 명사구, 비대격동사의 주어 명사구에 결과 이차술어구가 허용된다.	• 주어와 목적어 모두에 대해 묘사 이차술어구가 허용된다.

이제 [표 15]의 기준들이 겉보기에 유사한 형식을 갖는 문장들을 성격이 다른 두 유형으로 분류하는 데 충분한 근거가 될 수 있는지에 대해 검토해 보자.

먼저 기준 ③에 대해 생각해 보자. 임창국(2006)에서는 결과 이차술어 구문(83ㄱ)과 묘사 이차술어 구문(83ㄴ)이 갖는 통사적 특성 중 가장 두드러진 것은 전자의 경우 '-로' 항이 필수적인 반면 후자의 경우는 그것이 수의적이라는 점이라고 하였다.

그런데 여기에서 드는 의문은, 문장 차원에서 보았을 때 (83ㄱ)과 달리 (83ㄴ)의 '-로' 항이 정말 수의적이라고 할 수 있는가 하는 점이다. 문장은 기본적으로 사태 의미를 나타내는 단위라 할 수 있으므로, 문장의 특성을 규명할 때에는 사태 의미를 중요하게 고려해야 한다. 그런데 '최 작가는 술을 선택했다'와 '최 작가는 술을 죽음의 동반자로 선택했다' 사이에는 사태 의미상 꽤 큰 차이가 존재한다. 전자가 "최 작가는 술을 골랐다"라는 의미라면, 후자는 "최 작가는 술을 죽음의 동반자로 삼았다"에 가까운 의미를 갖기 때문이다. 이처럼 '-로' 항이 없을 때와 있을 때 사태 의미 자체가 달라진다는 점을 고려하면, 문장 차원에서는 (83ㄴ)의 '-로' 항이 수의적이라고 말하기 어렵다.

우리는 오히려 (83ㄱ)과 (83ㄴ)이 나타내는 사태 의미에서 공통점이 발견된다는 것에 더 주목해 볼 수 있다. (83ㄱ)은 '헌법재판소가 동성동본금혼을 위헌으로 삼았다'를, (83ㄴ)은 '최 작가는 술을 죽음의 동반자로 삼았다'를 의미한다는 점에서 공통적이라고 할 수 있기 때문이다.

다음으로는 기준 ④에 대해 생각해 보자. 임창국(2006)에서는 아래의 예를 들면서 결과 이차술어 구문에서 '-로' 항은 주제화될 수 없는 반면에 묘사 이차술어 구문에서 '-로' 항은 주제화가 얼마간 가능해 보임을 주장하였다.

(84) ㄱ. *위헌으로는 헌법재판소가 동성동본금혼을 규정했다. (결과 이차
　　　　술어 구문)
　　 ㄴ. ?야참으로는 인수가 라볶이를 즐긴다. (묘사 이차술어 구문)

하지만 본고는 (84ㄴ)을 (83ㄴ)류의 문장과 관련짓고 (83ㄴ)류 문장 속의 '-로' 항이 주제화된 결과가 (84ㄴ)이라고 보는 견해에 동의하지 않는다. (84ㄴ)은 (83ㄴ)류의 문장과 관련을 맺는 것이 아니라, '인수가 야참으로 라볶이를 즐긴다'와 관련을 맺는 것으로 보인다. 그 이유는 다음과 같다.

(83ㄴ)류의 문장과 (84ㄴ) 사이에는 사태 의미의 차이가 있다. 이와 관련된 논의로서 임홍빈(2007)을 살펴보자. 임홍빈(2007)에서는 '철수가 영희를 친구로 생각한다'와 '철수가 친구로 영희를 생각한다'는 서로 다른 의미를 갖는 다른 문장이기 때문에 이때 '친구로'가 자리를 이동한 것으로 볼 수 없다고 언급한 바 있다. 전자에 비해 후자의 문장은 "친구라면 영희를 생각한다"라는 뜻을 더 많이 갖는다는 점에서 의미 차이가 있다는 것이다. 본고에서도 이와 같은 직관에 동의하며, (83ㄴ)류의 문장과 (84ㄴ)에도 이와 같은 종류의 사태 의미 차이가 존재한다고 본다. 즉 '야참으로는 인수가 라볶이를 즐긴다'나 '인수가 야참으로 라볶이를

즐긴다'에서처럼 '-로' 항이 '-를' 항을 앞서는 경우로부터는 "인수가 야참으로 먹을 수 있는 다양한 메뉴 중에서 라볶이를 골라 즐긴다"라는 사태 의미가 파악되는 반면에, '인수가 라볶이를 야참으로 즐긴다'에서처럼 '-로' 항이 '-를' 항에 후행하는 경우에는 다른 메뉴에 대한 고려 가능성은 함축하지 않고 단지 "인수가 라볶이를 야참으로 즐겨 삼는다"라는 사태 의미가 파악된다.

이런 의미 차이는 왜 나타나는 것일까? 3.3절의 도입부에서 언급했듯이 '대상'과 '자격' 중 무엇이 어순상 앞설 것인가 하는 문제는 관계적 주어짐성의 개념과 관련되어 있는데, 어순상 앞선 것은 '화제'로서 문제로 삼고자 하는 고정된 요소에 해당하는 경향이 있고, 어순상 뒤선 것은 '정보 초점'으로서, 그 화제에 대해 서술할 수 있는 대안 집합 중에서 선택된 요소에 해당하는 경향이 있다. 그런데 어떤 대상의 자격에 대해 서술할 때에는 보통 그 대상의 속성을 잘 살펴 서술하면 되는 반면에 어떤 자격에 대상을 연결할 때에는 후보가 될 만한 여러 대상을 나열해 놓고 검토한 후에 어느 하나를 선택하게 되는 경향이 있고, 이런 경향이 의미 차이를 유발하여 '대상을 자격으로'에서는 어떤 대상을 그에 알맞은 자격으로 "지정하는" 의미가 드러나는 반면에 '자격으로 대상을'에서는 어떤 자격을 가질 수 있는 대상을 "골라 지정하는" 의미가 드러나게 되는 것으로 보인다. 이런 의미 차이는 다음 문장들의 수용성 차이를 통해서도 확인할 수 있다.

(85) ㄱ. 그들은 요크셔테리어를 애완동물로 두었다.
　　ㄴ. 그들은 애완동물로 요크셔테리어를 두었다.
　　ㄷ. 철수는 스타 배우를 부모로 두었다.
　　ㄹ. *철수는 부모로 스타 배우를 두었다.

(85ㄱ, ㄴ)과 (85ㄷ, ㄹ)은 각각 '대상을'과 '자격으로'의 어순을 바꾼

예문쌍이다. 그런데 (85ㄹ)은 매우 어색해 보이고 (85ㄴ)은 수용 가능한 문장이 된다. (85ㄴ)은 "주인이 애완동물을 고르는 사태"를 나타내는 것으로서 일상적 지식에 비추어 자연스럽게 수용될 수 있는 반면에, (85ㄹ)은 "자식이 부모를 고르는 사태"라는 자연스럽게 수용하기 어려운 사태로 해석되어야 하기 때문이다.

이와 같은 의미 차이를 고려하여, 본고에서는 (84ㄴ)이 (83ㄴ)류의 문장과 관련을 맺는다고 보지 않는다. 대신에 (84ㄴ)은 '인수가 야참으로 라볶이를 즐긴다'와 관련을 맺는 문장으로 볼 수 있다. 이렇게 보면 (83ㄱ)류의 문장과 (83ㄴ)류의 문장은 모두 '-로' 항을 주제화할 수 없다는 점에서 공통점을 갖는다.

기준 ⑤는 더욱 문제인데, 아래의 (86ㄱ)과 (86ㄴ)은 임창국(2006)의 직관과 달리 모두 어색하다는 점에서 수용성이 그리 달라 보이지 않기 때문이다. 즉 이 기준에서도 (83ㄱ)류의 문장과 (83ㄴ)류의 문장은 서로 다른 특성을 보이지 않는다.

   (86) ㄱ. 그 학회는 철수의 논문을 올해의 우수논문으로 선정했고, *다른 학
          회들은 명수의 논문을 그랬대. (결과 이차술어 구문)
       ㄴ. 순이는 술을 방황의 탈출구로 선택했고, ?돌이는 담배를 그랬지.
          (묘사 이차술어 구문)

다음으로는 기준 ①에 대해 생각해 보자. 이제까지 살핀 것이 통사적 특성과 관련된 기준이었다면 기준 ①은 의미 특성과 관련된 것이다. 임창국(2006)에서는 (83ㄱ)에서 '-로' 항은 주어의 행위가 일어난 결과로 목적어가 갖게 되는 속성인 반면에 (83ㄴ)에서 '-로' 항은 주어의 행위가 일어나는 시점에 목적어가 이미 가지고 있는 속성을 묘사하는 것이라는 점에서 차이가 난다고 하였다. 이에 따라 (83ㄱ)과 같은 것을 '결과' 이차술어 구문으로, (83ㄴ)과 같은 것을 '묘사' 이차술어 구문으로 부른

것이다.

하지만 (83ㄱ)과 (83ㄴ)이 나타내는 사태 의미는 아주 유사해 보인다. (83ㄱ)에 포함된 주술 관계인 '동성동본금혼이 위헌이다'는 헌법재판소가 규정 행위를 한 이후에 결과적으로 존재하게 되는 것이라기보다는 규정의 내용 그 자체라고 할 수 있다. 즉 헌법재판소가 '어떤 내용'을 규정했다고 할 때, '동성동본금혼이 위헌이다'는 규정 행위를 하기 위해 필요한 '어떤 내용'에 해당한다. 이처럼 (83ㄱ)의 '-로' 항이 주어의 행위 이후에 존재하는 목적어의 속성을 서술하는 것이 아니라 주어의 행위와 동시적으로 존재하는 목적어의 속성을 서술하는 것이라고 본다면, (83ㄴ)의 '-로' 항에 대한 임창국(2006)의 설명과 별다르지 않게 된다.

게다가 앞서 잠시 언급했듯이, (83ㄱ), (83ㄴ)이 나타내는 사태 의미는 동사 '삼다'에 의해 표현되는 사태 의미와 매우 유사하다는 점에서도 공통점을 갖는다.

(87) ㄱ. 헌법재판소가 동성동본금혼을 위헌으로 <u>규정했다</u>.
　　　 ㄴ. 헌법재판소가 동성동본금혼을 위헌으로 <u>삼았다</u>.
　　ㄴ. 최 작가는 술을 죽음의 동반자로 <u>선택했다</u>.
　　　 ㄴ. 최 작가는 술을 죽음의 동반자로 <u>삼았다</u>.

(87)을 고려하면 (83ㄱ)과 (83ㄴ)은 그것이 나타내는 기본적인 사태 의미에서 별 차이가 없는 것으로 생각된다. 즉 'NP-가 NP(대상)-을 NP(자격)-으로 V'라는 형식을 공유하는 문장들의 의미는 "결과"와 "묘사"로 구별된다기보다는 동일하게 "누가 어떤 대상을 어떤 자격으로 삼다"에 준하는 것임을 알 수 있다.

요컨대 [표 15]에서 제시된 기준 ①, ③~⑤는 (83ㄱ)류의 문장과 (83ㄴ)류의 문장이 다른 성질을 갖는다는 것에 대한 근거가 되기 어려워 보인다. 이 기준들과 관련해서 (83ㄱ)류 문장과 (83ㄴ)류 문장은 그리 다르게 행동하지 않는다.

다만 기준 ②와 관련해서는 (83ㄱ)류 문장과 (83ㄴ)류 문장 사이에 얼마간의 차이가 있다. 임창국(2006)에서 제시된 예를 (88)로 옮겨 왔다 (수용성 판단은 임창국(2006)의 것을 그대로 가져 왔다).

> (88) ㄱ. *미국정부는 <u>인디언 보호구역으로 이 지역을</u> 조급히 지정했다. (결과 이차술어 구문)
>
> ㄴ. 그는 <u>방황의 탈출구로 죽음을</u> 선택했다. (묘사 이차술어 구문)

예문 (88)을 다룰 때에도 주의할 점이 있는데, 이 경우에도 사태 의미가 달라지지 않는 선에서 '-로' 항의 위치가 달라질 수 있는지에 대해 살펴야 하기 때문이다. 가령 (88ㄱ)은 두 가지 의미를 가질 수 있는데, 하나는 "미국 정부가 인디언 보호구역으로 지정할 후보 지역에 대해 검토하다가 이 지역을 골라 지정했다"라는 의미이고, 다른 하나는 (다른 후보 지역의 존재는 함의하지 않고) "미국 정부가 이 지역의 자격을 인디언 보호구역으로 지정했다"라는 의미이다. 예문 (83)의 사태 의미는 이 중 후자에 해당하므로, 후자의 사태 의미를 유지하면서 '-로' 항의 위치가 달라질 수 있는지에 대해 살펴야 한다.

(88ㄱ)과 (88ㄴ)의 경우에는 후자의 사태 의미를 유지하면서 '-로' 항의 위치가 달라질 수 있다는 점에서 별다르지 않은 것으로 생각된다. 즉 임창국(2006)의 직관과 달리 (88ㄱ)은 어색하지 않은 문장이라고 생각된다. 하지만 예문에 따라서는 '-로' 항의 위치가 달라지면 무척 어색하게 느껴지는 경우도 있다(예: *헌법재판소가 <u>위헌으로</u> 동성동본금혼을 규정했다). (83ㄱ)류의 문장에서 이런 어색함이 더 많이 보이는 것은, (83ㄴ)류와의 차이점이라고 할 만하다.

요컨대 [표 15]에서 보인 기준들 가운데 기준 ①, ③~⑤는 (83ㄱ)류와 (83ㄴ)류 사이에 차이가 있다는 것을 보여 줄 만한 근거가 되지 못하며, 오히려 이들 기준과 관련하여 (83ㄱ)류 문장과 (83ㄴ)류 문장은 공통점을 공유하고 있다. 기준 ② 정도만이 (83ㄱ)류 문장과 (83ㄴ)류 문장 사이에 성격 차이가 있음을 보여 주는데, 이는 두 유형이 공유하고 있는 공통점에 비하면 작은 차이이다.

결국 [표 15]는 'NP-가 NP{대상}-을 NP{자격}-으로 V' 형식을 갖는 사례들이 임창국(2006)과 같은 방식으로 두 범주로 구별되어야 한다는 주장에 대한 충분한 근거가 되지 않는다. 대신 본고에서는 'NP-가 NP{대상}-을 NP{자격}-으로 V' 형식의 틀이 "대상의 자격을 지정함"이라는 사태 의미를 환기시키는 하나의 범주로 취급될 수 있다고 본다. 본고에서는 이를 자격 지정 구문이라고 부르는데, 하나의 범주를 이루는 자격 지정 구문은 (82)에 제시한 세 하위 구문을 포함하는 상위 범주에 해당한다.

이제까지 자격 지정 구문의 특징과 하위 유형에 대해 살펴보았다. 다음으로는 이런 특징을 보이는 자격 지정 구문의 서술어 자리에 '하다'가 수용되는 과정에 대해 추정해 볼 것이다. 여기에서도 앞서 주장한 것과 마찬가지로 자격 지정 구문이 한 덩어리로 운용되는 언어 단위이기 때문에, 단서를 통해 서술어 자리에 어떤 요소가 올 것인지를 쉽게 예측할 수 있는 상황이라면, 의미적으로 잉여성을 띠게 된 서술어 자리를 '하다'로 형식적으로 채워도 무방하게 되는 것이라고 본다.

역시 이런 주장을 하려면 우선 자격 지정 구문이 한 덩어리로 운용되는 단위라는 것의 증거를 찾을 수 있어야 한다. 인용 구문에서 언급했던 바와 같이 여기에서도 옛말뿐 아니라 현대국어의 자격 지정 구문에서 관찰할 수 있는 몇몇 현상들까지 자격 지정 구문의 덩어리성에 대한 중요한 증거로 채택할 것이다.

3.3.2. 덩어리로서의 자격 지정 구문

3.3.2.1. 자격 지정 구문의 형식적 고정성

3.1.2.1절 및 3.2.2.1절에서 살핀 것과 마찬가지로, 만약 [NP(지정자)-가 NP(대상)-을 NP(자격)-으로 V(지정동사)] 같은 형식이 꽤 고정적인 형식을 취하며 빈번히 나타난다면 이 형식은 하나의 덩어리로 묶여 운용된다고 볼 가능성을 가질 것이다.

그런데 이 구문 역시 인용 구문과 마찬가지로 오랜 역사를 가지고 있으므로 국어사 자료 속의 모습부터 살펴볼 필요가 있다. 인용 구문의 경우에는 번역투의 영향을 받은 인용 구문과 일상적으로 쓰이는 인용 구문이 형식적으로 차이를 보여 두 문체를 구별할 필요가 있었다. 그런데 자격 지정 구문은 중세국어에서든 현대국어에서든 기본적으로 일상어체에서는 그리 빈번히 쓰이지 않는 것으로 보인다. 가령 〈순천김씨 언간〉에서는 자격 지정 구문의 사례로 보이는 것이 아래의 두 개 정도밖에 보이지 않았다.

(89) ㄱ. 근시미란 일도 ᄒᆞ며 진지도 ᄒᆞ고 <u>막그미란 뵈 ᄣᅩᆯ 죵으로 최텨</u>[67] <u>두면</u> 이리 됴홀가 ᄒᆞ건마ᄂᆞᆫ 〈순천김 167〉

ㄴ. ᄀᆞᆺ득ᄒᆞᆫ ᄆᆞᄋᆞ미 더옥 ᄆᆞᄋᆞ미 애ᄠᅳᆯ고 셜오니 <u>눈믈로 버들 ᄒᆞ고</u> 인노라 〈순천김 186〉

따라서 자격 지정 구문과 관련해서는 번역어체·격식체와 일상어체를 구별하여 연구하는 것이 별 의미가 없다. 예나 지금이나 자격 지정 구문은 주로 격식체에서 쓰이는 것으로 보이므로, 번역어체·격식체

---

67) 이 단어의 뜻은 분명히 알기 어렵다.

자료로 국한하여 그 특성을 살피려고 한다.

그런데 중세국어에서 자격 지정 구문 중 자격 지정 과정 구문은, 현대국어와는 달리 주로 [NP{지정자}-이 NP{대상}-ᄋᆞ로 NP{자격}-을 V{지정동사}] 형식으로 나타난다. 황국정(2004:86~93, 158~162)에서는 이 현상에 대해, 옛말에서는 조사 '-로'가 '대상' 논항에 결합할 수 있었다는 것으로 설명하려고 했다. 대상 논항이 조사 '-를' 대신 조사 '-로'와 결합함으로써 현대국어와의 차이를 보여 주는 사례들에는 아래와 같은 것이 있다. 이 중 (90ㄹ)은 동사 '삼다'가 쓰인 절이 현대국어와 달리 [NP{지정자}-이 NP{대상}-ᄋᆞ로 NP{자격}-을 V{지정동사}] 형식으로 나타난 예이다.

(90) ㄱ. 하ᄂᆞᆳ 보ᄇᆡ옛 오ᄉᆞ로 모매 감고 여러 가짓 香油를 븟고 〈석보상 20:10a〉 (cf. 以天寶衣 而自纏身 灌諸香油)

ㄴ. 世間 아ᄒᆡ ᄒᆞᆰ 무저그로 서르 더디ᄃᆞᆺ ᄒᆞ더이다 〈월인석 25:128a〉 (cf. 如世間小兒 以土團更互相擲)

ㄷ. 이 長者ㅣ 보ᄇᆡ옛 큰 술위로 아ᄃᆞᆯᄃᆞᆯᄒᆞᆯ 골오 주니 虛妄타 ᄒᆞ려 몯ᄒᆞ려 〈월인석 12:33a〉 (cf. 是長者等與諸子珍寶大車 寧有虛妄不)

ㄹ. 사ᄅᆞᆷ 주기디 아니호ᄆᆞ로 根本ᄋᆞᆯ 사마 업더디ᄂᆞ닐 니ᄅᆞ와ᄃᆞ며 (惟以不殺人으로 爲本ᄒᆞ야 顚者ᄅᆞᆯ 扶之ᄒᆞ며) 〈내훈 2:87b〉

황국정(2011)에서는 경주 방언에서 여전히 대상 논항에 결합하는 '-로'의 사례가 발견되고 있음을 유형별로 보였고, 그것을 방언 입말에 남은 옛말의 흔적이라고 보아 위와 같은 대상성의 '-로'가 단지 한문 번역투의 영향으로 나타나는 것이 아니라 국어 고유의 특성이었던 것으로 볼 수 있음을 언급하였다. 이와 같은 현상은 이전에 대상성의 '-로'가 존재했었다는 점에 대한 방증 근거가 될 수 있을 듯하다.

하지만 황국정(2004)에서 대상성의 '-로'가 실현된 예로 파악된 사례 중 '-로'가 원문의 '以'에 대응되는 사례들은, 대상성의 '-로'가 실현된 것이라기보다는 한문 원문이 조사 실현에 영향을 미친 사례일 가능성도 높음을 유념해야 한다. 특히 (90ㄹ)과 같은 자격 지정 과정 구문의 모습이 대상성의 '-로'에 기인한 것이라고 보아야 할지에 대해서는 재고의 여지가 있다. 한문의 '以A爲B' 형식과 '대상으로 자격을' 형식 사이의 관련성을 부정하기 어렵기 때문이다. 안예리(2009)에서는 '삼다' 구문의 '대상으로 자격을' 형식이 번역투에 기인한 것이라고 보았는데, 본고에서도 중세국어 자격 지정 과정 구문의 형식은 대상성의 '-로'보다는 한문 번역투에 기인할 가능성이 높다고 생각한다.

여하간 이런 사정 때문에 자격 지정 구문의 역사를 살필 때에는 'NP-이 NP{대상}-을 NP{자격}-으로 V' 형식뿐 아니라, 'NP-이 NP{대상}-ᄋ로 NP{자격}-을 V' 형식을 함께 고려해야 한다. 그리고 중세국어 자료를 대상으로 샘플 조사를 해 보았을 때[68] 'NP-이 NP{대상}-을 NP{자격}-으로 V' 형식은 14개의 사례가(예문 (91)), 'NP-이 NP{대상}-ᄋ로 NP{자격}-을 V' 형식은 244개의 사례가 보였다(예문 (92)). 문형별로 서술어 자리에서 쓰인 동사의 유형 빈도는 [표 16]에 제시하였다.

(91) 'NP-이 NP{대상}-을 NP{자격}-으로 V'

   ㄱ. <u>모ᄃᆞ 有情類를 ᄒᆞᆫ가지로 보샤</u> 善으란 기리시고 惡으란 허르샤디 ᄃᆞᅀᆞ며 믜샤미 업스샤미 七十五ㅣ시고 〈법화경 2:19a〉 (cf. 七十五 <u>世尊等觀諸有情類讚善毀惡而無愛增</u>)

   ㄴ. <u>四千斤ㅅ 金을 비드로 내야</u> 兩分ㅅ긔 받ᄌᆞᄫᆞ니 〈월인석 8:82a〉

   ㄷ. 行檢을 힘쓰게 ᄒᆞ야 뻐 풍속과 교화를 둗겁게 ᄒᆞ고 믿 待賓직(어<u>딘 사ᄅᆞᆷ을 손으로 되졉ᄒᆞᄂᆞᆫ</u> 집이라)와 吏師직(다ᄉᆞᆯ임을 아라 관원

의 스승 될 사룸을 드리는 집이라)를 두며 (勵行檢ᄒ야 以厚風敎
ᄒ고 及置待賓吏師齋ᄒ며) 〈소학언 6:15b〉

ㄹ. 正獻公 呂公著ㅣ 져믄 제브터 글 빈호ᄃᆡ ᄆᆞᅀᆞᆷ 다ᄉᆞ리며 본셩 길우
믈 읏듬으로 ᄒ더니 (呂正獻公이 自少로 講學ᄒᆞᄃᆡ 卽以治心養性으
로 爲本ᄒ더니) 〈번소학 10:23a〉

(92) 'NP-이 NP(대상)-ᄋᆞ로 NP(자격)-을 V'

ㄱ. 法身이 體 업스샤 悲로 體를 사ᄆᆞ실ᄊᆡ 敎戒이 行ᄒ샤미 울에의 니
러 뮈여 나미 ᄀᆞᆮᄒ시고 〈석보상 21:15a〉

ㄴ. 經 처ᅀᅥ믜 글 내샤ᄆᆞᆯ 文殊를 브트시고 定에 나샤 鷲子ᄃᆞ려 니ᄅᆞ샤
ᄆᆞᆫ 이 經이 智로 읏드믈 셰여 權을 뫼화 實 어기니 〈월인석 11:
96a〉 (cf. 經初發緖獨因文殊 而出定軔告鷲子者 此經以智立體會權歸
實)

ㄷ. 안ᄒ로 坎男과 离女로 夫妻를 딱 마초고 밧ᄀᆞ로 陰을 採ᄒ며 陽을
도아 精氣를 攝衞ᄒᆞᄂᆞᆫ 일후미 精行이오 (內以坎男离女로 匹配夫
妻ᄒ고 外卽採陰助陽ᄒ야 攝衞精氣ᄒᆞᄂᆞᆫ 名이 精行이오) 〈능엄언
8:133a〉

[표 16] 중세국어 번역어체·격식체 자료에서 자격 지정 구문의 문형과 빈도

문형	동사 유형	빈도
① NP-이 NP(대상)-ᄋᆞ로 NP(자격)-을 V	지정동사류	242[69]
	기타	2
② NP-이 NP(대상)-을 NP(자격)-으로 V	인지동사류	3
	ᄒ다	3
	기타	8

이를 통해 짐작하건대 중세국어 화자들에게는 자격 지정 구문의 하

---

69) 모두 '삼다'가 쓰인 예이다.

위 구문이 다음과 같은 형식의 추상적인 기호로서 구축되어 있었을 것이다.

(93) ㄱ. 자격 지정 과정 구문:

　　　[NP(지정자)-이 NP(대상)-으로 NP(자격)-을 V(지정동사)]

　　ㄴ. 자격 지정 인지 구문:

　　　[NP(인지자)-이 NP(대상)-을 NP(자격)-으로 V(인지동사)]

이 중 자격 지정 과정 구문은 빈도가 높은 만큼 특히 동사 '삼다'와 통합한 채로 자격 지정 인지 구문보다 강하게 표상되어 있었을 것이다.

그런데 현대국어에서는 (93ㄱ)의 구문이 잘 쓰이지 않게 되고 대신 [NP(지정자)-가 NP(대상)-을 NP(자격)-으로 V(지정동사)]가 표상의 강도가 높은 구문이 되었다. 이는 동사 '삼다'가 (93ㄱ) 대신 'NP-가 NP(대상)-을 NP(자격)-으로 V' 형식으로 쓰이게 되는 과정과 밀접하게 관련되어 있다. 동사 '삼다'는 19세기 후반에 들어 이런 형식으로 쓰이기 시작하는데(94), 아마도 대상 논항과 '-로'의 결합이 어색하게 느껴지기 시작하면서 '삼다'의 문형이 이처럼 바뀌기 시작했을 것이다. 이처럼 문형이 바뀌는 것은 (93ㄴ) 같은 자격 지정 인지 구문의 형식에 이끌린 결과일 수도 있고, [NP(행위자)-가 NP(대상)-을 NP(위치)-로 V(대상이동동사)] 형식의 대상 이동 구문이 은유적 확장의 기반 구문이 되었을 수도 있으며,[70] 일본어에 존재하는 '～を～にする' 형식의 구문에 영향을 받았을 수도 있다. 아무튼 19세기 후반에 들어 동사 '삼다'의 문형이 바뀌기 시작하면서 [NP(지정자)-가 NP(대상)-을 NP(자격)-으로 V(지정동사)] 구문의 표상이 점차 강해지게 되고, 이와 동시에 중세국어에서 빈번히 쓰였

---

70) 구체적인 영역에서 어떤 대상이 어떤 위치로 이동하는 것을 나타내는 표현은, 추상적인 영역으로 은유적으로 옮겨가면 어떤 대상이 어떤 자격의 위치로 이동하는 자격 지정 사태를 표현하는 데에 쓰일 수 있다.

던 구문 (93ㄱ)의 표상은 점차 약해지게 된다.

(94) ㄱ. 이제브터 후는 므릇 <u>셰샹 사름의 룽욕으로 삼는 바룰</u> 다 무음을
명ᄒᆞ야 텬쥬의 거룩ᄒᆞ신 일홈을 현양ᄒᆞ기룰 위ᄒᆞ야 ᄎᆞᆷ아 밧고 (表
示自今以後　凡<u>世人所視爲凌辱者</u>　皆定心忍受爲得顯楊天主之聖名)
〈셩교절 27b〉

ㄴ. 비록 셰간 만복을 다 ᄇᆞ리고 셰간 만고룰 다 밧을지라도 <u>반ᄃᆞ시
심히 쉬온 일과 심히 즐거옴으로 삼으련마ᄂᆞᆫ</u> (雖盡棄世間之萬福
而悉受世間萬苦 <u>皆必爲甚易 及其樂矣</u>) 〈셩교절 50a〉

ㄷ. <u>셰샹 님금이 신하의 ᄯᆞᆯ을 왕비로 삼아</u> 비합ᄒᆞ면 〈쥬교요 76a〉

ㄹ. 셩 베드루 죵도룰 <u>스승으로 삼고</u> ᄯᆞ아 (從新拜<u>聖伯多祿宗徒爲師</u>)
〈쥬쳠광 2:84a〉

ㅁ. 길가에 원쳐 집 업시 <u>가가룰 집으로 삼고</u> 사는 인민들은 쇽히 한셩
부에 가셔 집 쟉만ᄒᆞᆯ 돈을 말 홀지어다 〈독립신 1896.11.10:2〉

이처럼 중세국어와 현대국어에서 양상이 다르기는 하지만, 중요한
것은 중세국어에서는 [NP(지정자)-이 NP(대상)-ᄋᆞ로 NP(자격)-을 V(지정
동사)]가 꽤 고정적인 형식으로 빈번히 쓰였으며, 현대국어에서는 [NP
(지정자)-가 NP(대상)-을 NP(자격)-으로 V(지정동사)] 같은 형식이 꽤 고
정적인 형식으로 빈번히 쓰이고 있다는 점이다. 이 형식들은 각 시기에
하나의 덩어리로 묶여 운용될 가능성이 높을 것이다.

이제까지 살핀 내용이 자격 지정 구문이 한 덩어리로 운용되는 단위
일 가능성에 대한 정황을 보인 것이라면, 아래에서는 중세국어와 현대
국어의 자격 지정 구문이 한 덩어리로서 접근되고 처리되는 단위라는
것을 보여주는 증거들에 대해 살필 것이다.

3.3.2.2. 오래된 자격 지정 구문의 늦은 소멸

한문의 영향을 받은 오래된 자격 지정 구문인 [NP{지정자}-이 NP{대상}-으로 NP{자격}-을 V{지정동사}]의 생산성이 19세기 후반에 들어 점차 줄어들게 되는 이유는 무엇일까? 앞서 잠시 언급했듯 한 가지 가능성은 국어에서 대상 논항과 '-로'의 결합이 더 이상 자연스럽지 않아졌기 때문이라고 보는 것이다. 즉 한문의 '以'로부터 영향을 받은 자격 지정 구문 속의 '대상으로'가, 대상 논항과 '-로'의 결합이 사라지는 전반적인 변화와 함께 어색해지기 시작하는 것이다.

그러면 대상 논항과 '-로'의 결합이 더 이상 자연스럽지 않아지게 되는 시기는 언제쯤일까? 황국정(2004)에 따르면 대상의 '-로'가 사라지는 현상은 모든 구문에서 한꺼번에 일어나지 않는다. 가령 'NP$_1$이 NP$_2${대상}로 NP$_3$에 V'나 'NP$_1$이 NP$_2${대상}로 서르 V'에서 대상과 결합한 '-로'는 비교적 빨리 자취를 감추게 되는 경향이 있는 듯하고, 그에 비해 'NP$_1$이 NP$_2${대상}로 NP$_3$를 V' 구문은 늦게까지 남아 있는 경향이 있는 듯하다.

대상의 '-로'가 비교적 빨리 사라지는 경우를 먼저 보자. 황국정(2004: 88~93)에서는 'NP$_1$이 NP$_2$로 NP$_3$에 V' 형식으로 실현되던 동사 중에는 '감다, 넣다, 붓다², 셔다, 펴다'처럼 근대국어에서도 대상의 '-로'를 취하는 사례가 발견되는 것도 있지만, 'ᄂ리오다, 다히다¹, 더으다, 둪다, 맛디다, 무티다², 박다, 보내다, ᄇᆞᄅ다, 쌓다, 쓰리다, 저지다' 등은 근대국어 문헌에서는 대상의 'NP로' 논항이 실현된 사례가 더 이상 보이지 않는다고 언급했다. 또 'NP$_1$이 NP$_2$로 (서르) V'로 실현되던 '더디다' 등의 사례는 15세기 국어에서만 확인된다고 하였다. (95ㄱ, ㄴ)은 중세국어 문헌에서 '맛디다'의 대상 논항이 '-로'로도 표시되고 '-를'로도 표시되고 있음을 보여 주는 사례이고, (95ㄷ, ㄹ)은 중세국어 문헌에서 '더디다'의 대상 논항이 '-로'로도 표시되고 '-를'로도 표시되고 있음을 보여 주는 사례이다.

(95) ㄱ. 二祖 阿難尊者ㅣ 正法으로 商那和修의 맛디고 寂滅에 드니라 〈석
　　　보상 24:7a〉

　　ㄴ. 엇뎨 산 것 害흔 거슬 내게 맛뎌 니브라 ᄒᆞᄂᆞ다 〈월인석 25:42a〉
　　　(cf. 如何害生 以付我著)

　　ㄷ. 世間 아히 ᄒᆞᆰ 무저그로 서르 더디ᄃᆞᆺ ᄒᆞ더이다 〈월인석 25:128a〉
　　　(cf. 如世間小兒 以土團更互相擲)

　　ㄹ. 行者ㅣ … 衣鉢을 돌 우희 더디고 〈남명천 上:50b〉

이제 대상의 '-로'가 비교적 늦게까지 남아 있는 경우를 보자. 황국정
(2004:158~162)에서는 중세국어 자료에서 '주다, 맛디다' 등의 수혜 타
동사가 'NP₁이 NP₂로 NP₃를 V' 형식으로 나타나는 경우를 볼 수 있는데,
'맛디다'는 근대국어 문헌에서 'NP₁이 NP₂로 NP₃를 V' 형식으로 나타나
는 사례를 더 이상 볼 수 없지만, '주다'는 후대에도 이 구문으로 실현된
사례가 보인다고 하였다(96ㄱ). 또 '삼다, 밧고다' 등의 전환 타동사가
관여하는 경우에도 대상의 '-로'는 비교적 늦게까지 그 모습을 보인다고
하였다(96ㄴ, ㄷ).[71]

(96) ㄱ. 하나님이 우리를 영성으로 주시미 이 싱명이 그 아달로 이스미니
　　　〈예수성 요한일5:11〉 (cf. 上帝賜我永生 必因其子而賜之)

　　ㄴ. 싸호기를죠와ᄒᆞ고 살인으로락을삼아 〈신학월 2:273〉

　　ㄷ. 잠간으로 영원을 밧고고 따흐로 하늘을 밧고고 썩음으로 견고홈
　　　을 밧고니 (換暫于永 換地于天 換朽于固) 〈성경직 9:34a〉

지금까지 본 것처럼 조사 '-로'의 성격이 바뀌어 가는 과정에서 각 구

---

71) '삼다'의 경우 현재까지도 '우리는 오징어로 안주를 삼았다' 같은 문장이 쓰이는데, 현재
　　'삼다'가 이 문형으로 쓰일 수 있는 조건이 무엇인지에 대해서는 추가적인 검토가 필요
　　하다.

문이 그 변화에 편승하게 되는 시기는 서로 다르다. 그리고 이런 시기 차이가 발생하는 이유는 특정 기능을 위해 특정 구문을 사용하는 빈도가 높고 구문의 표상 강도가 높을수록 그 구문이 언어 변화를 따르는 속도가 늦어지기 때문일 것이라고 추측할 수 있다.

우리는 이전 시기에 존재했다가 지금은 생산성을 잃은 규칙의 흔적이 빈도가 높은 단어들 속에 남기도 한다는 것, 따라서 그 단어들이 현재의 체계 속에서는 불규칙한 것으로서 취급된다는 것을 알고 있다. 가령 유필재(2004)에서는 '말다(勿)'의 명령법 활용형인 '마라, 마, 마요'는 현대국어의 형태음운론적 규칙으로는 설명되지 않으며, 이들은 이전 시기의 활용형이 화석형으로 남아서 계승된 '마라'와 이를 기반으로 형성된 활용형들이라고 하였다.

이런 현상은 형태론이나 형태음운론 영역에서만 발견되는 것이 아니다. 가령 Bybee(2010:7장)에서는 영어의 의문문에서 나타나는 빈도에 따른 보존 효과(conserving effect; Bybee, 1985:57~58 참고)에 대해 언급하고 있다. 영어는 고대 영어에서는 주어와 본동사가 도치되는 방식으로 의문문이 이루어졌었는데, 이후 '의문사-조동사-주어-본동사' 형식의 새로운 의문문이 등장하여 생산적으로 쓰이게 된다. 하지만 How goes it? 같은 고빈도 표본에서는 주어와 본동사가 도치되는 오래된 방식이 계속 유지되는 경향을 보인다.

Bybee(2010:2장)에서는 이처럼 빈도에 기반하여 나타나는 언어 현상을 설명하기 위해서는, 언어를 사용하면서 마주치는 개별적 실례들이 화자의 언어 표상에 계속적으로 영향을 미침을 가정해야만 한다고 주장하였다. 그리고 고빈도로 경험된 표본은 저빈도 표본보다 인지적으로 강하게 표상될 것이고, 강한 표본은 ① 그 표본에 화자들이 쉽게 접근할 수 있게 되고(즉 말을 할 때 해당 표본이 쉽게 떠오르고 자주 사용하게 됨), ② 그에 따라 형식적으로도 변화에 저항하면서 안정성을 보이게 된다는 점을 언급하였다.

이를 고려하면 (96ㄴ)에서 볼 수 있는 구문이 대상 논항에 '-로'를 결합한 채로 오랫동안 유지되었다는 것은, 그만큼 이 구문이 덩어리로서 공고한 표상을 가진 것이었음을 보여 주는 것이라고 해석될 수 있다. 그렇기에 대상의 '-로'가 사라져 가는 추세 속에서도 오랫동안 그 형식을 유지할 수 있었던 것이다.

요컨대 [NP(지정자)-이 NP(대상)-으로 NP(자격)-을 V(지정동사)] 구문이 늦게까지 유지되는 현상은 이 구문이 화자들에게 비교적 강하게 표상된, 덩어리로 처리되는 단위였다는 것의 증거가 될 수 있다. 그리고 이 구문의 표상이 점진적으로 약해지는 과정에 비례하여 점차 강하게 표상되는 [NP(지정자)-가 NP(대상)-을 NP(자격)-으로 V(지정동사)] 구문 역시, [NP(지정자)-이 NP(대상)-으로 NP(자격)-을 V(지정동사)] 구문이 그러했던 것처럼 화자들에게 비교적 강하게 표상된, 덩어리로 처리되는 단위로서의 자격을 가질 것이라고 추정해 볼 수 있다. [NP(지정자)-이 NP(대상)-으로 NP(자격)-을 V(지정동사)] 구문과 기능이 같은 대안 구문이므로, 이 구문이 예전에 가졌던 특성들을 지니게 되었을 것으로 추정되기 때문이다.

3.3.2.3. 동사의 예측 가능성과 그에 따른 생략 현상

이제부터는 현대국어의 자격 지정 구문을 대상으로 하여 이것이 하나의 덩어리로 처리되고 있음을 보여 주는 증거를 찾아보고자 한다.

그 증거 중 하나는, 'NP(대상)-을'과 'NP(자격)-으로'의 관계 및 그것과 주어의 관계를 확인함으로써 후행하는 동사가 무엇인지를 예측할 수 있다는 점이다. 이런 예측 현상은 [NP(지정자)-가 NP(대상)-을 NP(자격)-으로 V(지정동사)] 같은 덩어리 전체가 인지적으로 긴밀하게 결합되어 있음을 가정할 때 잘 설명될 수 있는데, 덩어리로 결합되어 있는 정보이기 때문에 이 중 일부분만 언급하더라도 그것과 연결된 나머지 부분이 자동으로 떠오르는 것이기 때문이다. 아래의 (97)을 보자.

(97) ㄱ. 우리 식당은 청결함을 최우선으로 [　　] → 하다, 삼다

ㄴ. 정부는 이곳을 경제특구로 [　　] → 정하다, 삼다

ㄷ. 우리는 서울로부터 부산까지를 코스로 [　　] → 잡다, 정하다,
삼다

ㄹ. 나는 영이와 철수를 애인으로 [　　] → 생각하다, 보다, 만들다

ㅁ. 나는 대학을 학문의 장으로 [　　] → 생각하다, 보다, 알다

ㅂ. 나는 이 사람을 대통령으로 [　　] → 뽑다, 찍다

(97ㄱ, ㄴ)의 경우 'NP$_2$를 NP$_3$로'라는 형식 및 NP$_2$와 NP$_3$의 의미 관계를 통해 '청결함=최우선', '이곳=경제특구'라는 명제가 파악되고, 그 명제와 주어의 관계에 대한 추론을 통하여 서술어가 '정하다'나 '삼다' 등임이 예측 가능해진다. 나머지 사례 역시 'NP$_2$를 NP$_3$로'라는 형식 및 NP$_2$와 NP$_3$의 의미 관계를 통해 '서울로부터 부산까지=코스', '영이와 철수=애인', '대학=학문의 장', '이 사람=대통령'이라는 명제가 파악되고, 그 명제와 주어의 관계에 대한 추론을 통하여 서술어가 예측된다는 점에서 동일하다.

이런 예측이 가능한 것은 현대국어 화자들이 이 구문의 형식과 이 구문이 드러내는 내용 사이에 관습적 관계가 있음을 덩어리 지식으로 알고 있기 때문이다. 즉 'NP$_2$를'과 'NP$_3$로'가 순서대로 연결되면서 NP$_2$와 NP$_3$의 내용이 각각 대상-자격 관계로 파악될 수 있을 때 그로부터 'NP$_2$=NP$_3$'라는 명제를 포착할 수 있고, 그 명제에 대한 주어의 역할이 지정자, 인지자, 선택자 등의 몇 가지로 제약적으로 파악될 수 있음을 알고 있는 것이다. 이를 현대국어 화자의 언어 지식이라 하지 않을 수 없다.

또한 이와 같은 예측 가능성에 기반하여, 서술어 없이 이 구문의 일

부분만 실현되어 복합문의 선행절을 구성하는 경우도 볼 수 있다.

　(98) ㄱ. 한국과 미국은 <u>6.25전쟁을 계기로</u> 혈맹관계를 이뤘다.
　　　ㄴ. <u>수도원 관람을 끝으로</u>, 우리의 여행 일정은 마무리되었다.

　(98)은 서술어 없이 'NP(대상)-을 NP(자격)-으로'가 하나의 절을 이룬 사례이다. 일반적으로 절과 절이 연결될 때에는 용언 어간에 연결어미가 결합하고 그 뒤에 후행절이 오지만, (98)은 선행절에 용언과 연결어미가 나타나지 않은 채 다른 절과 연결되고 있다는 점에서 특이한 모습을 보인다.
　이런 현상은 3.2.4절에서 언급했던 것처럼 아래의 예문에서도 볼 수 있다. 아래는 앞서 든 예 (73)을 다시 보인 것이다.

　(73) ㄱ. 철수는 열심히 <u>운동</u>, 의사 선생님께 칭찬을 받았다.
　　　ㄴ. 철수는 영이한테 연락이 <u>왔다고</u>, 전화 받으러 나갔어.

　3.2.4절에서 언급했듯이 이런 상황은 다음의 두 가지 조건이 만족될 때 가능해진다. 첫째 조건은 선행절 사태와 후행절 사태가 긴밀한 관계에 있어서 연결어미를 명시하지 않고서도 그 관계를 파악할 수 있어야 한다는 것이고, 둘째 조건은 선행절의 사태 의미가 용언 어간 없이도 파악될 수 있어야 한다는 것이다. 연결어미가 필수적이지 않은데다가 서술어로 쓰이는 용언의 어간도 의미적으로 잉여적인 성격을 띤다면, 용언 어간과 연결어미 모두 나타나지 않아도 무방해지는 것이다.
　다시 (98)의 예를 보면, 선행절은 어떤 대상에 어떤 자격을 부여하는 사태를 나타내고, 후행절은 그런 자격 부여 사태를 전제로 하여 일어나는 일을 나타내고 있다. 즉 선행절 사태와 후행절 사태는 개념상 긴밀한 관계에 있다. 또 선행절은 (97)과 마찬가지로 'NP를 NP로'라는 형식 및 두 NP 사이의 의미 관계를 통해 서술어가 예측된다는 특징도 갖는다. 이 두 조건 때문에 (98)에서 볼 수 있는 것처럼 용언 어간과 연결어미가 없이 선행절이 구성될 수 있는 것이다.

이처럼 'NP{대상}-을 NP{자격}-으로'가 서술어 없이도 문제없이 하나의 절을 구성하는 현상 역시 자격 지정 구문, 특히 [NP{지정자}-가 NP{대상}-을 NP{자격}-으로 V{지정동사}]가 덩어리로 결합된 정보라는 점에 기인하는 것으로 볼 수 있다. 'NP{대상}-을 NP{자격}-으로'를 단서로 하여 서술어가 예측되므로 서술어는 의미적으로 잉여성을 띠게 되고, 선행절과 후행절의 의미 관계가 긴밀하여 연결어미까지도 필요하지 않은 상황이 마련된다면, 이처럼 서술어 없이 특정 사태를 나타내는 절을 구성할 수도 있게 되는 것이다.

3.3.2.4. 비전형적인 동사가 자격 지정 구문 속 서술어 자리에서 쓰이는 현상

한편, 동사 자체만 보아서는 'NP{자격}-으로'를 논항으로 취하는 것이 잘 상상되지 않는 동사들이 자격 지정 구문의 형식 속에서 나타나는 현상이 있다. 그리고 이런 경우에 해당 동사가 본래 갖는 어휘적 의미가 조정되는 현상도 보인다. 이러한 현상 역시 자격 지정 구문 전체가 독자적인 단위로서 존재하며 문장 의미에 기여한다는 것의 근거가 될 수 있다.

[표 14]에서 보았듯이 자격 지정 구문은 주로 지정동사류나 인지동사류, 선택동사류와 함께 실현된다. 하지만 일반적으로 주어 외에 목적어 하나만을 취하는 동사들도 'NP{자격}-으로'와 함께 쓰여 자격 지정 구문 형식으로 실현되는 경우가 많다. 그리고 그때에는 목적어 하나만 취하며 쓰였을 때와 비교하여 동사의 의미가 조정되는 양상이 나타나기도 한다. 그 예는 다음과 같다.

(99) ㄱ. 우리는 (회식에서) 파스타를 메인 메뉴로 <u>먹었다</u>.

　　ㄴ. 우리는 (회식에서) 파스타를 메인 메뉴로 <u>삼았다</u>.

(100) ㄱ. 영이는 (평소에) 술을 음료로 <u>마셨다</u>.

　　ㄴ. 영이는 (평소에) 술을 음료로 <u>삼았다</u>.

　본고는 (99ㄱ)과 같은 예를 동사 '먹다'가 [NP{지정자}-가 NP{대상}-을 NP{자격}-으로 V{지정동사}] 구문 속 서술어 자리에서 쓰인 예라고 판단한다. 이 문장은 (98)처럼 'NP{대상}-을 NP{자격}-으로'가 하나의 절이고, 이것이 다른 절과 함께 복문을 이룬 것이라고 보아질 수도 있다. 하지만 (98)에서 'NP{자격}-으로' 뒤에는 절의 분절을 알리는 휴지가 올 수도 있고 그렇지 않을 수도 있는 반면에 (99ㄱ)에서 'NP{자격}-으로' 뒤에는 휴지가 오지 않는 편이 자연스럽다는 점72) 및 이런 현상이 사태의 긴밀성 차이를 반영하는 것일 수 있음을 고려한다면, (99ㄱ)을 두 절로 구성된 문장으로 보기보다는 하나의 절로 보는 것이 타당할 듯하다. 사태의 긴밀성 차이란 (98)에서는 두 사태(자격 지정 사태와 그것을 전제로 하여 일어나는 사태)의 대상 참여자가 동일하지 않지만 (99ㄱ)에서는 두 사태의 대상 참여자가 동일하여 사태 사이의 긴밀성이 더욱 강하고 하나의 사태로 인식될 만함을 말하는 것이다.

　또 (101)과 같은 부정극어와 부정소의 호응 현상도 (99ㄱ)이 하나의 절임을 보여 준다.

---

72) (98)에서는 'NP{자격}-으로' 뒤에 두 단어 이상이 이어지는 반면에 (99)에서는 한 단어만이 이어진다는 것이 그 사이에 휴지를 두기 어렵게 만드는 요인이 된다고 생각할 수도 있다. 하지만 (98ㄴ)을 '우리의 여행 일정은 수도원 관람을 끝으로 마무리되었다.'로 바꾸어 'NP{자격}-으로' 뒤에 한 단어만 이어지도록 만들더라도 '끝으로' 뒤에 휴지를 둘 수 있다는 점을 고려하면 휴지 개입 현상을 단지 이어지는 단어의 수에 영향을 받는 현상으로만 볼 수는 없다고 생각한다.

(101) ㄱ. *한국과 미국은 <u>아무것도</u> 계기로 혈맹관계를 <u>이루지 않았다</u>.

ㄴ. 우리는 파스타를 <u>아무것으로도</u>(=어떤 자격으로도) <u>먹지 않았다</u>.

부정극어와 부정소는 대체로 하나의 절 내부에서 호응하는 것으로 알려져 있는데(구종남, 2012 등 참고), 'NP{대상}-을 NP{자격}-으로'가 독자적으로 하나의 절을 이룬 (101ㄱ)에서는 선행절의 부정극어와 후행절의 부정소가 호응을 이룰 수 없지만, (101ㄴ)에서는 '먹다'의 논항이 아닌 'NP{자격}-으로'의 부정극어와 '먹지 않았다'가 호응을 이룰 수 있다. 이것을 보면 (98)과 달리 (99ㄱ)을 하나의 절로 볼 수 있다. 이와 같은 이유로 본고에서는 (99ㄱ)이 동사 '먹다'가 [NP{지정자}-가 NP{대상}-을 NP{자격}-으로 V{지정동사}] 구문 속 서술어 자리에서 쓰인 예라고 본다.

그런데 이 문장에서 '먹다'의 구체적 행위 의미(즉 "입 속으로 넣어 씹어 삼키다")는 '우리는 파스타를 먹었다'에서의 '먹다'에 비교해 보았을 때 약화되고, 전체 문장의 의미는 (99ㄴ)으로 표현될 수 있는 의미와 크게 다르지 않게 된다. 이는 이 문장의 의미를 결정하는 데에 동사뿐 아니라 구문이 큰 힘을 발휘하고 있음을 뜻한다.

예문 (100)도 마찬가지이다. '마시다'라는 동사는 각종 사전에 기록된 문형 정보에서도 볼 수 있듯이 행위자 논항과 대상 논항을 요구하는 단항 타동사인 것으로 흔히 인식된다. 하지만 이 동사는 단항 타동 구문에서뿐 아니라 (100ㄱ)에서처럼 자격 지정 과정 구문 속 서술어 자리에서도 자연스럽게 쓰일 수 있다. 그런 문장에서는 '마시다'가 갖는 "목구멍으로 넘기다"라는 구체적인 동작의 의미는 약화되고 (100ㄴ)으로 표현될 수 있는 의미와 크게 다르지 않은 의미가 드러난다.

이와 같은 현상은, [NP{지정자}-가 NP{대상}-을 NP{자격}-으로 V{지정동사}] 같은 구문이 형식 연쇄에 의미가 연합되어 있는 하나의 기호로서 우리의 언어 지식으로 존재함을 상정할 때 자연스럽게 설명될 수 있다. 우선 '먹다', '마시다'와 'NP(자격)-으로'가 공존하는 현상에 대해 생각해 보자. '먹다', '마시다'의 기본 의미인 "입 속으로 넣어 씹어 삼키다"와 "목구멍으로 넘기다"만으로는 'NP(자격)-으로'가 이들 동사와 함께 나타나는 현상을 설명하기가 어렵다. 이 동사들의 기본 의미로부터는 'NP(자격)-으로'가 이 동사들의 논항으로 상정되어야 할 이유를 찾을 수 없기 때문이다.

그러면 'NP(자격)-으로'가 다른 요소를 수식하기 위해 부가어적으로 개입한 것이라고 볼 수도 있을 것이다. 하지만 '빨리'가 포함된 '영이는 술을 빨리 마셨다'는 '영이는 술을 마셨다'라는 사태를 중심으로 하여 그 양태를 보다 구체화하는 것이라면, '음료로'가 포함된 '영이는 술을 음료로 마셨다'는 '영이는 술을 마셨다'라는 사실 자체를 의미의 중심으로 하기보다는 '영이에게 술이 음료수 자격을 가졌다'는 사실을 나타내는 데 보다 초점이 있다. 이렇게 사태 의미의 초점이 바뀌는 것에 주목하면 'NP(자격)-으로'가 '빨리'처럼 단지 수식의 역할을 한다고 보는 것이 석연치 않다.

또한 '먹다', '마시다'는 [NP(지정자)-가 NP(대상)-을 NP(자격)-으로 V(지정동사)]라는 구조 속에서 쓰일 때에만 "삼다"에 준하는 의미를 보인다. 이런 현상은 '먹다', '마시다'에만 해당되는 것이 아니다. 가령 '나는 영이를 동료로 만난다'에서의 '만나다'도 이런 구조 속에서 쓰일 때 "마주 보다"라는 구체적인 의미는 약화되고 "대하다, 삼다" 정도의 의미를 보이게 된다. 이에 따라 전체 문장의 의미는 "나는 영이를 동료로서 대한다"에 준하게 된다. 이처럼 개별 동사들은 자격 지정 구문의 형식 속에서 쓰일 때 "삼다, 취급하다, 대하다"라는 의미가 부각되는 식으로 체계적인 의미 변이를 보이게 된다. 그렇다면 이러한 체계적인 의미 변이는 동사와 별도로 존재하는 기호적 단위로서 자격 지정 구문이 갖는 의미에 기인하는 것으로 보는 것이 그럴듯할 것이다.

그리고 이때 '먹다', '마시다', '만나다' 같은 동사들은 구체적인 의미를 드러내며 문장 의미에 적극적인 기여를 하기보다는, 자격 지정 구문이 드러내는 사태 의미에 비교적 소극적인 기여를 하면서 구문의 서술어 자리를 채우는 역할을 한다고도 말할 수 있다. 흔히 서술어는 절의 핵심 요소로서 논항을 결정하고 격을 부여하며 절의 의미를 좌우하는 것으로 받아들여져 왔지만, (99ㄱ), (100ㄱ)의 예에서는 서술어의 영향력은 약해지고 대신 [NP(지정자)-가 NP(대상)-을 NP(자격)-으로 V(지정동사)]라는 구문 자체가 절의 핵심 의미를 결정하면서 '먹다', '마시다'라는 서술어의 의미를 조정하는 역할을 한다.

위의 [표 14]에서 10%의 비중을 차지하며 자격 지정 구문과 통합하는 것으로 나타난 기타 부류의 동사들 중에서도 '공부하다, 내다팔다, 개발하다, 데려가다'처럼 동사의 의미만으로는 자격 지정 구문 속에서 쓰이는 것이 예측되지 않는 것도 있었다. 이 현상 역시 자격 지정 구문을 한 덩어리로 운용되는 언어 단위로 상정함으로써 자연스럽게 설명될 수 있다.

(102) ㄱ. 극소수의 사람만이 영어를 문화언어로 공부한다.

ㄴ. 그는 다방 임대업을 새 업종으로 개발했다.

ㄷ. 그때 영국은 양털을 옷감 짜는 원료로 내다파는 것이 수출의 가장 중요한 품목이었다.

ㄹ. 나는 '이 사람이 나를 의용군으로 데려갈 모양이구나' 하는 생각이 들었다.

(102)의 사례들이 갖는 의미는 '자격 지정 과정 구문의 의미 + 동사의 의미'의 합으로서 이해된다. (99~100)에서는 '먹다', '마시다'라는 동사가 절의 의미에서 매우 소극적인 역할을 했다면, (102)의 동사들은 그보다는 적극적인 역할을 한다. 이는 (99)의 경우에는 '파스타를 메인 메뉴로' 삼는 것을 전제로 하는 가장 기본적인 행위가 '먹다'인 반면에,

(102)의 경우에는 '나를 의용군으로' 삼는 것을 전제로 하는 가장 기본적인 행위는 '대하는 것'이지 '데려가는 것'이 아니라는 점과 관련되는 듯하다. 즉 (102)의 동사들은 자격 지정 행위를 전제로 하는 가장 기본적인 행위를 나타내는 동사가 아니라 보다 유표적인 행위를 나타내는 동사여서 절의 의미에 더 많은 기여를 한다.

즉 (99~100)에서는 동사의 의미가 절의 의미에 큰 기여를 하지 못하고 동사는 자격 지정 과정 구문의 서술어 자리를 형식적으로 채우는 '하다'와 비슷한 역할을 한다고도 말할 수 있다. 하지만 (102)에서는 동사의 의미가 자격 지정 과정 구문이 나타내는 사태 의미에 더해짐으로써 "무엇이 어떤 대상을 어떤 자격으로 삼아 무엇하다"라는 의미를 도출한다. 여기에서 "삼아"는 구문의 의미이고 "무엇하다"는 동사의 의미이다. 그리고 이런 현상은, 'NP(지정자)-가 NP(대상)-을 NP(자격)-으로'를 언급하는 것만으로 서술어가 예측되면서 자격 지정 과정 구문이 활성화되고, 이때 서술어 자리에 자격 지정 사태와 긴밀히 인접해 있는 다른 사태를 나타내는 동사를 도입함으로써 환유적으로 지정 의미를 나타낼 뿐 아니라 동사의 의미까지 동시에 실현할 수 있기 때문에 가능해지는 것이라 할 수 있다.

이처럼 개별적으로 다양한 성격을 갖는 동사들이 자격 지정 구문 속에서 쓰일 때에는 "삼다"에 준하는 의미로 조정되거나 자신의 의미에 "삼아" 정도의 의미가 더해지는 식으로 체계적인 의미 변이를 보이게 된다. 이러한 체계적인 의미 변이는 구문의 의미에 기인하는 것으로 보는 것이 그럴듯할 것이다. 본고는 이에 따라 "지정"의 의미를 내포하고 있지 않은 동사들이 자격 지정 구문과 통합하는 현상이, 자격 지정 구문이 덩어리로 운용되는 언어 기호의 자격을 갖는다는 사실을 보여 주는 한 증거가 된다고 본다.

3.3.2.5. 자격 지정 구문의 내부 구조에서 나타나는 특징

자격 지정 구문, 특히 자격 지정 과정 구문과 자격 지정 인지 구문의 내부 구조에 대한 견해는 크게 둘로 나뉠 수 있다. 하나는 'NP(대상)-을 NP(자격)-으로'가 하나의 소절을 이루고, 서술어가 주어 및 이 소절을 논항으로 취한다고 보는 것이다. 다른 하나는 'NP(자격)-으로 V'가 하나의 복합서술어를 이루고, 이 복합서술어가 주어와 목적어를 논항으로 취한다고 보는 것이다. 그리고 이 두 견해는 각각 나름의 근거를 가지고 있다.

먼저 전자의 견해에 속하는 대표적인 논의로 남기심 · 조은(1993)을 보자. 이 논문에서는 'NP(대상)-을 NP(자격)-으로'가 하나의 소절을 이룬다는 것을 증명하기 위해 여러 가지 근거를 제시했는데, 그 중 주목할 만한 것은 대용화 현상과 '서로'의 결속 현상, 후치 현상, 독립 현상이다.

(103) 선영은 <u>수희를 천재로</u> 생각하고 있다.
　　ㄱ. 그런데 모두들 <u>그렇게</u> 생각들 한다.
　　ㄴ. ˚그런데 미선이는 동호를 <u>그랬다</u>.
(104) <u>경민이와 선영이</u>는 <u>친구들을</u> 서로ᵢ/ⱼ 싸운 것으로 확신했다.
(105) 우리는 모두 다 생각했었지. <u>영희를 미인으로</u>.
(106) 그는 <u>떡밥을 미끼로</u> 하루 종일 낚시했다.

(남기심 · 조은, 1993:199~202)

(103)은 대용화 현상과 관련한 사례이다. 하나의 성분을 이루는 구들만이 대용화가 가능하며, 구가 하나의 성분을 이루지 못할 때는 대용화가 불가능한데, (103ㄱ)은 'NP(대상)-을 NP(자격)-으로'가 함께 대용화될 수 있음을 보여 주고 있다. 이에 비해 (103ㄴ)은 'NP(자격)-으로 V'가 대용화에 있어서 하나의 성분처럼 기능하지 못함을 보여 준다.[73]

(104)는 '서로'의 결속 현상과 관련한 사례이다. '서로'는 기본적으로 주어에 결속되는 성격을 보이는데, (104)에서의 '서로'는 '경민이와 선영이'가 아닌 '친구들'과 결속되고 있다. 이는 NP(대상)이 NP(자격)의 주어로서 기능하고 있음을, 즉 'NP(대상)-을 NP(자격)-으로'가 하나의 소절을 이룸을 보여 준다는 것이다.

(105)와 (106)은 각각 후치 현상과 독립 현상의 사례이다. (105)에서는 'NP(대상)-을 NP(자격)-으로'가 함께 후치되는 모습을 볼 수 있고, (106)에서는 'NP(대상)-을 NP(자격)-으로'가 독립적으로 하나의 절 역할을 하는 모습을 볼 수 있다. 이 역시 'NP(대상)-을 NP(자격)-으로'가 하나의 성분을 이루고 있다는 증거가 될 수 있다.

다음으로는 후자의 견해에 속하는 대표적인 논의로 유현경(2004)를 보자. 여기에서는 'NP(자격)-으로 V'가 하나의 복합서술어를 이룬다는 것을 증명하기 위해 몇 가지 근거를 제시했는데, 그 중 주목할 만한 것은 아래에 보인 끼어들기 현상이다.

(107) ㄱ. 영희를 <u>철수가</u> 천재로 생각한다.

ㄴ. *영희를 천재로 <u>철수가</u> 생각한다.

(108) ㄱ. 철수가 영희를 <u>다행히</u> 천재로 생각한다.

ㄴ. *철수가 영희를 천재로 <u>다행히</u> 생각한다.

(유현경, 2004:143~144)

(107ㄱ)은 주절의 주어인 '철수가'가 'NP(대상)-을 NP(자격)-으로' 사이에 끼어드는 것이 가능함을 보여 주고, (107ㄴ)은 '철수가'가 'NP(자격)-으로 V' 사이에 끼어드는 것이 꽤 어색함을 보여 준다. 또 (108ㄱ)은 문

73) 이에 대해 유현경(2004)에서는 복합서술어 전반이 본래 단독으로 대용화가 잘 되지 않는 성격을 보이며, 그러므로 이 현상은 'NP(자격)-으로 V'가 한 성분을 이룬다는 것에 대한 반증 근거가 되기 어려움을 언급하였다.

장부사가 'NP{대상}-을 NP{자격}-으로' 사이에 끼어드는 것이 가능함을 보여 주고, (108ㄴ)은 문장부사가 'NP{자격}-으로 V' 사이에 끼어드는 것이 꽤 어색함을 보여 준다. 이는 'NP{자격}-으로 V'의 긴밀성을 보여 주는 현상으로 해석될 수 있다. 이뿐 아니라 '말미암다', '벗삼다', '빌미삼다' 등의 단어화 현상도 'NP{자격}-으로 V'의 긴밀성을 보여 주는 근거로서 추가될 수 있을 것이다.

이처럼 'NP{대상}-을 NP{자격}-으로'의 긴밀성을 보여 주는 증거와 'NP{자격}-으로 V'의 긴밀성을 보여 주는 증거가 공존하고 있는 것이 자격 지정 구문의 내부 구조에서 나타나는 특징이라고 할 수 있다. 그렇다면 자격 지정 구문의 내부 구조를 도대체 어떻게 파악해야 하는 것일까?

Bybee(2002), Bybee(2010:8장)에서는 성분 구조라는 것은 '빈번하게 함께 사용되는 요소가 한 덩어리로 묶이는 것'으로부터 출발하여 창발하는 것임을 주장하고 있다. 그리고 어떤 요소들 사이에 의미적인 긴밀성이 있을 때에는 그 요소들이 자주 함께 나타날 가능성도 높아지므로, 의미적 긴밀성을 갖는 요소들의 연쇄가 하나의 성분으로 묶일 가능성도 높아진다고 하였다(가령 영어에서 '지시사-명사', '한정사-명사', '상표지-동사' 등). 하지만 의미적 긴밀성만이 성분 구조를 도출하는 유일한 요인은 아니라고 하였다. 가령 영어의 I'll이라는 '주어 대명사-조동사' 연쇄는, 의미적 긴밀성으로만 따지자면 '조동사-본동사'가 더욱 긴밀함에도 불구하고 이보다 더 강하게 하나의 덩어리로 묶이고 있다(그 증거는 'I will'의 음성적 유착이다). 이처럼 의미적 긴밀성과 무관하더라도 매우 자주 함께 사용되는 요소들이 하나의 덩어리로 묶이게 됨을 알 수 있으며,[74] 결론적으로 통사론에서 말하는 성분 구조의 본질은

---

74) Bybee(2010:136~137)에서는 will을 선행하는 요소와 후행하는 요소의 빈도를 조사해 보면, 선행하는 요소 중에서 가장 빈도가 높은 단어는 I이고 후행하는 요소 중에서 가장 빈도가 높은 단어는 be인데, 'I will'이 918회 출현할 동안 'will be'는 466회 출현하는 것으로 나타난다고 하였다. 즉 will이 관여하는 연쇄 중 가장 빈번한 것은 'I will'이라는

'자주 함께 나타나는 요소들이 한 덩어리로 묶이는 현상'에 있는 것이라고 주장하였다. 또한 성분의 본질이 이처럼 요소들 사이의 인접 출현 빈도에 기반하므로, 성분이라 불리는 단위의 응집성도 요소들 사이의 인접 출현 빈도에 따라 정도성을 띨 수 있음을 언급하였다.

이런 견해를 토대로 해서 자격 지정 구문의 내부 구조에 대해 생각해 보자. 먼저 'NP{대상}-을 NP{자격}-으로'는 의미적으로 주술 관계라는 긴밀한 관계에 있는 요소들로서 하나의 성분으로 묶일 만한 조건을 갖추고 있다. 한편으로 'NP{자격}-으로 V'는 의미적으로는 'NP{대상}-을 NP{자격}-으로'보다 긴밀성이 떨어지지만, 주술 관계를 표현하기 위해 늘 'NP{대상}-을'이 'NP{자격}-으로'를 선행하다 보니 자연스럽게 'NP{자격}-으로'와 'V'가 인접하는 경우도 많아진다는 점, 또 'NP{자격}' 자리에서 자주 쓰이는 속성 명사[75]가 꽤 제한적인 편이기 때문에 특정한 'NP'(가령 '대상', '계기' 등)와 특정한 동사(가령 '삼다', '생각하다')가 인접하는 경우도 꽤 자주 경험된다는 점, 이 두 요인 때문에 역시 하나의 성분으로 묶일 만한 조건을 갖는다.

가령 세종 문어 말뭉치 300만 어절에서 '삼다'에 선행하는 NP{자격}의 빈도를 살펴보면, 총 359개의 사례 중 아래에 제시한 열 개의 명사가 NP{자격}의 핵이 되는 경우가 총 120개, 즉 전체의 1/3 정도를 차지하는 것으로 나타난다. 이는 동사 '삼다' 앞에 아래와 같은 소수의 명사가 선행하는 경우가 상당히 많은 비중을 차지하고 있음을 보여 준다.[76]

것이다.

75) 'NP{자격}' 자리에는 'NP{대상}'의 속성을 서술하는 속성 명사가 위치한다(남기심·조은, 1993 참고).

76) 참고로 '생각하다'에 선행하는 'NP{자격}'은 '삼다'의 경우에 비해 훨씬 다양하기는 하지만, '{병자, 애인, 점령군, 자식, 불우이웃, 며느리 될 여자, 유일한 친구}로 생각하다' 등 사람으로서의 자격을 나타내는 명사가 'NP{자격}' 자리에 나타나는 경우가 전체의 22.5%(전체 111개의 사례 중 25개)를 차지하는 것으로 나타난다. 이 역시 동사 '생각하다' 앞에 소수의 유형이 선행하는 경우가 많은 비중을 차지하고 있음을 보여 주는 것으로 해석될 수 있다.

[표 17] '삼다'에 직접 선행하는 명사의 빈도

명사구의 핵	사례	빈도
대상	무엇을 조사 대상으로 삼다	35
계기	무엇을 내부 기강을 점검하는 계기로 삼다	22
기준	무엇을 평가 기준으로 삼다	13
목표	무엇을 최우선 목표로 삼다	13
출발점	무엇을 연구의 출발점으로 삼다	9
업	무엇을 직업으로 삼다	7
수단	무엇을 가장 큰 수단으로 삼다	6
모델	무엇을 경제발전 모델로 삼다	5
기회	무엇을 마케팅 기회로 삼다	5
원칙	무엇을 원칙으로 삼다	5
(전체의 33%)		120

이에 따라 [NP{지정자·인지자}-가 NP{대상}-을 NP{자격}-으로 V{지정동사·인지동사}]는, 한편으로는 주술 관계라는 의미적 긴밀성에 기인하여 [NP{지정자·인지자}-가 **[NP{대상}-을 NP{자격}-으로]** V{지정동사·인지동사}]의 구조를 보이고, 다른 한편으로는 특정 동사 앞 NP{자격} 자리에 소수의 명사가 빈번히 쓰이다 보니 특정 'NP로'와 특정 동사가 인접 출현하는 경우도 많아짐에 기인하여 [NP{지정자·인지자}-가 NP{대상}-을 **[NP{자격}-으로 V{지정동사·인지동사}]**]의 구조를 보이기도 하는 것으로 분석될 수 있을 것이다. 즉 남기심·조은(1993)과 유현경(2004)에서 제시된 근거들은 서로 배타적인 것이 아니며 모두가 [NP{지정자·인지자}-가 NP{대상}-을 NP{자격}-으로 V{지정동사·인지동사}]의 성격을 보여 주는 현상들이라고 볼 수 있는 것이다.

이와 같은 견해는 성분 구조가 창발하는 동기가 무엇인지에 대해 고려하지 않고 성분 구조는 '본래부터 주어진 것'이라고 생각하는 입장에서는 받아들일 수 없는 견해이지만, Bybee(2002, 2010)에서처럼 성분 구조의 창발 동기가 특정 요소들 사이의 고빈도 인접에 따른 덩어리화라고 보는 입장을 취한다면 받아들일 수 있는 견해가 된다.

이런 입장을 지지하는 현상 한 가지를 더 찾아 볼 수 있다. 앞서 언급했듯이 Bybee(2002)에서는 성분 구조가 요소들 사이의 인접 출현 빈도에 기반하여 창발하므로, 성분이라 불리는 단위의 응집성도 인접 출현 빈도에 따라 정도성을 띨 수 있음을 언급한 바 있다. 이와 관련하여 아래의 예문을 보자.

(109) ㄱ. 영희를 천재로 철수가 생각한다.
　　　ㄴ. 영희를 천 년에 한 번 날까 말까 한 천재로 철수가 생각한다.
　　　ㄷ. 매춘을 '남자와 노는 것' 정도로 그 소녀들은 생각한다.

(109ㄱ)은 위의 (107ㄴ)을 반복한 것으로, 유현경(2004)에서 제시되었던 예이다. 유현경(2004)에서는 이 예문이 사람에 따라서는 가능한 것으로 생각될 수도 있지만, 누구나 수긍할 수 있는 자연스러운 예는 아니라는 점에서 이에 대해 부적격성 표시(*)를 한 바 있다. 그런데 이 예문을 (109ㄴ)과 같이 조금 바꾸면 그 어색함이 좀 사라지는 듯하다.[77] (109ㄴ)은 (109ㄱ)에 비해 'NP{자격}-으로' 부분이 길고 구조적으로 복잡해졌다는 차이밖에 갖지 않는다. 만약 성분 구조라는 것이 언어 경험과 무관하게 주어지는 것이라면 같은 구조를 갖는 (109ㄱ)과 (109ㄴ)의 적격성에도 차이가 나지 않아야 할 것이다. (109ㄴ)과 마찬가지로 (109ㄷ)도 (109ㄱ)보다는 수용성이 좀 더 나아지는 것으로 보인다.

Bybee(2002)에서는 성분 구조의 위계는 특정 요소들의 빈번한 동시 출현으로부터 도출되는 것이므로, 특정한 요소들이 더 자주 함께 나타날수록 성분의 응집성이 더 높아질 것이라고 하였다. 가령 'the'와 'puppy' 같은 낮은 층위의 성분들은 빈번하게 함께 쓰일 것이고, 이런 성분의 응집성은 높은 편이라는 것이다. 이에 비해 더 높은 층위의 성분인 [the puppy]$_{NP}$와 ran, licked, slept 같은 동사들은 함께 나타나는 빈도가 상대

---

77) 필자의 직관에 (109ㄱ)보다는 (109ㄴ)이 상대적으로 더 자연스럽게 느껴지는데, 30대 서울 화자 5명을 대상으로 직관 조사를 해 보았을 때에도 같은 결과를 얻을 수 있었다.

적으로 덜할 것이고, 이런 성분은 응집성에서도 상대적으로 낮은 편일 것임을 언급하였다.

이를 기반으로 하여 (109)의 현상을 해석해 보자. (109ㄴ)이나 (109ㄷ)에서 'NP(자격)-으로'와 V(즉 '천 년에 한 번 날까 말까 한 천재로 생각하다', '남자와 노는 것 정도로 생각하다')의 인접 출현 빈도는 매우 낮고, 그에 따라 'NP(자격)-으로'와 V 사이에 다른 요소가 끼어드는 현상도 보다 잘 수용될 수 있는 반면에, (109ㄱ)에서 'NP(자격)-으로'와 V(즉 '천재로 생각하다')의 인접 출현 빈도는 높은 편이고, 그에 비례하여 'NP(자격)-으로 V'의 응집성도 높아져 이 사이에 다른 요소가 끼어드는 현상이 더 부자연스러워지는 것이라고 설명할 수 있을 것이다.

(109ㄱ)에 비해 (109ㄴ, ㄷ)에서 'NP(자격)'의 물리적 길이가 길어졌다는 것 자체가 이 현상에 영향을 미치는 것이라고 생각해 볼 수도 있다. 어떤 성분을 길게 말하다 보면 그 성분의 의미에 더 집중하게 되면서 전체 문장의 구조를 분석적으로 생각하게 되고, 결과적으로 'NP(자격)-으로'와 V의 경계를 분석적으로 인식하게 되면서 문장 주어가 그 사이에 개재할 수도 있게 되는 것이라고 생각해 볼 수 있다. 그런데 이것도 결국은 'NP(자격)-으로'와 V 사이의 응집성이 약해졌음을 의미하는 것으로, 성분이라는 개념에 정도성이 있음을 인정할 수밖에 없게 만든다.

'NP(자격)'과 V 사이의 응집성이 약한 (109ㄴ, ㄷ)과는 반대로, 만약 어떤 NP가 특정 동사와 매우 자주 인접하는 관계에 있다면, 그때에는 NP와 동사 사이의 응집성이 매우 높아지면서 하나의 단어처럼 되는 현상도 발견할 수 있을 것이다. '말미암다(〈말믹+삼다〉', '벗삼다', '빌미삼다' 등은 구체적인 단어들의 연쇄가 매우 빈번할 때 단어화로까지 나아갈 수 있다는 것을 보여 주는 사례가 된다. 이 역시 성분이라는 개념의 정도성을 보여 준다.

이에 따라 본고에서는 자격 지정 구문의 성분 구조란 [NP(지정자·인지자)-가 [NP(대상)-을 〈NP(자격)-으로〉 V(지정동사·인지동사)]]78) 정도로 표시할 수 있는, 중간적인 성격의 것이라고 본다.

그러면 이제까지 살펴본 자격 지정 구문의 성분 구조에서 드러나는 특징이, 자격 지정 구문 전체의 덩어리성과는 어떻게 관련되는 것인가?

한 구문은 화자가 언어를 사용하면서 만나는 개별 표본들에 대한 경험을 범주화·일반화하는 과정을 통해 구성되어 간다. 그리고 이 과정에서 어떤 요소들이 특히 고빈도로 인접 출현하게 되면 그런 것은 하나의 더욱 긴밀한 덩어리로 묶이게 된다. 그런데 [NP{지정자·인지자}-가 NP{대상}-을 NP{자격}-으로 V{지정동사·인지동사}]의 경우 한편으로 의미적 긴밀성에 따른 고빈도 인접에 의해 'NP{대상}-을 NP{자격}-으로'가 응집성을 띠는 덩어리로 묶이고, 또 한편으로 꽤 제한된 요소가 'NP{자격}-으로' 자리와 V 자리에서 쓰인다는 점에 기반하여 'NP{자격}-으로 V{지정동사·인지동사}'가 응집성을 띠는 덩어리로 묶이게 된다.

그런데 'NP{자격}-으로 V{지정동사·인지동사}'가 덩어리로 묶이게 되는 과정은 'NP{대상}-을'을 배제한 채 이루어지지 않는다. 'NP{자격}-으로'라는 항목 자체가 'NP{대상}-을'이라는 항목과 동떨어져서 존재할 수 없고, 'NP{대상}-을'과의 관계 속에서 해석되는 항목이기 때문이다. 'NP로' 형식을 취한다면 아무것이나 동사와 함께 복합서술어를 이루는 것은 아니라는 점, 현재 논의 중인 소재에 국한해서 말하자면 앞에 'NP{대상}-을'이 있고 'NP{대상}-을'과의 관계 속에서 'NP{자격}-으로'로 해석되는 것만이 동사와 덩어리를 이루어 복합서술어에 준하는 단위를 만들어 낸다는 점을 고려하면, 'NP{자격}-으로 V{지정동사·인지동사}'가 따로 떨어져서 홀로 한 단위로서 존재한다고 볼 수 없고, 'NP{대상}-을 NP{자격}-으로 V{지정동사·인지동사}' 전체가 덩어리라고 보아야만 한다. 즉 'NP{자격}-으로 V{지정동사·인지동사}'가 긴밀히 묶일 때에도 'NP{대상}-을 NP{자격}-으로'에 대한 고려는 배제될 수 없는 것이다. 그러므로

---

78) 중의성을 피하기 위해 [ ] 외에 〈 〉라는 표기법을 마련하였다.

'NP{대상}-을 NP{자격}-으로 V{지정동사 · 인지동사}' 전체가 덩어리로 묶인 지식이라고 볼 수 있을 것이다.

또한 [NP{지정자 · 인지자}-가 NP{대상}-을 NP{자격}-으로 V{지정동사 · 인지동사}]에서 'NP{대상}-을 NP{자격}-으로'가 묶이기도 하고 'NP{자격}-으로 V{지정동사 · 인지동사}'가 묶이기도 하는 것은 [NP{지정자 · 인지자}-가 NP{대상}-을 NP{자격}-으로 V{지정동사 · 인지동사}]의 실제 표본들이 덩어리로 기억되고 누적되는 과정에서 일어난다. 이 과정에서 인접 빈도에 따라 한편으로는 'NP{대상}-을 NP{자격}-으로'가 긴밀해지고 한편으로는 'NP{자격}-으로 V{지정동사 · 인지동사}'가 긴밀해지기 때문에 이런 중간적인 성격을 갖는 구조가 도출될 수 있다. 이에 따라 본고에서는 자격 지정 구문의 내부 구조에서 나타나는 특이성이 자격 지정 구문 전체가 덩어리진 단위라는 것을 전제로 하는 현상임을 주장하고자 한다.

3.3.3. 예측 가능성에 따른 '하다'의 개입

이제까지 살핀 내용을 토대로 본고에서는 현대국어 자격 지정 구문의 하위 구문들이 한 덩어리로 운용되는 언어 단위일 가능성이 높다고 본다. 그리고 이처럼 추상적인 자리들을 가진 구문을 토대로 해서, 서술어가 단서들을 통해 제약적으로 예측되는 성격을 갖게 되는 경우에 포괄동사인 '하다'가 의미적으로 잉여성을 띠게 된 서술어 자리를 형식적으로 채우는 기능을 할 수 있게 된다고 본다.[79]

---

79) 신서인(2007)에서는 '북의 문화어는 평양말을 중심으로 했지만 …' 같은 예를 분석하면서 "'하다' 자체는 특정한 문형을 가지지 않지만, 여기에서는 '삼다'와 유사한 의미로 쓰였고, [NP-이 NP-을 NP-(으)로 V] 문형을 보인다. 여기서는 'NP-(으)로'가 지위를 나타내어 이러한 문형이 오히려 '하다'의 의미를 결정한 것으로 보인다.'라는 언급을 하였다. 이는 본고의 주장과 상통하는 것이며, 이 절은 신서인(2007)의 이 언급을 보다 구체화하는 데 목표를 두어 온 것이라고도 할 수 있다.

그런데 여기에서 한 가지 고려해야 할 점이 있다. 지금 쓰이고 있는 [NP(지정자)-가 NP(대상)-을 NP(자격)-으로 하다] 구문이 구성된 시점에 대한 문제이다. 앞서 언급했듯이 중세국어에도 'NP-이 NP(대상)-을 NP(자격)-으로 V' 형식의 사례가 적게나마 존재했고, 또 서술어 자리에서 'ᄒᆞ다'가 쓰인 예 역시 적으나마 존재했다(110).

> (110) ㄱ. 며느리 싀어버싀 셤교믈 반ᄃᆞ시 며느리의 도리로 <u>ᄒᆞ리라</u> (婦之事
>   舅姑를 必執婦道ᄒᆞ리라) 〈번소학 7:34a~b〉
>
> ㄴ. ᄆᆞᅀᆞᆷ 다ᄉᆞ리며 본성 길우믈 읏듬으로 <u>ᄒᆞ더니</u> (卽以治心養性ᄋᆞ로
>   爲本ᄒᆞ더니) 〈번소학 10:23a〉
>
> ㄷ. 上이 얼운을 얼운으로 <u>ᄒᆞ욤애</u> 民이 弟예 興ᄒᆞ며 (上이 長長而民
>   이 興弟ᄒᆞ며) 〈대학언 19b〉

17~18세기 자료에서도 (110)과 같은 예를 적으나마 찾아볼 수 있다.

> (111) ㄱ. 이 若衆들흔 유여ᄒᆞ믈 읏듬으로 <u>ᄒᆞ니</u> (このわかしゆたちわゑり
>   つきをさきにたつるほどに) 〈첩해초 9:11a〉
>
> ㄴ. 그리어니 每日에 두 羊을 읏듬으로 <u>ᄒᆞ고</u> 軟肉 소 녀흔 薄餠을 먹
>   고 (可知每日兩箇羊爲頭兒 軟肉薄餠喫了) 〈박통해 下:14a〉

그런데 (110~111)처럼 서술어 자리에서 'ᄒᆞ다'가 쓰인 예가 본격적으로 빈번하게 보이기 시작하는 것은 19세기 말에 들어서이다. 역사 말뭉치에서 샘플 조사를 해 보았을 때[80] 'NP-가 NP(대상)-을 NP(자격)-으로 하다' 형식의 사례 63개 중에서 16~18세기 자료에서 추출된 사례는 11개였고, 19세기 말~20세기 초반 자료에서 추출된 사례는 52개였다.

---

80) '을/를'과 '로 ᄒᆞ'가 4어절 이내에서 함께 나타난 사례들을 대상으로 샘플 조사를 했다.

(112)는 그 52개의 사례 중 일부를 보인 것이다.

(112) ㄱ. 셩스ㅣ 비로소 오쥬의 죡보를 쓰매 아바람과 다위 두 큰 녯 셩인
을 웃듬으로 호은 (聖史始書吾主宗族之譜 首于達未及亞巴郎二大
古聖) 〈셩경직 9:82b〉

ㄴ. 近時에 흔 스름이 늬게 와서 돈을 맛기니 모르는 스름이오 또흔
標를 못 바다 갓시니 그 돈을 바로 늬 것스로 호기 어려온 일이
아니로되 〈국소학 11a〉

ㄷ. 이 싸홀 西班牙 領地로 호야 〈국소학 50a〉

ㄹ. 어린쓸ㅈ식은 보얌물한슐못 엇어먹고 굼기를 예스로호니 〈모란
병 7~8〉

앞서 (94)를 통해 동사 '삼다'가 'NP-가 NP[대상]-을 NP[자격]-으로 삼
다' 문형으로 나타나기 시작하는 시기가 19세기 후반임을 언급한 바 있
다. 이 사실과 'NP-가 NP[대상]-을 NP[자격]-으로 하다'의 사례가 19세기
말에 들어 본격적으로 보이기 시작한다는 사실은 서로 무관하지 않은
듯하다. 19세기 후반에 들어서면 동사 '삼다'를 중심 성원으로 하여 [NP
[지정자]-가 NP[대상]-을 NP[자격]-으로 V[지정동사]] 구문의 생산성이
높아지므로, 'NP-가 NP[대상]-을 NP[자격]-으로'를 단서로 하여 가장 무
표적으로 예측되는 서술어 역시 '삼다'였을 것이다. 19세기 후반 이후의
국어 화자들은 이처럼 '삼다'가 올 것이 쉽게 예측되는 자리를 포괄동사
'하다'로 채울 수 있었을 것이고, 이런 과정을 통해 '하다'가 개입해 있는
구문, 즉 [NP[지정자]-가 NP[대상]-을 NP[자격]-으로 하다] 구문이 구성되
어 지금까지 이어져 오며 쓰이는 것으로 볼 수 있다.

이제 자격 지정 구문의 하위 유형들을 대상으로 하여 서술어 자리에
서 '하다'가 쓰일 수 있는 조건에 대해 살펴봄으로써 서술어의 예측 가
능성과 '하다'의 쓰임 사이에 밀접한 관련이 있음을 보일 것이다. 이는

달리 말하면 '하다'가 개입해 있는 구문이 현대국어에서 어떤 조건하에 쓰이는지를 살피는 것인데, 이를 통하여 처음에 '하다'가 자격 지정 구문 속에서 쓰이게 된 환경이 어떤 것이었는지에 대해서도 짐작해 볼 수 있을 것이다.

앞서 자격 지정 구문의 하위 유형을 크게 자격 지정 과정 구문, 자격 지정 인지 구문, 자격 지정 선택 구문으로 나눈 바 있다. 먼저 자격 지정 과정 구문의 경우를 보자.

(113) 자격 지정 과정 구문

: [NP(지정자)-가 NP(대상)-을 NP(자격)-으로 V(지정동사)]

ㄱ. 우리는 속리산을 출발해 인천까지를 코스로 {잡았다/했다}.

ㄴ. 그들은 '꾸르'가 하늘로 올라간 날을 모든 갈매기의 날로 {정했지/했지}.

ㄷ. 어디를 경제특구로 {지정할/할} 것인가.

ㄹ. 그는 정직을 신조로 {삼는다/한다}.

ㅁ. 본부를 김 부회장의 직속부서로 {둔/한} 것을 두고 말이 많다.

ㅂ. 이전까지는 그 단체를 이적단체로 {규정한/한} 확정판결은 없었다.

자격 지정 과정 구문에 대해서는 서술어 자리에서 '하다'가 쓰일 수 있는 범위가 넓다. (113)에서 볼 수 있듯이 꽤 무표적으로 지정의 의미를 나타내는 동사인 '잡다', '정하다', '지정하다', '삼다', '두다', '규정하다' 등은 '하다'로 대치되더라도 의미상 큰 변화가 없는 경우가 많다.

다음으로는 자격 지정 선택 구문을 보자.

(114) 자격 지정 선택 구문

: [NP(선택자)-가 NP(대상)-을 NP(자격)-으로 V(선택동사)]

ㄱ. 나는 이 사람을 대통령으로 {뽑았다/*했다}.

ㄴ. 나는 영어회화를 가르치는 교수과정을 실험과정으로 {택하여/하여} 프로젝트를 시작했다.

ㄷ. 보훈처에서는 김 씨 등 10명을 대표로 {선정했다/했다}.

선택동사가 쓰일 자리에서 '하다'가 쓰이는 것은 기본적으로 제약되는 것으로 보인다. 가령 (114ㄱ)의 서술어 자리에서 선택동사가 쓰일 때와 '하다'가 쓰일 때는 의미가 달라지는데, '하다'가 쓰이는 경우에는 "내가 누군가에게 대통령 자격을 부여할 수 있는 전적인 권한을 가지고 있고, 어떤 사람에게 그런 권한을 실제로 부여했다"라는 의미가 먼저 읽힌다.

한편 (114ㄴ, ㄷ)에서는 선택동사가 쓰인 문장과 '하다'가 쓰인 문장의 의미가 유사해 보이는데, 이는 이들 문장의 주체가 어떤 대상에 자격을 부여할 수 있는 권위를 갖고 있기 때문이다. 주체가 권위를 가지고 있으므로 주체가 어떤 대상을 어떤 자격으로서 선택하는 행위 자체가 그 대상에 어떤 자격을 부여하는 행위와 동일해지게 되고, 이에 따라 선택동사가 쓰인 경우와 '하다'가 쓰인 경우가 의미상 별다르지 않게 되는 것이다. 즉 (114ㄴ, ㄷ)에서 '하다'가 쓰인 경우는 자격 지정 선택 구문을 기반으로 하여 선택동사가 올 자리에서 '하다'가 쓰인 것이 아니라 (113)의 자격 지정 과정 구문을 기반으로 하여 지정동사가 올 자리에서 '하다'가 쓰인 것이라고 할 수 있고, 상황의 특성에 힘입어 두 문장의 의미가 거의 동일해 보이게 되었을 뿐이다.

마지막으로 자격 지정 인지 구문을 보자. (115)에서 볼 수 있듯이 인지동사가 쓰일 자리에서 '하다'가 쓰이는 것 역시 제약된다.

(115) 자격 지정 인지 구문

: [NP{인지자}-가 NP{대상}-을 NP{자격}-으로 V{인지동사}]

ㄱ. 그는 감성을 이성의 일종으로 {본다/*한다}.

ㄴ. 우리는 대학을 학문의 장으로 {인식한다/*한다}.

ㄷ. 사람들은 버디영화 속 두 남자의 관계를 동성애 관계로 {해석하기도/*하기도} 한다.

ㄹ. 그는 스스로를 문어로 {느꼈다/*했다}.

ㅁ. 그들은 유럽과 아시아를 하나의 대륙으로 {생각하지/*하지} 않았다.

ㅂ. 그들은 매춘여성을 애인으로 {받아들이지/*하지} 않는다.

　요컨대 자격 지정 구문의 하위 구문 중 서술어 자리에서 '하다'가 가장 제약 없이 쓰이는 구문은 자격 지정 과정 구문이고, 자격 지정 선택 구문이나 자격 지정 인지 구문에서는 서술어 자리에서 '하다'가 쓰이는 일이 제약된다.

　자격 지정 과정 구문 속 서술어 자리에서 '하다'가 자연스럽게 쓰일 수 있는 이유는 자격 지정 구문의 하위 구문 중 자격 지정 과정 구문이 가장 빈번하게 쓰인다는 데에서 찾아 볼 수 있을 것이다. 국어 화자는 'NP-가 NP(대상)-을 NP(자격)-으로'를 들었을 때 자신의 언어 경험에 비추어 자격 지정 과정 구문을 가장 먼저 떠올리게 되고, 이에 따라 그에 후행할 동사로 가장 먼저 지정동사를 떠올리게 된다. 이런 서술어 자리에서 '하다'가 쉽게 도입될 수 있다는 것을 통해 서술어의 예측 가능성과 '하다'의 쓰임 사이에 긴밀한 관계가 있음을 확인할 수 있다.

　한편 자격 지정 선택 구문의 서술어 자리에서 '하다'가 쓰이는 것이 제약되는 이유는 'NP-가 NP(대상)-을 NP(자격)-으로'라는 형식을 접했을 때 가장 먼저 떠오르는 구문은 자격 지정 선택 구문이 아니라 자격 지정 과정 구문이기 때문일 것이다. 'NP-가 NP(대상)-을 NP(자격)-으로' 뒤에 올 요소로 가장 쉽게 떠오르는 것이 지정동사이므로 서술어 자리를 형식적으로 채우는 '하다' 역시 자격 지정 과정 구문을 중심으로 하여 쓰여 온 것이다.

　마지막으로 자격 지정 인지 구문의 서술어 자리에서 '하다'가 쓰이는 것이 제약되는 이유는 'NP-가 NP(대상)-을 NP(자격)-으로'를 단서로 하여 가장 먼저 떠오르는 구문이 자격 지정 과정 구문이기 때문일 수도 있고, 인용 구문을 다루며 언급했던 것처럼 '하다'의 "에너지 발산" 의미와 이 구문의 의미(무엇을 인지하는 상황은 주체의 적극적인 에너지 발산이 요구되는 상황이 아니라 주체에게 삶의 경험을 통해 구축된 인지 구조가 있고 그 구조에 따라 세계를 경험한 '결과'로서의 상황을 나타낸다)가 서로 어울리지 않기 때문일 수도 있다.

요컨대 어떤 구문이 특정 맥락에서 빈번하게 쓰인다면 구문을 이루는 요소의 예측도 그런 맥락과 연계되어 이루어지기가 쉬울 것이다. 자격 지정 구문은 지정동사류와 함께 매우 빈번하게 쓰인다. 이 때문에 'NP-가 NP(대상)-을 NP(자격)-으로'를 들으면 자격 지정 구문의 여러 하위 유형 중 자격 지정 과정 구문이 가장 먼저 떠오르게 되는데, '하다'는 이런 상황에서 가장 빈번하게 쓰여 온 것이다.

서술어 자리에서 어떤 동사가 쓰일 것인지가 예측된다는 것은 곧 그 서술어 자리가 의미적으로 잉여성을 띤다는 것을 뜻한다. 이에 따라 서술어 자리에서 '삼다', '정하다' 등의 실질적인 어휘를 쓰지 않고 의미 내용이 적은 '하다'로 서술어 자리를 형식적으로 채우는 것만으로도 화자의 의사소통 의도를 문제없이 전달하는 발화가 문법적으로 완성될 수 있다.

즉 본고에서는 3.3.2절에서 본 근거들에 기반하여 자격 지정 구문의 하위 구문들이 덩어리로 운용되고 있는 기호적 단위의 자격을 갖는다고 본다. 그리고 서술어 없이도 이 구문을 이루는 명사구들 사이의 관계를 단서로 해서 서술어가 제약적으로 예측되는 경우에, 의미적으로 잉여적인 성격을 띠게 된 서술어 자리에서 포괄동사 '하다'가 쓰이더라도 구문이 갖는 무표적인 사태 의미를 무리 없이 실현할 수 있는 것이라고 본다.

제4장 복합 사태를 나타내는 구문 속의 '하다'

이 장에서는 '하다'가 복합 사태를 나타내는 구문 속에서 쓰이는 경우를 살피고자 한다. '-려고 하다', '-도록 하다'의 '하다'가 그 예로서 관찰될 것이다.

4.1. '-려고' 의도 구문의 '하다'

3.2절에서 살핀 어미 '-고자'는 내포어미 용법으로부터 연결어미 용법으로 기능 확장을 겪었을 가능성이 높음을 보았다. 이제부터 살필 어미 '-려고'는 처음부터 연결어미로서 두 사태를 연결하면서 복합 사태를 나타내기 위해 쓰이던 것이라는 점에서 '-고자'와 차이가 있다. 추정컨대 '-려고'는 '-려 ᄒ고 〉-려코/-려고'와 같은 방향성을 가지고 발달해 온 듯 하다.[1] 즉 '-려고'에는 기원적으로 연결어미 '-고'가 포함되어 있고, 이에 따라 등장 초기부터 전형적인 연결어미로서의 특성을 보이는 것이다. (116)은 17~18세기 자료에서 보이는 '-려고'의 초기 사례인데, 의도를 나타내는 절과 의도를 실현하기 위한 행동을 나타내는 절을 연결하는 기능을 하고 있다.

(116) ㄱ. 집 죵 ᄒ나 명쉬 벗고개 논 <u>갈려고</u> 되가다 〈병자기 206〉

---

1) 이필영(1995)에서도 '-려고'가 '-려 ᄒ고'로부터 왔다는 언급을 하고 있다.

ㄴ. 우흘 혼자 두오와 애뻐 죽ᄉ오시게 <u>ᄒ려고</u> 즉ᄒ여시나 잡을 믈늘
못 어더 애쓰더라 〈서궁일 上:37a〉

ㄷ. 감찰샹궁의 죵 부뎐과 텬복의 죵 옴덕과 듕환의 심복이 되야 ᄒᆞ
가지로 공 일워 <u>나가려고</u> 즉ᄒ여 듀야의 ᄒᆞ가지로 ᄒᆞ며 〈서궁일
上:37b〉

ㄹ. 무ᄉ 일 <u>ᄒ려고</u> 거즛 병탈을 ᄒ고 ᄂᆡ인을 내여 보내여지라 ᄒᆞᄂᆞ
다 〈서궁일 上:55b〉

ㅁ. 단표ᄌ 일납애 쳥녀쟝을 비기 들고 명산을 ᄎᆞ자드러 션지식을
(션지식 불법 아ᄂᆞ 사름이라) 친견ᄒᆞ야 ᄆᆞ음을 <u>불키려고</u> 쳔경만
론을 (쳔경만론 불경이라) 낫낫치 츄심ᄒᆞ야 뉵적을 (눈과 코와
셔와 몸과 귀와 탐심ᄒᆞ니 여섯 도젹이로다) 자부리라 허공마룰
(허공마ᄂᆞ 사름의 ᄆᆞ음이라) 빗기 ᄐᆞ고 마야검을 (불법 아ᄂᆞ 말
이라) 손애 들고 오온산 (ᄆᆞ음과 몸과 오온산니라) 드러가니 〈염
불문_일 29a〉

ㅂ. 몽슝 ᄀᆞᄐᆞᆫ 사암사리 초로 인싱 구디 너겨 쳔셰 밧게 <u>사ᄅᆞ랴고</u> 무
ᄒᆞᆫ탐심 닐와드니 〈염불문_일 44a〉

ㅅ. 소망ᄉ를 <u>일우려고</u> 불경젼을 일우오며 지셩으로 독숑ᄒᆞ면 부동
국의 난다ᄒᆞ며 〈인과곡 슈션곡:3a〉

이 절에서는 이처럼 처음부터 연결어미의 자격을 갖는 '-려고' 뒤에서
'ᄒᆞ다'가 쓰이게 되는 과정에 대해 추정해 보고자 한다. 그에 앞서 '-려
고'의 발달 과정을 추정하면서 '-려고' 구문의 특성 몇 가지에 대해 언급
할 것이다.

4.1.1. '-려고'가 관여하는 구문의 특징

4.1.1.1. '-려고'의 발달 과정

앞서 언급했듯 '-려고'에는 어미 '-(오)려'가 포함되어 있을 가능성이 높으므로 우리는 먼저 '-(오)려'의 특성에 대해 살필 필요가 있다. 그런데 중세국어에서 '-(오)려'는 '-고져'와 마찬가지로 내포어미적인 성격을 보이는 경우가 종종 보인다.

(117) ㄱ. 이바딜 머구리라 새옴 ᄆᆞᅀᆞᆷ을 낸대 닐웨를 숨엣더시니 <u>供養</u>을 ᄒᆞᅀᆞ<u>보려</u> 됴ᄒᆞᆫ ᄆᆞᅀᆞᆷ을 낸대 <u>卽</u>時예 나ᅀᅡ오시니 〈월인천 上:39b〉

ㄴ. <u>究竟覺</u>은 알핏 <u>根原</u>에 니르디 몯ᄒᆞ야 ᄭᅮ멧 <u>念</u>이 다ᄋᆞ디 몯ᄒᆞ야 이 뮈유믈 <u>滅</u>호려 <u>求</u>ᄒᆞ며 뎌 ᄀᆞ새 가려 ᄇᆞ라니와 (<u>究竟覺者</u> 前未至源 夢念未盡 求滅此動 <u>望到彼岸</u>) 〈원각경 7 下1의2:37b〉

ㄷ. 됴히 잇거라 나도 빅단 가지 이리 이셔도 사랏다 너희를 보려 ᄇᆞ라고 인노라 〈순천김 90〉

ㄹ. ᄯᅩ 디나건 <u>因</u> 펴샤믈 <u>因</u>ᄒᆞ야 이에 <u>法性覺</u> <u>自在</u> <u>三昧</u>ᄅᆞ <u>得</u>ᄒᆞ야 <u>能</u>히 <u>過去</u> 부텻 <u>法藏</u>을 싱각ᄒᆞ며 ᄯᅩ <u>本來</u> 녯 <u>디뉴려</u> <u>願</u>턴 <u>因</u>을 아니라 (又叙往因ᄒᆞ야 於是예 得法性覺自在三昧ᄒᆞ야 能憶過佛法藏ᄒᆞ며 又識本昔<u>願持</u>之因也ᄒᆞ니라) 〈법화경 4:59a〉

ㅁ. <u>眞</u> 아니로 <u>眞</u>에 도라가려 <u>求</u>ᄒᆞ면 드위힐훠 妄이 일ᄲᅥ 이런ᄃᆞ로 니ᄅᆞ샤ᄃᆡ 드위힐훠 아닌 <u>相</u>이 이다 ᄒᆞ시니 (以非眞而<u>求復於眞</u>ᄒᆞ면 則宛轉成妄홀ᄉᆡ 故로 曰宛成非相이라 ᄒᆞ시니) 〈능엄언 7:74b〉

ㅂ. 이 <u>楞嚴定力</u>을 브터 알핏 <u>願心</u>을 <u>結</u>ᄒᆞ야 <u>究竟</u>ᄒᆞ야 내죵내 믈러듀미 업수려 제 <u>盟誓</u>ᄒᆞ니 (此ㅣ <u>依楞嚴定力</u>ᄒᆞ야 結前願心ᄒᆞ야 <u>自誓</u>究竟ᄒᆞ야 <u>畢無退墮</u>ᄒᆞ니) 〈능엄언 3:117b〉

(117)에서 실선으로 밑줄을 친 내용과 점선으로 밑줄을 친 내용은 '의도'와 '그 의도를 실현하기 위한 행동'의 관계에 있다기보다는 '사유내용'과 '사유행위'의 관계에 있다. 즉 이런 경우에 '-(오)려'가 관여하는 구문은 사유 인용 구문의 일종으로서의 특성을 보이고 있는 것이다. 아래와 같이 인용 구문 같은 성격을 보다 분명히 보여 주는 사례들도 볼 수 있다.

(118) ㄱ. 흔 王은 發願호딕 佛道를 어셔 일워 이 무를 度脫ㅎ야 나믄 것 업게 호려 ㅎ고 흔 王은 發願호딕 罪苦를 몬져 度脫ㅎ야 安樂ㅎ야 菩提예 니를에 몯ㅎ면 내 乃終내 成佛코져 願티 아니호리라 ㅎ니라 〈월인석 21:51b〉(cf. 一王發願 早成佛道 當度是輩 令使無餘 一王發願 若不先度 罪苦 令是安樂 得至菩提 我終未願成佛)

ㄴ. 王이 니ᄅ샤딕 내 처엄 發意호딕 一切 衆生을 다 濟度호려 호라 〈월인석 11:4a〉(cf. 王時語鷹 我前受此 非是汝受 我初發意時受此 一切衆生皆欲度之)

ㄷ. 許梅 侍病호ᄆᆯ 지그기 ᄒᆞ더니 남지니 죽거늘 盟誓호딕 두 남진 아니호려 코 싀어미를 더욱 효도ᄒᆞ더니 (梅奉之彌篤夫死誓不二事 姑愈孝) 〈속삼강 烈:4a〉

ㄹ. 집 사ᄅᆞᆷᄃᆞ려 여흴 저긔 밍셰호딕 어미옷 보디 몯ㅎ면 다시 도라오디 아니호려 ㅎ더니 (與家人訣호딕 誓不見母ㅎ면 不復還호리라) 〈번소학 9:34b〉

이는 중세국어의 '-고져'가 간접인용문 위치에서 쓰여 상위문 주어의 소망·의도의 내용을 나타내는 것이 주된 기능이었던 것과 유사하다. 다만 중세국어의 '-고져'는 연결어미로서 기능하는 사례가 극히 드물었는데, '-(오)려'는 '-고져'에 비하면 연결어미로서 기능하는 사례가 좀 더 많이 보인다는 점이 특징적이다. '-고져'의 경우 연결어미로 쓰인 예가 전체의 0.2%를 차지했다면, '-(오)려'는 전체의 5.6%가 연결어미로 쓰인 예이다. [표 18]과 [표 19]를 비교해 보자.

[표 18] 중세국어 자료에서 '-고져' 후행 요소의 유형 빈도

'-고져' 후행 요소		빈도
내포어미	ᄒᆞ다	1,170 (87.9%)
	爲ᄒᆞ다	3 (0.2%)
	사유동사(너기다, ᄇᆞ라다, 식브다, ᄉᆞ랑ᄒᆞ다, 스치다, 思憶ᄒᆞ다, 願ᄒᆞ다, 發願ᄒᆞ다, 願樂ᄒᆞ다, 盟誓ᄒᆞ다, 求ᄒᆞ다, 빌다)	149 (11.2%)
연결어미	소망 실현을 위한 행동을 나타내는 절	3 (0.2%)
종결어미	'-ㅅ'(속격조사), '-ㄴ' 또는 없음	6 (0.5%)
	총계	1,331

[표 19] 중세국어 자료에서 '-(오)려' 후행 요소의 유형 빈도

'-(오)려' 후행 요소		빈도
내포어미	ᄒᆞ다	757 (90.2%)
	말다('ᄒᆞ다'가 생략된 예)	10 (1.2%)
	사유동사(盟誓ᄒᆞ다, 求ᄒᆞ다, 願ᄒᆞ다, 誓願ᄒᆞ다, ᄇᆞ라다, 너기다, 겨규ᄒᆞ다 등)	21 (2.5%)
연결어미	의도 실현을 위한 행동을 나타내는 절	47 (5.6%)
종결어미	'-ㅅ'(속격조사), '-ㄴ' 또는 없음2)	3 (0.4%)
기타	비릇다3)	1 (0.1%)
	총계	839

---

2) 이 부류에 포함한 예문은 다음과 같다.
　ㄱ. 法門 無邊 等은 四弘誓中에 둘헤 마키니 알픽 輪廻 그추믈 묻ᄌᆞ오샤미 ᄒᆞ마 煩惱 無邊을 <u>그추려</u> 誓願에 當ᄒᆞ고 이제 菩提 닷곰 묻ᄌᆞ오샤미 正히 이 無上 佛道를 <u>일우려</u> 誓願이니 (疏法門無邊等者 配四弘誓中之二也 菩薩初發心時 必具此四 今 依願修道 豈得離之 前問斷輪廻已當煩惱無邊誓願斷 今問修菩提正是無上佛道誓願 成) 〈원각경 7 下1의1:5b〉
　ㄴ. 언쇠 아ᄎᆞᆫ섯나래 형과 아ᄌᆞ미 쳥ᄒᆞ여 수을 이바ᄃᆞ며 닐우ᄃᆡ 아릭 셰간 <u>논호려</u> ᄆᆞᆷ미 아니러니 (彦霄 因除夕置酒 邀兄嫂而告之曰向者 初無分爨意) 〈이륜행_옥 21a)
3) '비릇다'가 후행하는 경우의 '-(오)려'는 내포어미 또는 연결어미로 판정하기가 어려워서 일단 기타로 포함해 두었다. 사례는 아래와 같다.
　여듧 가지는 아히 <u>나호려</u> 비르서 당시 몯 미처 나셔 졔쳐의 가 블샹ᄒᆞᆫ 것 본 사ᄅᆞ미 산슈ᄒᆞᄂᆞᆫ 듸 오면 아기옷 몯 미처 나시면 어미 죽고 아기옷 나시면 아기 죽ᄂᆞ니이다

자료의 한계로 분명히 알 수는 없지만, '-(오)려'도 '-고져'와 마찬가지로 본래 내포어미적인 성격을 강하게 띠다가 점차 연결어미 용법을 획득하게 된 것일 가능성이 있다. 이렇게 본다면 '-(오)려 ᄒ다'의 'ᄒ다'는, '-고져 ᄒ다'에서의 'ᄒ다'와 마찬가지로 '-(오)려'가 관여하는 사유 인용 구문 속에서 예측 가능성에 기반하여 의미적으로 잉여성을 띠게 된 사유동사 자리를 형식적으로 채운 요소일 수 있다.

'-(오)려 ᄒ다'가 어떻게 해서 구성된 것이든 간에, 어미 '-려고'는 '-(오)려 ᄒ고'로부터 발달했을 가능성이 높다. 자료를 통해 '-(오)려 ᄒ고'가 '-려고'로 발달할 만한 연결 맥락을 종종 볼 수 있다는 것이 그 근거가 된다. 그런데 중세국어 자료에서 '-(오)려 ᄒ고'의 예는 번역어체·격식체 자료에서와 일상어체 자료에서 좀 다른 성격을 보이며 나타난다. 먼저 번역어체·격식체 자료에서는 (118)에서 보았던 것처럼 인용 구문의 성격을 띠는 '-(오)려 ᄒ고'가 많이 보인다는 점이 특징적이다 (119ㄱ~ㄹ). 인용 구문의 일부로서의 '-(오)려 ᄒ고'가 어미 '-려고'로 발달하지 못할 이유는 없지만, (119ㄱ~ㄹ)을 비롯하여 중세국어 번역어체·격식체 자료에서는 인용 구문의 일부로서 쓰인 '-(오)려 ᄒ고'를 '-려고'로 대치해도 무방한 예가 거의 보이지 않는다. 또한 인용 구문의 성격을 띠지 않는 '-(오)려 ᄒ고'의 사례들도 있는데, 이런 사례 역시 어미 '-려고'로 발달할 수 있을 만한 맥락에서 쓰인 것이 아니다(119ㅁ~ㅂ). 즉 중세국어의 번역어체·격식체 자료에서는 '-려고'로 발달할 만한 '-(오)려 ᄒ고'의 예를 찾아보기 어렵다.

(119) ㄱ. ᄒ 王은 發願ᄒ오ᄃᆡ 佛道를 어셔 일워 이 무를 度脫ᄒ야 나ᄆᆞᆫ 것 업게
　　　　호려 ᄒ고 ᄒ 王은 發願ᄒ오ᄃᆡ 罪苦를 몬져 度脫ᄒ야 安樂ᄒ야 菩提예

(八者初産子母未分令諸不祥見産生處未分解者能令母死已分解者令童子死) 〈장수경 44b〉

니를에 몬ᄒᆞ면 내 乃終내 成佛코져 願티 아니호리라 ᄒᆞ니라 〈월인석 21:51b〉(cf. 一王發願 早成佛道 當度是輩 令使無餘 一王發願 若不先度 罪苦 令是安樂 得至菩提 我終未願成佛)

ㄴ. 뎌 衰老相이 머리 셰오 ᄂᆞ치 살찌며 니 셩긔오 얼구리 이운 ᄃᆞᆯ 보아 ᄌᆞ구미 아니 오랄 ᄄᆞᆯ 念ᄒᆞ야 내 이제 반ᄃᆞ기 ᄀᆞᄅᆞ쳐 道果ᄅᆞᆯ 得게 호려 코 즉재 爲ᄒᆞ야 方便으로 涅槃 眞實法을 닐오ᄃᆡ (見彼 衰老相이 髮白而面皺ᄒᆞ며 齒疎ᄒᆞ고 形이 枯竭ᄒᆞᆫ ᄃᆞᆯ ᄒᆞ야 念其死 不久ᄒᆞ야 我今應當敎ᄒᆞ야 令得於道果케 호려 코 卽爲方便으로 說 涅槃眞實法호ᄃᆡ) 〈법화경 6:17a〉

ㄷ. 許梅 侍病호ᄆᆞᆯ 지그기 ᄒᆞ더니 남지니 죽거늘 盟誓호ᄃᆡ 두 남진 아니호려 코 싀어미ᄅᆞᆯ 더욱 효도ᄒᆞ더니 (梅奉之彌篤夫死誓不二事 姑愈孝) 〈속삼강 烈:4a〉

ㄹ. ᄒᆞᆫ 션븨 병ᄒᆞ여 주글 제 은늘 니며니 주며 닐우ᄃᆡ 겨틧 사ᄅᆞᆷ미 모르ᄂᆞ니 그디 이 은늘 날 송장애 ᄡᅳ고 남거든 그듸 가졋셔 니며니 그리호려 코 송장ᄒᆞᆫ 후에 가마니 그 은늘 곽 아래 녀코 가니 (勉許諾既葬密置餘金棺下) 〈이륜행_옥 38a〉

ㅁ. 녜 사ᄅᆞᆷ미 닐우ᄃᆡ 하늘히 곡식글 내요믄 졍히 ᄇᆡᆨ셩의 주우리ᄆᆞᆯ 구호려 코 하늘히 가ᄋᆞ면 집블 복 주샤미 졍히 가난ᄒᆞ니 가ᄋᆞ며 니 서르 ᄌᆞ뢰케 ᄒᆞ시ᄂᆞᆫ ᄃᆡ니 (先儒曰天生五穀ᄒᆞᆫ 正救百姓ᄋᆞ 飢厄 伊고 天福富家ᄒᆞᆫ 正欲貧富相資尼) 〈정속언 27b〉

ㅂ. 孔子ㅣ ᄀᆞᄅᆞ샤ᄃᆡ 中道ᄅᆞᆯ 得ᄒᆞ야 與티 몯홀 ᄯᅵ댄 반ᄃᆞ시 狂이며 獧인뎌 狂ᄒᆞᆫ 者ᄂᆞᆫ 進ᄒᆞ야 取호려 ᄒᆞ고 獧ᄒᆞᆫ 者ᄂᆞᆫ ᄒᆞ디 아닐 빼 잇다 ᄒᆞ시니 (孔子ㅣ 不得中道而與之ㄴ댄 必也狂獧乎ㅣ녀 狂者ᄂᆞᆫ 進取오 獧者ᄂᆞᆫ 有所不爲也ㅣ라 ᄒᆞ시니) 〈맹자언 14:27b〉

반면에 중세국어의 일상어체 자료인 〈순천김씨언간〉에서는 어미 '-려고'로 발달할 수 있을 만한 맥락과(120ㄱ, ㄴ) 그렇지 않은 맥락을

(120ㄷ, ㄹ) 함께 볼 수 있다. 이를 통해 어미 '-려고'가 일상어체를 중심으로 하여 발달하고 있었음을 짐작할 수 있다.

(120) ㄱ. 원간 슈ᄂ게 어더 <u>보내려 코</u> 가시니라마ᄂ 업섯도다 〈순천김 16〉

ㄴ. 츈개 ᄉ실 니ᄅ고 <u>드려오려 코</u> 가니 〈순천김 88〉

ㄷ. 딘 ᄲᆞ를 <u>보내려 코</u> 니저 옥쉬 갈 제 몯 보내 〈순천김 98〉

ㄹ. 모ᄃᆡ〃 최소니 갈 제 가 ᄎᆞ려 오라 <u>호려 코</u> 니ᄌᆞ니 〈순천김 99〉

17세기 자료에서부터는 문체를 불문하고 어미 '-려고'로 발달할 수 있을 만한 '-려 ᄒ고', '-려 코'가 종종 보인다. 어미 '-려고'로 발달할 수 있을 만한 맥락이란, '-려 ᄒ고', '-려 코'의 앞에는 의도 내용이 나오고, 뒤에는 의도를 품은 사람이 그 의도를 실현하기 위해 하는 행동이 나오는 맥락을 말한다. (121ㄱ~ㄴ)은 번역어체·격식체 자료의 예이고, (121ㄷ~ㅇ)은 일상어체 자료의 예이다.

(121) ㄱ. 이 약은 급흔 병을 <u>구ᄒ려 코</u> 믄득 ᄡᆞᆯ 때예 ᄡᅳ기 극히 어려오니 (此藥救急遽用時化開極難) 〈납약증 5a〉

ㄴ. <u>노리ᄒ려 코</u> 냄 내다 (出分資) 〈역어유 下:52b〉

ㄷ. 오후의 일봉이 셔울 두림 ᄃᆞ려 갓더니 저ᄂ 과거 보고 인ᄒᆞ여 뎌리 <u>드러가려 코</u> 아니 와시니 섭섭만만타 〈병자기 196〉

ㄹ. 날 <u>보려 코</u> 잇다 ᄒᆞ니 더옥 고마와 ᄒᆞ뇌 〈현풍곽 21〉

ㅁ. 자내 <u>보려 코</u> 가시니 머리 쮜우고 그리매를 스게 ᄒᆞ소 〈현풍곽 64〉

ㅂ. 힝혀 그 사름이 도로 <u>므르려 코</u> 오나ᄃᆞᆫ 무명 도로 주게 되거든 내 ᄒᆞ여 준 글워를 도로 밧고 제 무명을 주게 ᄒᆞ소 〈현풍곽 86〉

ㅅ. 므슴 일 <u>ᄒᆞ랴 코</u> 거즛 병탈ᄒᆞ고 ᄂᆡ인 내여 보내여다라 ᄒᆞᄂᆞ니 〈계축일 형 下:22a〉

ㅇ. ᄆᆞ양 다든 문으로 와셔 제 누의 긔별 드르려 코 디내혀 ᄃᆞ니더니

〈서궁일 上:36b〉

이제까지 제시한 자료를 토대로 보건대 중세국어의 일상어체에서부터 '-려 ᄒᆞ고'가 '-려고'로 발달할 만한 맥락이 구성되고 있었으며 17세기부터는 그러한 맥락이 더욱 빈번해졌고, 이런 맥락이 주로 일상어체에서 나타나는 만큼 '-려고'로의 형식적 축약도 빈번하게 경험되어 결과적으로 새로운 어미 '-려고'가 등장하게 되었을 것임을 짐작할 수 있다.

4.1.1.2. '-려고'의 지위

앞서 언급했듯 어미 '-(오)려'는 기원적으로 내포어미적인 성격을 띤 것이었을 가능성이 있으나, '-(오)려 ᄒᆞ고'로부터 발달한 '-려고'는 연결어미 '-고'를 포함하고 있는 만큼 쓰임의 초기부터 분명하게 연결어미로서의 성격을 보인다. '-려고'의 예는 (116)에서 제시했던 것과 같이 17세기부터 보이기 시작하고, 의도를 나타내는 절과 의도를 실현하기 위한 행동을 나타내는 절을 연결하는 기능을 하는 것으로 나타난다.

'-려고' 뒤에 'ᄒᆞ다'나 사유동사류가 오게 되는 것은 '-려고'의 등장보다 좀 더 이후의 일이다. 19세기 후반 자료에서부터 그런 예가 보이기 시작하는데, (122)는 '-려고' 뒤에 'ᄒᆞ다'가 온 사례이고, (123)은 '-려고' 뒤에 사유동사류가 온 사례이다. 특히 (123)의 사례는 본래 연결어미로서의 지위만을 가졌던 '-려고'가 시간이 흐르면서 내포어미 같은 성격도 띠게 되어 왔음을 보여 준다.

(122) ㄱ. 긔독도ㅣ 굴ᄋᆞ듸 누구를 밋고 텬셩으로 향ᄒᆞ야 가랴고 ᄒᆞᄂᆞ냐

〈천로역 下:151b〉

ㄴ. 日本은 國會 議案을 因ᄒᆞ야 海軍을 擴張ᄒᆞ랴고 ᄒᆞᄂᆞ데 五六年 內

로 軍艦 四十餘隻을 新造ᄒ랴고 歐洲 某器械所에 托結ᄒ얏다 ᄒ
니 〈독립보 3:18〉

ㄷ. 그것만 밋고 총리 대신 노릇도 <u>ᄒ랴고</u>ᄒ고 각젼 시졍 노릇도 <u>ᄒ
랴고</u>ᄒ며 륙군 대쟝 노릇도 <u>ᄒ랴고</u>ᄒ고 빅셩 다ᄉ리ᄂ 법관 노릇
도 <u>ᄒ랴고</u>ᄒ즉 〈독립신 1896.4.25:1〉

(123) ㄱ. 경무쳥에셔 그아비 박린영은 죄가 업다고 노왓스나 그아들 셩태
은 무슴 ᄉ닭으로 <u>잡으랴고</u> <u>싱각지도</u> 안ᄒᄂ지 알슈 업더라 〈독
립신 1896.6.25:2〉

ㄴ. 죠샹이 못 ᄒ던 학문을 기여히 빅화 슈신 졔가 치국 ᄒ기를 즈긔
의 션뷔들 보다 몃빈가 낫게 <u>ᄒ랴고</u> <u>ᄆᆷ을 먹어도</u> 그네들 만큼
홀넌지 못 홀넌지 모로ᄂ듸 〈독립신 1896.7.25:1〉

ㄷ. 죠션 대군쥬 폐하씌셔 죠션을 아죠 ᄀ명 ᄒ야 나라를 강 ᄒ게 ᄒ
고 문명 진보 ᄒ거슬 <u>힘쓰시랴고</u> <u>결심</u> ᄒ신 ᄉ닭에 허망 ᄒ고 녯
젹 풍쇽을 차차 업시시고 실샹 일만힝 ᄒ신다니 우리ᄂ 경츅히
싱각 ᄒ노라 〈독립신 1896.8.4:1〉

ㄹ. 회를못치고 린일 졔물포로 써나 쟝ᄎ 쳥국으로 <u>향ᄒ랴고</u> 쟉뎡ᄒ
엿더니 〈매신문 1898.9.2:4〉

4.1.2. 덩어리로서의 '-려고' 의도 구문

이제 본고의 관심사인 '-려고 하다'의 문제로 돌아가 보자. 현대국어
의 '-려고 하다'는 상황에 따라 세 가지 의미를 갖는 것으로 보인다. 첫
째는 (124)와 같이 주어의 의도만 부각하는 '-려고 하다'이고, 둘째는
(125)와 같이 주어가 의도를 실현하기 위해 행동함을 나타내는 '-려고
하다'이다. 셋째는 '비가 오려고 한다'에서 볼 수 있는 "예정"의 '-려고 하
다'인데, 이는 의도의 '-려고 하다'가 성립한 후에 발달한 것으로 보이므

로 논외로 한다.

(124) ㄱ. 난 오늘 집에 일찍 가려고 해. (주어의 의도만을 나타냄)

　　　 ㄴ. 난 오늘 집에 일찍 가려고.

(125) ㄱ. 난 요즘 매일 운동을 하려고 해. (주어가 자신의 의도를 실현하기
　　　　　 위한 행동을 하고 있음)

　　　 ㄴ. *난 요즘 매일 운동을 하려고.

　먼저 (124)를 보자. (124ㄱ)의 '하다' 자리에서 쓰일 법한 실질동사로
는 '생각하다' 정도가 떠오른다. 즉 (124ㄱ)은 주어가 의도를 품고 그 의
도를 실현하기 위한 행동을 한다는 뜻이 아니라 주어가 의도를 품었다
는 것만을 나타낸다. 이런 경우의 '하다'는 문장의 시제가 현재시제이면
서 청자 높임의 등급이 해체나 해요체[4]인 경우에 (124ㄴ)과 같이 생략
되기도 한다. '하다'가 생략되든 그렇지 않든 주어의 의도만을 부각한다
는 점은 동일하다.

　반면에 (125ㄱ)의 '하다' 자리에서 쓰일 법한 실질동사로는 '노력하
다', '애쓰다' 같은 것이 떠오른다. 즉 (125ㄱ)은 주어가 의도를 품었다는
것만을 나타내는 것이 아니라 주어가 의도를 품고 그 의도를 실현하기
위한 행동을 한다는 뜻을 갖는다는 점에서 (124ㄱ)과 의미가 다르다.
이런 경우의 '하다'는 생략하면 (125ㄴ)처럼 어색해지거나 뜻이 달라진
다. "노력하고 있다"라는 뜻이 사라지고 주어의 의도만이 부각되기 때
문이다. 이는 앞서 살핀 '-고자 하다'는 주어의 소망만을 나타낼 뿐 주어
가 소망을 이루기 위해 의도적 행동을 하고 있음을 나타내지는 않았던
것과 대비된다. '-고자 하다'는 '-려고 하다'와 비슷한 의미를 지니는 경

---

4) 해요체인 경우에는 '-려고요' 형식으로 쓴다.

우가 많지만 (125ㄱ)에서는 '-려고 하다' 대신 '-고자 하다'를 쓰면 의도적 행동을 하고 있다는 의미가 사라지면서 의미가 달라지는 것이다.

두 경우 모두에서 '하다'는 의미적으로 잉여성을 띠게 된 서술어 자리를 형식적으로 채우는 기능을 하고 있는 것으로 보인다. 다만 전자의 경우는 사유동사가 쓰일 법한 자리를 '하다'로 채운 것으로, 이때의 '-려고'는 내포어미로서의 성격을 띤다. 반면에 후자의 경우는 의도적 행동을 나타내는 절이 올 법한 자리를 '하다'로 채운 것으로, 이때의 '-려고'는 연결어미로서의 성격을 띤다. 이 장에서는 복합 사태를 나타내는 구문 속에서 쓰이는 '하다'를 살피는 데 목적을 두고 있으므로 연결어미로서의 '-려고'가 관여하는 후자의 '-려고 하다'에 대해서만 살필 것이다.

본고에서는 3장을 통해 주장해 온 바와 마찬가지로 '-려고' 의도 구문이 형식 연쇄에 의미가 연합된 덩어리 기호 단위이고, 이 덩어리 중 일부분만 언급하더라도 그것을 단서 삼아 '-려고' 뒤에 어떤 내용이 올 것인지를 알 수 있기 때문에 의미적으로 잉여성을 띠게 된 자리를 '하다'로 형식적으로 채울 수 있게 된 것이라고 본다. 다만 국어 화자는 '-려고' 뒤에 오는 내용이 "의도를 실현하기 위한 행동(의도적 행동)"이라는 것을 추상적으로 아는 것일 뿐, '-려고' 뒤에 올 만한 소수의 제한된 동사가 있어서 그것이 무엇인지를 구체적으로 예측할 수 있는 것은 아니다. 이 점은 3장에서 다루었던 사례들이 갖는 속성과 다르다. 그렇더라도 "의도적 행동"이 올 것이라는 점을 예측할 수 있으므로, 그 행동이 무엇인지를 구체적으로 언급할 필요가 없는 상황이라면 후행절이 올 자리를 '하다'로 형식적으로 채울 수 있을 것이다.

이런 본고의 주장을 증명하기 위한 과정으로서 이 절에서는 '-려고' 의도 구문이 덩어리 지식으로서 화자들의 마음속에 존재한다는 정황과 증거를 보이고자 한다.

4.1.2.1. '-려고' 의도 구문의 형식적 고정성

17~19세기 자료[5]에서 '-려고'가 쓰인 문장의 문형을 정리해 보면 아래와 같다. '-려고' 뒤에서 'ᄒ다'가 쓰이게 되는 과정을 추적하기 위한 것이므로 '-려고' 뒤에 'ᄒ다'가 오는 경우는 제외하였다. 또 "의도적 행동"을 나타내는 절이 올 자리를 채우는 'ᄒ다'에 대해 살피려는 것이므로 '-려고' 뒤에 사유동사가 오는 경우는 제외하였다.

[표 20] 17~19세기에 '-려고'가 쓰인 문장의 문형과 빈도

	문형	빈도
①	(NP(행위자)-가) S(의도내용)-려고 VP(의도적 행동)	151 (89.9%)
②	S(의도내용)-려고 NP(행위자)-가 VP(의도적 행동)	14 (8.3%)
③	S(의도내용)-려고 S(피동적 상황)	3 (1.8%)
	총계	168

문형 ①은 전체 문장의 주어가 문두에 나오는 경우이고, 문형 ②는 'VP(의도적 행동)'의 앞에 나오는 경우이다. 문형 ③의 예는 (126)에 제시하였다. 문형 ③은 상황을 피동적으로 나타내는 절이 후행절로 나와서 결과적으로 선행절과 후행절의 주어가 달라진다는 점이 특이하다. 하지만 이 예들에서 후행절이 나타내는 상황을 유발하는 행동주는 선행절의 주어와 동일하다. 다만 선행절은 능동적으로 표현하고 후행절은 피동적으로 표현한 것으로 볼 수 있다.[6]

(126) ㄱ. 빅셩들이 ᄌ유권을 차지랴고 난이 니러나 그옥을 부수고 민쥬국이 되던 날이라 〈독립신 1896.7.16:2〉

---

5) 총 168개의 사례 중 95% 이상이 19세기 말 자료에서 추출되었다.

6) 세종 문어 말뭉치에서도 '이것은 수입자의 경제적 목적을 이루지 못한 것에 대한 손해를 구제하려고 마련된 제도이다.' 같은 예를 볼 수 있다.

ㄴ. 궁녁부 쇼쇽들이 일졔히 쇼리를 지르고 회게과쟝 오현긔씨를 난
답ᄒ려고 욕셜이 무슈ᄒ지라 〈매신문 1898.4.29:2〉

ㄷ. 하모의 말이 그돈을 논화 물어야 올흔이 내집 문셔를 돈 되신으
로 안씨의게 주노라 ᄒᆡᆼ엿더니 희군에셔 그돈을 차지랴고 졍쇼가
되엿ᄂ딕 〈매신문 1898.8.27:4〉

본고에서는 이 중 90%에 가까운 사례가 [NP{행위자}-가 S{의도내용}-
려고 VP{의도적 행동}]이라는 일관된 형식으로 나타나면서 의도를 가지
고 행동하는 사태를 나타내고 있다는 점에 주목한다. 이처럼 일관된 형
식이 의도를 가지고 행동하는 사태를 의미하면서 빈번하게 쓰일 때, 그
런 언어 경험을 토대로 하여 [NP{행위자}-가 S{의도내용}-려고 VP{의도
적 행동}] 형식에 "의도를 가지고 행동하는 사태"라는 의미가 연합된 덩
어리 구문이 구축될 수 있기 때문이다.

이뿐 아니라 [NP{행위자}-가 S{의도내용}-려고 VP{의도적 행동}] 중
'VP{의도적 행동}' 자리에서 쓰이는 요소에서도 어떤 경향성을 발견할
수 있다. 17~19세기 자료에서 '-려고'에 후행하는 "의도적 행동"의 유형
을 분류해 보면 아래와 같다.

[표 21] '-려고'에 후행하는 "의도적 행동"의 유형

'-려고' 후행 요소의 의미		빈도	사례
의도 달성을 위한 일반적 행위	이동하다	34	그 문권을 찾즈랴고 도로 갈식 〈천로역 上:46b〉 隣國 ᄉᆞᄅᆞᆷ이 잡으랴고 좃츠오ᄂ 밋지 못ᄒ지라 〈국소학 29a〉
	요청하다	11	경무청 총슌 리슈봉씨가 ᄉ관 학도로 공부를 힘써 ᄒ랴고 청원셔를 ᄒ야 총슌이 갈닌다더라 〈독립신 1896.10.15:2〉 그 남은 열 두명은 인천 감리 리직정씨가 보호식ᄒ라고 효금을 너부에 청구 ᄒ엿다더라 〈독립신 1896.12.24:2〉
	노력하다	11	아모 조록 싸홈 안 나도록 일을 죠쳐ᄒ랴고 뎨일등 구라파 각국 졍부들이 미우 이들을 쓰더라 〈독립보 3:10〉 그런고로 ᄉᆞᄅᆞᆷ 마다 아모쪼록 국법에 범치 안ᄒ랴고 힘을 쓴즉 〈독립신 1896.7.11:2〉

	일하다	5	남대문안 큰 길에다 쟝을 뵈이니 모양이 대단 챵피 ᄒ기로 션혜쳥 안에 뵈운 싸흐로 그 쟝을 옴기랴고 <u>한성부에서 경영ᄒ다더라</u> 〈독립신 1896.11.28:2〉 지금 북경 딕궐안에서 덕국 친왕 헌릐씨를 딕졉ᄒ려고 <u>쥰비를 차리ᄂᆞᆫᄃᆡ</u> 〈매신문 1898.4.15:3〉
	시도하다	2	이거슬 보면 죠션 사름들도 일을 ᄒ랴고 <u>들거드면</u> 일이 되ᄂᆞᆫ거시라 〈독립신 1896.11.24:1〉
	계획하다	2	ᄯᅩ 本國(卽 英國)의 砲兵 三大隊를 南阿에 派遣케 ᄒ랴고 <u>計劃ᄒ다</u> 하니 〈독립보 11:21〉
기타 구체적 행위		103	션지식을 친견ᄒ야 ᄆᆞ음을 볼키려고 <u>쳔경만론을 낫낫치 츄심ᄒ야</u> 〈염불문 일 29a〉 무슨 연고로 활을 벼품고 그물에 주부랴고 <u>찾는고</u> (何故張弓捕網尋고) 〈명성경 21b〉

17~19세기 자료에서 '-려고'에 "의도적 행동"이 후행하는 사례는 총 168개인데, 이 사례들 중 약 39%에서 그 "의도적 행동"이 "이동", "요청", "노력" 등으로 유형화될 수 있었다. 즉 [NP(행위자)-가 S(의도내용)-려고 VP(의도적 행동)]의 'VP(의도적 행동)' 자리에서는 의도를 달성하기 위한 행동을 나타내는 것이라면 어떤 것이든 쓰일 수 있지만, 실제로는 완전히 제각각으로 나타나는 것은 아니고 몇 가지로 유형화될 수 있는 요소들이 꽤 자주 쓰여 일반화될 만한 경향성을 보이는 것이다. 3장에서 다룬 구문들 속 서술어 자리에서 어떤 동사가 쓰일 것인지에 대해 아주 쉽게 예측할 수 있었던 것에 비교해 보면 연결어미로서의 '-려고' 뒤에 오는 요소는 매우 개방된 집합을 이루고 그만큼 구체적인 예측이 어렵기는 하지만, 그래도 얼마간 유형화될 수 있는 성격을 보이는 것이다. 이처럼 구조적, 의미적으로 일반화할 수 있을 만한 성격을 띠는 개별적인 사례들이 빈번히 경험되며 누적되면 [NP(행위자)-가 S(의도내용)-려고 VP(의도적 행동)] 형식에 "의도를 가지고 행동하는 사태"라는 의미가 연합한 구문이 구성될 수 있을 것이다.

4.1.2.2. 덩어리로 변화를 겪는 현상

'-려고' 의도 구문이 덩어리로 처리되는 단위라는 것에 대한 보다 강력한 증거는 '-려고' 의도 구문으로부터 "예기" 의미가 발달하는 현상을 통해 볼 수 있다. '-려고'는 "의도내용"과 "의도적 행동"을 연결하는 데 쓰일 뿐 아니라 (127)과 같이 "예기적(豫期的) 현상"과 "전조적(前兆的) 현상"을 연결하는 데 쓰이기도 한다.

(127) ㄱ. 소나기가 오려고, 먹구름이 모여든다. (김재윤, 1980:7)

ㄴ. 나무가 쓰러지려고, (나무가) 흔들흔들한다. (김재윤, 1980:7)

ㄷ. 반가운 손님이 오려고 까치가 운다. (윤평현, 1988:192)

ㄹ. 국화꽃이 피려고 간밤엔 무서리가 내렸다. (윤평현, 1988:192)

최재희(1992)에서는 (127)과 같은 사례의 발달 과정에 대해 다음과 같이 언급하였다. '-려고'가 절을 의도 관계로 접속하는 기능을 할 때, 실제로는 후행절이 나타내는 내용이 수행된 다음에 선행절이 나타내는 내용이 예기된다. 이러한 특성이 확대되어, 어떤 행위의 ("의도"와 무관한) 예기적 요소를 보여 주고자 할 때에도 '-려고' 구문을 사용하게 된다는 것이다.

본고에서도 이와 같은 해석에 동의하는 바이다. 다만 화자가 자신의 의도와 의도적 행동에 대해 진술하는 상황보다는, 화자가 다른 이의 의도에 대해 추측하여 말하는 상황이 이 과정에서 많은 영향을 미쳤을 것이라고 본다. '-려고' 예기 구문은 주로 이미 일어난 현상을 보고 그 후에 일어날 상황을 추측하거나 궁금해하는 경우, 또 이미 일어난 현상을 보고 그보다 전에 있었던 상황이 지금 일어난 일의 전조였음을 깨달은 경우에 쓰이는데, 이런 상황은 화자가 다른 이가 하는 행동을 보고 그의 의도가 무엇인지를 추측하고 언급하는 상황과 매우 닮아 있기 때문이다. 실제로 '-려고' 예기 구문은 (128)에서 볼 수 있는 것처럼 추측이나 의문, 지금 앎의 맥락에서 자주 쓰인다. 이런 양상은 화자가 다른 이의 의도에 대해 언급할 때에도 마찬가지로 나타난다(129).

(128) ㄱ. 좋은 일이 있으려고 이런 일도 겪은 것 같아. (추측)

ㄴ. 이렇게 좋은 일이 있으려고 나쁜 일을 겪었던 건가 봐. (추측)

ㄷ. 이렇게 좋은 일이 있으려고 나쁜 일을 겪었던 거구나. (지금 앎)

ㄹ. 무슨 일이 있으려고 이런 꿈을 꾼 건지 모르겠어. (의문)

(129) ㄱ. 철수가 나를 주려고 저 책을 가져 온 것 같아. (추측)

ㄴ. 철수가 나를 속이려고 변장을 하고 온 거였구나. (지금 앎)

ㄷ. 철수가 무슨 일을 하려고 그렇게 열심히 공부하는지 모르겠어. (의문)

이에 더하여, '너 시험에서 떨어지려고 그렇게 공부를 안 하는구나'처럼 화자가 다른 이의 의도를 왜곡하여 언급하는 상황도 예기 의미의 발달에서 한 맥락이 되었을 것으로 생각된다. '-려고' 예기 구문으로 파악할 수 있는 사례는 19세기 자료에서부터 보이기 시작하는데, 그 초기의 예가 이런 상황과 비슷한 성격을 보여 주기 때문이다(130). '시험에서 떨어지려고'는 일반적으로 사람들이 원하지 않는 것이므로 주어의 의도일 수 없으나, 화자가 주어의 행동을 비판하거나 걱정할 때 이처럼 주어의 의도를 왜곡한 표현을 하기도 한다. (130)도 이와 비슷한 성격을 보여 준다.

(130) 대한셔는 이런 슬긔로온 방칙을 미리 마련ᄒᆞ고 잇ᄂᆞᆫ거슬 외국셔들은 이것도 모르고 공연히 헛일만 쓰려고 동양일을 인연ᄒᆞ야 분쥬히 지낸다니 춤 어리셕은 자들이더라 〈매신문 1898.5.14:2〉

이처럼 화자가 주어의 의도를 왜곡하여 표현함으로써 '-려고' 절이 내용상 주어가 가진 의도로 해석될 수 없는 경우가 '-려고' 구문으로부터 "예기" 의미가 발달하는 데에 한 맥락이 되었을 수 있다.

이상의 논의에 따라 "예기" 의미의 발달 과정을 정리하여 제시하면 아래와 같다.

(131) "예기" 의미의 발달 과정

1단계: [NP(행위자)-가 S(의도내용)-려고 VP(의도적 행동)] 구문이 쓰임.

2단계: 화자가 다른 이의 행동을 보고 그의 의도를 추측할 때(특히 왜곡하여 추측할 때)에도 이 구문을 씀.

예) 화자가 "철수가 영이한테 주려고 저 책을 가져 왔나 봐." 라고 말함.

3단계: 이를 들은 청자는 누군가의 "의도적 행동"이 이미 수행되었으니 그의 "의도내용" 역시 실현될 가능성이 높음을 추론함.

예) 청자는 '철수가 영이한테 책을 줄 것이다'라고 추론함.

4단계: 이에 따라 "의도내용"이 앞으로 실현될 가능성이 높은 "예기적 현상"으로 추론되면서, 동시에 "의도적 행동"은 어떤 일이 실현되기 전의 "전조적 현상"으로 추론됨.

5단계: [S(예기적 현상)-려고 S(전조적 현상)] 구문이 등장함.

그런데 이때 "의도내용"이 "예기적 현상"으로, "의도적 행동"이 "전조적 현상"으로 해석되는 현상은 특정 맥락 속에서 'NP(행위자)-가 S(의도내용)-려고'에 'VP(의도적 행동)'이 이어질 때 일어나는 것이지, '-려고' 절과 후행절에서 따로따로 일어나는 것이 아니다. 그러므로 이 현상은 [NP(행위자)-가 S(의도내용)-려고 VP(의도적 행동)]이 덩어리로 처리되는 단위라는 것의 강력한 증거가 된다.

4.1.3. 예측 가능성에 따른 '하다'의 개입

이제까지 살핀 내용을 토대로 본고에서는 '-려고' 의도 구문이 한 덩어리로 운용되는 언어 단위일 가능성이 높다고 본다. 그리고 이처럼 추상적인 자리들을 가진 구문을 토대로 해서, '하다'가 의미적으로 잉여성을 띠게 된 자리를 형식적으로 채우는 기능을 할 수 있게 된다고 본다.

다만 '-려고'는 기본적으로 절과 절을 연결하여 복합 사태를 나타내는 데에 소용되는 어미이고, 따라서 [NP(행위자)-가 S(의도내용)-려고 VP(의도적 행동)]의 'VP(의도적 행동)' 자리에는 매우 다양한 사태를 나타내는 요소가 올 수 있다는 점이 3장에서 살핀 사례들에 비해 특징적이다. 하지만 그 요소가 무엇인지를 구체적으로 예측하기는 어렵다고 하더라도 '-려고' 뒤에 "의도적 행동"이 올 것이라는 점을 국어 화자들이 안다는 사실에는 변함이 없다. 따라서 VP 자리에 나올 "의도적 행동"이 무엇인지를 구체적으로 명시할 필요가 없는 상황, 즉 의도한 내용이 무엇인지만이 중요한 상황에서는 'VP(의도적 행동)' 자리가 의미적으로 잉여성을 띠게 되고, 그런 자리를 '하다'로 채울 수도 있게 된다고 본다.

요컨대 '-려고' 의도 구문이 국어 화자들에게 덩어리로 처리되는 단위이기 때문에 국어 화자는 '-려고' 절을 단서로 삼아 [NP(행위자)-가 S(의도내용)-려고 VP(의도적 행동)]이라는 의도 구문 전체를 수월하게 떠올릴 수 있고, 이에 따라 'VP(의도적 행동)' 자리를 구체적 의미를 갖지 않는 '하다'로 채우더라도 의도 구문의 무표적인 의미를 무리 없이 전달할 수 있게 되는 것이다.

4.2. '-도록' 목적 구문의 '하다'

이 절에서는 어떤 과정을 통해 '-도록 하다' 형식의 구문이 구성되어 왔는지를 추적해 보고자 한다. 그런데 '-도록'이 언제나 동일한 성질을 갖는 것은 아니므로, '-도록'이 관여하는 구문을 몇 가지로 분할하고, 그 중에서 어떤 구문이 '-도록 하다' 형식의 구문을 구성하는 바탕이 되는 지에 대해 고려해 보아야 한다.

4.2.1. '-도록'이 관여하는 구문의 하위 유형

이제까지 현대국어 연결어미 '-도록'의 의미로는 아래와 같은 것들이 지적되어 왔다.

[표 22] 현대국어 연결어미 '-도록'의 의미

윤평현(1981)	김재윤(1983)	이희자 · 이종희 (1999)	석주연 (2006, 2013)	본고의 명칭
다다름 ● ~을 때까지로 해석됨 ㅇ철수는 날이 새**도록** 공부했다.	시간적 한계성 ● [+한계성][+시간성] ㅇ해가 저물**도록** 돌아오지 않았다.	시간의 한계 ㅇ영희는 서른이 넘**도록** 영화를 보면서 질질 울곤 하였다.	도급(到及) ● 선행절이 표상하는 시간상의 어느 특정한 시점까지 어떤 일이 지속되거나 반복될 때 쓰임 ㅇ그 사람은 날이 저물**도록** 돌아오지 않았다.	시간적 한계
정도 ● ~을 만큼으로 해석됨 ㅇ정신을 잃**도록** 술을 마신다. ㅇ그 소녀가 가슴이 메**도록** 가엾다.	한정적 한계성 ● [+한계성][-시간성][-목표] ㅇ나는 침이 마르**도록** 그를 칭찬했다.	이르러 미치는 한계나 정도 ㅇ그는 몸살이 나**도록** 공사에 열을 올려 가며 들판에 물을 뽑아 올렸던 것이다. ㅇ그는 트럭을 지나친 후에도 고개가 휘**도록** 뒤를 젖혀보았다.	정도 ● 어떤 한계점이나 특정 시점까지 행동이 지속됨을 나타낼 때 특정 시점이 초점화되기보다는 후행 문장이 지시하는 사건이 지속되는 정도가 초점화되는 경우 ㅇ그 남자는 고개가 휘**도록** 큰 절을 했다.	결과적 한계

목적	목표적 한계성	뒷절의 내용이 일	결과	
● ~을 수 있게, ~게 하기 위하여 로 해석됨 ○아내는 남편이 입도록 털스웨터 를 떴다. ○초동은 방이 더 워지도록 불을 지 핀다.	● [+한계성][-시간 성][+목표] ○나는 시험에 합 격하도록 열심히 공부했다.	어나게끔 의도적 으로 이끌어 가는 방향이나 목적 ○나로 인하여 내 가족과 내 이웃이 상처를 입는 일이 없도록 진실하게 살아가야 한다.	● 선행절과 후행 절 간의 상황적 관계에 초점이 두 어짐 ○눈에 띄지 않도 록 평범한 색깔의 옷을 입는 게 좋 겠다.	목적
		그렇게 하게 함 ○그동안 위병은 나를 자기 근무석 에서 쉬도록 해 주었다. ○경무국은 창극 단을 두 단체로 줄이도록 압력을 가하였다.[7]	사동 ○-도록 하다	사동
		권장 사항을 나타 내는 내용 ○상한 뿌리는 잘 라 버리고 흙의 낱알도 굵직한 것 을 사용하도록 합 니다.	명령 ○문을 닫도록 해.	권장
			화자 의지 ○제가 꼭 그 일 을 끝내도록 하겠 습니다.	의지 표명[8]

---

7) 이희자·이종희(1999:189~190)에서는 '-도록' 뒤에 '하다'나 '만들다'가 오는 경우뿐 아 니라 이처럼 '압력을 가하다' 같은 표현이 오는 경우도 "사동"의 의미로 분류한 바 있다. 하지만 '경무국은 창극단을 두 단체로 줄이도록 압력을 가하였다.'의 '-도록'은 "목적"의 의미로 보아도 무방하다. 어떤 목적을 이루기 위해서 어떤 행동을 하는 것은 누구에게 어떤 일을 시키기 위해서 행동하는 것(사동)과 매우 유사한 구조를 가지므로 실로 "목 적"의 의미는 "사동"의 의미와 밀접한 관계에 있다. 본고에서는 "목적"과 "사동"을 개념 적으로 엄밀하게 구별하는 것이 불가능한 것으로 보아, "사동"은 '-도록 하다', '-도록 만 들다' 같은 고정된 형식을 통해 문법적 기능이 드러나는 경우로 국한할 것이다.

8) 참고로 "권장"과 "의지 표명"의 상황에서 '-게 하다'를 쓰는 것은, 이전에는 가능했지만 (고광모, 2002; 이승희, 2004; 석주연, 2013 참고) 현재는 불가능하게 되었다.

ㄱ. *네가 창밖을 보게 해라.

ㄴ. *내가 창밖을 보게 할게.

이 중 "사동", "권장", "의지 표명"의 의미는 '-도록 하다' 형식으로 표현된다는 점에서 이 절을 통해 설명해야 할 대상이 된다. 이 의미들을 제외하면, '-도록'에는 "시간적 한계", "결과적 한계", "목적"이라는 세 가지 의미가 있는 것으로 기술되어 왔다. 이 세 가지 의미가 어떻게 구별되는지를 대표적인 사례와 함께 다시 정리하면 아래와 같다.

(132) "시간적 한계"의 '-도록'
　　ㄱ. '-도록' 절은 후행절의 사태가 지속되는 시간적 한계점을 나타낸다. 후행절 사태는 적어도 '-도록' 절이 가리키는 사태가 이루어질 때까지 계속 진행된다.
　　ㄴ. 이때의 '-도록'은 대개 '~ 할 때까지'로 대치될 수 있다.
　　ㄷ. 나는 <u>밤이 새도록</u> 시험공부를 했다.

(133) "결과적 한계"의 '-도록'
　　ㄱ. '-도록' 절은 후행절의 사태가 지속되는 결과적 한계점을 나타낸다. 즉 후행절의 사태가 전개됨으로써 자연스럽게 도달하게 되는 결과적 사태를 나타낸다.
　　ㄴ. 이때의 '-도록'은 대개 '~ 할 만큼, ~ 하게 될 만큼'으로 대치될 수 있다.
　　ㄷ. 그는 <u>땀이 나도록</u> 뛰었다.

(134) "목적"의 '-도록'
　　ㄱ. '-도록' 절은 주체가 후행절의 사태를 통해 이루고자 하는 바를 나타낸다. "목적"의 '-도록'은 "결과적 한계"의 '-도록'에서처럼 단지 결과적 한계점을 나타내는 것이 아니라, 주체의 의도를 드러낸다는 점에서 구별된다. "결과적 한계"의 '-도록' 절은 후행절의 사태가 진행됨으로써 자연스럽게 도달하게 되는 사태를 나타낸다면, "목적"

의 '-도록' 절은 후행절의 사태가 진행됨으로써 도달하게 되는 자연스러운 결과와는 별 관계가 없는 사태를 나타낼 수도 있다. 물론 후행절의 사태가 진행됨으로써 도달하게 되는 자연스러운 결과를 '의도'하는 맥락이라면 "결과적 한계"가 아닌 "목적"의 '-도록'으로 파악할 수 있다.

ㄴ. 이때의 '-도록'은 대개 '~ 하게 하기 위해서'로 대치될 수 있다.

ㄷ. 나는 <u>아이가 집중해서 공부하도록</u> 방에서 나갔다.

그러면 국어사 자료에서 '-도록'의 의미는 어떻게 나타나고 있을까? 석주연(2006)에서는 '-도록'의 의미는 본래 "도급(본고의 "시간적 한계"와 유사)"을 중심으로 한 것이었는데, 이로부터 "정도(본고의 "결과적 한계"와 유사)"와 "결과(본고의 "목적"과 유사)" 의미가 도출되었다고 보았다. 의미의 발달 과정에 대해서는 아래와 같이 설명하였다.

(135) ㄱ. 어떤 한계점이나 특정 시점까지 행동이 지속됨을 나타낼 때, 유독 특정 시점이 초점화되기보다는 후행 문장이 지시하는 사건이 지속되는 정도가 초점화되는 경우가 있는데, 이런 과정을 통해 "도급"으로부터 "정도"로 발달할 수 있었다. (예: '그 남자는 고개가 휘도록 큰 절을 했다')

ㄴ. 또 선행절과 후행절 사이의 시간적 관계가 아니라 상황적 관계에 초점이 두어질 때, "도급" 의미로부터 "결과" 의미가 발달할 수 있었을 것이다. 가령 'ᄆᆞᄅᆞ도록 복가'는 "마를 때까지 볶아", "마르게 볶아"로의 해석이 모두 가능하다.

ㄷ. 그리고 "결과"의 '-도록'으로부터 '-도록 ᄒᆞ다' 구성이 출현할 수 있었으며, 이 구성은 18세기 초반의 자료에서도 보이고 19세기 자료에서 보다 활발하게 나타나게 된다.

한편으로 리의도(1991), 석주연(2006)에서 언급된 것처럼 '-도록'의 사라진 의미도 있다. 현대국어의 '-을수록'에 대응될 수 있는 "익심(益甚)"의 의미가 그것이다. 석주연(2006)에서는 "익심"의 의미가 18세기까지 꾸준히 이어지기는 하지만 분포 자체는 줄어드는 경향에 있어 왔음을 언급하였다.

(136) 또 蓮ㅅ 불휠 汁 아사 머구듸 하도록 됴ᄒ니라 (又方藕取汁飮之唯多 爲妙) 〈구급방 下:3b~4a〉

이제까지 언급한 '-도록'의 다양한 의미가 역사 말뭉치에서 어떤 양상으로 나타나고 있는지를 표로 정리하면 아래와 같다. 아래의 표는 15세기 중엽부터 19세기에 이르기까지 '-도록'의 의미별 빈도를 보인 것인데, 빈도와 함께 제시된 괄호 안에는 세기별로 해당 의미가 차지하는 비율도 제시하였다. "시간적 한계"와 "결과적 한계" 사이의 '~', "결과적 한계"와 "목적" 사이의 '~', "목적"과 "사동" 사이의 '~'은 각각 양 옆에 제시된 의미 사이에서 중의적인 경우를 가리킨다.

[표 23] 세기별 '-도록'의 의미별 빈도

	시간적 한계	~	결과적 한계	~	목적	~	사동	권장	의지 표명	익심	기타	총계
15C	147 (75.8)		27 (13.9)							8 (4.1)	12 (6.2)	194
16C	149 (84.2)	2 (1.1)	3 (1.7)							4 (2.3)	19 (10.7)	177
17C	303 (80.4)		21 (5.6)		4 9) (1.1)					18 (4.8)	31 (8.2)	377
18C	182 (69.7)		26 (10)		14 (5.4)		3 (1.1)			11 (4.2)	25 (9.6)	261
19C	342 (55.7)	1 (0.2)	60 (9.8)	10 (1.6)	84 (13.7)	13 (2.1)	40 (6.5)	5 (0.8)	1 (0.2)	8 (1.3)	50 (8.1)	614

‘-도록’이 쓰인 문장들을 [표 23]처럼 분류하여 계량화한 과정에 대해 잠시 언급하고자 한다. 먼저 "시간적 한계"의 ‘-도록’이 쓰인 사례를 판별하는 것은 그리 어렵지 않다. 가령 아래와 같은 예가 "시간적 한계"의 사례에 해당하는데, 여기에서 ‘죽두록’은 "죽을 때까지"의 의미로 해석된다.

(137) 아뫼나 淨信ᄒᆞᆫ 善男子 善女人들히 죽두록 녀나ᄆᆞᆫ 하ᄂᆞ를 셤기디 아니코 ᄒᆞᆫ ᄆᆞᅀᆞᄆᆞ로 佛法僧에 歸依ᄒᆞ야 警戒를 다 디니다가 〈석보상 9:25a〉
(cf. 若有淨信善男子善女人等乃至盡形不事餘天 唯當一心歸佛法僧受持禁戒)

또 아래와 같은 예는 "결과적 한계"의 사례로 분류되었다. 먼저 (138 ㄱ)에서 ‘몯 보두록’은 "못 보게 될 만큼"의 의미로 해석된다. 즉 ‘ᄯᆞ님’이 가는 행동을 계속한 결과로 ‘ᄯᆞ님’을 못 보게 된 것이다. 또 (138ㄴ)은 한문 원문을 참고함으로써 "결과적 한계"로 판단될 수 있는 예이다. 한문 원문의 ‘(以)~爲度’는 "~을 한도로 삼아"의 뜻을 나타내는데, 이는 "결과적 한계"의 의미에 해당한다. 또 ‘至’, ‘致’처럼 도달의 의미를 갖는 한자에 대응하는 ‘-도록’ 역시, 시간적 한계점을 나타내는 것이 아니라면 "결과적 한계" 의미를 갖는 것으로 파악할 수 있다.

(138) ㄱ. 그 ᄯᆞ니미 몯 보두록 가ᄃᆡ 乃終내 도라보디 아니ᄒᆞ야시늘 〈석보상 11:29b〉 (cf. 女去不現 竟不迴顧)
ㄴ. 뼈 혜디 말오 ᄒᆞᆯ 두 세번식 머고ᄃᆡ 병 업고 몸 ᄎᆞ도록 ᄒᆞ라 (不

---

9) 총 네 개의 예 중 세 개가 〈癸丑日記〉에서 추출된 것이다. 본고에서는 〈癸丑日記〉를 17세기 자료로 포함해 두기는 했지만, 이 자료에서 보이는 ‘-도록’의 새로운 용법은 17세기 당시의 언어가 아니라 보다 후대의 언어가 반영된 것일 수 있음을 염두에 두어야 한다.

計時候日二三服以病氣去身淸涼爲度) 〈간벽온 8b〉

ㄷ. 或 爭鬪ᄒ기 前에 술 먹어 醉토록 ᄒ엿다가 爭鬪ᄒ 째예 니르러 觸犯혼 배 이셔 氣絶ᄒ야 죽은 거시니 (鬪前에 飮酒致醉라가) 〈증 수해 1:34b〉

다음으로 "목적"의 사례를 보자. 17세기 자료에서 "목적"의 사례로 판 단한 예 모두를 (139)에 제시하였다. (139ㄱ, ㄹ)은 '-도록 ᄒ다' 형식으 로 나타난 것인데, 이때는 사동주가 피사동주에게 영향을 미치는 상황, 즉 "사동"으로 해석되는 것이 아니라 "情에 맞게 하기 위해 행동하여", "일이 좋게 되게 하기 위해 행동할 것입니다" 정도의 의미로 해석된다. 즉 'ᄒ다'가 "목적"의 '-도록' 뒤, 즉 목적을 달성하기 위한 의도적인 행동 이 올 자리에서 그 내용이 무엇인지를 굳이 명시하지 않은 채 쓰인 것 이므로 "목적"의 사례로 분류되었다. 또한 (139ㄴ, ㄷ)에서의 '됴토록', '편토록'은 "일이 좋게 되게 하기 위해", "나에게 편하게 하기 위해"로 해 석되므로 "목적"으로 포함되었다.

(139) ㄱ. 만일 驕종ᄒ고 ᄀ득ᄒ냐 ᄒ며 새오며 싀며 ᄯᅳ들 放肆히 ᄒ며 情 애 맛도록 ᄒ여 뻐 그 德을 병들게 ᄒ면 (若乃驕盈嫉忌ᄒ며 肆意 適情ᄒ야 以病其德ㅣ면) 〈여훈언 上:37b〉

ㄴ. 블민ᄒ여 셩의예 어긔온 일이 이셔도 ᄂᆡ뎐으로 겨오샤 ᄉᆞ이예셔 됴토록 싀려가니 〈계축일_형 上:3a〉

ㄷ. ᄂᆡ뎐은 심샹히 넉여 졔면을 아니ᄒ려 ᄒ엿다가 블의예 싱각ᄒ여 ᄒ노라 ᄂᆞᆷ의 폐를 보디 아니ᄒ고 대스를 내히 편토록 홀연뎡 이 러ᄐᆞ시 흔들 어ᄃᆡ 가 민망ᄒ여라 ᄒ리오 〈계축일_형 上:6b〉

ㄹ. 문 밧긔 내요쇼셔 ᄒ나 싱심이나 멀니 보내여 두리잇가 이 셔문 밧긔 궐ᄂᆡ 갓가온ᄃᆡ 블셔 집을 잡아시니 오히려 궐ᄂᆡ의 두고셔ᄂᆞᆫ 됴뎡이 ᄆᆞ양 보채여 엇시 ᄒ여디라 날마다 서너 둘을 아니 보챌

날이 업스니 내 비록 아니 듯고져 ᄒᆞ나 됴뎡이 요란ᄒᆞ니 문 밧긔
내여 그 ᄆᆞᄋᆞᆷ을 싀원케 ᄒᆞ미 됴혼 일이오니 얼현이 대군을 ᄯᅳ리이
리잇가 거줏말이 아니 되리이다 빅번 미더 내여 보내쇼셔 <u>됴토록</u>
<u>ᄒᆞ리이다</u> 〈계축일_형 上:29a〉

(140)에 제시한 예들은 원문을 고려함으로써 "목적"의 사례로 분류된
예이다. 일본어의 '~やうに(様に)'는 "목적"의 '-도록'에 근접한 의미를
갖는다. '冀'나 '欲'처럼 소망의 의미를 갖는 한자에 대응하는 '-도록' 역
시 "결과적 한계"보다는 "목적" 의미를 갖는 것으로 파악할 수 있다.

(140) ㄱ. 아모려나 ᄂᆡ일 아ᄎᆞᆷ 기시젼 오시기를 기ᄃᆞ려 <u>됴토록</u> 의논ᄒᆞ리이
　　　 다 (よき<u>やうに</u>) 〈개첩해 10下:8b~9a〉

　　 ㄴ. ᄯᅩ 회뢰를 만히 뼈 관속을 씌고 진시를 무슈이 곤욕ᄒᆞ여 <u>졔 ᄯᅳᆺ을</u>
　　　 <u>좃도록</u> 핍박ᄒᆞ니 (又賄胥隷繫累窘辱以<u>冀其從</u>) 〈태상해 3:56b〉

　　 ㄷ. ᄯᅡ흘 ᄯᅮᆯ어 못슬 만드시미 부듸 <u>깁고 너르도록</u> ᄒᆞ시며 집을 지으
　　　 시미 부듸 <u>놉고 크도록</u> ᄒᆞ시며 (于國穿陂池則<u>欲其濬以廣也</u> 爲臺
　　　 榭則<u>欲其高且大也</u>) 〈태상해 4:3a〉

"사동"의 사례로는 다음과 같은 것이 있다. '-도록 ᄒᆞ다' 형식을 취하
는 사례를 "목적"과 "사동"으로 구별하는 일은 쉽지 않으나, 피사동주가
대격이나 여격, 조격으로 나타나는 경우 및 목적을 달성하기 위한 의도
적인 행동에 해당하는 내용이 이미 선행함으로써 'ᄒᆞ다'에서는 어떤 행
동을 한다는 의미가 따로 읽히지 않는 경우에는 "사동"으로 판단할 수
있다. 가령 (141ㄱ)은 형용사 '좋다'의 주어인 '셩교'가 대격으로 실현된
사례이다. 또 (141ㄴ)은 '인민을 권면하는 것'이 '이런 죄를 많이 짓도록'
하기 위한 행동에 해당하는 경우인데, 목적의 '-도록' 뒤에서 실현될 법
한 내용이 '-도록' 절에 선행하여 표현된 것이다. 따라서 '-도록' 뒤의 '하

다'에서 어떤 목적적 행동을 한다는 의미가 따로 읽히기보다는 '-도록
하다' 전체를 통해 "누가 인민으로 하여금 이런 죄를 많이 짓도록 만들
다"라는 "사동"의 의미가 드러난다.

(141) ㄱ. 흉도들은 셩후를 엄휘ᄒ기로써 능ᄉ를 삼고 셩교를 <u>죳토록 ᄒ으</u>
<u>로써</u> 권도를 삼지 아닛ᄂ 고로 (凶徒則以掩諱聖候爲能事 而不以
<u>方便聖敎爲權宜</u>) 〈명의해 上:51a〉

ㄴ. 이거슨 곳 인민을 권면 ᄒ야 <u>이런 죄를 만히 짓도록 ᄒᄂ거시요</u>
〈독립신 1896.12.19:1〉

"권장"은 아래와 같이 ① '-도록 ᄒ다' 형식을 취하면서 ② 청자가 '-도
록' 절의 주어인 동시에 'ᄒ다'의 주어가 되며 ③ 문장이 화자가 청자에
게 어떤 행동을 할 것을 권장하기 위해 쓰인 경우이다.

(142) 우리ᄂ ᄇ라건ᄃㅣ 황셩 신문 긔쟈는 이후븟허 이런말을 한만히 긔ᄌ
ᄒ여 <u>ᄂᆷ의 우습거리를 면 ᄒ도록 ᄒ시오</u> 〈매신문 1898.5.24:2〉

"의지 표명"은 아래와 같이 ① '-도록 ᄒ다' 형식을 취하면서 ② 화자
가 '-도록' 절의 주어인 동시에 'ᄒ다'의 주어가 되며 ③ 문장이 화자가
의지적 행동을 할 것임을 표명하기 위해 쓰인 경우이다. (143)은 실제
의 화자가 '일본 사람'에게 감정이입하고 있는 경우인데, 결과적으로
'일본 사람'이 화자로서 그가 '-도록' 절의 주어인 동시에 'ᄒ다'의 주어가
되는 경우이다.

(143) 우리가 일본 사ᄅᆷ ᄀᆺᄒ면 아모쪼록 <u>이왕 일은 말안ᄒ도록</u> ᄒ고 이왕
에 잘 못ᄒ거슬 고쳐 냥국간 교졔가 더 친밀히 되도록 ᄒᄂ거시 샹칙
이요 〈독립신 1896.11.5:1〉

"시간적 한계"와 "결과적 한계" 사이에서 중의적인 사례도 있다. 가령 (144)의 밑줄 친 부분은 "머리가 셀 때까지"(시간적 한계)로도 해석되고 "머리가 셀 만큼"(결과적 한계)으로도 해석된다.

(144) 자내 샹해 날두려 닐오듸 둘히 <u>머리 셰도록</u> 사다가 훔쯰 죽쟈 ᄒᆞ시더니 〈이응태〉

또 "결과적 한계"와 "목적" 사이에서 중의적인 사례의 예는 아래와 같다. (145)의 밑줄 친 부분은 "땀이 나게 될 만큼"(결과적 한계) 또는 "땀이 나게 하기 위해"(목적)로 해석될 수 있다.

(145) 폐해 이 맛치로 알을 치시되 일신 사지을 요동ᄒᆞ샤 <u>쏨이 나도록</u> 운동 ᄒᆞ시면 맛치 ᄌᆞ로 속에 든 약이 쏨과 열긔에 녹아지고 잇ᄂᆞ 손목붓터 졈 〃 젼신에 퍼져 효험이 잇ᄉᆞ오리니 〈유옥역 31b〉

"목적"과 "사동" 사이에서 중의적인 사례로는 아래와 같은 것이 있다. (146)의 밑줄 친 부분은 "죄수가 석방된 뒤에 어진 백성이 되게 하기 위해 (내가) 행동하는 것이"(목적)로 해석될 수도 있고 "(내가) 죄수를 석방된 뒤에 어진 백성이 되게 만드는 것이"(사동)로 해석될 수도 있다.

(146) 아모됴록 여러 죄슈를 편토록 잇게ᄒᆞ여 감죄홀 동안에 마ᄋᆞᆷ을 닥가 <u>각히 희방 후후에 어진 빅셩이 되도록 ᄒᆞᄂᆞᆫ것이</u> 나의 맛흔바 즉무어니와 〈매신문 1898.5.2:3〉

한편 '기타'에 포함한 유형 중 대다수는 '이리두록', '그리두록', '뎌리도록', '이더도록', '그더도록', '뎌도록' 등을 포함하는 사례이다(147ㄱ, ㄴ).[10] 또 "정도"의 의미로 해석된 예와(147ㄷ)[11], 특이한 의미로 쓰인 예문 소수가 포함되어 있다(147ㄹ).

(147) ㄱ. 太子ㅣ 너교ᄃᆡ 부텻 德이 至極ᄒ샤사 이 사ᄅ미 보비ᄅᆞᆯ <u>더리도록</u> 아니 앗기놋다 ᄒ야 〈석보상 6:25b~26a〉 (cf. 祇陀念言 佛必大德 乃使斯人輕寶乃爾)

ㄴ. ᄯᅩ 涅槃애 드로려 ᄒ시니 <u>의리ᄃ록</u> 셜ᄫᆞᆯ쎠 〈석보상 11:11b〉 (cf. 又復欲入涅槃 何其苦哉)

ㄷ. 승샹은 하늘 보복을 바드샤 공명이 그지 업스시고 얼골이 <u>쟝ᄒ시 도록</u> 새로오ᄃᆡ 우리 낭ᄌᆞᄂᆞᆫ 엇디 뎌리 변ᄒ시던고 〈낙선삼 124〉

ㄹ. 그ᄂᆞᆫ 슬오려니와 흠씌 <u>三隻도록</u> 엇더ᄒ올고 자ᄂᆞ네 借船으란 미처 보내여도 됴홀가 너기옵ᄂᆡ (さんそうまてわ) 〈첩해초 4:8a〉

이제부터는 "사동", "권장", "의지 표명" 등의 의미를 드러내며 현재 활발히 쓰이고 있는 '-도록 하다'가 '-도록'의 여러 의미 중 어떤 의미와 가장 긴밀한 관계에 있는지에 대해 살필 것이다. 결론부터 말하자면 본

---

10) 이들은 현재 쓰이는 부사 '이토록', '그토록', '저토록'에 이르기까지 어휘화되어 온 것으로 보이므로 '-도록'이 갖는 어느 한 의미의 하위에 포함하지 않고 따로 분리하여 다루었다.

11) 앞서 '-도록'의 의미로 "시간적 한계", "결과적 한계", "목적", "사동", "권장", "의지 표명", "익심"만을 제시하였지만, '-도록'이 이처럼 후행하는 형용사를 수식하며 정도부사처럼 기능하는 경우가 있으므로 "정도"의 의미도 구별할 필요가 있을지 모른다. 다만 빈번한 용법이 아니고 본고의 논의와도 큰 관련이 없어서 본문에서 제시하지 않았다. "정도"의 '-도록'은 아래와 같은 특징을 갖는다.

　ㄱ. '-도록' 절은 후행하는 형용사가 나타내는 상태의 정도를 나타낸다. 형용사는 사태의 전개를 나타내지 않으므로, 이를 수식하는 '-도록'도 사태가 전개됨으로써 도달하게 되는 결과적 사태를 나타내는 것이 아니라, 형용사가 나타내는 상태가 어느 정도인지를 나타내게 된다. 이 점에서 "정도"의 '-도록'은 (133)에서 본 "결과적 한계"의 '-도록'과 차이가 난다.

　ㄴ. 이때의 '-도록'은 "결과적 한계"의 '-도록'과 유사하게 대개 '~ 할 만큼, ~ 하리만큼'으로 대치될 수 있다.

　ㄷ. 날씨가 <u>온몸이 떨리도록</u> 춥다.

　ㄹ. 풍경이 <u>슬프도록</u> 아름답다.

고에서는 '-도록 하다'가 "목적"의 '-도록'과 가장 긴밀한 관계에 있는 것
으로 본다. 그 이유에 대해 지금부터 살펴보겠다.

4.2.2. "목적"의 '-도록'과 '-도록 하다'의 긴밀성

4.2.2.1. 출현 시기상의 관련성

우선 '-도록 ᄒ다'[12]의 예가 국어사 자료에서 어떤 양상으로 나타나
는지부터 살펴보자. '-도록 ᄒ다' 형식을 띠는 문장은 15세기 자료에서
부터 이미 보인다. 그런데 15~16세기 자료에서 보이는 '-도록 ᄒ다'의
성격과 17세기 이후 자료에서 보이는 '-도록 ᄒ다'의 성격은 서로 다르
다. 15~16세기에 보이는 '-도록 ᄒ다'의 사례들은 대개가 의약서류에서
한문 원문에 있는 특정 표현(가령 '以~爲度')을 번역하는 과정에서 나
타난 것으로서, 한문 원문이 의미하는 바를 통해 알 수 있듯이 "결과적
한계"의 '-도록'이 실현된 사례이다.

(148) ㄱ. 또 밀ᄒᆞᆯ 봇고ᄃᆡ 검도록 ᄒ야 ᄀᆞ라 細末ᄒᆞ야 膩粉을 半만 더러 기
  르메 ᄆᆞ라 브ᄅᆞ라 (又方小麥炒黑爲度硏爲末膩粉減半油調塗之) 〈구
  급방 下:12a〉

  ㄴ. ᄇᆞ름 마자 과ᄀᆞ리 쓸 약곳 업거든 ᄲᆞᆯ리 뎡바기옛 머리터리 ᄒᆞᆫ 져
  봄을 미이 자바 들이요ᄃᆡ 신ᄭᅴ ᄎᆞ리ᄃᆞ록 ᄒᆞ라 (中風無藥備用急取
  頂心髮一撮毒掣之以省人事爲度) 〈구급간 1:30b〉

  ㄷ. 눌즙 불휘 디허 ᄣᅡ 즙을 서 홉곰 머고ᄃᆡ ᄌᆞᄌᆞ 머거 긋도록 ᄒᆞ라
  (生葛根擣絞取汁每服一小盞宜頻服以止爲度) 〈구급간 2:105a~b〉

---

12) '祠堂애 아ᄎᆞᆷ나죄 飯祭호ᄆᆞᆯ 죽도록 ᄒᆞ니 (家廟朝夕上食 終其身) 〈속삼강 孝:14a〉' 같은
예에서 볼 수 있는 '-도록 ᄒ다'의 사례는 제외한 것이다. 여기에서의 'ᄒ다'는 단독적으
로 쓰인 것이 아니라 '飯祭호ᄆᆞᆯ ᄒ다'의 일부로 쓰인 것이기 때문이다.

(148)과 같은 예가 발달하여 "사동"의 '-도록 하다'를 비롯하여 오늘날 빈번하게 쓰이는 '-도록 하다'로 이어지게 되었다고 볼 가능성도 없지 않지만, 이는 특정 문헌류에 국한하여 자주 쓰이던 표현을 직역하는 과정에서 도출된 소수의 사례일 뿐이다.

이에 비해 17세기 자료에서 보이는 '-도록 ᄒ다'는 "목적"의 '-도록'이 실현된 사례라는 점에서 (148)과 차이를 보인다. (149)는 17세기에 보이는 '-도록 ᄒ다'의 예인데, 이때의 '-도록'은 "~ 하게 하기 위해서"로 대치할 수 있는 "목적"의 '-도록'이다.

(149) ㄱ. 만일 驕종ᄒ고 ᄀ둑ᄒ냥 ᄒ며 새오며 씌며 ᄡᄃᆯ 방肆히 ᄒ며 愭
　　　애 맛도록 ᄒ여 써 그 德을 병들게 ᄒ면 (若乃驕盈嫉忌ᄒ며 肆意
　　　適情ᄒ야 以病其德ㅣ면) 〈여훈언 上:37b〉

　　ㄴ. 문 밧긔 내옵쇼셔 ᄒ나 싱심이나 멀니 보내여 두리잇가 이 셔문
　　　밧긔 궐ᄂᆡ 갓가온ᄃᆡ 블셔 집을 잡아시니 오히려 궐ᄂᆡ의 두고겨ᄂᆞᆫ
　　　됴명이 ᄆᆞ양 보채여 업시 ᄒ여디라 날마다 서너 돌을 아니 보챌
　　　날이 업스니 내 비록 아니 듯고져 ᄒ나 됴명이 요란ᄒ니 문 밧긔
　　　내여 그 ᄆᆞ음을 싀원킈 ᄒ미 됴혼 일이오니 얼현이 대군을 ᄭᆞᆯ이
　　　리잇가 거줏말이 아니 되리이다 빅번 미더 내여 보내쇼셔 됴토록
　　　ᄒ리이다 〈계축일_형 上:29a〉

"목적"의 '-도록'은 위의 [표 23]에서 보았듯이 17세기부터 조금씩 보이기 시작하여 19세기에 본격적으로 쓰이기 시작한다. 그리고 "목적"의 '-도록'이 발달함과 함께 (149)처럼 "목적"의 '-도록'을 기반으로 한 '-도록 ᄒ다' 형식도 보이기 시작하는 것이다. 그런데 [표 23]에서 볼 수 있듯이 17세기에 "목적"의 '-도록'에 기반한 '-도록 ᄒ다'의 사례들이 보이기 시작한 이후에야 "사동"의 '-도록 ᄒ다', "권장"의 '-도록 ᄒ다', "의지 표명"의 '-도록 ᄒ다' 같은 예들도 점차 쓰이기 시작한다. 이처럼 "목적"의

'-도록'을 기반으로 하는 '-도록 ᄒ다'와 오늘날 빈번하게 쓰이는 "사동", "권장", "의지 표명"의 '-도록 하다'가 출현 시기상 긴밀하게 관련되어 있음을 고려하면, 지금 널리 쓰이는 '-도록 하다'는 (148)과 같은 "결과적 한계"의 '-도록'을 기반으로 하고 있다기보다는 (149)와 같은 "목적"의 '-도록'을 기반으로 하고 있다고 볼 가능성이 높다.

4.2.2.2. 선·후행 요소의 특성에서 보이는 유사성

"목적"의 '-도록'과 '-도록 하다'는 선·후행 요소의 특성에서도 유사한 모습을 보인다. 여기에서는 현대국어에서 보이는 특성을 위주로 하여 살펴볼 것이고, 그런 특성이 나타나는 역사적 배경에 대해서는 뒤에서 다시 살필 것이다.

1) '-도록'에 선행하는 절의 특성

오늘날 널리 쓰이는 '-도록 하다'가 "목적"의 '-도록'에 기반을 두고 있다는 것의 또 다른 근거가 될 수 있는 것은, "목적"의 '-도록'과 '-도록 하다'가 선행절의 의미 특성에서 서로 유사하다는 것이다.

현대국어에서 "목적"의 '-도록'에 선행하는 요소는 대개 타동사절이거나 행위성 자동사절이다(150). 형용사가 '-도록'과 결합하는 경우도 고빈도로 발견되지만, 대개 '~ 을 수 있도록', '~ 을 수 없도록'의 형식을 취하는 경우이다(151). 이때의 형용사는 동사절에 양태 의미를 더하는 수단으로 이용되고 있으므로 이를 진정한 형용사절이라고 보기는 어렵다. 이 외에 상대적으로 드물기는 하지만 비행위성 자동사절도 "목적"의 '-도록'에 선행할 수 있다(152).

(150) ㄱ. 정부에서는 <u>영세 중소기업에 대담한 지원을 하도록</u> 관련 부처에

지시했다.

ㄴ. <u>아이들이 어릴 때부터 자연보호에 대한 인식을 갖도록</u> 관련 내용을 학교 교과과정에 반영해야 한다.

ㄷ. 우리는 <u>나라가 튼튼하게 일어서도록</u> 개혁을 계속 추진할 것이다.

ㄹ. 우리는 <u>납북자들이 가족들의 품으로 돌아오도록</u> 노력했다.

(151) ㄱ. 국회에서는 <u>1회에 한하여 연임할 수 있도록</u> 대통령 임기를 재조정할 것이다.

ㄴ. 정부는 <u>이 회사가 향후 1년 동안 신규 취항을 할 수 없도록</u> 국제선 노선 배분 대상에서 제외했다.

(152) ㄱ. 우리는 <u>나라 간 협력이 더욱 강화되도록</u> 힘썼다.

ㄴ. 우리는 <u>부동산을 갖고 있는 것이 고통이 되도록</u> 각종 제도를 개혁할 것이다.

그리고 "사동", "권장", "의지 표명"의 '-도록 하다' 역시 '-도록' 앞에 대개 타동사절이나 행위성 자동사절이 온다는 점에서 "목적"의 '-도록'과 동일한 특성을 보인다(153). "사동"의 경우에는 형용사가 '-도록'과 결합하는 경우도 꽤 빈번히 발견되지만, 대개 '~ 을 수 있도록', '~ 을 수 없도록'의 형식을 취하는 경우라는 점에서 "목적"의 '-도록'이 보이는 양상과 동일하다(154). 또 "목적"의 '-도록'과 마찬가지로 "사동"의 '-도록'에도, 상대적으로 드물기는 하지만 비행위성 자동사절이 선행할 수 있다(155).

(153) ㄱ. 박 씨는 김 씨에게 <u>보험에 가입하도록</u> 했다. ("사동")

ㄴ. 현미는 <u>먹기 직전에 빻아서 드시도록</u> 하세요. ("권장")

ㄷ. 앞으로 <u>더 많은 골을 터뜨리도록</u> 하겠습니다. ("의지 표명")

(154) ㄱ. 그는 정보를 전산화하여 <u>관계자들이 상시 이용할 수 있도록</u> 했다.

　　　ㄴ. 선생님은 <u>학생들이 답을 볼 수 없도록</u> 했다.

(155) ㄱ. 그는 <u>최 씨가 구속되도록</u> 했다.

　　　ㄴ. 그는 개천을 복원해 <u>맑은 물이 흐르도록</u> 했다.

이에 반해 "시간적 한계"의 '-도록'에 선행하는 요소는 대개 '1주일이 지나도록', '자정이 넘도록', '밤늦도록', '2년이 되도록', '밤이 새도록' 등의 비행위성 자동사절이다. (156)처럼 타동사절, 행위성 자동사절, 형용사절이 선행하기도 하지만 매우 드물게 나타난다.

(156) ㄱ. <u>영이가 밥을 다 먹도록</u> 나는 한 숟가락도 뜨지 못했다.

　　　ㄴ. <u>영이가 집에 다 가도록</u> 나는 아직 출발하지도 못했다.

　　　ㄷ. 그녀는 <u>은발이 수북하도록</u> 글쓰기에만 몰두했다.

"결과적 한계"의 '-도록'에 선행하는 요소 역시 대개 비행위성 자동사절이다(157). "결과적 한계"의 '-도록' 절은 후행하는 절이 나타내는 사태가 진행되어 결과적으로 도달하게 되는 사태를 나타내므로, 타동사절이나 행위성 자동사절보다는 비행위성 자동사절과 잘 어울린다.

(157) ㄱ. 영이가 <u>지치도록</u> 뛰었다.

　　　ㄴ. 영이가 철수를 <u>피가 나도록</u> 때렸다.

어떤 사태가 진행됨으로써 자연스럽게 도달하게 되는 지점이 동작성을 띠는 경우는 흔하지 않다. 맥락이 마련된다면 (158)처럼 행위성 자동사절이나 타동사절이라도 "결과적 한계"의 '-도록'에 선행할 수는 있지만, 이런 경우는 개념상의 이유로 매우 드물다.

(158) ㄱ. 영이는 <u>동네 사람들이 다 뛰어 나오도록</u> 소리를 질렀다. ("다 뛰어 나올 만큼"의 뜻으로)

ㄴ. 영이는 <u>동네 사람들이 다 듣도록</u> 소리를 질렀다. ("다 들을 만큼"의 뜻으로)

이제까지 언급한 분포적 양상은 "목적", "시간적 한계", "결과적 한계"의 개념 자체로 설명될 수 있는 것인데, 여기에서 "목적"과 "사동", "권장", "의지 표명"이 비슷한 모습을 보이는 것을 통해 이들이 갖는 의미의 밀접성을 알 수 있다.

다만 "목적"의 '-도록'과 "사동"의 '-도록 하다'는 차이점도 갖는다. "목적"의 '-도록'에 선행하는 절의 주어는 후행절의 목적어와 공유되는 상황이 아니라면[13] 주격 형식으로만 나타나야 하는 반면에, '-도록 하다'에 선행하는 절의 주어는 때로 대격이나 여격, 조격 형식으로도 나타날 수 있다는 점이 그것이다. "사동"의 '-도록 하다'에서 선행절의 주어가 여격이나 대격 형식으로 나타나는 사례로는 다음과 같은 것이 있다.

(159) ㄱ. 결혼 후 <u>남편에게 자신의 성을 사용토록 하는</u> 등 회교 국가에서는 극히 드문 여권 신장 관련 일화를 갖고 있다.

ㄴ. 대한항공은 <u>거스 히딩크 감독에게 2006년 월드컵이 열릴 때까지 4년간 국제선 전 노선을 대상으로 1등석을 무료로 무제한 이용할 수 있도록</u> 했다.

ㄷ. FIFA가 <u>한국과의 일전을 앞둔 미국팀을 심판진과 같은 호텔에 투숙하도록</u> 한 것은 충분히 의혹을 살 만하다.

ㄹ. 교육부는 2001학년도 전문대 입시에서 <u>모집정원 내 특별전형의</u>

---

13) '나는 그를 다시 걸을 수 있도록 치료했다'에서처럼 '-도록' 절의 주어인 '그'가 후행절의 목적어와 동일한 경우에는 '-도록' 절의 주어가 대격 형식으로 나타날 수 있다.

<u>비율을 주간 55%, 야간 65% 이상 되도록 하는</u> 내용의 입시 기본 계획을 9일 확정, 발표했다.

이는 '-도록 하다' 형식을 취하는 문장들이 "목적"의 '-도록'에 기반을 두고 있되, 이 중 "사동"의 '-도록 하다'는 별도의 특성도 갖는 별도의 구문으로 독립하기에 이르렀다는 것을 보여 준다. '-도록'을 사동법 어미로 인정하지 않는 서정수(1987)에서는 '-도록'의 본령은 도달 관계(본고의 "목적"과 유사)를 나타내면서 접속 기능을 하는 것이고, 후행절에 '-도록' 절의 사건을 일으키는 작용이 내포되어 있기 때문에 사동법과 공통된 점을 보일 뿐이지 이는 '-도록'의 도달 관계 접속 기능으로 모두 설명할 수 있는 것이라고 보았다. 하지만 "목적"의 '-도록'과 "사동"의 '-도록'이 (159)에서 본 것처럼 분명히 다른 문법적 속성을 가짐에 주목한다면 이 두 구문을 구별해야 하고, 또 이것이 '-게' 사동 구문과 공유되는 속성이라는 점에 주목한다면 이때의 '-도록' 역시 사동법과 관련되고 있음을 인정할 수밖에 없다.

하지만 이와 같은 "사동"의 '-도록 ᄒ다'가 출현하는 시기가 4.2.2.1절에서 언급한 것처럼 "목적"의 '-도록'에 기반한 '-도록 ᄒ다'가 출현한 이후라는 점을 고려하면, "목적"의 '-도록'에 기반한 '-도록 ᄒ다'가 먼저 쓰이다가 이로부터 "사동"의 의미가 발달하면서 점차 "사동"의 '-도록 ᄒ다'가 별도의 구문이 되기에 이르렀을 것임을 짐작할 수 있다.

2) 주어 일치 양상

현재 널리 쓰이는 '-도록 하다'가 "목적"의 '-도록'에 기반한 것임을 짐작할 수 있게 해 주는 또 다른 증거가 있다. 그것은 바로 '-도록 하다' 형식의 문장에서 보이는 주어 제약과 "목적"의 '-도록'이 보이는 주어 제약 사이에 존재하는 유사성이다.

먼저 "목적"의 '-도록'이 갖는 주어 제약에 대해 살펴보자. "목적"의 '-도록'에 주어 제약이 있다는 것에 대해 이제까지는 별로 지적된 바가 없었지만, 아래와 같이 "목적"의 '-도록' 절과 후행절의 주어가 일치하는 경우에 문장이 자연스럽지 않아 보이는 경우가 발견된다는 점에 주목해 볼 수 있다.

(160) ㄱ. *나는 라면을 먹도록 물을 끓였다.
     ㄴ. *나는 친구들과 같이 가도록 시간을 냈다.

하지만 주어가 일치하는 상황이 늘 부자연스러운 것은 아니고, 화자가 의지를 표명하며 스스로에게 의무를 부과하는 상황(161ㄱ) 또는 화자가 청자에게 무언가를 권장하며 의무를 부과하는 상황(161ㄴ), 즉 '(화자가 스스로에게 또는 청자에게) 의무를 부과하는 맥락'에서는 (160)과 같은 어색함이 사라지고 자연스러운 문장이 된다.

(161) ㄱ. 나도 너희들과 같이 가도록 시간을 내 볼게.
     ㄴ. 너도 우리하고 같이 가도록 시간을 내 봐라.

(160)처럼 평서 화행이면서도 "목적"의 '-도록' 절과 후행절의 주어가 일치하는 경우도 있는데, 크게 두 유형으로 나뉜다.

(162) ㄱ. 나는 시험에 합격하도록 하루에 열 시간씩 공부했다.
     ㄴ. 나는 감기에 걸리지 않도록 몸을 청결하게 했다.
     ㄷ. 나는 라면을 먹을 수 있도록 물을 끓였다.

(163) ㄱ. 여러분의 의견을 종합하여 이번엔 제가 토론을 하도록 정했습니다.
     ㄴ. 나는 책을 읽지 않도록 집에 있는 책을 모두 치워 버렸다.

ㄴ'. 나는 책을 읽지 않으려고 집에 있는 책을 모두 치워 버렸다.

먼저 (160)과 (162)의 차이에 대해 살펴보자. (160)에서의 '-도록' 절은 행위 주체가 상황에 대한 통제력을 가지고 의지적으로 행동하는 사태 ('내가 라면을 먹는다', '내가 친구들과 같이 간다')를 나타내는 반면에 (162)에서의 '-도록' 절은 그렇지 않은 사태('내가 시험에 합격한다', '내가 라면을 먹을 수 있다')를 나타낸다. 즉 (162)처럼 '-도록' 절이 의지적으로 행동하는 사태를 나타내지 않는다면 선·후행절의 주어 일치 여부에 대한 제약이 없는 것을 알 수 있다.

다음으로 (160)과 (163)의 차이에 대해 살펴보자. 두 경우 모두에서 '-도록' 절은 의지적으로 행동하는 사태를 나타내고 있다. 그런데 (160 ㄱ, ㄴ)의 '-도록' 절은 전적으로 스스로의 의도에 따라 의지적으로 행하는 동작을 나타내는 반면에[14], (163ㄱ, ㄴ)의 '-도록' 절은 전적으로 스스로의 의도에 의한 것이 아니라 외부로부터 의무가 부과됨으로써 의지적으로 행하는 동작을 나타낸다. 가령 (163ㄱ)은 외부에 존재하는 권한에 의해 목표하게 된 일을 나타낸다. (163ㄴ)도 마찬가지로 볼 수 있는데, 참고로서 제시한 (163ㄴ')은 스스로 어떤 의도를 가지는 상황에서 주로 쓰임에 비해 (163ㄴ)은 시력 문제 때문에 의사의 권유로 책을 읽지 말아야 하는 상황이 되었거나 하는 등 외부로부터 의무가 부과된 상황에서 쓰이는 것이 자연스럽다. 즉 (163)을 통하여 선·후행절의 주어가 일치하면서 '-도록' 절에 의지적으로 행동하는 사태가 선행하는 경우에, '-도록'의 "목적" 기능은 단순한 "목적"이 아니라 외부로부터 부과되는 목적(즉 '의무')을 나타내는 것임을 알 수 있다.

이제까지 언급한 내용, 즉 목적의 "-도록"에 존재하는 주어 제약을 표

---

14) 본고에서는 스스로 행동하는 것 자체를 '의지적 행동'으로, 만족을 얻으려는 목적으로 행동하는 것을 '의도적 행동'으로 구별한다(Palancar, 2002:7.5.2절 참고).

로 정리하면 아래와 같다.

[표 24] "목적"의 '-도록'에 존재하는 주어 제약

		"목적"의 '-도록'	사례
선·후행절의 주어가 일치하지 않을 때		제약이 없다.	• 나는 영이가 라면을 먹도록 물을 끓였다.
선·후행절의 주어가 일치할 때	'-도록' 절이 의지적으로 행동하는 사태를 나타내지 않으면,	제약이 없다.	• 나는 라면을 먹을 수 있도록 물을 끓였다.
	'-도록' 절이 의지적으로 행동하는 사태를 나타내면,	의무 부과 맥락에서만 쓰인다.	• *나는 친구들과 같이 가도록 시간을 냈다. (평서; 의무 부과 아님) • 나도 너희들과 같이 가도록 시간을 내 볼게. (화자가 스스로에게 의무 부과) • 너도 우리하고 같이 가도록 시간을 내 봐라. (청자에게 의무 부과) • 나는 책을 읽지 않도록 집에 있는 책을 모두 치워 버렸다. (평서; 의무 부과)

그런데 '-도록 하다'도, 선·후행절의 주어가 일치하면서 '-도록' 절이 의지적으로 행동하는 사태를 나타낸다면 의무 부과 맥락에서만 쓰인다는 점에서 "목적"의 '-도록'과 동일한 양상을 보인다. 우선 (164)는 (160ㄴ)과 대응되는 문장인데, (160ㄴ)이 불가능한 것처럼 (164)도 불가능한 문장이 됨을 볼 수 있다.

(164) *나는 친구들과 같이 가도록 했다.[15]

하지만 화자가 의지를 표명하며 스스로에게 의무를 부과하는 상황 (165ㄱ) 또는 화자가 청자에게 무언가를 권장하며 의무를 부과하는 상황(165ㄴ), 즉 의무를 부과하는 맥락에서는 이런 어색함이 사라지고 자연스러운 문장이 된다는 점에서 (161)과 같은 양상을 보인다.

---

15) 의무가 부과되는 상황을 가정하지 않으면 (164)는 비문이 된다.

(165) ㄱ. 나도 너희들과 같이 가도록 할게.

   ㄴ. 너도 우리하고 같이 가도록 해라.

(164)와 같은 평서 화행이면서도 '-도록' 절의 주어와 전체 문장의 주어가 일치하는 경우도 있는데, 이 역시 (162), (163)을 통해 보았던 양상과 동일한 것이다. 즉 (166)처럼 '-도록' 절이 의지적으로 행동하는 사태를 나타내지 않는다면('내가 감기에 걸리다') 선·후행절의 주어 일치 여부에 대한 제약이 없고, 또 (167)처럼 '-도록' 절에 의지적으로 행동하는 사태('영이가 이번 학회에서 토론을 맡다')가 선행하면서도 그것이 전적으로 스스로의 의도에 의한 것이 아니라 외부로부터 의무가 부과됨으로써 행해지는 사태를 나타낸다면 선·후행절의 주어 일치 여부에 대한 제약이 사라진다.

(166) <u>내가</u> 감기에 걸리도록 <u>했어</u>. (자신이 감기에 걸린 것의 책임을 가리는 맥락에서)

(167) <u>학회장인 영이는</u> <u>자기가</u> 이번 학회에서 토론을 맡도록 했다.

이제까지 살펴본 현상을 통해 다시 한 번 "목적"의 '-도록'과 '-도록 하다' 사이에 존재하는 긴밀한 관계를 확인할 수 있다. 이것을 [표 25]로 정리하였다. '-도록' 목적 구문으로부터 '-도록 하다'가 구성되었다고 본다면 이 둘이 매우 유사한 제약을 갖는 것은 자연스러운 일이 된다.

[표 25] "목적"의 '-도록'과 '-도록 하다'에 존재하는 주어 제약의 유사성

	"목적"의 '-도록'	'-도록 하다'
선·후행절의 주어가 일치하지 않을 때	제약이 없다. ● 나는 영이가 라면을 먹도록 물을 끓였다.	제약이 없다. ● 나는 영이가 망을 보도록 했다.

선·후행절의 주어가 일치할 때	'-도록' 절이 의지적으로 행동하는 사태를 나타내지 않으면,	제약이 없다. • 나는 라면을 먹을 수 있도록 물을 끓였다.	제약이 없다. • 내가 감기에 걸리도록 했어.
	'-도록' 절이 의지적으로 행동하는 사태를 나타내면,	의무 부과 맥락에서만 쓰인다. • *나는 친구들과 같이 가도록 시간을 냈다. (평서; 의무 부과 아님) • 나도 너희들과 같이 가도록 시간을 내 볼게. (화자가 스스로에게 의무 부과) • 너도 우리하고 같이 가도록 시간을 내 봐라. (청자에게 의무 부과) • 나는 책을 읽지 않도록 집에 있는 책을 모두 치워 버렸다. (평서; 의무 부과)	의무 부과 맥락에서만 쓰인다. • *나는 친구들과 같이 가도록 했다. (평서; 의무 부과 아님) • 나도 너희들과 같이 가도록 할게. (화자가 스스로에게 의무 부과) • 너도 우리하고 같이 가도록 해라. (청자에게 의무 부과) • 학회장인 영이는 자기가 이번 학회에서 토론을 맡도록 했다. (평서; 의무 부과)

참고로 "시간적 한계"의 '-도록' 절과 후행절 사이에는 주어 일치 또는 비일치 제약이 존재하지 않는다.

(168) ㄱ. 영이는 <u>학교에 도착하도록</u> 내내 떠들었다. (주어 일치)

ㄴ. <u>철수가 직장인이 되도록</u> 영이는 아직 졸업도 하지 못했다. (주어 비일치)

한편 "결과적 한계"의 '-도록' 절과 후행절 사이에는 주어가 일치하는 상황에 대한 제약이 존재하지만, 그 양상은 "목적"의 '-도록'에서 보이는 것과는 조금 다르다. "결과적 한계"의 '-도록' 절은 후행하는 절이 나타내는 사태가 진행되어 결과적으로 도달하게 되는 사태를 나타내므로, 개념상 타동사절이나 행위성 자동사절보다는 비행위성 자동사절과 잘 어울린다. 어떤 사태가 진행됨으로써 자연스럽게 도달하게 되는 지점이 동작성을 띠는 경우는 흔하지 않은데, 드물지만, 맥락이 마련된다면 앞서 본 (158)처럼 행위성 자동사절이나 타동사절이라도 "결과적 한계"

의 '-도록'에 선행할 수는 있다.

(158) ㄱ. 영이는 <u>동네 사람들이 다 뛰어 나오도록</u> 소리를 질렀다. ("다 뛰
어 나올 만큼"의 뜻으로)
　　　 ㄴ. 영이는 <u>동네 사람들이 다 듣도록</u> 소리를 질렀다. ("다 들을 만큼"
의 뜻으로)

그런데 (158)은 '-도록' 절의 주어와 후행절의 주어가 서로 다른 경우
에 해당한다. 두 절의 주어가 같으면서 '-도록' 절의 내용이 동작성을 띠
는 경우란 상상하기가 어렵다. 즉 누가 어떤 행동을 함으로써 '자연히'
도달하게 되는 지점이 '스스로 또 다른 의지적인 행동을 하는 것'이 되
기는 어렵다. 결국 '-도록' 결과적 한계 구문에는 '선·후행절의 주어가
일치하면서 '-도록'에 의지적으로 행동하는 사태가 선행하는' 경우가 존
재하지 않는다. 이 제약을 '-도록' 목적 구문과 비교하여 보이면 아래와
같다.

[표 26] "목적"의 '-도록'과 "결과적 한계"의 '-도록'에 존재하는 주어 제약 비교

		"목적"의 '-도록'	"결과적 한계"의 '-도록'
선·후행절의 주어가 일치하지 않을 때		제약이 없다. ● 나는 영이가 라면을 먹도록 물을 끓였다.	제약이 없다. ● 영이는 동네 사람들이 다 뛰어 나오도록 소리를 질렀다.
선·후행절의 주어가 일치할 때	'-도록' 절이 의지적으로 행동하는 사태를 나타내지 않으면,	제약이 없다. ● 나는 라면을 먹을 수 있도록 물을 끓였다.	제약이 없다. ● 영이가 지치도록 뛰었다.
	'-도록' 절이 의지적으로 행동하는 사태를 나타내면,	의무 부과 맥락에서만 쓰인다. ● 나는 친구들과 같이 가도록 시간을 냈다. (평서; 의무 부과 아님) ● 나도 너희들과 같이 가도록 시간을 내 볼게. (화자가 스스로에게 의무 부과)	쓰이지 않는다.

		• 너도 우리하고 같이 가도록 시간을 내 봐라. (청자에게 의무 부과) • 나는 책을 읽지 않도록 집에 있는 책을 모두 치워 버렸다. (평서; 의무 부과)	

4.2.2.3. 소결론

지금까지의 논의를 통해 직·간접적으로 알 수 있는 바를 정리하면 아래와 같다.

(169) ㄱ. '-도록'이 예로부터 지금까지 보여 온 의미는 주로 "시간적 한계", "결과적 한계", "목적", "사동", "권장", "의지 표명", "익심"으로 정리될 수 있다.

ㄴ. 이들은 선·후행절을 어떤 관계로 연결하는지에서(즉 의미에서) 차이를 보일 뿐 아니라, 출현 시기 및 분포, 제약 양상에서도 차이를 보인다. 즉 이들은 '-도록'이라는 어미를 공유하고 있다는 이유로 뭉뚱그려져 다루어져서는 안 되며, 각각의 특성을 갖는 각각의 구문을 이루고 있는 것으로 보아야 한다.

ㄷ. 이 중 "사동", "권장", "의지 표명" 등 '-도록 하다' 형식으로 실현되는 구문들과 가장 긴밀한 관련성을 보이는 구문은 '-도록' 목적 구문이다. 그러므로 '-도록' 목적 구문으로부터 '-도록 하다' 형식의 구문들이 형성되었을 가능성이 높다.

그러면 '-도록 하다' 형식을 취하는 구문들은 어떤 과정을 통해 형성되어 온 것일까? 본고에서는 '-도록'의 목적 구문이 구성되고, 이 구문에서 '-도록'에 후행하는 요소가 대략 예측되며 구체적인 내용을 명시하는 것이 중요하지 않을 때 그 자리를 '하다(〈ᄒᆞ다)'로 채운 결과로 구성된 것이 '-도록 하다' 형식의 구문들이라고 본다.

이때의 '하다'는 전형적인 대동사와 다른 특성 한 가지를 가지는데, '-도록'과 '하다(〈ᄒᆞ다)' 사이에 다른 요소가 개재하는 일이 매우 드물다는 점이 그것이다. 앞서 인용 구문의 '하다'에서도 이런 특성이 나타남을 언급한 바 있다.

(170) ㄱ. 저희는 손님이 언제든 방문할 수 있도록 했습니다.

　　ㄴ. 저희는 손님이 언제든 방문할 수 있도록{은/이야/까지} 했습니다.

　　ㄷ. [?]손님이 언제든 방문할 수 있도록 저희는 했습니다.

　　ㄹ. ^{??}저희는 손님이 언제든 방문할 수 있도록 특별히 했습니다.

　　ㅁ. ^{??}저희는 손님이 언제든 방문할 수 있도록 재빠르게 했습니다.

(170ㄱ, ㄴ)처럼 '-도록'과 '하다'가 바로 인접하거나 그 사이에 보조사가 개입하는 정도는 자연스럽게 수용되는 반면에, (170ㄷ~ㅁ)처럼 둘 사이에 주어나 부사어가 개입하는 것은 (의미 해석이 불가능한 것은 아니지만) 좀 어색하게 느껴진다. 세종 문어 말뭉치 300만 어절에서 뽑은 500개의 사례 중에서는 '-도록'과 '하다' 사이에 다른 요소가 개재하는 예가 없었고, 세종 구어 말뭉치에서도 간투사로서 '그~', '뭐~'가 끼어들어가는 것 외에는 둘 사이에 다른 요소가 개재하는 예가 없었다.

　이와 같은 특성은 예로부터 이어져 온 것이다. 19세기에 '-도록'과 'ᄒᆞ다' 사이에 다른 요소가 개재하는 사례는 아래의 네 사례 정도만이 보였다.

(171) ㄱ. 엇더케 빅셩이 병 아니 나도록 정부에셔 ᄒᆞ시ᄂᆞᆫ거시 곳 빅셩의게 은혜를 끼치ᄂᆞᆫ거시니 〈독립신 1896.5.2:1〉

　　ㄴ. 각동포막에 경찰ᄒᆞ는슌검들은 쥬찰야슌을 부즈런이ᄒᆞ야 이런졀 발지환이 업도록들ᄒᆞ오 〈매신문 1898.4.11:3〉

　　ㄷ. 아츰 밥을 오졍에 주며 져녁 밥을 ᄌᆞ졍에 주어 아모됴록 곤ᄒᆞ고

병되도록만 흔다고 말이 잇스니 〈매신문 1898.8.30:3〉

ㄹ. 쓸듸 업는 복함 이라 샹소라 흐는 것은 힝혀 다시 마도록들 좀
흐시오 〈매신문 1898.9.16:1〉

이런 특성을 갖는 '하다'는 인용 구문의 '하다'와 마찬가지로 구문 속
에서 의미적으로 잉여성을 띠게 된 자리를 채우는 기능을 하고 있을 가
능성이 있다고 본다. 이를 증명하기 위한 과정으로서 다음 절에서는 '-
도록' 목적 구문이 덩어리 지식으로서 화자들의 마음속에 존재한다는
정황과 증거를 보이고자 한다.

4.2.3. 덩어리로서의 '-도록' 목적 구문

4.2.3.1. '-도록' 목적 구문의 형식적 고정성

17~19세기 자료에서 "목적"의 '-도록'이 쓰인 문장의 문형을 정리해 보
면 아래와 같다. '-도록' 뒤에서 '흐다'가 쓰이게 되는 과정을 추적하려는
목적을 가지고 있으므로 '-도록 흐다'의 사례는 제외하고 계량화하였다.

[표 27] 17~19세기에 "목적"의 '-도록'이 쓰인 문장의 문형과 빈도

	문형	빈도
①	(NP(행위자)-이) S(목적내용)-도록 VP(목적적 행동)[16]	57 (75%)
②	(NP(행위자)-이) NP(대상)-을 S(목적내용)-도록 V(목적적 행동)[17]	12 (15.8%)
③	(NP(행위자)-이) NP(수혜자)-의게 S(목적내용)-도록 VP(목적적 행동)[18]	4 (5.3%)
④	(NP(행위자)-이) NP(대상)-으로 S(목적내용)-도록 V(목적적 행동)[19]	2 (2.6%)
⑤	S(목적내용)-도록 S(이루어진 일)[20]	1 (1.3%)
	총계	76

---

16) 즈긔가 아모조록 미국과 셔반아 수이에 쓰홈이 아니 나도록 쥬션흐려니와 〈매신문
1898.4.9:3〉
17) 민국을 부강토록 쥬션흐는 것은 당연흔 일이 어니와 〈매신문 1898.6.6:1〉

위와 같이 여러 문형이 가능하지만, 본고에서는 문형 ①이 매우 큰 비중을 차지하고 있다는 점에 주목하고자 한다. 75%의 사례가 [NP(행위자)-이 S(목적내용)-도록 VP(목적적 행동)]이라는 일관된 형식으로 나타나면서 목적을 가지고 행동하는 사태를 나타내고 있다고 말할 수 있다. 이처럼 일관된 형식이 목적을 가지고 행동하는 사태를 의미하면서 빈번하게 쓰일 때, 그런 언어 경험을 토대로 하여 [NP(행위자)-이 S(목적내용)-도록 VP(목적적 행동)] 형식에 "목적을 가지고 행동하는 사태"라는 의미가 연합된 덩어리 구문이 구성될 수 있다.

이뿐 아니라 [NP(행위자)-이 S(목적내용)-도록 VP(목적적 행동)] 중 'VP(목적적 행동)' 자리에서 쓰이는 요소에서도 어떤 경향성을 발견할 수 있다. 예로 19세기 자료에서 나타난 예들을 대상으로 하여 "목적"의 '-도록'에 후행하는 요소를 분류해 보면 아래와 같다.

[표 28] 19세기 "목적"의 '-도록'에 후행하는 요소의 유형

'-도록' 후행 요소의 의미		빈도	사례
목적 달성을 위한 일반적 행위	조력	16	이후싱들은 주긔네 보다 나흔 사름들이 되도록 쥬션을 ᄒ여 주ᄂ 거시 그네들의 직무라 〈독립신 1896.9.22:1〉 이신문으로 ᄒ야곰 흔번 길샹문이 되도록 좀 찬죠를 ᄒ시오 〈매신문 1898.9.15:1〉
	노력	10	오날 브터 십년 후에 죠션 인민에 빅분지 칠십 오분은 학교를 다니게 되도록 일을 ᄒ기를 밋노라 〈독립신 1896.10.10:1〉 ᄒ 마다 항구에 드러 오는 돈니 나아 가는것 보다 만케 되도록 힘써야 홀너라 〈매신문 1898.4.27:2〉
	주의	7	무론 누구든지 유리ᄭ여진 죠각을 멀니밧여 음식에 갓가이 말도록 조심들 ᄒ시오 〈매신문 1898.4.16:3〉 국가 명령을 밧드러 아모됴록 인민의게 편리토록 쥬의ᄒᄂ 수무인즉 〈매신문 1898.6.2:3〉

---

18) 특별이 갑슬 간략히 ᄒ야 사방 쳠군ᄌ의게 널니 보시도록 쥬장을 삼으오니 〈매신문 1898.4.9:4〉

19) 이신문으로 ᄒ야곰 흔번 길샹문이 되도록 좀 찬죠를 ᄒ시오 〈매신문 1898.9.15:1〉

20) 금구군 림가 옥스에 의옥으로 직검이 되도록 결쳐가 못되믹 〈매신문 1898.4.29:3〉

	조치	4	아모 조록 싸홈 안 나도록 <u>일을 죠쳐ᄒ랴고</u> 데일등 구라파 각국 졍부들이 미우 이들을 쓰더라 〈독립보 3:10〉 단졍코 다시 ᄭ우지람이 업도록 <u>죠쳐 ᄒ리라</u> 〈매신문 1898.6. 9:2〉
	규정	1	은힝을 그여히 셜립 ᄒ도록 <u>의론을 졍 ᄒ신</u> 〈독립신 1896. 6.18:2〉
기타 구체적 행위		28	지식 잇ᄂ 일본 제군들은 아모쏘록 죠션 사름들을 업수히 넉이지 말고 귀각 나지 안토록 <u>지내기</u>를 ᄇ라노라 〈독립신 1896.4.18:1~2〉 이런 ᄆᄋᆷ 업ᄂ 사름을 잇도록 <u>감동을 식히며</u> 〈독립신 1896.9.3:1〉 나라라 ᄒᄂ거슨 ᄌ긔 몸과 목숨 보다 더 즁ᄒ거스로 싱각 ᄒᄂ ᄆᄋᆷ이 싱기도록 <u>어린 쇼견을 주물너 노화야</u> 〈독립신 1896.9.22:1〉

총 66개의 사례 중에서, '-도록'에 후행하는 요소가 "조력", "노력", "주의", "조치" 등 목적을 달성하기 위해 힘쓰는 행위를 일반적으로 의미하는 것인 경우가 58% 정도를 차지하는 것을 볼 수 있다. 즉 [NP{행위자}-이 S{목적내용}-도록 VP{목적적 행동}]의 'VP{목적적 행동}' 자리에는 목적을 달성하기 위한 행동을 나타내는 것이기만 하면 어떤 것이든 위치할 수 있지만, 실제로는 몇 가지로 유형화될 수 있는 요소들이 꽤 자주 쓰여 일반화될 만한 경향성을 보인다. 3장에서 다룬 구문들에서는 구문 속 서술어 자리에서 어떤 동사가 쓰일 것인지에 대해 구체적으로 예측할 수 있었던 것에 비교해 보면 연결어미로서의 '-도록' 뒤에 오는 요소는 매우 개방된 집합을 이루고 그만큼 구체적인 예측이 어렵기는 하지만, 그래도 얼마간 유형화될 수 있는 성격을 보이는 것이다. 이처럼 구조적, 의미적으로 일반화할 수 있을 만한 성격을 띠는 개별적인 사례들이 빈번히 경험되며 누적되면 [NP{행위자}-이 S{목적내용}-도록 VP{목적적 행동}] 형식에 "목적을 가지고 행동하는 사태"라는 의미가 연합한 구문이 구성될 수 있을 것이다.

4.2.3.2. 결과적 한계 구문으로부터 목적 구문의 발달 현상

목적 구문이 덩어리로 처리되는 단위임을 짐작할 수 있게 하는 보다
강력한 증거 중 하나는 목적 구문의 발달 과정을 살핌으로써 발견할 수
있다.

석주연(2006)에서는 '-도록'의 "도급"(본고의 "시간적 한계"와 유사) 의
미와 "결과"(본고의 "목적"과 유사) 의미를 비교하면서, "도급"의 '-도록'
이 포함된 문장은 후행절이 지시하는 행위나 상태의 지속 극점에 해석
상의 초점이 두어지는 반면에, "결과"로 해석되는 문장에서는 선행절과
후행절 간의 '상황적 관계'에 초점이 두어진다고 하였다. 이런 차이가
있지만 그래도 "결과"는 "도급"에서 연원한 것이라고 언급하면서 아래
와 같은 예문을 제시하였다.

(172) ㄱ. 흰 ᄀᄅ ᄒ 근을 누른 밀을 ᄴ혀 ᄶ 밍그라 ᄇᆡ 브ᄅ도록 머그면
가히 ᄇᆡᆨ 날이라도 ᄇᆡ 아니 고프고 (白麵一斤黃蠟爲油作煎餅飽食
可百日不飢) 〈신구황_윤 보유:4b〉

ㄴ. 또 니ᄡᆞᆯ 서 홉을 ᄆᆡ이 복가 밀 두 냥을 노겨 ᄲᆞᆯ을 밀의 브어 ᄆᆞᄅ
도록 복가 임의로 머그면 두어 날이나 ᄇᆡ 고프디 아니ᄒᆞᄂᆞ니 (又
大米三合炒過以黃蠟二兩熔銚內入米炒令乾任便食之數日不飢) 〈신
구황_윤 보유:6b〉

ㄷ. 모롬이 ᄒᆡ여곰 속이 ᄉᄆᆞᆺ도록 ᄆᆞᄅ 술와 ᄂᆡ 업기로써 법을 삼아
즉제 새믈로써 버므려 즌흙ᄀᆞ티 ᄒᆞ야 인ᄒᆞ여 술온 고ᄃᆡ 두어 더
온 김으로 ᄒᆡ여곰 ᄲᅲᆼ여 ᄶᅵᆨ워 ᄒᆡ여곰 비를 보디 몯ᄒᆞ게 ᄒᆞ고 四五
日을 기돌러 쓰라 (須令徹裏爛燒ᄒᆞ야 以煙盡爲度ᄒᆞ야) 〈신염소
7b〉

(석주연, 2006:57)

(172)의 '-도록'은 모두 중의적 해석을 허용하는데, 가령 (172ㄴ)의 경우 '마를 때까지 볶아'와 '마르게 볶아' 양자로의 해석이 가능하다고 하였다. 이런 상황에서 청자에 의해 '-도록'의 선행절과 후행절의 관계가 '시간상의 관계'뿐 아니라 '결과 및 결과 초래의 상황적 관계'로 추론될 수 있다고 보았다.

석주연(2006)에서는 (172)의 예들을 "시간적 한계"의 '-도록'이 실현된 예로 기술했지만, 본고는 이와 달리 (172)의 예들을 "결과적 한계"의 '-도록'이 실현된 예로 구별하여 기술한다. "시간적 한계"와 "결과적 한계"가 밀접한 관계에 있는 의미이기는 하지만, "목적"의 의미는 "시간적 한계" 의미로부터 직접 발달하기가 어렵고 "결과적 한계"의 의미로 쓰인 '-도록'으로부터 발달하기가 쉽다고 보기 때문이다.

그러면 구체적으로 어떤 경우에 (172)와 같이 "결과적 한계"의 '-도록'이 "목적"의 '-도록'으로도 중의적인 해석이 가능해지게 되는 것일까? 일단은 '-도록'에 선행하는 절이 나타내는 내용이 발화 상황에서 바람직하게 여겨지는 것이어야 "목적" 의미로 해석될 수 있다. 만약 누구도 바라지 않는 상황이 '-도록'에 선행하여 나타난다면, 그런 상황을 목적하는 것으로 해석하기는 어려울 것이기 때문이다. 가령 (173ㄱ)의 상황에서 '몰 보ᄃ록'은 바람직한 상황으로 여겨지지 않으며, 이런 상황에서는 "못 보게 하기 위해", 즉 목적 의미로 추론될 수 없다. (173ㄴ, ㄷ)의 밑줄 친 부분도 일반적으로 바람직하지 못한 상황으로 여겨지기 때문에, 이런 경우에도 목적 의미로 잘 추론되지 않는다.

(173) ㄱ. ᄒ다가 내 ᄯ리 뒤도라 날 ᄇ라다가 보디 몯ᄒ면 시름ᄒ야 츠기 너기리라 ᄒ야 오래 셔아 이셔 ᄇ라더니 그 ᄯ니미 <u>몰 보ᄃ록</u> 가딕 乃終내 도라보디 아니ᄒ야시ᄂᆯ 그 아비 애ᄃ라 닐오딕 畜生이 나혼 거실ᄉᆡ 그러ᄒ도다 〈석보상 11:29b〉 (cf. 若我女反顧後望不見我者 令女憂苦 佇立良久 女去不現 竟不迴顧 爾時其父心生悲恨

而作是言 畜生所生 故不妄也)

ㄴ. 입시우리 무르며 이비 무르드록 브르다가 몯호라 (脣燋口燥呼不
得) 〈두시초 6:42a〉

ㄷ. 무정훈 대뿍으로 가족이 터디고 피 흘너 느리도록 티디 〈낙일오
121〉

반면 (174)처럼 발화 상황에서 바람직하게 여겨질 수 있는 상황이
'-도록'에 선행한다면 "결과적 한계"뿐 아니라 "목적"의 의미로도 해석
될 수 있다. (174)의 '遼東의 다둣도록'은 화자가 바라는 것을 표현하는
맥락 속에서 바람직한 상황으로 이해된다. 이런 경우에는 밑줄 친 부분
이 "결과적 한계" 의미로도 해석될 수 있고, "목적" 의미로도 해석될
수 있다.

(174) 내 이 창 잡아셔 누른 관 쓴 도적을 파흐고 呂布를 잡고 袁術을 멸흐
고 袁紹를 거두고 뒤흐로 塞北 싸의 깁히 드러 遼東의 다둣도록 텬하
의 빗겨 무음으로 힝흐는 거시 진짓 큰 스나희 싱각이라 (mini ere
gida jafafi suwayan mahala hūlha be efulehe lioi bu be jafaha
yuwan šu be mukiyebuhe yuwan šoo be bargiyaha amargi sai be
bade šumin dosika liyoo dung de isitala abkai fejergi de hetu undu
cihai yabuhangge unenggi amba haha i gūnin kai) 〈삼역총 8:15b~
16a〉

이 외에 "목적" 의미로 해석되기 쉬운 중요한 맥락이 하나 더 있는데,
의무를 부과하는 맥락이 바로 그것이다. 가령 석주연(2006)에서 제시했
던 예문 (172)는 모두 의무를 부과하는 맥락에서 쓰인 것이다. 〈新刊救
荒撮要〉나 〈新傳煮取焰硝方諺解〉는 실용적 성격의 기술서로서 주로
'이런 상황에는 이렇게 하라', '이렇게 하면 이런 상황을 면한다' 하는 식

으로 지시하는 내용을 담고 있다. 어떤 일을 하기를 권장하려는 목적으로 쓰인 문헌이므로 전반적인 내용이 의무를 부과하는 상황과 관련되어 있다.

더욱이 (173)의 밑줄 친 부분과 같이 일반적으로 바람직하게 여겨지지 않는 상황을 나타내는 것이라도, 의무 부과 맥락에서 쓰이면 "목적"의 의미로 추론될 수 있다. 가령 '입이 마르도록 불러라', '피가 흘러내리도록 쳐라'에서 '-도록' 절은 쉽게 "목적"으로 추론될 수 있다. "어떤 상황에 이를 정도로 무엇을 하라"고 의무를 부과하는 상황에서 "어떤 상황에 이를 정도로"는 단지 일이 진행되다 보니 도달하게 되는 한계점이 아니라, 도달해야 할 지점, 즉 목적점으로 해석되는 것이다.

"목적" 의미가 본격적으로 쓰이기 시작하는 19세기보다 이전 시기의 자료에서 "결과적 한계" 의미로 해석되는 '-도록'의 사례 중 "목적"으로도 해석될 법한 사례를 살펴보면, 의무 부과 맥락 속에 있는 예인 경우가 많다.

[표 29] "결과적 한계"와 "목적"으로 중의적인 해석이 가능한 사례의 맥락

시기	맥락	사례	빈도
15세기	의무 부과	坮 밀홀 봇고디 검도록 ᄒ야 ᄀ라 細末ᄒ야 膩粉을 半만 더러 기르메 ᄆ라 ᄇ르라 (又方小麥炒黑爲度硏爲末膩粉減半油調塗之) 〈구급방 下:12a〉	8
	기타		0
17세기	의무 부과	손을 블 뾔여 산모의 등을 덥게 비븨고 약즙블 디거 업도록 ᄇ르면 됴ᄒ니라 (以手炙火摩背上令熱時塗藥汁汁盡爲妙) 〈태산집 56b〉	9
	기타		0
18세기	의무 부과	연과 맷돌질 ᄒ닷시 셰셰토록 ᄒ란 말이라 〈증수해 1:53a~b〉	2
	기타	뒤흐로 塞北 싸의 깁히 드러 遼東의 다닷도록 텬하의 빗겨 ᄆ음으로 힝ᄒᄂ 거시 진짓 큰 ᄉ나희 싱각이라 〈삼역총 8:16a〉	2

[표 29]의 결과는 단지 문헌의 편중에 따른 것일지도 모른다. 하지만 19세기 자료에서 "목적"으로 해석될 수 있는 예 총 107개 중 의무 부과

맥락에 있는 예가 대략 57%(61개)를 차지하는 것을 보면, 의무 부과 맥락이 "목적" 의미 발달에 중요한 역할을 함을 다시 한 번 확인할 수 있다. 세종 문어 말뭉치 샘플에서도 "목적"으로 해석될 수 있는 예 총 245개 중 의무 부과 맥락에 있는 예가 대략 46%(113개)를 차지하는 것으로 나타난다. 의무 부과 맥락은 (175)에서 볼 수 있는 것과 같이 다양한 방식으로 나타난다.

(175) ㄱ. 지식 잇ᄂᆞᆫ 일본 졔군들은 아모쪼록 죠션 사름들을 업수히 넉이지 말고 귀각 나지 안토록 지내기를 ᄇᆞ라노라 〈독립신 1896.4.18:1~2〉

ㄴ. 그 월급을 밧고 ᄒᆞ라신 직무를 ᄌᆞ긔 싱각ᄃᆡ로 빅셩의게 뎨일 유죠 ᄒᆞ고 나라에 뎨일 효험이 잇도록 ᄌᆞ긔 권리에 잇ᄂᆞᆫᄃᆡ로ᄂᆞᆫ 일을 힝 ᄒᆞᄂᆞᆫ거시 다만 님군의게 올흔 신하가 될쑨만 아니라 약죠를 직히ᄂᆞᆫ 사름이요 〈독립신 1896.6.27:1〉

ㄷ. 나라라 ᄒᆞᄂᆞᆫ거슨 ᄌᆞ긔 몸과 목숨 보다 더 즁ᄒᆞᆫ거스로 싱각 ᄒᆞᄂᆞᆫ ᄆᆞ음이 싱기도록 어린 쇼견을 주물너 노화야 그사름들이 자라거드면 ᄌᆞ긔 나라를 금직 ᄒᆞ게 알고 〈독립신 1896.9.22:1〉

ㄹ. ᄌᆞ긔네ᄂᆞᆫ 이왕에 학문을 못 빈화거니와 이후싱들은 ᄌᆞ긔네 보다 나흔 사름들이 되도록 쥬션을 ᄒᆞ여 주ᄂᆞᆫ 거시 그네들의 직무라 〈독립신 1896.9.22:1〉

그리고 앞서 4.2.2.2절에서 살핀 바에 따르면 '-도록' 목적 구문과 '-도록' 결과적 한계 구문에는 [표 26]과 같은 제약이 있었다. 이런 제약 양상 역시 결과적 한계 구문으로부터 목적 구문의 발달 맥락을 고려함으로써 설명될 수 있다.

[표 26] "목적"의 '-도록'과 "결과적 한계"의 '-도록'에 존재하는 주어 제약 비교

		"목적"의 '-도록'	"결과적 한계"의 '-도록'
① 선·후행절의 주어가 일치하지 않을 때		제약이 없다. ● 나는 영이가 라면을 먹도록 물을 끓였다.	제약이 없다. ● 영이는 동네 사람들이 다 뛰어 나오도록 소리를 질렀다.
선·후행절의 주어가 일치할 때	② '-도록' 절이 의지적으로 행동하는 사태를 나타내지 않으면,	제약이 없다. ● 나는 라면을 먹을 수 있도록 물을 끓였다.	제약이 없다. ● 영이가 지치도록 뛰었다.
	③ '-도록' 절이 의지적으로 행동하는 사태를 나타내면,	의무 부과 맥락에서만 쓰인다. ● 나는 친구들과 같이 가도록 시간을 냈다. (평서; 의무 부과 아님) ● 나도 너희들과 같이 가도록 시간을 내 볼게. (화자가 스스로에게 의무 부과) ● 너도 우리하고 같이 가도록 시간을 내 봐라. (청자에게 의무 부과) ● 나는 책을 읽지 않도록 집에 있는 책을 모두 치워 버렸다. (평서; 의무 부과)	쓰이지 않는다.

'-도록' 목적 구문이 갖는 제약은 '-도록' 목적 구문이 주로 의무 부과 맥락에서 발달했음을 고려하면 이해가 된다. '-도록' 결과적 한계 구문이 의무 부과 맥락에서 쓰일 때 선행절의 내용이 목적한 내용으로 해석되면서 '-도록' 목적 구문이 발달하는데, 이와 같은 의미 변화에 따라 '-도록' 결과적 한계 구문은 쓰이지 못했던 상황, 즉 선·후행절의 주어가 일치하면서 선행절에 의지적으로 행동하는 사태가 오는 상황에서도[21]

---

21) 4.2.2.2절에서 언급했듯이, "결과적 한계"의 '-도록' 절은 후행하는 절이 나타내는 사태가 진행되어 결과적으로 도달하게 되는 사태를 나타내므로, 개념상 타동사절이나 행위성 자동사절보다는 비행위성 자동사절과 잘 어울린다. 어떤 사태가 진행됨으로써 자연스럽게 도달하게 되는 지점이 동작성을 띠는 경우는 흔하지 않으며, 특히 두 절의 주어가 같으면서 '-도록' 절의 내용이 동작성을 띠는 경우란 상상하기가 어렵다. 즉 누가 어떤 행동을 함으로써 '자연히' 도달하게 되는 지점이 '스스로 또 다른 의지적인 행동을 하는 것'이 되기는 어렵다는 것이다.

'-도록' 목적 구문이 점차 쓰일 수 있게 된다. 그런데 의무 부과 맥락을 중심으로 하여 이처럼 '-도록' 목적 구문의 분포가 확장되었으므로, 선·후행절의 주어가 일치하면서 선행절에 의지적으로 행동하는 사태가 오는 상황에서 '-도록' 목적 구문이 쓰일 때 의무 부과 맥락을 중심으로 하여 쓰이는 제약을 보이는 것이다.

요컨대 [표 26]의 ③과 같은 상황이 나타나게 되었을 만큼 의무 부과 맥락은 "결과적 한계" 의미로부터 "목적" 의미로 발달하는 데 있어서 매우 중심적인 역할을 했으리라고 추정된다.

그렇다면 이처럼 "목적" 의미가 발달하는 상황은 어떻게 해서 가능해지는 것인가? 앞서 언급한 바에 따르면 "목적" 의미의 발달은 주로 "결과적 한계"의 '-도록' 절이 의무성이 주어진 행동과 이어지는 상황에서 단초를 보인다. 그런데 만약 이런 상황이 일회성에 그치는 것이었다면 "목적" 의미로의 발달도 수월하지 않았을 것이다. 즉 화자는 [NP(행위자)-이 S(결과상태)-도록 VP(의무성 행동)]으로 형식화할 수 있는 사례들을 경험하고, 여기에서 "결과상태"를 "도달해야 하는 목적점"으로 추론하고, 이런 상황이 꽤 빈번하게 반복되면서 결과적으로 '-도록' 목적 구문이 결과적 한계 구문과 별도의 구문으로서 등장하게 된다.

그런데 "결과상태"를 "도달해야 하는 목적점"으로 추론하는 과정은 'S(결과상태)-도록'에 'VP(의무성 행동)'이 이어지는 상황에서 빈번히 일어난다. 그러므로 화자에게는 ① 'S(결과상태)-도록'에 'VP(의무성 행동)'이 이어짐, ② "결과상태"가 "도달해야 하는 목적점"으로 추론됨, 이 두 가지 정보가 연합되어 있는 것으로 상정해야 한다. 그리고 이런 연합적 정보가 누적되면서 "목적" 의미가 공고해지고 결과적으로 독립 의미가 되기에 이른다는 것은, 곧 이 연합이 경험될 때마다 전체 덩어리로서 마음속에 저장되고 있으며 차곡차곡 쌓여 가고 있음을 뜻하는 것이다.

이처럼 흔히 '맥락 의미의 부호화'라고 불러 왔던 현상은 언어 형식과 그것이 실현되는 맥락에 대한 정보, 그리고 추론된 의미의 덩어리적 연합 및 그것의 저장, 누적을 상정해야만 이해될 수 있는 현상일 것이다. 결과적으로 "목적" 의미의 발달 현상을 통해 우리는 [NP(행위자)-이 S(결과상태)-도록 VP(의무성 행동)] 형식의 구문, 그리고 이로부터 발달한 [NP(행위자)-이 S(목적내용)-도록 VP(목적적 행동)] 형식의 구문이 덩어리로 운용되는 언어 단위로서 존재함을 상정할 수 있게 된다.

4.2.3.3. '-도록'과 형용사의 결합 범위 확장 현상

다음으로는 "목적"의 '-도록'에 다양한 형용사가 선행하는 현상에서 '-도록' 목적 구문의 덩어리성에 대한 증거를 찾아보려고 한다.

몇몇 선행연구에서는 '-도록'에 형용사가 결합할 수 없음을 지적한 바 있다. 가령 윤평현(1981)에서는 '-도록'은 형용사에 붙어 사용될 수 없는 것이 원칙이라고 하면서, '옷이 뽀얗도록 잘 빨아라' 같은 예에서의 '뽀얗다'는 동사 '뽀얘지다'를 줄여서 형용사처럼 쓴 것일 따름이라고 보았다. 서정수(1987)에서도 유사하게 '-도록'이 비동사성의 요소와 결합하지 않음을 언급하면서, '서로 좋도록 잘 해 보시오', '방이 따뜻하도록 난로를 피우시오' 같은 예는 '좋아지다', '따뜻해지다'가 잘못 축약되어 쓰이는 경우라고 하였다.

이런 언급에서 짐작할 수 있듯이, "목적"의 '-도록'은 기본적으로 동사절과 잘 어울리고 형용사절과는 빈번하게 어울려 나타나지 않는다. 하지만 빈번히 쓰이지 않을 뿐, "목적"의 '-도록'과 결합 가능한 형용사절의 범위는 꽤 넓은 편이다. 혹여 처음에는 '잘못 축약되어' 쓰인 것이었다고 하더라도, 현재는 위에 제시한 예들이 매우 자연스럽게 느껴질 뿐아니라 더욱 광범위한 형용사가 "목적"의 '-도록'에 선행할 수 있도록 변화해 온 것 같다.

그러면 우선 세종 문어 말뭉치 300만 어절에서 나타나는 형용사와 '-도록'의 결합 양상을 살펴보겠다. 형용사와 "목적"의 '-도록'이 결합한 사례는 총 62개를 볼 수 있었는데, 그 중 43개는 동사에 가능, 또는 불가능의 양태를 더하기 위해 형용사가 쓰인 경우 및 동사성을 띠는 서술성 명사를 부정하기 위해 형용사 '없다'가 쓰인 경우였다. 이런 경우는 '-도록'과 형용사가 결합한 진정한 사례로 보기 어려우므로 논외로 하고, [표 30]에서 '기타'로 분류된 것에 대해서만 살필 것이다.

[표 30] "목적"의 '-도록'과 결합하는 형용사의 유형과 빈도

유형	형용사	빈도
가능/불가능 양태	(~을 수) 없다	14
	가능하다	8
	(무엇하기) 쉽다	2
	불가능하다	1
	용이하다	1
	어렵다	1
부정 양태	(서술성 명사가) 없다	13
기타	(무엇이) 없다	5
	유리하다	4
	적합하다	3
	편리하다	3
	알맞다	2
	같다	1
	공평하다	1
	민감하다	1
	좋다	1
	충실하다	1

주목할 만한 것은, '기타'로 분류된 형용사와 "목적"의 '-도록'이 결합한 실제 사례를 보면, '없다'를 제외하고는 거의 형용사가 조사 '-에'로 표시된 항과 함께 나타나는 경우에 해당한다는 것이다. 조사 '-에'로 표시된 항은 기준점 또는 형용사가 나타내는 속성이 유효할 수 있는 상황을 나타낸다. 사례는 아래와 같다.

(176) ㄱ. 대리에서 과장으로 진급하는 데 유리하도록 수억의 자금을 유치해 주식을 사 놓았다.

　　 ㄴ. 우리는 사용자가 처해 있는 상황에 가장 적합하도록 컨설팅으로

부터 유지 보수에 이르기까지 모든 과정을 통합적으로 수행하고 있다.

ㄷ. 노사 모두에 공평하도록 백지상태에서 조사를 시작할 것이다.

ㄹ. 정보통신공학은 교육이 <u>비용효과에</u> 민감하도록 요구한다.

ㅁ. 기관이 <u>본연의 임무에</u> 충실하도록 감독 체제를 강화할 것이다.

ㅂ. <u>감독자가 농로를 지나가면서 농민을 불러내고 감시하기에</u> 좋도록 그렇게 한 것이라고 한다.

ㅅ. 게양대에는 <u>국기를 올리기에</u> 편리하도록 긴 줄이 달려 있다.

(177)과 같이 표면상 조사 '-에'로 표시된 항이 없는 사례도 있지만, 이런 경우에도 개념상 (178)의 밑줄 친 부분과 같이 기준점 또는 형용사가 나타내는 속성이 유효할 수 있는 상황을 나타내는 항이 상정된다.

(177) ㄱ. <u>두 값이 같도록</u> 바꾸어 놓고 문제를 풀었다.

ㄴ. 글은 가능하면 <u>문장의 길이가 알맞도록</u> 간결하게 써야 한다.

ㄷ. 2002년 새 대학입시 때는 예고한 대로 적성에 대한 고려를 높여 <u>실업계 학생이 유리하도록</u> 이끄는 것도 교육부가 할 일이다.

(178) ㄱ. 이 값이 <u>저 값과</u> 같다.

ㄴ. 문장의 길이가 <u>바람직한 기준에</u> 알맞다.

ㄷ. 실업계 학생이 <u>이 시험에서</u> 유리하다.

세종 문어 말뭉치 300만 어절에서는 나타나지 않았지만, 사실상 기준점을 상정하는 형용사 중 많은 것이 "목적"의 '-도록'과 잘 결합하는 것으로 보인다.

(179) ㄱ. 나는 기사 내용이 <u>사실에</u> 가깝도록 여러 번 수정했다.

ㄴ. 나는 텐트가 <u>바람에</u> 강하도록 지지대를 여러 개 추가했다.

ㄷ. 나는 <u>몸에</u> 좋도록 신선한 재료로 음식을 만들었다.

ㄹ. 그는 <u>보기에</u> 편하도록 부드러운 색감을 이용하여 책을 만들었다.

ㅁ. 김 선생은 학생들이 <u>학교 수업만으로 시험을 보기에</u> 충분하도록 열심히 가르쳤다.

ㅂ. 기득권은 대중들이 <u>정치에</u> 무관심하도록 상황을 조성해 왔다.

ㅅ. 김 선생은 학생들이 <u>여러 종류의 지문에</u> 능숙하도록 다양한 문제를 제공해 왔다.

ㅇ. 점장님은 영이가 <u>손님들에게</u> 친절하도록 철저히 교육을 시켰다.

개념상 기준점을 상정한다는 것은, 이 형용사들이 어떤 대상의 영구적인 속성을 나타내는 것이 아니라 상황에 따라 변할 수 있는 속성을 나타내는 것임을 보여 준다. 가령 '이 색깔이 보기에 편하다'에서 '편하다'는 '보는 상황'에 국한되는 대상의 속성을 표현하는 것일 뿐, 상황이 달라지면 이 속성 역시 사라질 수 있다. 앞서 언급했듯 "목적"의 '-도록'에 가장 전형적으로 결합하는 것은 동사, 즉 개념상 변화를 포함하며 시간 안정성(temporal stability)[22]이 낮은 것인데, 형용사 중에서도 기준점을 상정함으로써 유동적인 속성을 나타내는 부류, 즉 비교적 시간 안정성이 낮은 부류가 "목적"의 '-도록' 앞에서 쓰일 수 있게 결합 범위가 넓어져 온 것으로 보인다.

이 외에도 많은 형용사가 시간 안정성이 낮은 속성을 갖는다. Givón(2001:53)에서는 시간 안정성이 낮은 형용사의 예로 온도, 감정, 건강 상

---

22) Givón(2001:50~54) 참고. 시간 안정성은 시간의 흐름 속에서도 변하지 않고 안정적으로 존재하는 성질을 말한다. 전형적인 명사는 시간 안정성이 높은 속성을 가지고, 전형적인 동사는 시간 안정성이 낮은 속성을 갖는다. 형용사는 중간적인 성격을 띠는데, 형용사 중에서 크기, 모양, 색깔 등 매우 지속성이 높은 물리적 속성을 나타내는 것은 시간 안정성이 높고, 반대로 온도, 느낌, 건강 상태 등 일시적인 상태를 나타내는 것이나 '좋다', '나쁘다' 등 성격을 평가하는 데 쓰이는 것은 시간 안정성이 낮다.

태 등 일시적인 상태를 나타내는 것을 든 바 있다. 이 부류도 아래와 같이 "목적"의 '-도록'과 잘 결합할 수 있는 모습을 보인다.

(180) ㄱ. 방이 <u>따뜻하도록</u> 보일러를 세게 틀었다. (온도)

ㄴ. 커피가 <u>차갑도록</u> 얼음을 많이 넣었다. (온도)

ㄷ. 방 안이 <u>어둡도록</u> 불을 껐다. (밝기)

ㄹ. 어르신들의 돌아가는 발걸음이 <u>즐겁도록</u> 기념품도 준비했다. (감정)

ㅁ. 우리는 영이의 온몸이 <u>간지럽도록</u> 깃털로 간질였다. (건강 상태)

ㅂ. 김 과장은 부하 직원이 <u>바쁘도록</u> 여러 일을 한꺼번에 주었다. (사회적 상태)

즉 현재 (180)과 같이 일시적인 상태를 나타내는 형용사절, (176~177), (179)와 같이 특정 상황에서 적용되는 속성을 나타내는 형용사절이 "목적"의 '-도록'과 자연스럽게 결합함을 알 수 있다. [표 30]에 제시된 것 중 아직 설명되지 않은 형용사인 '없다' 역시 구체적인 대상의 영구적인 존재 상태를 나타내는 상황보다는 '파장이 없도록', '지장이 없도록', '오차가 없도록' 등 주로 추상적인 대상의 일시적인 존재 상태를 나타내는 상황에서 "목적"의 '-도록'과 잘 결합하여 쓰인다. 요컨대 "목적"의 '-도록' 앞에는 시간 안정성이 낮은 동사절이 쓰이는 것이 전형적인데, 시간 안정성이 낮은 형용사절도 이 자리에서 쓰일 수 있도록 분포가 확장되어 온 것으로 보인다.

반면 아래와 같이 시간 안정성이 높은 형용사절은 "목적"의 '-도록'과 결합하는 것이 그리 자연스럽지 않다. Givón(2001:53)에서는 시간 안정성이 높은 형용사로 크기, 모양, 색깔, 무게 등 구체적 대상의 지속적인 물리적 속성을 나타내는 형용사를 든 바 있다.

(181) ㄱ. ^{??}우리는 <u>벽이 노랗도록</u> 열심히 페인트를 칠했다.

　　　ㄴ. ^{??}우리는 <u>모래성이 높도록</u> 열심히 흙을 쌓아올렸다.

　　　ㄷ. ^{??}우리는 <u>영이가 예쁘도록</u> 온 기술을 다해 꾸며 주었다.

참고로 시간 안정성의 정도는 전적으로 형용사 자체에 달려 있는 것은 아니다. '노랗다', '높다', '예쁘다'처럼 구체적 대상의 물리적 속성을 나타내는 형용사이더라도, 기준점을 상정함으로써 유동적인 속성을 나타내도록 상황을 바꾸면 "목적"의 '-도록'과 결합할 수 있다. 가령 (182)의 '노랗다', '높다', '예쁘다'는 구체적 대상의 영구적인 속성을 나타내는 것이 아니라 다른 대상에 비교한 상대적인 속성을 나타낸다. 만약 또 다른 제3의 대상에 비교한다면 이 속성이 취소될 수도 있으므로, 이때의 '노랗다', '높다', '예쁘다'는 일시적인 속성을 나타내고 있다고도 말할 수 있다.

(182) ㄱ. 우리는 우리 집 벽이 <u>영이네 집 벽보다</u> 노랗도록 샛노란 색의 페인트를 구해다가 벽을 칠했다.

　　　ㄴ. 우리는 우리 모래성이 <u>영이네 모래성보다</u> 높도록 열심히 흙을 쌓아올렸다.

　　　ㄷ. 우리는 영이가 <u>모인 사람들 중 제일</u> 예쁘도록 온 기술을 다해 꾸며 주었다.

즉 시간 안정성의 정도는 형용사의 속성과 구문의 속성이 상호작용함으로써 결정된다. (182)는 시간 안정성이 낮은 구문에 시간 안정성이 높은 형용사가 결합하여 전체 형용사절의 시간 안정성이 낮아진 경우이다. 앞서 (176), (179)를 통해 보았던 '기준점'이 포함되는 구문도 시간 안정성이 낮은 구문의 일종이라 할 수 있다. 이에 비해 (181)과 같은 '무엇이 어떠하다' 형식의 구문은 시간 안정성이 높은 구문의 일종으로 볼 수 있다.

이제까지 시간 안정성이 낮은 형용사절을 중심으로 하여 형용사절이 "목적"의 '-도록'과 결합할 수 있음을 보아 왔는데, 이제 이것이 목적 구문의 덩어리성에 대해 시사하는 바가 무엇인지에 대해 언급할 것이다.

목적 구문의 '-도록'은 주로 동사절과 결합해 왔는데, 점차 시간 안정성 면에서 동사절의 성격을 얼마간 공유하는 형용사절도 "목적"의 '-도록'과 결합할 수 있게끔 범위가 확장되어 온 것으로 보인다. 그런데 모든 형용사절과 규칙적으로 결합할 수 있는 것이 아니라 동사절과 성격을 공유하는 형용사절을 위주로 하여 결합하면서, 형용사절의 시간 안정성 정도에 따라 문장의 수용성에서 정도 차이가 느껴지기도 한다. 이런 점을 고려하면 동사절에서 형용사절로의 분포 확장 현상은 규칙에 준하는 어떤 현상이 아니라, 언어 사용자들이 '동사절-도록' 형식의 표면형에 대한 경험을 토대로 하여, 의미적 유사성에 기반하여 '동사절' 부분을 '동사절에 가까운 형용사절'로도 유추적으로 확장해 가는 현상으로 볼 수 있다.

그런데 이런 유추적 확장은 다른 '-도록' 구문에서도 동일한 양상으로 나타나는 것이 아니다. 시간적 한계 구문과 결과적 한계 구문이 형용사절과 결합하는 양상을 목적 구문과 비교하여 살펴보자. (183)은 시간적 한계 구문, (184)는 결과적 한계 구문의 사례이다.

(183) ㄱ. 그는 커피가 {차가워지도록/^{??}차갑도록} 자리로 돌아오지 않았다.

　　　cf) 나는 커피가 {차가워지도록/차갑도록} 얼음을 많이 넣었다.

　　ㄴ. 파티 분위기가 {흥겨워지도록/^{??}흥겹도록} 영이는 모습을 보이지 않았다.

　　　cf) 우리는 파티 분위기가 {흥겨워지도록/흥겹도록} 많은 이벤트를 준비했다.

ㄷ. 의사 선생님은 내 온몸이 {가려워지도록/^{??}가렵도록} 아무런 조치도 취하지 않으셨다.

　cf) 의사 선생님은 내 몸이 덜 {가려워지도록/가렵도록} 약을 처방해 주셨다.

(184) ㄱ. 그는 비굴하도록 내 눈치를 살폈다.

　cf) 나는 일부러 그가 {비굴해지도록/^{??}비굴하도록} 온갖 권위를 내세웠다.

ㄴ. 그는 가소롭도록 내게 거짓말을 했다.

　cf) 그는 내가 {가소로워하도록/^{??}가소롭도록} 일부러 유치한 행동을 했다.

　이처럼 '-도록'의 시간적 한계 구문, 결과적 한계 구문, 목적 구문에서 형용사절이 수용될 수 있는 범위는 서로 다르다. 우리가 이 절을 통하여 살펴 온, 시간 안정성이 낮은 형용사절을 중심으로 한 유추적 확장 양상은 결국 목적 구문에서만 적용되는 것이라 할 수 있다. 그러므로 단지 '동사절-도록' 형식의 표면형에 대한 경험을 토대로 하여 '동사절' 자리가 일부 형용사절로도 유추적으로 확장되는 것이 아니라, [NP(행위자)-가 S(목적내용)-도록 VP(목적적 행동)]이라는 전체 덩어리를 기반으로 하여 이 덩어리 속 '동사절' 자리가 유사성에 기반하여 일부 형용사절로 유추적으로 확장되어 가는 것이라고 보아야 할 것이다. 이 현상을 통해서도 [NP(행위자)-가 S(목적내용)-도록 VP(목적적 행동)]이라는 전체 덩어리가 언어 사용자에게 표상되고 언어 사용자가 운용하는 단위가 됨을 짐작할 수 있다.

4.2.4. 예측 가능성에 따른 '하다'의 개입

이제까지 살핀 내용을 토대로 본고에서는 [NP(행위자)-가 S(목적내용)-도록 VP(목적적 행동)]이라는 추상적 구문이 한 덩어리로 운용되는 언어 단위라고 본다. 그리고 이처럼 추상적인 자리들을 가진 구문을 토대로 해서, 'VP(목적적 행동)' 자리에 올 요소가 앞선 단서들을 통해 대략 예측되고 그것의 구체적인 내용을 명시할 필요도 없는 경우에, 포괄동사인 '하다'가 의미적으로 잉여성을 띠게 된 동사구 자리를 채울 수 있게 된다고 본다.

[NP(행위자)-가 S(목적내용)-도록 VP(목적적 행동)]의 'VP(목적적 행동)' 자리에는 매우 다양한 사태를 나타내는 요소가 올 수 있다. 하지만 국어 화자들은 '-도록' 뒤에 목적적 행동이 올 것이라는 점을 알고 있고, 따라서 동사구 자리에 나올 목적적 행동이 무엇인지를 구체적으로 명시할 필요가 없는 상황, 즉 목적적 행동이 무엇이든 상관없이 '목적내용을 이룸'에 의미의 초점이 있는 상황에서는 'VP(목적적 행동)' 자리가 의미적으로 잉여성을 띠게 되고, 그런 자리를 '하다'로 채울 수도 있게 된다고 본다.

4.2.5. '-도록 하다'와 '사동 구문'

이제까지 덩어리로서의 목적 구문을 기반으로 하여 '하다'가 동사구 자리를 채우는 요소로서 쓰임으로써 [NP(행위자)-가 S(목적내용)-도록 하다] 형식의 구문이 구성되어 왔음을 주장해 왔다. 그런데 이처럼 '-도록 하다' 형식을 가진 구문은 흔히 '사동 구문'이라 불려 왔다.[23] 목적

---

23) '-도록 하다' 구문을 사동문 범주 안에서 다룬 논의로는 이상억(1970), 권재일(1992:161 ~162), 김성주(1997), 김형배(1997) 등이 있다.

구문과 구문 속 자리를 채우는 '하다'는 사동 구문과 어떻게 관련되는 것인가? 이에 대해 고려함으로써 이 절을 마무리하고자 한다.

'-도록 하다' 형식을 포함하는 구문이 사동 구문의 일종으로 다루어졌던 것은 (185)와 같은 사례에 기반한 것이다.

(185) 한국야구위원회는 구단이 야구장 입장료를 정하도록 했다.

(185)는 목적내용의 주체('구단')가 목적적 행동의 주체('한국야구위원회')와 다른 경우이다. 앞서 목적적 행동이 무엇이든 상관없이 '목적내용을 이룸'에 의미의 초점이 있는 상황에서는 'VP(목적적 행동)' 자리를 '하다'로 채울 수 있다고 했는데, (185)와 같은 상황에서 목적적 행동의 주체가 목적내용을 이루기 위해서는 목적내용의 주체에게 영향력을 행사해야 하고, 따라서 이 상황은 자연스럽게 목적적 행동의 주체가 목적내용의 주체에게 어떤 일을 시키는 상황으로 해석된다. '-도록 하다' 형식을 포함하는 구문은 이와 같은 방식으로 "사동"의 의미 영역과 긴밀하게 관련되어 있고, 그래서 흔히 '사동 구문'이라 불려 온 것이다.

하지만 '-도록 하다' 형식의 구문은 "사동"을 나타내기 위해 발달한 것이 아니라 목적적 행동이 무엇이든 상관없이 '목적내용을 이룸'에 의미의 초점이 있는 상황에서 'VP(목적적 행동)' 자리를 '하다'로 채우면서 발달하게 된 것이다. 그러므로 '-도록 하다' 형식을 포함하는 구문이 "사동"과만 관련되지 않는 것도 이상한 일이 아니다. 가령 (186)의 '-도록 하다'는 "사동"을 나타낸다고 할 수 없다.

(186) ㄱ. 일을 빨리 끝내도록 해라.
　　　ㄴ. 나는 일을 빨리 끝내도록 할게.

(186ㄱ)은 [NP(행위자)-가 S(목적내용)-도록 VP(목적적 행동)]에서 목

적내용과 목적적 행동의 주체가 공히 청자일 때, 목적적 행동이 무엇이든 상관없이 목적내용을 이룸에 초점이 있어서 목적적 행동 부분을 '하다'로 채운 결과라고 설명할 수 있다. (186ㄴ) 역시 [NP(행위자)-가 S(목적내용)-도록 VP(목적적 행동)]에서 목적내용과 목적적 행동의 주체가 공히 화자일 때, 목적적 행동이 무엇이든 상관없이 목적내용을 이룸에 초점이 있어서 목적적 행동 부분을 '하다'로 채운 결과라고 설명할 수 있다.

요컨대 '-도록 하다' 형식을 포함하는 구문들은 목적 구문을 기반으로 하여 의미적으로 잉여성을 띠게 된 동사구 자리를 '하다'로 채우는 현상을 기반으로 하여 구성되었다고 보면, 이런 형식을 띠는 구문이 "사동" 외에도 "권장", "의지 표명" 등의 의미를 갖는 것이 자연스럽게 설명된다.

제5장 '하다'의 문법적 기능: 대용어 기능과 자리채우미 기능

이제까지 인용 구문, '-고자' 소망 구문, 자격 지정 구문, '-려고' 의도 구문, '-도록' 목적 구문의 '하다'가 형식 연쇄에 의미가 연합된 덩어리로서의 구문 속에서 예측 가능성에 따라 의미적으로 잉여성을 띠게 된 서술어 자리를 형식적으로 채우는 요소로서 기능하고 있음을 주장해 왔다. 모든 사례를 검토한 것은 아니지만, 1.3절에서 제시했던 [표 2]에서 부류 3으로 분류되었던 사례들 속 '하다'는 모두 이처럼 구문 속에서 의미적으로 잉여성을 띠게 된 자리를 채우는 요소로서 기능하는 것일 가능성이 높다고 본다.

그러면 이와 같은 '하다'의 기능은 선행 연구에서 '하다'의 기능으로 자주 언급되었던 형식동사 기능 및 대동사 기능과는 어떤 관계에 있는 것일까? 이 절에서는 이 문제에 대해 검토함으로써 '하다'의 기능에 대한 기술을 재정비하고자 한다.

본고에서 살핀 '하다'의 기능은 선행 연구에서 주로 대용어 기능으로 일컬어져 왔으므로, 대용어 기능과 구문 속에서 의미적으로 잉여성을 띠게 된 서술어 자리를 형식적으로 채우는 기능 사이의 관계에 대해 먼저 고려해 보고자 한다.

5.1. '하다'의 대용어 기능

1.1절에서는 일반적으로 대용어 범주에서 논의되어 왔던 요소들이

아래와 같이 정리될 수 있음을 언급한 바 있다. 그리고 3~4장에서 다룬 '하다'는 (1)에 속한 어느 유형 중 하나로 포함되기가 어려움을 언급한 바 있다.

(1) ㄱ. 인칭대명사: '화자'와 '청자'라는 담화상의 역할을 부호화하는 기능
ㄴ. 지시사(=현장지시사): 사건의 참여자 또는 사건 자체를 발화 행위 참여자의 시공간적 위치를 참조하여 위치시킴으로써 식별하는 기능
ㄷ. 관계사, 조응사(=문맥지시사): 그 발화나 이전 발화에 나타나는 다른 표현을 전방적 또는 후방적으로 가리키는 기능
ㄹ. 의문사, 비한정사: 청자로부터 관련된 정보를 얻기 위해 질문의 범위를 나타내거나 알려지지 않은 개체, 명시될 필요가 없는 개체를 나타내는 기능

그러면 (1)의 어느 유형에 속하여 대용어 기능을 하는 것으로 파악할 수 있는 '하다'의 전형적인 사례들을 먼저 검토해 보고, 그 후에 이들과 3~4장에서 살핀 '하다'의 공통점과 차이점에 대해 생각해 보자.

'하다'는 인칭대명사(1ㄱ), 의문사, 비한정사(1ㄹ)로서 기능하지는 않는데, 인칭대명사는 명사 범주에 속하는 것이므로 '하다'와 무관할 수밖에 없고, 또 서술어 부분을 의문의 초점으로 만들기 위해서는 '하다' 단독이 아닌 '어떻다, 어쩌다, 어떡하다' 등이 쓰이며, 서술어 부분을 비한정적으로 만들기 위해서도 '하다' 단독이 아닌 '무얼 (좀) 하다' 같은 것이 쓰인다. '하다'가 대용어 기능을 할 때에는 (1ㄴ)과 같은 기능(현장지시사 기능)을 하거나 (1ㄷ)과 같은 기능(문맥지시사 기능)을 한다. 5.1.1절에서는 현장지시사에 준하는 기능을 하는 '하다'의 전형적인 사례를, 5.1.2절에서는 문맥지시사에 준하는 기능을 하는 '하다'의 전형적인 사례를 보일 것이다.

5.1.1. 현장지시사에 준하는 기능을 하는 '하다'

아래의 (187~190)은 현장지시사에 준하는 기능을 하는 것으로 파악 될 가능성이 있는 '하다'의 예를 제시한 것이다. (187~188)은 '하다'가 목적어 없이 쓰인 경우이고 (189~190)은 목적어(특히 실체성 명사구) 와 함께 쓰인 경우이다. 결론부터 말하자면 이 중 (187~189)만이 현장 지시사에 준하는 기능을 하는 '하다'인 것으로 보인다.

(187) ㄱ. (선생님이 컴퓨터 작동을 어려워하는 것을 보고) 선생님, 제가 한 번 해 보겠습니다.

　　　 ㄴ. (소개팅 상대와 만나서) 저 이런 데서는 처음 해요.

　　　 ㄷ. (과제를 걷고 있는 상황에서) 너 해 왔어?

　　　 ㄹ. (게임하는 모습을 보며) 나도 해 볼래.

　　　 ㅁ. (영이가 성형수술을 했다고 생각하여) 영이 걔 아무래도 한 것 같아.

(188) (종이 한 장에 여럿이 순서대로 돌아가며 글을 적는 상황에서) 야, 자기만 좋은 칸에다 하네.

(189) ㄱ. 그 사람은 부엌에서 밥을 한다.

　　　 ㄴ. 청년은 나무를 하러 산으로 갔다.

(190) ㄱ. (함께 커피를 타면서) 너 설탕 할래?

　　　 ㄴ. (머무를 방을 정하기 위해 함께 방을 둘러보며) 난 이 방 할래.

먼저 (187)은 발화 장면 속에서 파악될 수 있는 동작적 내용을 포괄 적 의미를 가진 '하다'로 대신한 경우이다. 선생님이 어떤 행동을 하려는 것을 보고 학생이 그 행동을 대신 하겠다는 의미로 (187ㄱ)을 발화하는 장면을 떠올려 볼 때, 그 행동이 무엇인지는 발화 장면 속에서만 확인할 수 있으므로 이 경우 '하다'는 현장지시사에 준하는 기능을 한다고 할 수 있다. 이 외에도 장면을 참조함으로써 '하다'는 (187ㄴ)에서는 '소개팅하다'를, (187ㄷ)에서는 '과제하다'를, (187ㄹ)에서는 '게임하다'를, (187ㅁ)에서는 '수술하다'를 의미하는 것으로 해석될 수 있다. 이 중 (187ㅁ)은 성형수술을 했다는 추측을 직접적으로 표현하기가 곤란하다고 판단할 경우에 그 금기어를 대신하여 '하다'가 쓰인 것으로 해석해 볼 수 있다. 이와 같은 발화는 청자가 '하다'의 내용이 무엇인지를 전혀 확인할 수 없다고 판단하는 경우에는 발화되지 않을 것이며, 화·청자의 상념 속 내지는 장면 속에 가리키는 내용이 있거나 즉각적 추론이 가능한 것으로 보아야 한다.

그런데 예 (187)의 경우 위의 해석처럼 '하다'가 현장지시적인 대용어로 기능하는 것으로 볼 수도 있지만, 상황을 대변하는 서술성 목적어가 생략된 것으로 볼 수도 있다. (187ㄴ)에서는 '소개팅'이, (187ㄷ)에서는 '과제'가, (187ㄹ)에서는 '게임'이, (187ㅁ)에서는 '수술'이 생략된 채 발화된 것으로 볼 수 있는 것이다. 홍종선(1993)에서는 이런 사례에서의 '하다'를 대동사로 쓰인 것으로 분석할 수 없고, 논항이 생략된 것으로 보아야 한다고 언급한 바 있다.[1]

하지만 (187ㄱ)의 경우 '하다'의 어떤 목적어가 생략된 것일 수도 있고, 언어적으로 간명하게 표현하기 어려운 해당 상황 속 동작 전반을 '하다'로 대신하여 발화한 것일 수도 있다. 화자의 마음속에 목적어가 따로 상정되어 있지 않은 경우라면 생략 과정을 꼭 상정할 필요 없이 '하다'를 대용어로 분석할 수 있을 것이다. 특히 (188)은 '하다'의 목적어

---

1) 홍종선(1993)에서는 이에서 나아가 대동사로 쓰이는 '하다'의 사례로서 언급되어 왔던 다른 예들에서도 '하다'를 대동사로 분석하는 것이 적절하지 않다고 언급하였다.

가 생략되었다기보다는 '쓰다, 적다' 정도의 표현이 나타날 자리에서 '하다'가 쓰인 것이다. 만약 '하다'의 목적어가 생략된 것으로 보려면 '쓰기를, 적기를' 정도를 생략된 목적어로 상정할 수 있을 텐데, 이런 표현은 썩 자연스럽지 않아서 화자의 마음속에 있는 것이라 상정하기 어렵다. 그보다는 발화 상황에서 확인할 수 있는 동작을 '하다'로 표현한 것이라 보는 것이 더 자연스러워 보인다.

요컨대 (187)의 문장은 분명한 목적어가 생략된 결과로 발화된 것일 수도 있고, 표현하려는 상황 전반을 '하다'로 대신하여 표현한 결과로 발화된 것일 수도 있다. 이 문장만을 보고서는 이 두 경우 중 어느 한쪽의 해석이 옳다고 결정할 수 없지만, (187ㄱ)이나 (188)과 같은 문장에 대해 꼭 목적어 생략을 상정해야 하는 것이 아니라 '하다' 자체가 현장지시사처럼 기능한 것으로 해석할 수 있음은 분명해 보인다.

(189)는 서정수(1975)에서 대동사 기능을 하는 '하다'의 대표적인 사례로 제시된 것이다. 서정수(1975:87~89), 심재기(1980), 송정근(2007), 유경민(2010) 등에서 언급되었듯이 '밥을 하다'가 관습적으로 "밥을 먹다"가 아닌 "밥을 짓다"로 해석되는 것은 이런 표현을 사용하는 가장 빈번한 상황에 근거하여 이 표현이 관습화되었기 때문일 것이다. 이 표현의 의미 해석이 상황의 영향을 받는다는 것은 곧 이 경우의 '하다'가 현장지시사 기능을 하던 것이었음을 뜻한다.[2]

이런 경우의 '하다'에 대해 대용어 기능을 하는 요소가 아니라고 보는 견해도 있다. 가령 임서현·이정민(2004), 임서현(2004), 유경민(2010)에서는 이때의 '하다'가 서술성 명사 뒤에 오는 '하다'와 다르지 않다고 보았다.

먼저 유경민(2010)에서는 '햅쌀로 밥.'처럼 '밥'으로 끝나는 문장이 가

---

2) 현장지시사 기능을 '하던' 것이라는 표현을 쓴 이유는 '밥을 하다'가 현재로서는 발화 상황을 고려함으로써 해석되는 표현이 아니라 관습적으로 해석되는 표현이 되었기 때문이다(송정근, 2007 참고).

능한 것을 볼 때 '밥' 자체가 서술성을 띤 요소라고 보아야 하며, '밥'이 서술성을 띠게 되는 과정에 대해서는 ① '밥을 짓다'가 공고한 결합으로서 굳어지면서, ② '밥을'만 보고서도 '짓다'를 자동적으로 연상하게 되고, ③ 그러다가 아예 '짓다'가 자신의 의미를 '밥'에 넘겨주면서 결과적으로 '밥'이 서술성을 지니게 된 것이라고 설명하였다. 이에 따라 '밥'이 여타 서술성 명사와 마찬가지로 기능동사 '하다'와 결합할 수 있게 된다고 보았다.

하지만 '밥'으로 끝나는 문장이 가능하다는 것이 곧 '밥'이 서술성 요소임을 뜻하는 것은 아니다. 가령 '영이의 친구는 철수.'라는 문장이 가능하다고 해서 '철수'라는 단어 자체가 서술성을 띠는 요소로 분석되어야 하는 것은 아니다. 또 '공부' 같은 전형적인 서술성 명사는 '철수는 열심히 공부, 시험에 합격했다'처럼 그 자체로 복합문 속 선행절의 술어로 쓰일 수 있는 반면에 '영이는 햅쌀로 밥, 맛있게 먹었다' 같은 문장은 성립하지 않는다는 점에서 서술성 명사와 특성상 차이도 보인다. 또 '밥을 짓다'가 연어적 표현이기 때문에 '밥을'만 보고서도 '짓다'가 자동으로 떠오른다는 점 역시 납득하기 어렵다. 어떤 요소를 듣고 다른 요소가 자동으로 연상되는 현상은 특정 상황 맥락 속에서 그 요소들이 함께 빈번하게 쓰인다는 점으로부터 유발되는 것이지, '밥을'과 '짓다'처럼 어떤 의미를 나타내기 위한 표현 방식이 관습성을 띤다는 것 자체에서 나오는 것이 아니다. 일상에서 '밥을'과 함께 가장 빈번하게 쓰이는 동사는 '먹다'이므로, 대부분의 사람들은 '밥을'에 이어질 동사로 '짓다'보다는 '먹다'를 먼저 떠올릴 것이다. 그러므로 '밥을'을 들으면 자동으로 '짓다'가 떠오르고, 이에 따라 '밥'에 '짓다'의 의미가 쏠리게 된다는 설명 역시 납득하기 어렵다. 이런 이유로 본고는 '밥'을 서술성 명사의 일종으로 취급하는 견해에 동의하지 않는다.

또 임서현·이정민(2004), 임서현(2004)에서는 '하다'가 사건 유형의 명사를 보어로 취하는 요소라고 보고, 일부 개체 유형 명사가 '하다'의 논항으로 쓰일 때에는 명사의 특질 구조 속 기능역이나 작인역과 관련 지어 개체 유형을 사건 유형으로 전환함으로써 그 의미가 해석된다고 보았다. 즉 본래부터 사건 유형 명사인 서술성 명사에 '하다'가 결합하는 경우나 사건 유형 명사로 전환된 개체 유형 명사에 '하다'가 결합하는 경우나 '하다'의 기능은 다르지 않다고 본 것이다.

하지만 송정근(2007)에서도 언급했듯이 명사의 제한된 특질 구조 및 '하다'가 사건 유형 명사를 보어로 취한다는 사실만을 가지고는 실체성 명사와 '하다'가 결합한 사례가 화용론적 상황을 다양하게 반영하는 양상을 적절히 포착하기가 어렵다. 가령 '밥을 하다'가 현재 "밥을 먹다"가 아닌 "밥을 짓다"의 뜻으로 굳어진 것을 '밥'이 갖는 특질 구조만으로는 설명하기가 어려워 보인다. 이런 결과는 예로부터 밥을 짓는 맥락에서 '밥을 하다'라는 표현을 자주 썼기 때문에 초래되었을 것이며, 이는 곧 '밥을 하다'를 해석하는 과정에서 발화 맥락을 배제해 버릴 수 없다는 것을 뜻한다. 본고는 이와 같은 이유로 '밥을 하다' 같은 유형의 '하다'가 발화 맥락을 참조하는 대용어로서의 성격을 띠던 것이었음을 부정하기 어렵다고 본다.

이 논의들과 달리 송정근(2007)에서는 실체성 명사와 '하다'가 결합하는 사례가 '하다'의 대용어 기능에 기반을 두고 있다고 보고 있다. 실체성 명사와 '하다'가 결합하는 경우는 진술된 문장만으로 의미가 파악되는 경우(예: 어두운 얼굴을 하다)와 문맥이 없이는 정확한 의미가 파악되지 않는 경우(예: 책상을 하다)로 구별되는데, 둘은 성격이 다르지만 결국 전자도 후자의 용법에 기반을 둔 것이되 일부 의미가 특정하게 굳어진 결과로 도출된 것이라고 보았다. 즉 실체성 명사와 결합하는 '하다'는 기본적으로 대용어 기능을 하는데 그 중 어떤 사례들은 관습적으로 굳어져서 쓰이게 되었다는 것이다. 본고는 이와 같은 설명이 '밥을 하다'류에 적용될 수 있다고 본다.

하지만 실체성 명사와 '하다'가 결합한 사례가 모두 '하다'의 대용어 기능에 기반을 두고 있다고 보지는 않는다. 이 외에도 실체성 명사와 '하다'가 결합한 사례가 출현하는 동기에 대해 적어도 두 가지 방식을 더 생각해 볼 수 있다.

먼저 예 (190)을 보자. (190)은 (189)처럼 실체성 목적어와 함께 '하다'가 쓰인 사례이다. 이때 '하다'가 무엇을 의미하는지는 장면에 따라 달라지므로 '하다'가 현장지시사 같은 기능을 하는 경우라고 볼 여지가 있다. 가령 '너 설탕 할래?'는 청자에게 설탕을 넣을 것인지를 묻는 것일 수도 있고 여러 임무 중 설탕 항목을 맡아 가져 올 것인지를 묻는 것일 수도 있고 설탕을 가질 것인지를 묻는 것일 수도 있다. '난 이 방 할래' 역시 화자가 이 방에서 묵겠다는 뜻일 수도 있고 이 방을 맡아 청소하겠다는 뜻일 수도 있고 이 방을 전세로 얻겠다는 뜻일 수도 있다(양명희, 1998:181 참고).

그런데 이때의 '하다'는 대상 선택 구문 속에서 서술어 자리를 채우는 요소로 쓰이면서 "선택하다, 정하다"에 준하는 뜻을 드러내는 것이며, 대상을 선택한 후에 무엇을 할 것인지는 장면에 따라 달리 파악되는 것이라고 해석될 수도 있다.[3] 앞서 3.3절의 도입부에서는 '하다'가 대상 선택 구문([NP-가 NP{자격}-을 NP{대상}-으로 V]) 속의 서술어 자리를 채우는 기능을 할 수 있음을 언급했었는데, 대상 선택 구문 자체가 "어떤 자격에 맞는 대상을 골라 지정함", 즉 "고르다"라는 의미와 연합되어 있기 때문에 이 구문 속에서 '하다'가 쓰이면 그것이 "선택하다, 정하다"에 준하는 뜻을 갖는 것으로 이해될 수 있다(예: 나는 교과서를 이 책으로 했다(≒선택하다, 정하다)). 즉 (190)의 '설탕'이나 '이 방'은 대상 선택 구문 속의 "대상"에 해당하고, "자격"에 해당하는 항목은 발화 상황 속에서 분명하게 파악될 수 있기 때문에 표현되지 않은 채로 '난 (머

---

3) 가령 '밥 먹어라'에서 '밥'이 구체적으로 가리키는 것이 무엇인지가 발화 장면을 통해 파악되는 것과 비슷하다고 볼 수 있다.

무를 곳을/청소할 곳을/살 곳을) 이 방(으로) 할래' 같은 문장이 쓰인 것으로 해석할 여지가 있는 것이다. 이렇게 보면 (190)의 '하다'는 구문 속 서술어 자리를 채우는 기능을 하는 것으로 볼 수 있다.

이 외에 '실체성 명사+하다' 구성을 도출할 수 있는 또 다른 가능성이 있다. 가령 '나는 요즘 운동을 한다'처럼 서술성 명사('운동') 뒤에서 형식적인 요소로서 '하다'가 쓰이던 구성이 있었는데, 이런 표현으로부터 인접성에 의해 환유적으로 확장되어 '나는 요즘 바벨을 한다', '나는 요즘 러닝머신을 한다' 같은 표현을 쓰게 되었을 가능성을 상정할 수 있다. 이처럼 '서술성 명사+하다'에서 출발했으되 서술성 명사가 올 자리에 그것 대신 서술성 명사와 긴밀히 관련된 실체성 명사를 쓰는 것으로 환유적으로 확장되는 경우가 있다고 본다면, 이 경우 역시 대용어로서의 '하다'에 기반을 두는 사례가 아니게 된다.

즉 본고는 실체성 명사와 결합하는 모든 '하다'를 대용어 기능을 하는 '하다'로 보지는 않는다. '실체성 명사+하다'의 사례 중에는 구문 속 자리를 채우는 '하다'에 기반을 둔 것으로 판단할 수 있는 예도 있고 대용어로서의 '하다'에 기반을 둔 것으로 판단할 수 있는 예도 있다고 본다.

5.1.2. 문맥지시사에 준하는 기능을 하는 '하다'

다음으로는 문맥지시사에 준하는 기능을 하는 '하다'에 대해 살펴보자. 양명희(1998:187)에서는 '그러하다'와 '하다'를 비교하면서 '그러'는 앞에 오는 언어적인 문맥을 대용하게끔 해 주지만 '하다'는 '하지만, 해서, 한데' 등의 접속부사에서 나타나는 '하다'를 제외하고는 문맥 대용으로는 거의 사용되지 않는다는 언급을 하였다. 하지만 다음에 제시될 예들 속의 '하다'는 선행 문맥의 내용을 대신하는 것으로 볼 여지가 있다.

대화는 화자가 어떤 언어 행위를 하면 대화 상대자가 그에 대한 반응으로서의 언어 행위를 하는 방식과 화자가 하나의 서사를 이어나가는

방식의 합으로 구성된다고 할 수 있다. 우선 대화 상대의 시작화행에
대해 반응화행이 이루어지는 맥락에서 나타나는 '하다'를 보자.

(191) ㄱ. 가: 이 문제 풀어 볼 사람?

　　　나: 제가 <u>하겠습니다</u>.

　　ㄴ. 가: 너 컴퓨터 고쳤어?

　　　나: 응, 컴퓨터 [?]<u>했어</u>.

　　ㄴ'. 가: 너 여름 옷 빨래했어?

　　　나: 응, 여름 옷 <u>했어</u>.

　　ㄷ. 가: 너 컴퓨터 고쳤어?

　　　나: 응, (동네에서 <u>했어</u> / 오늘 <u>했어</u> / 만 원에 <u>했어</u> / 다운 받은
　　　　프로그램으로 <u>했어</u> / 빨리 <u>했어</u> / 완벽하게 <u>했어</u>).

　　ㄹ. 가: 너 컴퓨터 팔았어?

　　　나: 응, (인터넷에서 <u>했어</u> / 오늘 <u>했어</u> / 좋은 조건으로 <u>했어</u> /
　　　　빨리 <u>했어</u> / [?]백만 원에 <u>했어</u> / [?]영이한테 <u>했어</u>).

위에서 '하다'는 문맥 속에서 파악될 수 있는 동작적 내용을 대신하
고 있다. 먼저 (191ㄱ)은 '이 문제를 풀어 보-'라는 '목적어+동사' 전체를
대신하면서 '하다'가 쓰이는 것으로 해석할 수 있는 경우이다. 만약
(191ㄴ)에서처럼 목적어 '컴퓨터'가 언어적으로 실현되는 맥락을 상정
해 보면 '하다'로 '고치다' 같은 동사만을 대신하는 것이 좀 어색함을 확
인할 수 있다. (191ㄴ')에서처럼 동사가 'X하다' 형식일 때에는 때로 X를
생략하고 목적어와 함께 '하다'를 써도 자연스러워지는 경우가 있지만,
이는 동사가 '하다'라는 형태를 포함한다는 특성 때문일 뿐이다(김영희,
1984:각주 8 참고). 즉 문맥지시사에 준하는 기능을 하는 '하다'는 보통
동사만을 대신하지 않고 목적어를 포함한 동사구 이상의 단위를 대신
한다는 것을 알 수 있다. 물론 자동 구문에서는 동사 자체가 동사구를

이룰 수 있는 경우가 있다.

하지만 '하다'가 대신할 수 있는 최소 단위가 '동사구'라고 말하는 것은 그리 정확한 기술은 아니다. (191ㄷ)에서 볼 수 있듯이 동사구 요소라 할 수 있는 각종 부가어들이 문맥지시사에 준하는 기능을 하는 '하다'와 공기할 수 있기 때문이다.[4] 즉 부가어들은 '하다'가 대신하는 범위에 포함되지 않아도 무방하다.

반면 '팔다'라는 사태는 '팔리는 대상'뿐 아니라 '수여자'를 논항으로 취하고, 또 이는 금전을 수단으로 하는 행위이므로 이에 더해 '비용'도 논항에 가까운 성격을 갖는다고 할 수 있다. '시간', '장소' 등은 이들에 비하면 '팔다'라는 사태에서 부가적인 정보에 해당한다. 이를 반영하듯 (191ㄹ)에서는 문맥지시사에 준하는 기능을 하는 '하다'가 쓰일 때 해당 사태의 논항에 가까운 요소들이 언어적으로 실현되는 문장은 좀 어색해지고 사태의 부가어에 가까운 요소들이 언어적으로 실현되는 문장은 자연스럽게 수용된다는 것을 보여 준다. 즉 문맥지시사에 준하는 기능을 하는 '하다'가 대신하는 최소 단위는 단지 '목적어+동사'가 아니라 '논항[5]+동사'라고 할 수 있을 것이다.

다음으로는 화자가 하나의 서사를 이어나가는 맥락에서 쓰이는 '하다'를 보자.

(192) ㄱ. 걔가 자기를 학교까지 데려다 줄 사람이 필요한가 봐. 그래서 {내가 할까 해 / *내가 걔를 할까 해 / *내가 학교까지 할까 해 / *내가 걔를 학교까지 할까 해}.

ㄴ. 삼천 명 중에서 우리가 백 명을 뽑자. 그러면 그 백 명을 어떻게 뽑겠냐. 일번부터 백번까지를 할 수도 없고.

---

4) '고치다'라는 사태에서 '시간', '장소', '비용', '도구' 등은 '고쳐지는 대상'에 비하면 부가적인 정보에 해당한다.

5) 여기에서 '*'는 논항이 0개 이상 나타날 수 있음을 표시한 것이다.

ㄷ. 보통 접영 할 때 다리는 힘 안 쓰고 어깨부터 <u>하</u>거든요.

ㄹ. 불량 택시 기사를 신고하는 <u>전화번호를 찾아서 외웠어</u>. 그리고 택시 내려서 신고하는 데를 <u>했</u>어. 그랬더니 몇 번으로 다시 <u>하</u>래. 그래서 또 그리로 <u>했</u>어.

ㅁ. 그 <u>드라마</u>에 나오는 캐릭터는 다들 느끼하더라. 느끼하게 <u>하</u>려고 다들 작정했나 봐.

ㅂ. 요새 <u>대화법</u> 공부를 좀 했어. 확실히 애들한테 <u>해</u> 보니까 효과가 있더라.

앞서 시작화행-반응화행 맥락에서 문맥지시사에 준하는 기능을 하는 '하다'가 대신하는 최소 단위는 '논항'+동사'라 하였다. 이는 화자의 서사가 이어지는 맥락에서도 마찬가지로 적용되는 것으로 보인다. 가령 (192ㄱ)에 제시된 '데려다 주다'라는 사태는 '대상'과 '목표점'을 논항으로 취하는데, 문맥지시사에 준하는 기능을 하는 '하다'가 두 논항 중 하나라도 포괄하지 못하는 경우에는 어색한 문장이 됨을 볼 수 있다.6)

(192ㄴ)에서는 '하다'가 '일번부터 백번까지를'이라는 목적어와 함께 나타나고 있어서 일견 '뽑다'라는 동사만을 대신하는 것으로 보인다. 하지만 이 경우의 '하다'는 '뽑다'를 대신하는 기능을 한다기보다는 "선택하다"의 의미로 쓰이는 것으로 보인다. 앞서 본 (190)과 마찬가지로 이때의 '하다'도 대상 선택 구문 속에서 서술어 자리를 채우는 요소로 쓰

---

6) 그런데 강길운(1961), 장경준(1998:47)에서는 앞서 나온 동사만을 대신하는 'ᄒ다'의 사례를 중세국어 자료로부터 추출하여 보인 바 있다(아래의 ㄱ, ㄴ). 그런데 ㄱ, ㄴ은 한문 원문에 동사가 없는 경우에 동사가 올 자리에서 'ᄒ다'를 사용한, 다소 특수한 경우인 것으로 보인다. 이런 현상이 얼마나 빈번한 것이었는지, 또 특정 문헌이나 문체와만 관련되는 현상인지 아닌지에 대해서는 더 조사가 필요하다.

ㄱ. 소늘 두위혀 구루믈 <u>짓고</u> 소늘 업더리혀 비를 <u>ᄒᄂ니</u> (飜手作雲覆手雨) 〈두시초 25:55b〉

ㄴ. 죵으란 흰 바블 <u>주고</u> 몰란 프른 꼬를 <u>호리라</u> (與奴白飯馬靑芻) 〈두시초 8:23b〉

이면서 "선택하다, 정하다"에 준하는 뜻을 드러내는 것으로 볼 수 있는 것이다. 덧붙여 (191ㄱ)의 상황에서도 '제가 그 문제 하겠습니다'라는 발화가 가능할 것인데, 이때의 '하다' 역시 "선택하다"의 의미를 나타내는 것으로 볼 수 있을 것이다. 만약 예문을 바꾸어 '나 어제 컴퓨터 팔았어'라는 발화가 선행하고, 그에 대한 받는 말로서 '나도 어제 책상 했어'라는 발화가 이어진다면 좀 어색해지는데, 이 맥락에서 '하다'는 "선택하다"의 뜻으로 해석될 수 없기 때문이다. 즉 선행하는 동사만을 대신하는 것으로 보이는 '하다'는 사실 대상 선택 구문 속에서 서술어 자리를 채우는 요소로 쓰이며 "선택하다"의 뜻을 드러내는 것으로 볼 수 있다.

(192ㄷ~ㅂ)은 '하다'가 가리키는 내용이 선행 문맥에서 분명히 나타나지 않고 암시적으로 나타나는 경우이다. 사실 구어에서 '하다'의 이런 쓰임은 아주 빈번하게 나타난다. 이와 관련하여 Givón(2001:10.6절)에서는 한정성의 개념에 대해 다루면서 다음과 같은 언급을 하였다.

(193) ㄱ. 어떤 지시체를 한정적으로 표시한다는 것은, 그 지시체를 청자의 마음에 이미 표상되어 있는, 청자가 접근할 수 있는 개체에 연결하려는 것이다.

　　　ㄴ. 그와 같은 연결은 보통 세 유형의 심적 구조를 기반으로 해서 구축될 수 있다.

　　　① 현재 발화 상황에 대한 심적 모델(작업 기억, 현재의 주의 초점): 지시체가 발화 장면에서 화자와 청자 모두에게 접근 가능하다는 것이 가정되므로 한정적으로 표시될 수 있다.

　　　② 영구적인 총칭적-어휘적 지식에 대한 심적 모델(영구적인 의미 기억): 같은 발화 공동체의 구성원들은 대략 비슷한 어휘부를 공유한다. 어떤 지시체는 한 공동체의 모든 구성원들에게 늘 유일한 것으로 식별될 수 있기 때문에 한정적으로 표시

될 수 있다.(예: 모든 인간에게 '태양'은 유일한 대상으로 식별된다. 한 국가의 국민들에게 '대통령'은 유일한 대상으로 식별된다. 한 가정의 가족들에게 '아빠'는 유일한 대상으로 식별된다.) 또 전체-부분, 소유자-소유물 관계에 대한 관습적 지식에 의존하여 지시체가 한정되기도 한다.

③ 현재 문맥에 대한 심적 모델(장기간의 에피소드 기억, 조응적): 지시체가 문맥에서 청자에게 접근 가능하다는 것이 가정되므로 한정적으로 표시될 수 있다.

이에 덧붙여, '영구적인 총칭적-어휘적 지식에 대한 심적 모델'은 보통 '현재 문맥에 대한 심적 모델'과 접목되어 지시체 한정에 기여한다고 하였다. 가령 'My boy missed school today, he was late for <u>the bus</u>.'라는 문장에서 bus라는 지시체는 이 문맥에서 처음 등장하고 있지만 한정적으로 표시되었는데, 이는 school이라는 선행 문맥(현재 문맥에 대한 심적 모델)과 school과 bus 사이의 전체-부분 관계(영구적인 총칭적-어휘적 지식에 대한 심적 모델)에 근거하여 가능해진다는 것이다.

'하다'는 한정성 표시와는 무관하지만, '하다'라고 하면 무표적으로 떠올릴 수 있는 맥락이 없을 정도로 의미가 매우 포괄적이기 때문에 정보성도 약하며, 따라서 맥락에서 정보성이 보장될 때 쓰이는 경우가 많다. 맥락에서 정보성이 보장된다 함은 곧 한정성의 개념과 통한다. 그리고 'bus'가 선행 문맥 및 일반적인 지식에 기대어 한정될 수 있는 것처럼 '하다'도 선행 문맥과 일반적인 지식에 기대어 대용적으로 기능할 수 있는 것이다. 가령 (192ㄷ)에서는 접영에 대한 내용이 선행 문맥으로 제시되었고, 일반적인 지식에 근거해 '접영'과 '수영하는 동작'이 연계되며, 이에 따라 뒤에 나온 '하다'는 "수영하려고 움직이다" 정도의 의미로 한정된다. (192ㄹ~ㅂ)의 '하다'도 마찬가지로 선행 문맥과 일반적인 지식을 토대로 해서 그 의미가 한정된다. 이 역시 '하다'가 문맥지시사에 준하는 기능을 하는 경우로 포괄될 수 있을 것이다.

요컨대 '하다'는 앞선 문맥에서 제시되거나 암시된 동작적 의미를 대신하여 쓰일 수 있는데, 기본적으로 '논항'+동사'나 그 이상의 단위를 대신하고, 다만 선행 동사가 'X하다' 형식일 때에는 동사 단위를 대신하는 경우도 있다.

5.2. 대용어 기능과 자리를 채우는 기능의 관계

이제까지 대용어로 기능하는 '하다'의 전형적인 사례를 살펴보았다. 그러면 이제 '하다'의 대용어 기능과 구문 속 서술어 자리를 채우는 기능은 어떤 관계에 있는지에 대해 생각해 보자.

5.2.1. 대용어 기능과 자리를 채우는 기능의 차이

대용어 '하다'와 구문 속 서술어 자리를 채우는 '하다'가 갖는 차이에 대해서는 앞서 2.4절에서도 언급한 바 있다. 2.4절에서는 대용어를 쓸 것인지 그러지 않고 상황을 구체적으로 표현할 것인지는 기본적으로 '화·청자가 관여하는 담화 상황의 특성'에 기반하여 결정되는 반면에, 구문 속 자리를 채우는 요소의 실현 여부는 '여러 자리를 갖는 구문 자체의 특성'에 기반하여 결정된다는 점에서 둘 사이에 차이가 있음을 언급했었다.

이와 관련된 또 다른 차이도 있다. 대용어의 경우에는 담화 상황의 특성에 기반하여 파악될 수 있는 '내용'이나 '지시물'을 대신하는 기능을 한다면, 구문 속 자리를 채우는 요소는 언어 형식들로 채워지는 틀에 기반하여 그 틀에 들어갈 '언어 형식'을 대신하는 기능을 한다.

본고에서는 이처럼 '내용이나 지시물'과 관련된 요소와 '언어 형식'과 관련된 요소를 별도의 범주로 구별할 수 있을 것이라고 본다. 참고로 내용과 관련된 요소와 언어 형식과 관련된 요소를 구별하는 것은 '조응'과 '담화 화시'라는 범주에서도 적용되고 있다. 전형적으로 조응은 대용어가 선행 표현이 가리키는 것과 동일한 '대상'을 가리키는 기능으로, 담화 화시는 대용어가 '언어 표현 자체나 담화의 한 부분'을 가리키는 기능으로 구별된다(Lyons, 1977:15.3절; 임동훈, 2011). 즉 내용을 가리키는 것인지 언어 표현을 가리키는 것인지에 따라 조응의 기능과 담화 화시 기능으로 구별되고 있는 것이다. 이것을 참고하면 내용이나 지시물과 관련되는 대용어로서의 '하다'와 언어 형식과 관련되는 구문 속 서술어 자리를 채우는 '하다'를 별도의 범주로 구별하는 것도 무리가 아닐 것이다.

그리고 실제로 '언어 형식'을 대신하는 기능을 하는 요소들을 별도의 범주로 다룰 가능성을 보여 준 논의도 있다. 박진호(2008, 2010a)에서 제시된 '자리채우미' 범주에 대한 논의가 그것인데, 본고에서는 3~4장에서 다룬 '하다'가 대용어 범주로부터 구별되어 자리채우미 범주에 속할 수 있을 것이라고 본다. 이제부터는 박진호(2008, 2010a)의 논의에 대해 검토해 보자.

5.2.2. 자리채우미 기능의 구별

박진호(2008, 2010a)에서는 '자리채우미(placeholders)'라는 범주에 대해 정의하면서 '만들고자 하는 문장의 특정 자리가 있고 거기에 들어갈 단어의 품사라든지 의미부류는 대체로 결정했지만 정확히 어떤 단어인지까지는 명시할 수 없을 때 또는 명시하지 않으려 할 때 이 단어가 들어갈 자리를 임시방편으로 채우는 요소'라고 하였고, 구체적으로는 다음의 네 가지 경우에 자리채우미가 쓰인다고 하였다.

(194) ① 본래 자리에 들어갈 명시적인 언어 요소가 있는 경우

　　ㄱ. 그 요소가 생각나지 않는 경우

　　　(예: 걔 이름이 뭐더라... 아무튼 내가 어제 <u>누굴</u> 만났는데...)

　　ㄴ. 그 요소를 일부러 회피하는 경우

　　　(예: 김 의원과 박 장관은 어제 서울 시내 모 음식점에서 만난

　　　것으로 확인되었다.)

　② 본래 자리에 들어갈 명시적인 언어 요소가 없는 경우

　　ㄱ. 지시 대상의 정체가 문제 되지 않는 경우

　　　(예: '<u>누구누구</u>에게'에서 '에게'를 여격조사라고 한다.)

　　ㄴ. 통사적 필요에 의해 자리채우미가 요구되는 경우

　　　(예: <u>It</u> rained yesterday. 철수는 하루종일 공부를 <u>했다</u>.)

　본고에서 파악하기에, 여기에 포함된 요소는 모두 '어떤 틀이 있고, 그 틀을 형식적으로 채워 넣기 위해 쓰인다는 것'을 공통점으로 갖는다. 가령 (194-①-ㄴ)에서 제시된 예인 '모 음식점'의 '모'는 화자가 '상호+음식점'이라는 틀을 상정한 후 상호가 들어갈 자리를 구체적으로 명시하지 않은 채 형식적으로만 채워 두려는 목적을 가지고 있을 때 그 자리를 형식적으로 채우는 요소로서 쓰인다. 3~4장에서 살핀 구문 속 서술어 자리를 채우는 '하다' 역시 언어 형식들로 채워지는 틀(=구문)에 기반하여 그 틀 속의 서술어 자리를 구체적으로 명시하지 않은 채 형식적으로 채우는 기능을 한다고 본다면 '자리채우미' 범주와 밀접하게 관련된다. 이 때문에 3~4장에서 살핀 '하다'를 자리채우미의 일종으로 다룰 수 있다고 보는 것이다.

　그런데 (194)에 제시된 자리채우미의 하위 유형들이 정말 하나의 범주를 이루는 것으로 볼 수 있는가 하는 점에 대해 의문이 제기될 수도 있다. (194-②-ㄴ) 유형에 속한 것은 한 언어에 존재하는 문법상의 틀에서 어느 자리를 형식적으로 채울 때 쓰이는 요소라고 한다면, (194-①-

ㄱ, ㄴ)과 (194-②-ㄱ)은 문법상의 틀이 아니라 단지 화자가 그때그때 필요에 따라 상정한 틀에서 어느 자리를 형식적으로 채울 때 쓰이는 요소라는 점에서 차이가 있기 때문이다. 이 차이에 주목하여 전자를 '통사상의 자리채우미'로, 후자를 '담화상의 자리채우미'로 구별하여 불러 볼 수 있을 것이다. 그리고 이 두 유형이 갖는 차이가 매우 크므로 이 둘을 묶어 하나의 범주로 다룰 수 없다고 보는 견해도 가능할 것이다.

하지만 이는 '문법'을 연구하는 언어학자들에게는 중요한 차이이지만, 실제로 언어를 운용하는 화자의 입장에서는 중요하지 않은 차이일 수 있다. 담화상의 자리채우미와 통사상의 자리채우미는 모두 '어떤 자리를 어떻게든 형식적으로 채워 넣으려는 동기'에서 쓰인다는 점에서 동일한데, 다만 그렇게 형식적으로 채워지는 자리를 갖는 틀이 화자의 필요에 의해 상정되었는가, 문법상의 필요에 의해 상정되었는가 하는 점에서만 다를 뿐이다. 즉 플랫폼이 다른 것일 뿐, 통사상의 자리채우미이든 담화상의 자리채우미이든 그것이 쓰이는 동기 자체에서는 별 차이가 없는 것으로 보이고, 따라서 이 두 유형을 쓰이는 동기의 유사성에 기반하여 하나의 범주로 다루는 데 별 문제가 없다고 본다.

5.2.3. 대용어 기능과 자리채우미 기능의 관계

5.2.1절의 말미에서는 자리채우미 범주가 '언어 형식'을 대신하는 기능을 하는 요소들을 범주화한 것으로 볼 가능성이 있음을 언급했었다. 그리고 이것이 '내용'이나 '지시물'을 대신하는 기능을 하는 요소들을 범주화한 대용어 범주와 대비될 수 있을 것임을 언급했다. 지금부터는 자리채우미 범주와 대용어 범주를 대비함으로써 이런 결론이 도출되는 과정에 대해 보이려고 한다.

자리채우미((194) 참고)와 대용어((1) 참고)는 외연에서 서로 겹치는 듯한 부분과 겹치지 않는 부분을 가지고 있다. 가령 대용어 중 인칭대명사나 지시사처럼 뚜렷한 대상을 가리키는 데 쓰이는 것은 자리채우미에는 포함될 만하지 않다. 또 자리채우미 중 통사적 필요에 의해 쓰이는 It rained yesterday에서의 it 같은 것은 일반적으로 대용어 범주에서는 논의 대상이 되지 않는다.

하지만 자리채우미 중 본래 자리에 들어갈 명시적인 언어 요소가 있지만 그 요소가 생각나지 않아서 혹은 일부러 회피하기 위해서 쓰이는 것, 또 지시 대상의 정체가 문제 되지 않는 경우에 쓰이는 것은 대용어 중 비한정사와 매우 유사해 보인다. 비한정사도 특정한 대상이 존재하지만 그것이 무엇인지 알지 못해서 혹은 일부러 회피하기 위해서 쓰일수도 있고, 또는 특정 대상이 존재하지 않는 경우에 쓰일 수도 있기 때문이다. 형식적인 면에서도 이 부류의 자리채우미와 비한정사는 공히 '누구, 언제, 어디, 무엇' 등의 형식을 이용할 수 있다는 점에서 밀접하게 관련된다. 그렇다면 이들에 대해서는 대용어인 동시에 자리채우미라고 부르는 것이 마땅할지도 모른다. 결국 자리채우미 범주와 대용어 범주의 관계를 아래의 그림과 같은 관계로 보는 것이다.

[그림 3] 자리채우미와 대용어의 관계 (가설)

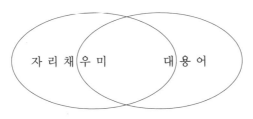

하지만 [그림 3]의 교집합 부분에 속하는 자리채우미와 비한정사의 특징을 자세히 관찰해 보면, 두 부류가 구별될 수 있음을 알게 된다. 아래의 (195~197)을 통해 유사한 상황에서 쓰이는 자리채우미와 비한정사를 대비해 보자. 예는 박진호(2007a, 2008)에서 가져온 것이다.

(195) 특정 화자 未知

ㄱ. 걔 이름이 뭐더라... 아무튼 내가 어제 <u>누굴</u> 만났는데... (자리채우미)

ㄴ. 대문 앞에 <u>누가</u> 있는 모양이던데, 한번 나가 봐라. (비한정사)

(196) 특정 화자 旣知

ㄱ. 김 의원과 박 장관은 어제 서울 시내 <u>모</u> 음식점에서 만난 것으로 확인되었다. (자리채우미)

ㄴ. 내가 어제 <u>누굴</u> 만났는데, 그 친구 정말 밥맛 없더군. (비한정사)

(197) 불특정

ㄱ. '<u>누구누구</u>에게'에서 '에게'를 여격조사라고 한다. (자리채우미)

ㄴ. 어쩐지, 거기 가면 꼭 아는 <u>누굴</u> 만날 것 같더라. (비한정사)

박진호(2007a)에서는 비한정사와 자리채우미의 기능이 밀접하지만, 그럼에도 두 기능을 구별할 수 있는 형식적, 기능적 측면의 근거 두 가지가 있음을 언급하고 있다. 우선 형식적인 면에서, 동일한 형식이 자리채우미 용법과 비한정 용법에 공유될 수 있기는 하지만, 한국어에서 '모(某)'나 '아무아무' 등 비한정 용법으로는 쓰이지 않고 자리채우미 용법으로만 쓰이는 구별된 형식이 존재한다.7) 또한 기능적인 면에서 자리채우미 용법과 비한정 용법 사이에는 의미상 약간의 차이가 있다. 자리채우미 용법은 가령 '○○ 레스토랑'에서처럼 레스토랑의 이름을 밝히는 대신 그 자리를 비워둘 때 '○○'을 쓰는 것과 같은 느낌을 전달하지만, 비한정 용법에서는 그런 뉘앙스가 사라지고 특정성(specificity)이

---

7) '모'의 경우 '모처'에서처럼 한자어 어근과 결합하여 쓰이는 경우에는 한자어 내부에서 비한정사 기능을 하지만, 한자어 바깥에서 쓰이면 자리채우미로 기능한다.

라는 의미가 부각된다.

(198) ㄱ. 철수는 어제 서울 시내 <u>모/아무/아무아무</u> 레스토랑에서 영희를
만났다. (박진호, 2007a:139의 예)
ㄴ. 철수는 어제 서울 시내 <u>어느/어떤</u> 레스토랑에서 영희를 만났다.

(198ㄱ)의 '모/아무/아무아무'는 레스토랑의 '명칭'이 들어갈 빈자리가
있음을 떠올리게 하지만, (198ㄴ)은 레스토랑의 명칭이 들어갈 빈자리
가 존재한다는 느낌보다는 특정한 레스토랑을 한정하지 않은 채 언급
하는 느낌이 강해진다는 것이다.

이 언급을 단서로 삼아 비한정사와 자리채우미의 기능을 적극적으로
구별해 본다면, 비한정사는 '내용'의 문제에 초점을 두는 것으로, 자리
채우미는 '언어 형식'의 문제에 초점을 두는 것으로 구별해 볼 수 있을
것이다. 즉 (195ㄴ), (196ㄴ), (197ㄴ)에서의 '누구'는 특정한 사람이든 불
특정한 사람이든 '어떤 인간'이라는 내용적 측면에 대해 언급하는 것이
고, 이를 비한정사로서의 용법으로 구별할 수 있다. 반면 (195ㄱ), (196
ㄱ), (197ㄱ)에서의 '누구', '모', '누구누구'는 각각 누군가의 이름에 해당
하는 언어 형식, 레스토랑의 이름에 해당하는 언어 형식, 인간 범주에
속하는 것을 나타내는 언어 형식에 대해 언급하는 것이고, 이를 자리채
우미로서의 용법으로 구별할 수 있는 것이다.

앞서 대용어 중 인칭대명사나 지시사는 자리채우미에는 포함될 만하
지 않음을 언급했는데, 이들 역시 언어 형식의 문제와는 무관하고 내용
의 문제에만 초점을 둔다는 점에서 비한정사와 하나의 부류로 묶일 수
있다. 또 통사적 필요에 의해서 쓰이는 자리채우미는 일반적으로 대용
어 범주에서는 논의되지 않음을 언급했는데, 이것은 반대로 내용의 문
제와는 무관하고 문법적 완결성이라는 언어 형식의 문제에만 초점을
둔다는 점에서 (195~197)의 자리채우미와 하나의 부류로 묶일 수 있

다. 결국 [그림 3]은 다음과 같이 수정될 수 있다.

[그림 4] 자리채우미와 대용어의 관계 (수정)

자리채우미 범주가 언어 형식의 문제에 초점을 둔다는 것이 어떤 의미인지를 보다 분명히 하기 위해 자리채우미의 각 용법을 보여 주는 사례를 다시금 제시하면 아래와 같다.

(199) ① 알지만 일부러 회피함

　예) 체언의 뒤에 붙어 그 말과 다른 말과의 문법적인 관계를 나타내거나 특별한 뜻을 더해 주는 품사를 땡땡이라고 한다.

② 정확한 명칭이 생각나지 않음

　예) 어제 모임에서 김뭐시기라는 대학원생을 만났어.

③ 지시 대상의 정체가 문제 되지 않음

　예) 답안지를 받으면, 먼저 이름 쓰는 칸에 자기 이름을 '뭐뭐뭐'라고 정확히 쓰세요.

④ 통사적 필요에 의해 자리가 채워질 것이 요구됨

　예) 하지만

　예) 연구하다

　예) 아이가 학교에 가는 것을 보셨습니까?

앞서 박진호(2007a)를 인용하며 언급했듯 비한정사와 자리채우미는 같은 형식으로 실현되기도 하지만 구별되는 형식을 갖기도 한다. (199)

는 비한정사와는 다른 형식을 통하여 자리채우미 용법이 실현되는 경우를 중심으로 하여 예를 제시한 것이다. (199-①, ②, ③)에서 제시한 형식들은 비한정사 용법과 중의성을 갖지 않는, 자리채우미 용법에 특화된 형식들이라 할 수 있다. 그리고 이 형식들은 어떤 '내용'을 떠올리게 하기보다는 어떤 '언어 형식'을 떠올리게 한다.

(199-④)의 용법을 나타낼 때에는 자리채우미에 특화된 어떤 형식을 이용하기보다는 주로 포괄적인 의미를 갖는 어휘들을 이용한다는 점에서 (199-①, ②, ③)과는 차이가 있다. 하지만 (199-④)의 자리채우미 역시 문법적인 이유로, 즉 내용적인 차원의 이유와는 무관하게 언어 형식적인 차원에서 요구되는 것이라는 점에서, '언어 형식'에 주목하는 다른 자리채우미들과 공통점을 갖는다. 다시 말해 (199-④)는 문법적 요구 때문에 특정 자리에 언어 형식이 요구될 때 의미가 거의 없는 언어 요소로 그 자리를 채우는 경우에 해당한다.

박진호(2008)에서는 자리채우미를 '문장 속의 특정 자리가 있고 거기에 들어갈 단어의 품사라든지 의미부류는 대체로 결정했지만 정확히 어떤 단어인지까지는 명시할 수 없을 때 또는 명시하지 않으려 할 때 이 단어가 들어갈 자리를 임시방편으로 채우는 요소'라고 정의했는데, 여기에서 '단어'를 '언어 형식'으로 바꾸면 그 의미가 좀 더 명확해질 것이다. 단어 역시 언어 형식이기는 하지만 언어 형식 그 자체라기보다는 그것이 나타내는 내용과 연계된 것이라는 느낌이 강하기 때문이다. 또 5.2.2절에서 제시한 본고의 입장을 반영하자면 자리채우미가 채우는 자리를 '문장 속의 특정 자리'라고 표현하는 것보다는 '한 언어에 존재하는 문법상의 틀(=구문) 또는 화자가 담화상에서 필요에 따라 상정한 틀 속의 특정 자리'라고 표현하는 것이 보다 분명할 것이다.[8] 또 '임시

---

8) 본고에서는 통사상의 자리채우미는 빈자리들을 갖는 형식 연쇄에 의미가 연합되어 있는 덩어리 단위인 '구문' 개념을 전제로 하여 정의되어야 한다고 본다는 점에서 박진호(2008, 2010a)와 차이가 있다. 박진호(2010a)에는 본고에서 언급한 것과 같은 '구문' 개

방편으로'라는 표현이 부정적인 뉘앙스를 갖는다는 점을 고려하여 이 표현을 수정한다면 '형식적으로'라고 표현하는 것이 더 좋을지 모른다.

즉 자리채우미는 '한 언어에 존재하는 문법상의 틀 또는 화자가 담화상에서 필요에 따라 상정한 틀 속의 특정 자리가 있고 거기에 들어갈 언어 형식의 품사라든지 의미부류는 대체로 결정했지만 정확히 어떤 언어 형식인지까지는 명시할 수 없거나 명시하지 않으려 할 때 그 언어 형식이 들어갈 자리를 형식적으로 채우는 요소'라고 재정의할 수 있을 것이다.

그리고 대용어의 기능을 '어떤 지시물이나 내용을 대신함'이라 규정한다면, 자리채우미의 기능은 '어떤 언어 형식을 대신함'이라 규정할 수 있을 것이다. 그러면서도 앞서 [그림 4]에서 자리채우미 범주와 대용어 범주가 서로 맞닿은 것으로 표현한 것은 이 두 범주 사이에 공유된 형식적 공통성 및 어떤 요소를 대신한다는 기능적 공통성을 고려한 결과이다.

어떤 언어 형식이 위치할 자리를 형식적으로 채우는 기능도 넓게 보아 대용어가 갖는 기능의 일종으로 볼 수도 있지만,9) (194-②-ㄴ)에 포함된 '공부를 하다'의 '하다' 같은 것을 대용어의 일종으로 다루는 것은 낯선 것일 뿐 아니라 성격이 다른 범주들을 과도하게 하나의 범주로 포괄하여 공통 특성이 매우 약한 범주를 상정하는 결과를 낳게 되는 듯하다.10) 따라서 본고에서는 두 기능 범주를 다시금 묶으려는 시도를 하기

념에 기반하여 자리채우미 기능을 언급한 부분도 포함되어 있다. 하지만 본고는 통사상의 자리채우미가 전적으로 '구문' 개념에 기반하여 정의될 수 있다고 본다.

9) 가령 Bloomfield(1933:247)에서는 substitute(대용어)를 '특정한 관습적 상황에서, 어떤 언어 형식 부류를 대신하는 언어 형식 또는 문법적 자질'이라고 정의했는데, 대용어에는 의존적인 것(선행사가 있음)과 독립적인 것(선행사가 없음)이 있다고 하면서 후자의 예로 it's raining에서의 it을 들었다. 문법적 요구에 따라 특정 자리를 형식적으로 채우는 요소를 포괄할 만큼 넓은 범위를 대용어의 범위하에 포괄하고 있는 것이다.

10) Bhat(2004)에서는 (1)에 제시한 것과 같은 요소들을 포함하는 대명사(본고의 '대용어') 범주도 이미 공통 특성이 매우 약한 범주임을 언급하였다.

보다는 두 범주를 구별하고자 한다. 즉 대용어 범주와 자리채우미 범주를 각각 어떤 내용이나 지시물을 추상적으로 대신하는 요소들이 이루는 범주와 언어 형식이 들어갈 자리를 형식적으로 채우는 요소들이 이루는 범주로서 구별하고자 한다.

이를 바탕으로 하면 '하다'의 대용어 기능과 자리채우미 기능은 다음과 같이 대비될 수 있다.

(200) ㄱ. 대용어로서의 '하다': 담화 상황에 기반하여 파악되는 동작적 내용을 추상적으로 대신함

ㄴ. 자리채우미로서의 '하다': 빈자리들을 갖는 구문에 기반하여 언어 형식이 들어갈 서술어 자리를 형식적으로 채움

포괄적인 의미를 갖는 '하다'가 논항을 취하는 등 어휘적으로 기능하지 않는 경우에 서술어 자리에서 수행할 수 있는 기능이란 무엇일까? 그것은 다름 아닌 동사를 대신하는 기능일 것인데, 이는 언어 형식적 측면을 대신하는가, 내용적 측면을 대신하는가로 나뉠 수 있다. 언어 형식과 내용은 언어 기호의 모든 측면을 아우르는 것이고, 이런 의미에서 자리채우미 기능과 대용어 기능이 '하다'의 문법적 기능을 아우를 수 있을 것이라고 본다.

이제 '하다'의 자리채우미 기능에 대해 종합적으로 살펴보자.

5.3. '하다'의 자리채우미 기능

1.2.1절에서 언급했듯 '하다'는 어휘의미론적으로 매우 포괄적이라는 특성을 갖고 있기 때문에 대용어 기능을 위해 이용되기 쉽다는 특성을 갖는다. 대용어는 화·청자가 공유하고 있는 담화 세계에서 분명히 파

악할 수 있는 어떤 것을 가리키거나(인칭대명사, 현장지시사, 문맥지시사) 애초부터 분명하게 언급할 수 없는 어떤 것을 대신한다는 점에서 (비한정사, 의문사) 의미가 거의 없는 언어 요소를 이용하게 마련인데, 포괄어휘인 '하다'는 이런 기능을 하기에 제격인 것이다.

포괄어휘인 '하다'는 자리채우미 기능을 실현하기 위해서도 쉽게 이용될 만하다. 자리채우미는 언어 형식이 생각나지 않거나 말하고 싶지 않을 때, 또는 언어 형식의 유형만을 문제 삼을 때, 또는 통사상의 요구 때문에 언어 형식이 요구될 때 쓰이는데, 이때에도 역시 의미가 거의 없는 언어 요소가 쉽게 이용될 수 있다.

다만 '하다' 자체가 담화상의 자리채우미로 기능하는 경우는 흔히 발견되지 않는다. 본래 서술어 자리에 들어갈 명시적인 언어 형식이 있지만 일부러 회피하는 경우나 생각나지 않는 경우에는 '하다'가 단독적으로 쓰이기보다는 '뭐뭐하다' 같은 표현이 쓰인다.

3~4장에서 다루었던 '하다'(1.3절에서 제시했던 [표 2]에서 부류 3에 속한 '하다')는 5.2.2절에서 언급했듯이 통사상의 자리채우미 기능을 하는 것으로 포함될 수 있다. 본고의 주장에 따르면 이 경우 '하다'는 언어 형식들로 채워지는 틀(=구문)에 기반하여 그 틀 속의 서술어 자리를 구체적으로 명시하지 않은 채 형식적으로 채우는 기능을 하기 때문이다.

이뿐 아니라 [표 2]에서 부류 1과 부류 2에 속해 있는 '하다'도 이런 관점에 따르면 통사상의 자리채우미 기능을 하는 것으로 포함될 수 있다. 이들 부류에 속해 있는 '하다'의 사례를 다시 보이면 아래와 같다.

(201) 부류 1

ㄱ. 독서하다, 독서를 하다 / 영리하다, 영리도 하다 / 어물어물하다
짓하다, 노릇하다 / 듯하다, 직하다, 만하다 / 척하다, 체하다, 양하다
그러하다, 이러하다, 저러하다 / 이리하다, 그리하다, 저리하다

-다시피 하다 / -곤 하다

ㄴ. -고 -고 하다 / -든지 -든지 하다 / -거나 -거나 하다 / -ㄹ락 말락

하다 / -락 -락 하다 / -며 -며 하다 / -면서 -면서 하다 / -다가 -다가

하다 / -(느)니 -(느)니 하다 / -나 마나 하다

ㄷ. -지 아니하다, -지 못하다 / -기(는/도/야…) 하다

(202) 부류 2

: -로 하여/해서

이 중 (201ㄱ) 유형의 '하다'는 박진호(2008, 2010a)에서 이미 '자리채우미'로 명명된 바가 있다. 이때의 '하다'는 박진호(2008, 2010a)의 정의에서 통사상의 자리채우미에 해당할 뿐 아니라, 여기에 구문이라는 개념이 전제된 본고의 정의에서도 자리채우미에 해당하는 것으로 파악될 수 있다.

가령 '영이가 공부를 한다'에서의 '하다'에 대해 생각해 보자. 구문 문법적 관점에 따르면 국어 화자들에게는 다양한 타동문의 사례를 경험함으로써 구축된 추상적인 구문, 즉 [NP(행위자)-가 NP(대상)-을 V(타동사)]라는 형식에 "타동"이라는 의미가 연합되어 있는 구문이 덩어리 지식으로서 존재하고 있을 것이라고 상정된다. 그런데 이 구문 전체를 통해 드러나는 사태 의미, 즉 "타동 사태"의 의미가 'NP(대상)' 자리에서 쓰인 '공부'를 통해 전담된다면, 'V(타동사)' 자리는 의미적으로 잉여성을 띠게 된다. 이때 '하다'는 구문 속에서 의미적 잉여성을 띠는 서술어 자리를 형식적으로 채우려는 목적에서 도입될 수 있다.

이렇게 본다면, 구문 속의 다른 요소를 단서로 삼아 예측 가능해져서 V 자리가 의미적으로 잉여성을 띠게 되었는지, 아니면 의미적 서술성이 구문 속 다른 요소를 통해 전담됨으로써 V 자리가 의미적으로 잉여성을 띠게 되었는지에서만 다를 뿐, 부류 3과 부류 1의 '하다'는 빈자리

들을 갖는 구문 속에서 의미적으로 잉여성을 띠게 된 서술어 자리를 채우는 기능을 한다는 점에서 동일하다. 이것이 본고에서 (201ㄱ)의 '하다'를 자리채우미 기능을 하는 요소로 판단하는 이유이다.

여기에서 자세한 논의를 하지는 않을 것이지만, 부류 1에 속한 다른 사례들에서도 '하다'는 다양한 층위의 통사론적 구문, 형태론적 구문 속에서 보통의 경우라면 용언 자리를 통해 드러날 의미가 다른 요소에 의해 전담되면서 의미적으로 잉여성을 띠게 된 용언 자리를 채우는 기능을 한다고 본다. 이런 견해를 2.5절에서 제시했던 [표 3]에 반영하면 아래와 같이 된다.

[표 31] 자리채우미 '하다'의 하위부류 및 그 사례 (추가)

기능			사례	
구문 속에서 의미적으로 잉여성을 띠게 된 서술어 자리를 채우는 '하다'	구문 속의 다른 요소를 통해 예측이 가능해서 의미적 잉여성을 띠게 된 서술어 자리를 채우는 경우		단순사태	그 사람이 간다/가느냐/가라/가자-(고) 한다. -나 하다, -ㄴ가 하다, -ㄹ까 하다 -거니 하다, -려니 하다 -으면 하다 논다고 하는 사실 "철수가 옳소" 하고 말하였다. -고자 하다 -를 -로 하다 -기로 하다 -를 형용사-이 하다 -를 형용사-게 하다
			복합사태	-려고 하다 -게 하다 -도록 하다 -어야 하다
	구문의 핵심 의미가 다른 요소에 의해 전담되어 의미적 잉여성을 띠게 된 서술어 자리를 채우는 경우	의미적 서술성이 구문 속 다른 요소를 통해 실현된 경우	서술성요소 + 하다	독서하다, 독서를 하다 영리하다, 영리도 하다 어물어물하다 짓하다, 노릇하다 듯하다, 직하다, 만하다 척하다, 체하다, 양하다 그러하다, 이러하다, 저러하다 이리하다, 그리하다, 저리하다 -다시피 하다 -곤 하다

				-지 아니하다, -지 못하다 -기(는/도/야…) 하다
		접속구성+하다		-고 -고 하다 -든지 -든지 하다 -거나 -거나 하다 -ㄹ락 말락 하다 -락 -락 하다 -며 -며 하다 -면서 -면서 하다 -다가 -다가 하다 -(느)니 -(느)니 하다 -나 마나 하다
		구문 의미의 중심이 어미에 있어서 본래적으로 의미적 서술성을 요구하지 않는 경우		

(202)에서 제시한 부류 2의 '하다' 역시 본고에서는 빈자리들을 갖는 형태론적 구문을 기반으로 하여 용언 자리를 채우는 기능을 하는 자리채우미라고 본다. 1.3절에서 언급했듯이 이때의 '하다'는 순전히 어미를 실현하기 위해 쓰인 것으로 보인다. 1.3절에서는 이때의 '하다'가 하는 기능을 다음과 같이 추정한 바 있다. 가령 '영이는 감기로 결석했다'에서처럼 '명사구+-로'가 "원인"의 역할을 할 때, 화자는 그 의미를 분명하게 하기 위해 "원인"의 의미를 나타내는 어미 '-어(서)'를 추가로 도입할 수 있다. 그런데 어미는 혼자 실현될 수 없고 용언 어간과 함께 실현되어야만 한다. 이때 '하다'가 어미 '-어서' 앞의 용언 어간 자리를 형식적으로 채우는 기능을 하며 쓰인 결과가 '영이는 감기로 해서 결석했다'인 것으로 보인다는 것이다.

구문 문법적 관점에 따르면 어미는 늘 용언과 결합하여 쓰이므로 국어 화자의 마음속에서도 용언과 동떨어져서 홀로 존재하는 것이 아니라 용언과 연쇄를 이룬 채로 존재한다. 다시 말해 어미는 국어 화자의 마음속에서 [V-ending] 같은 형태론적 구문 속에서 용언과 함께 결합된 채로 존재한다. 그런데 만약 화자가 이런 형태론적 구문을 통해 사태 사이의 "관계"를 드러내고자 하고 그런 관계 의미가 '-어서' 같은 ending 을 통해 전달된다면, 그에 선행하는 V 자리는 의미적으로 잉여성을 띠 게 되고 '하다'는 이런 자리를 형식적으로 채우기 위한 동기에서 도입될 수 있을 것이다.

이렇게 본다면 이 경우의 '하다' 역시 빈자리들을 갖는 형태론적 구 문 속에서 의미적으로 잉여성을 띠는 용언 자리를 채우는 기능을 한다 는 점에서 부류 3, 부류 1의 '하다'와 동일하다. 이것이 본고에서 부류 2의 '하다'를 자리채우미 기능을 하는 요소라고 판단하는 이유이다. 이 런 견해를 [표 3]에 반영하면 아래와 같이 된다.

[표 32] 자리채우미 '하다'의 하위부류 및 그 사례 (최종)

기능			사례	
구문 속에서 의미적으로 잉여성을 띠 게 된 서술어 자리를 채우 는 '하다'	구문 속의 다른 요소를 통해 예측이 가능해서 의미적 잉여성을 띠게 된 서술어 자리를 채우는 경우		단 순 사 태	그 사람이 간다/가느냐/가라/가 자-(고) 한다. -나 하다, -ㄴ가 하다, -ㄹ까 하다 -거니 하다, -려니 하다 -으면 하다 논다고 하는 사실 "철수가 옳소" 하고 말하였다. -고자 하다 -를 -로 하다 -기로 하다 -를 형용사이 하다 -를 형용사게 하다
			복 합 사 태	-려고 하다 -게 하다 -도록 하다 -어야 하다
	구문의 핵심 의미가 다른 요소에 의해 전달되어 의미적 잉여성을 띠게 된 서술어 자리를 채우는 경우	의미적 서술성이 구문 속 다른 요소를 통해 실현된 경우	서 술 성 요 소 + 하 다	독서하다, 독서를 하다 영리하다, 영리도 하다 어물어물하다 짓하다, 노릇하다 듯하다, 직하다, 만하다 척하다, 체하다, 양하다 그러하다, 이러하다, 저러하다 이리하다, 그리하다, 저리하다

				-다시피 하다
				-곤 하다
				-지 아니하다, -지 못하다
				-기(는/도/야…) 하다
			접속구성 + 하다	-고 -고 하다
				-든지 -든지 하다
				-거나 -거나 하다
				-ㄹ락 말락 하다
				-락 -락 하다
				-며 -며 하다
				-면서 -면서 하다
				-다가 -다가 하다
				-(느)니 -(느)니 하다
				-나 마나 하다
		구문 의미의 중심이 어미에 있어서 본래적으로 의미적 서술성을 요구하지 않는 경우	-로 하여/해서	

이 중 부류 1의 '하다'는 흔히 '형식동사'라는 이름으로 불려 왔다. 본고는 부류 2~3의 '하다' 역시 부류 1의 '하다'와 동일한 기능을 하는 것으로 보고, 그런 '하다'에 '자리채우미'라는 이름을 부여할 것을 제안해 왔다. 하지만 이들 모두를 '형식동사'라는 이름으로 부르는 것도 가능할 것이다.

그럼에도 불구하고 부류 1~3의 '하다'를 '자리채우미'로 부르고자 하는 데에는 몇 가지 이유가 있다. 첫째, '형식동사'라는 용어는 사실상 서술성을 띠는 요소 뒤에 오는 '하다'를 가리키는 데 국한되어 쓰여 온 경향이 있어서 부류 1의 '하다'만을 의미하는 것으로 오해될 여지가 있기 때문이다. 둘째, '형식동사'라는 용어의 개념을 보다 확장함으로써 이 용어를 유지할 수도 있겠지만, '자리채우미'라는 용어가 부류 1~3의 '하다'가 수행하는 기능에 대한 본고의 시각을 보다 분명하게 드러낼 수 있다고 생각하기 때문이다. 본고에서는 부류 1~3의 '하다'가 언어 형식들로 채워지는 틀(=구문)에 기반하여 그 틀 속의 서술어 자리를 구체적으로 명시하지 않은 채 형식적으로 채우는 기능을 한다고 주장해 왔다. '자리채우미'라는 용어는 "구문 속 자리를 채우는 요소"라는 의미를 투명하게 보여 줄 수 있는 용어로서, 기존에 '형식동사'라고 불려 온 요소들을 구문 문법적 관점에서 새롭게 조명하고자 할 때 적절하게 채택될 수 있는 용어일 것이라고 본다.

5.4. 소결론

이제 '하다'의 문법적 기능에 대한 본고의 시각을 정리하여 제시함으로써 이 장을 마무리하고자 한다.

본고에서 '하다'의 문법적 기능은 아래와 같이 대용어 기능과 자리채우미 기능으로 대별된다. 본고의 시각을 서정수(1975)와 대비하여 제시하면 아래와 같다.

[표 33] '하다'의 문법적 기능에 대한 본고의 시각 (서정수, 1975와 대비)

※'하다'가 쓰이는 자리의 어휘적 성격에 주목함	서정수(1975)	본고의 대안	※'하다'가 쓰이는 동기에 주목함
실질적 어휘의 역할을 하는 '하다'	대동사	대용어	담화 상황에 기반하여 파악되는 동작적 내용을 추상적으로 대신하는 '하다'
		(특정 구문론적 구조 속에서 의미가 예견되는 '하다') 자리채우미	빈자리들을 갖는 구문에 기반하여 언어 형식이 들어갈 서술어 자리를 형식적으로 채우는 '하다'
실질적 어휘의 역할을 하지 않는 '하다'	형식동사		

덧붙여, '하다'는 대용어 또는 자리채우미로서 문법적 기능을 수행하는 경우가 대부분이지만, 일반적인 동사처럼 포괄적인 의미 그 자체로서 논항을 취하면서 어휘적인 기능을 하기도 한다고 본다.

가령 아래의 예들에서 '하다'는 다양한 수행의 의미를 포괄하며 넓은 의미로 쓰인다. 아래의 예들 속 '하다'는 장면이나 문맥에 기대어 그 의미가 제약적으로 해석될 수도 있지만, 특정 장면이나 문맥을 떠나서 단순히 "행함"이라는 넓은 의미로도 쓰일 수 있다. 어휘적인 기능을 하는 '하다'란 이 후자의 경우에 해당하는 '하다'를 말한다.

(203) ㄱ. 공인의 처신은 일거수 일투족에도 공명정대하고 천금처럼 무거
　　　 워야 하며, <u>하면 하고</u> 말면 말아야 한다.
　　ㄴ. <u>하기</u>에 따라서 누구나 훌륭한 사람이 될 수 있다.
　　ㄷ. 그곳에선 내가 <u>할</u> 게 없다.
　　ㄹ. <u>하고</u> 싶은 걸 하면서 살아야지.
　　ㅁ. 집에서 못 <u>하</u>는 거 밖에 나왔을 때 해야지.

(203ㄱ～ㄴ)은 '하다'가 자동사로 쓰여 다양한 수행의 의미를 포괄하며 넓은 의미로 쓰인 경우이고 (203ㄷ～ㅁ)은 '하다'가 관형화되어 목적어에 준하는 '것'을 수식하는 경우이다. 서정수(1975)에서는 '하다'가 목적어와 함께 쓰인 경우에 목적어가 실체성을 띠면 그때의 '하다'는 대동사 기능을 하는 것으로, 목적어가 비실체성을 띠면 그때의 '하다'는 형식동사 기능을 하는 것으로 분석하고 있다. 하지만 (203ㄷ～ㅁ)에서는 목적어 자체가 한정되지 않은 넓은 의미를 가지므로 이때의 '하다'는 실체성 목적어와 함께 대동사 기능을 한다거나 비실체성 목적어와 함께 형식동사 기능을 하는 것으로 분석되기 어렵다. 그보다는, 다양한 수행의 의미를 포괄하는 '하다'가 그와 관련된 비한정적 목적어를 취한 사례로 분석할 수 있을 것이다.

제6장 결론

본고에서는 지금까지 흔히 특정 구문 구조 속에서 추상동사를 대행한다고 알려진 '하다'가 어떻게 해서 그런 기능을 할 수 있게 되는지를 보이는 데 주력해 왔다. 핵심은 형식 연쇄에 의미가 직접 연합되어 있는 덩어리 단위가 국어 화자들의 마음속에 존재하고 있으며, 그런 덩어리 단위 중에는 해당 덩어리의 일부분만 언급해도 서술어 자리에 올 요소가 아주 쉽게 예측되는 특징을 갖는 것이 있다는 것, 그처럼 쉽게 예측되어 의미적으로 잉여성을 띠게 된 서술어 자리는 추상적인 의미만을 갖는 '하다'로 채워져도 덩어리 단위 전체가 갖는 기본적인 의미가 전달될 수 있다는 것이었다. 그리고 형식 연쇄에 의미가 직접 연합되어 있는 덩어리 단위를 '구문'이라고 불러 왔다.

본고에서 상정한 것과 같은 '구문' 단위를 전제하지 않고서는 어떻게 해서 '하다'가 특정 구문 구조 속에서 추상동사를 대행할 수 있게 되는가 하는 점에 대해 납득 가능한 설명을 제시하기가 쉽지 않았다. 선행연구들에서는 이를 대용어 기능의 일종으로 기술하기도 했으나, 이때의 '하다'는 발화 상황을 참조함으로써 파악할 수 있는 내용을 대신하거나 앞서 언급된 내용을 대신하는 것이 아닐 뿐더러 구문 구조 속 고정된 위치에서 주로 쓰이는 모습을 보이는 등 전형적인 대용어와는 다른 성격을 보인다는 점이 난제로 남아 있었다.

본고는 특정 구문 구조를 힌트로 삼아 '하다'의 의미가 그에 맞게 이해된다는 것은 그 구문 구조의 빈자리들이 보통 어떤 언어 요소들로 채워져서 쓰이는지, 그랬을 때 전체 구조가 어떤 의미를 나타내게 되는지에 대한 것을 화자들이 알고 있기 때문에 가능해진다고 보았다. 그리고 본고에서 중심 단위로 삼은 '구문'이라는 단위는 화자들이 지니고 있는 이런 성격의 언어 지식, 즉 형식 연쇄에 의미가 연합된 지식을 포착할 수 있는 단위이면서 동시에 어린아이들이 의사소통의 장 속에서 언어를 습득하는 과정과 필연적인 관련을 맺는 단위로서(2.2절 참고) 문법 기술에 적극적으로 도입될 만하다고 보았다. 이 단위는 특히 '하다' 같은 추상적인 의미만을 갖는 용언이 어떻게 해서 다양한 용법을 보이게 되는지를 이해하는 데 유용한 단위가 될 수 있었다.

그런데 이와 같은 주장을 펼치기 위해서는 형식 연쇄에 의미가 직접 연합되어 있는 덩어리 단위가 실재한다는 증거를 보일 필요가 있었다. 그 직접적·간접적 증거는 다양한 언어 현상을 통해 관찰될 수 있었다. 어떤 현상들이 증거가 될 수 있었는지를 정리하여 보이면 아래와 같다.

① 서술어의 예측 가능성과 그에 따른 생략 현상

국어 화자들이 형식 연쇄에 의미가 연합된 덩어리 단위를 언어 지식으로 내재하고 있다는 것의 가장 간단하면서도 강력한 증거는, 실제로 문장의 일부 요소만 보고서도 어떤 서술어가 뒤따라 나올 것인지를 쉽게 예측할 수 있다는 것이었다. 어떤 언어 요소들은 자주 함께 쓰인다는 것에 대한 지식, 즉 특정 언어 요소들이 연쇄되어 있는 덩어리 지식이 화자들의 마음속에 있다는 것을 상정하지 않고서는 이 현상이 어떻게 해서 가능해지는지를 설명하기가 어렵다.

또한 서술어가 실현되지 않은 채로 절이 구성되는 (204)와 같은 현상 역시 이런 덩어리 단위를 상정함으로써 잘 설명될 수 있었다. 함께 덩어리를 이루고 있는 다른 요소를 힌트로 삼아 쉽게 예측될 수 있는 서술어는 특정 조건이 만족되면 아예 나타나지 않더라도 무리 없이 절의 의미를 환기시킬 수 있기 때문에 (204)와 같은 현상이 가능해진다. 서술어만이 절의 핵심이라고 보는 입장에서는 이처럼 서술어 없이 절이 구성되는 현상을 설명하기가 쉽지 않다.

(204) ㄱ. 철수는 영이한테 연락이 <u>왔다고</u>, 전화 받으러 나갔어.

　　　 ㄴ. 노을을 <u>배경으로</u>, 우리는 사진을 찍었다.

이런 시각은 본래 내포어미였던 요소가 연결어미로 기능을 확장하는 과정을 설명하는 데에도 적용될 수 있었다. (204ㄱ)의 '-다고'가 "이유"를 나타내는 연결어미로 기능이 확장되는 것이나 3.2절에서 살핀 '-고져'가 연결어미로 기능 확장을 하는 것이 그 사례가 될 수 있다.

② 동사가 자신의 논항구조로는 설명하기 어려운 문형 속에서 쓰이는 현상

덩어리로서의 구문 단위를 상정하지 않고서는 설명하기 어려웠던 또 다른 현상 중의 하나는 '철수는 한 푼만 달라고 실실거렸다', '나는 철수를 동료로 만난다'처럼, '실실거리다', '만나다' 같은 동사의 의미만 보아서는 설명될 수 없는 문형 속에서 해당 동사들이 쓰이는 현상이었다. 이는 형식 연쇄에 의미가 직접 연합된 덩어리 단위로서의 구문이 존재하고, 이 구문의 서술어 자리에서 전형적으로 쓰이는 용언들이 있는데, 전형적인 용언이 나타내는 사태와 긴밀한 관계에 있는 사태를 나타내는 용언을 환유적으로 그 구문의 서술어 자리에서 씀으로써 나타난 결과로 볼 수 있었다. 또한 이들 동사는 이런 문형 속에서 쓰일 때 "말하면서 실실거리다", "삼아 만나다" 같은 식으로 의미가 조정되는 양상을 보였는데, 이 동사들만이 아니라 어떤 동사든지 특정 문형 속에서 쓰일 때에는 이와 유사하게 체계적으로 의미가 조정되는 양상을 보였다. 이때 체계적으로 더해지는 의미를 동사 자체의 의미로 상정하기보다는

덩어리 구문 자체와 연합되어 있는 의미로 상정함으로써 이 현상을 자연스럽게 설명할 수 있었다.

③ 덩어리로서 의미 변화를 겪는 현상

언어 요소의 의미는 의사소통 과정 속에서 추론에 힘입어 변화해 갈 수 있다. 어떤 언어 요소는 다른 언어 요소와 함께 쓰이는 과정에서 맥락에 힘입어 특정한 방식으로 추론이 일어날 만한 조건을 갖추게 되고, 그런 추론이 반복적으로 누적될 때 추론 의미가 고정 의미로 굳어져 가는 현상, 즉 의미 변화 현상이 일어나게 되는 것이다.

본론에서는 '-려고'가 "3인칭의 의도내용"과 "의도적 행동"을 연결 짓는 기능을 하는 맥락에서 "예기적 현상"과 "전조적 현상"을 연결하는 기능을 하는 것으로 추론되고 의미 변화가 일어나는 현상, '-도록'이 "결과 상태"와 "의무성 행동"을 연결 짓는 기능을 하는 맥락에서 "목적내용"과 "목적적 행동"을 연결하는 기능을 하는 것으로 추론되고 의미 변화가 일어나는 현상 등을 관찰했다. 그리고 이를 통하여 의미 변화는 특정 언어 요소(가령 어미 '-려고'나 '-도록')가 홀로 겪는 것이 아니라 언어 요소들이 이어진 채로 특정한 맥락 속에서 빈번히 쓰이면서 일어나는 것임을 보이고자 했다. 이런 현상 역시 언어 요소의 연쇄로 이루어진 덩어리 단위가 화자의 마음속에서 자신의 의미 및 맥락 속에서 추론된 의미와 연합된 채 존재한다고 가정할 때 자연스럽게 설명될 수 있었다.

④ 구문에 따라 언어 변화가 적용되는 시기가 달라지는 현상

특정 언어 변화는 한꺼번에 일어나기보다는 점차적으로 일어난다는 것이 형태론 영역을 중심으로 하여 논의되어 왔다. 가령 영어 동사는 오래 전에 강굴절 중심의 굴절 현상을 보이다가 점차 약굴절이 주를 이

루는 방식으로 변화되어 왔는데, 모든 동사가 어느 특정 시기에 한꺼번에 약굴절 현상을 보이게 된 것이 아니라 중저빈도 동사를 중심으로 하여 약굴절 패턴이 먼저 적용되고, 극고빈도 동사는 지금까지도 강굴절 패턴을 유지하면서 이어져 오고 있다는 점이 잘 알려져 있다.

본론에서는 자격 지칭 구문의 특성을 살피는 과정에서 이런 현상이 통사론 영역에서도 적용될 가능성이 있음을 언급하였다. 중세국어에서는 대상 논항이 조사 '-로'와 결합하여 나타나는 현상이 현대국어에 비해 광범위하게 나타났었는데, 현대국어에 이르는 과정에서 대상 논항은 주로 조사 '-를'과 결합하는 것으로 그 양상이 변화되어 왔다. 그런데이 현상 역시 어느 특정 시기에 대상 논항과 '-로'의 결합이 한꺼번에 사라지는 식으로 일어나는 것이 아니라, 특정 구문 속의 '대상+-로'는 좀 더 일찍 사라지고 특정 구문 속의 '대상+-로'는 좀 더 늦게까지 유지되는 것으로 보이는 현상이 관찰되었다. 왜 어떤 구문은 변화된 패턴의 적용을 받지 않은 채 늦게까지 옛 모습을 유지하면서 쓰이는 것일까? 좀 더 상세한 관찰이 필요하기는 하지만, 이런 구문은 화자들의 마음속에서 보다 공고한 덩어리이기 때문에 언어 변화도 늦게 적용되는 것일 가능성이 있다.

⑤ 구문의 내부 구조가 여러 방식으로 분석되는 현상

변형생성문법이 언어를 바라보는 관점에 큰 영향을 미쳤던 시기를 지나면서 통사론 분야에서는 특정 구문이 어떤 성분 구조를 이루고 있는지를 결정하려는 연구가 많이 이루어져 왔다. 특히 3.3절에서 다룬 자격 지칭 구문은 '소절'이라는 개념과 연계되면서 그 성분 구조를 결정하려는 연구가 다각도로 이루어져 왔다.

성분 구조를 결정하는 일은 어떤 요소들이 묶여서 한 단위처럼 행동하는지 그렇지 않은지에 대한 관찰을 통해 이루어지는데, 자격 지칭 구문에 대해서는 'NP를 NP로'가 한 단위로 묶여 행동한다는 증거와 'NP로 V'가 한 단위로 묶여 행동한다는 증거가 모두 존재하여 어느 한 쪽의 손을 들기가 어려운 성격을 띠고 있었다.

하지만 Bybee(2002, 2010)처럼 성분 구조가 창발하게 되는 근본적인 동기가 특정 연쇄들의 고빈도 인접에 있다고 본다면, 자격 지정 구문이 보이는 이와 같은 '혼란스러운' 양상은 정말로 혼란스러운 양상이 아니라 자격 지정 구문의 특성을 잘 보여 주는 현상임을 알게 된다. 한편으로 'NP를 NP로'는 의미적으로 주술 관계에 있다는 점 때문에 자주 인접하여 나타나면서 긴밀한 관련을 맺고, 한편으로 'NP로 V'는 형식적으로 자주 인접한다는 점 때문에 긴밀한 관련을 맺는다. 'NP를 NP로'가 한 단위처럼 행동하는 현상과 'NP로 V'가 한 단위처럼 행동하는 현상이 공존하는 것은 자격 지정 구문 자체의 이런 의미적·형식적 특성에 기인하는 것이다.

이는 'NP를 NP로'가 자주 인접하는 덩어리임과 동시에 'NP로 V'도 자주 인접하는 덩어리임을 보여 준다. 즉 'NP를 NP로 V' 전체가 자주 인접하는 덩어리라는 결론에 도달할 수 있다. 또 이 중 'NP로 V'의 응집성이 매우 강해지면 '말미암다' 같은 한 단어를 도출하기에 이르게 되는데, 본론에서는 'NP로 V'가 더욱 긴밀한 덩어리로 묶이는 과정이 'NP를'과 'NP로'의 관계를 배제하고서는 이루어지지 않는다는 것을 근거로 삼아 이 현상 역시 자격 지정 구문 전체가 화자들의 마음속에서 덩어리로서 처리되는 단위라는 것에 대한 증거가 됨을 주장하였다.

⑥ 같은 형식의 연결어미가 포함된 구문들이 서로 다른 문법적 특성을 보이는 현상

어떤 어휘의 성격에 대해 이해하기 위해서는 통합주의적인 관점에서 그 어휘의 다양한 쓰임을 포괄하거나 설명할 수 있는 (하나의) 의미를

찾아내는 것도 필요하지만, 어휘의 성격을 보다 구체적으로 이해하기 위해서는 분리주의적인 관점에서 그 어휘가 여러 가지 쓰임을 보일 때 각각의 쓰임에서 어떤 특성이 나타나는지를 세밀하게 관찰할 필요가 있다.

본론의 4.2절에서는 어미 '-도록'이 관여하는 시간적 한계 구문, 결과적 한계 구문, 목적 구문, 사동 구문을 분리주의적인 관점에서 관찰했고, 각 구문에서 나타나는 양상이나 제약이 서로 다르다는 점을 드러내었다. 가령 '-도록'에 형용사가 선행하는 현상은 이 네 구문 모두에서 동일한 방식으로 나타나지 않으며, 구문마다 허용하는 형용사의 범위가 서로 다르다는 것을 보인 것이 그 중 하나이다.

이런 식으로 '-도록'이 관여하는 구문들을 분할하여 각 구문에서 나타나는 현상들을 자세히 관찰하는 것은 '-도록'의 특성을 구체적으로 이해할 수 있게 해 주었을 뿐만 아니라, 나아가 분할된 각 구문이 화자들의 마음속에서 별개의 덩어리로서 처리되는 단위라는 것을 알 수 있게 해 주었다. 가령 '-도록' 목적 구문이 시간 안정성 낮은 형용사 부류를 허용하는 현상을 다른 '-도록' 구문에 비해 특징적으로 보인다고 할 때, 이런 제약은 어미 '-도록' 자체에 얹혀 있는 것이 아니라 [NP(행위자)-가 S(목적내용)-도록 VP(목적적 행동)]이라는 목적 구문 전체에 얹혀 있는 것으로 볼 수밖에 없기 때문이다. 화자들이 이 덩어리 전체가 갖는 제약에 대해 알고 있다는 것은 곧 이 덩어리 전체를 한 단위로서 운용하고 있다는 것에 대한 증거가 된다.

본고에서는 이와 같은 증거들을 토대로 하여 '하다'와 관련되어 있는 각 구문들이 국어 화자들의 마음속에서 덩어리로 처리되는 단위임을 주장하였다. 그리고 이 덩어리 중 일부분을 언급하는 것만으로 그 일부분이 속한 구문 전체의 형식과 의미가 환기될 수 있을 때, 아직 언급되지 않은 서술어 자리는 형식적으로만 채워져도 무방하게 되며, '하다'는 이처럼 의미적으로 잉여적인 성격을 띠게 된 서술어 자리를 형식적으로 채우면서 도입된 요소라고 보았다. 이런 기능을 하는 '하다'를 '빈자리들을 갖는 구문에 기반하여 언어 형식이 들어갈 서술어 자리를 형식적으로 채우는 요소', 즉 '자리채우미'로 규정할 수 있다.

참고 문헌

강길운(1961), "대용언 'ᄒ다'에 대하여: 『고등국어』를 중심으로", 「국어국문학」 23, 국어국문학회, 111-115.

고광모(2002), "명령법 어미 '-게'의 기원과 형성 과정", 「한글」 257, 한글학회, 129-166.

고성환(1995), "명령형 종결어미 '-ㄹ 것', '-도록'의 기능과 성격", 「韓日語學論叢」, 국학자료원, 3-27.

고영근(2006), "동작상에 대한 이해", 「한국어학」 30, 한국어학회, 1-30.

고영근·이용·최형용(2011), 「(현대어로 풀어 쓴) 주시경의 국어문법」, 박이정.

고은숙(2004), "중세국어의 의도성 연결어미 연구", 고려대학교 석사학위논문.

고은숙(2012), "후기 중세국어의 원망(願望) 표현에 관한 연구", 「한국어학」 54, 한국어학회, 81-115.

고재설(1999), "동사 '하'와 형용사 '하-'", 「국어학」 33, 국어학회, 145-175.

고창수(1997), "한국어 조사결합에 대한 연구", 「한국어학」 5, 한국어학회, 87-106.

고창수(2011), 「신라 향가의 표기 원리」, 한성대학교 출판부.

구종남(2012), "국어 부정극어의 허가 영역과 통사 구조의 해석", 「어문연구」 72, 어문연구학회, 5-34.

권재일(1983), "현대국어의 접속문 어미 연구", 「언어학」 6, 한국언어학회, 3-21.

권재일(1992), 「한국어 통사론」, 민음사.

권재일(1998), "한국어 인용 구문 유형의 변화와 인용 표지의 생성", 「언어학」 22, 한국언어학회, 59-79.

권화숙(2010), "『月印釋譜』와 『法華經諺解』의 國語學的 比較 硏究", 한국외국어대학교 박사학위논문.

김광희(1994), "국어 변항범주의 조응현상 연구", 전남대학교 박사학위논문.

김기종(2006), "月印千江之曲의 底經과 문학적 성격 연구", 동국대학교 박사학위논문.

김상대(1977), "한국어 화법 연구: 그 보문자와 활용을 중심으로", 「국어교육」 31,

한국국어교육연구회, 1-21.

김선효(2004), "인용 구문 '-다고 하는'과 '-다는'의 특성", 「어학연구」 40-1, 서울대
학교 언어교육원, 161-176.

김성덕(2005), "'하다'에 대한 인지의미론적 연구", 한국외국어대학교 석사학위
논문.

김성주(1997), "국어 사동문 연구", 동국대학교 박사학위논문.

김양진(2006), "他動詞 '*식다'를 찾아서", 「어문연구」 34-4, 한국어문교육연구회,
137-156.

김영희(1981), "간접 명사 보문법과 「하」의 의미 기능", 「한글」 173, 174, 한글학
회, 153-192.

김영희(1984), "'하다': 그 대동사 설의 허실", 「배달말」 9, 배달말학회, 31-63.

김완진(1980), 「鄕歌解讀法研究」, 서울대학교출판부.

김용하(1995), "동사적 명사, 겹목적어 그리고 동사 '하다'", 「언어」 20-4, 한국언
어학회, 45-70.

김원경・고창수(2009), "격조사 '로'의 문법적 특성과 의미 기능", 「한국어학」 45,
한국어학회, 175-198.

김유정(1993), "국어 복합술어구문 연구: 기능동사를 중심으로", 고려대학교 석사
학위논문.

김의수(2002), "형식동사 '이다'의 문법", 「어학연구」 38-3, 서울대학교 언어교육
원, 879-905.

김의수(2003), "국어의 격과 의미역 연구: 명사구의 문법기능 획득론", 고려대학교
박사학위논문.

김일웅(1981), "대용의 분류", 「언어연구」 4, 부산대학교 어학연구소, 29-49.

김재윤(1980), "어미 '-(으)려고'의 통사론적 특성", 「청주교육대학논문집」 17, 청
주교육대학교, 227-245.

김재윤(1983), "'-도록'의 통사적 제약 및 의미분석", 「국어교육」 46, 한국국어교육
연구회, 255-272.

김정아(1985), "十五世紀國語의 '-ㄴ가' 疑問文에 대하여", 「국어국문학」 94, 국어
국문학회, 281-301.

김제열(1999), "'하다' 구문의 연구", 경희대학교 박사학위논문.

김지은(1998), "조사 '-로'의 의미와 용법에 대한 연구", 「국어학」, 31, 국어학회, 361-393.

김창섭(1997), "'하다' 동사 형성의 몇 문제", 「관악어문연구」, 22-1, 서울대학교 국어국문학과, 247-267.

김창섭(2001), "'X하다'와 'X를 하다'의 관계에 대하여", 「어학연구」, 37-1, 서울대학교 어학연구소, 63-85.

김한결(2011), "'{-고져, -과뎌} ᄒ-' 구성에 대한 통시적 연구", 서울대학교 석사학위논문.

김현주(2010), "국어 대우법 어미의 형태화 연구", 고려대학교 박사학위논문.

김형배(1997), 「국어의 사동사 연구」, 박이정.

남기심(1973), 「국어 완형 보문법 연구」, 계명대학교 출판부.

남기심·조은(1993), "'제한 소절' 논항 구조에 대하여", 「동방학지」, 81, 연세대학교 국학연구원, 181-212.

리의도(1991), "비례법 이음씨끝의 역사", 「한글」, 211, 한글학회, 79-98.

목정수·연재훈(2000), "상징부사(의성·의태어)의 서술성과 기능동사", 「한국어학」, 12, 한국어학회, 89-118.

문숙영(2012), "인용과 화시소의 전이", 「국어학」, 65, 국어학회, 219-249.

박덕유(2003), "현대국어의 예정상에 대한 고찰", 「어문연구」, 31-3, 한국어문교육연구회, 5-30.

박만규(1995), "완형문 '-고'문의 동사보어/문장보어 구분", 「關大論文集」, 23-2, 관동대학교, 373-388.

박만규(1996), "국어 문장보어 완형문의 통사-의미적 분석", 「언어」, 21-3, 한국언어학회, 769-791.

박승빈(1935), 「조선어학」, 조선어학연구회.

박재연(2012), "인용 동사의 의미론적 분류 방법", 「한국어 의미학」, 39, 한국어의미학회, 205-229.

박재희(2013), "'하다'의 범주에 대한 새로운 접근", 「우리어문연구」, 45, 우리어문학회, 227-262.

박진호(1998), "고대 국어 문법", 「국어의 시대별 변천 연구」, 3, 국립국어연구원, 121-205.

박진호(2007a), "유형론적 관점에서 본 한국어 대명사 체계의 특징", 「국어학」 50, 국어학회, 115-147.

박진호(2007b), "의미의 쏠림 현상에 대하여", 「국어사 연구와 자료」, 태학사, 211-224.

박진호(2008), "자리채우미", 「KLing」 2, 고려대학교 언어학과, 1-6.

박진호(2010a), "자리채우미에 대한 보론", 「국어학회 2010년 여름학술대회 발표집」, 국어학회.

박진호(2010b), "언어학에서의 범주와 유형", 「인문학연구」 17, 경희대학교 인문학연구소, 265-292.

박철우(2011), "국어 화시 표현의 유형", 「한말연구」 29, 한말연구학회, 141-164.

방성원(2000), "사유 구문의 논항구조: 보문구조를 중심으로", 「어문연구」 28-2, 한국어문교육연구회, 100-119.

배영환(2012), "현존 最古의 한글편지 '신창맹씨묘출토언간'에 대한 국어학적인 연구", 「국어사 연구」 15, 국어사학회, 211-239.

서정목(1998), 「문법의 모형과 핵 계층 이론」, 태학사.

서정수(1975), 「동사 '하'의 문법」, 형설출판사.

서정수(1987), ""게"와 "도록"에 관하여", 「인문논총」 14, 한양대학교 인문과학대학, 41-67.

서정수(1991), "기능동사 '하'에 대한 재론", 「외국어로서의 한국어교육」 15-1, 연세대학교 한국어학당, 5-34.

석주연(2006), "'-도록'의 의미와 문법에 대한 통시적 고찰", 「한국어 의미학」 19, 한국어의미학회, 37-63.

석주연(2013), "신소설 자료에 나타난 어미 '-도록'의 의미와 문법", 「우리말 글」, 우리말글학회, 25-49.

손세모돌(1997), "연결어미 "-고자"와 "-려고"에 대하여", 「한말연구」 3, 한말연구학회, 91-110.

송병학(1974), "-하에 관한 연구: 통사론적·의미론적 분석", 충남대학교 박사학위논문.

송복승(2004), "국어의 소절과 '-로'의 기능", 「언어학」 12-2, 대한언어학회, 77-96.

송정근(2007), "구체명사와 결합하는 '하다'의 의미 특성에 대하여", 「한국어 의미학」, 22, 한국어의미학회, 123-140.

송홍규(2007), "국어 결과구문의 구성에 대하여", 「민족문화연구」, 46, 고려대학교 민족문화연구원, 191-226.

시정곤(1994), 「국어의 단어형성 원리」, 국학자료원.

신서인(2007), "결과상태 의미역에 대한 연구", 「어문연구」, 35-2, 한국어문교육연구회, 63-88.

신서인(2009), "동사 '생각하다'의 문형에 대한 고찰", 「관악어문연구」, 34, 서울대학교 국어국문학과, 191-212.

신지영(2014), "구어 연구와 운율: 소리를 담은 의미·통사론, 의미를 담은 음성학·음운론 연구를 위한 제언", 「한국어 의미학」, 44, 한국어의미학회, 119-139.

신지영·차재은(2003), 「우리말 소리의 체계: 국어 음운론 연구의 기초를 위하여」, 한국문화사.

심재기(1980), "동사화의 의미기능", 「한국문화」, 1, 서울대학교 한국문화연구소, 43-89.

안병희(1979), "중세어의 한글자료에 대한 종합적인 고찰", 「규장각」, 3, 서울대학교 규장각 한국학연구원, 109-147.

안예리(2009), "'삼다' 구문의 통시적 변화", 「한국어학」, 43, 한국어학회, 179-206.

안주호(1991), "후기 근대국어의 인용문 연구", 상명여자대학교 석사학위논문.

안주호(2003), "인용문과 인용표지의 문법화에 대한 연구", 「담화와 인지」, 10-1, 담화·인지언어학회, 145-165.

안주호(2006), "인용동사의 문법적 고찰: 근대국어를 중심으로", 「우리말글」, 37, 우리말글학회, 143-169.

양명희(1990), "현대국어 동사 '하'의 의미와 기능", 서울대학교 석사학위논문.

양명희(1998), 「현대국어 대용어에 대한 연구」, 태학사.

양명희(2006), "비지시 대용어의 대용성", 「한국어 의미학」, 19, 한국어의미학회, 105-124.

양정호(2005), "名詞形語尾體系의 變化에 대하여", 「어문연구」, 33-4, 한국어문교육연구회, 57-80.

양주동(1942), 「朝鮮 古歌 硏究」, 博文書館.

양지현(2013), "의도표현에 대하여: '-려 하(다)', '-려고(요)', '-려고 하(다)'를 중심으로", 「배달말」 52, 배달말학회, 51-74.

오충연(2010), "국어 결과 구문의 범주 설정에 대한 연구", 「언어연구」 26-3, 한국현대언어학회, 595-619.

우형식(1986), "국어 대용어에 관한 연구", 연세대학교 석사학위논문.

유경민(2010), "'구체명사+하다': 통사 구성의 어휘화 과정", 「국어국문학」 156, 국어국문학회, 71-89.

유명희(1997), "융합형 '-다고'와 '-답시고'에 대하여", 「한국어문학연구」 8, 한국외국어대학교 사범대학 한국어문학연구회, 151-188.

유필재(2004), "'말다(勿)' 동사의 음운론과 형태론", 「국어학」 43, 국어학회, 97-118.

유현경(2002), "어미 '-다고'의 의미와 용법", 「배달말」 31, 배달말학회, 99-122.

유현경(2004), "국어 소절(Small Clause) 구성의 복합술어 분석", 「국어학」 44, 국어학회, 133-158.

유현경(2006), "형용사에 결합된 어미 '-게' 연구", 「한글」 273, 한글학회, 99-123.

유혜원(2004), "'N-로'를 필수 논항으로 취하는 타동사 연구", 「한국어학」 24, 한국어학회, 189-220.

윤만근(1982), "동사 "하"의 통시적 관찰을 통해 본 그 성격과 동사 "하"의 기저구조", 「언어학」 5, 한국언어학회, 117-141.

윤평현(1981), "'-도록'의 의미와 문법", 「한국언어문학」 20, 한국언어문학회, 27-51.

윤평현(1988), "목적 관계 접속어미에 대한 연구", 「인문과학연구」 9, 조선대학교 인문과학연구소, 187-203.

이금영(2011), "근대국어 의도 관계 연결어미 연구", 「한국언어문학」 76, 한국언어문학회, 37-62.

이금희(2005), "인용문 형식에서 문법화된 어미·조사 연구", 성균관대학교 박사학위논문.

이기갑(1994), "'그러하'의 지시와 대용, 그리고 그 역사", 「언어」 19-2, 한국언어학회, 455-488.

이동혁(2008), "'X-이 Y-을 Z-에게서 V-다' 구문의 의미", 「우리어문연구」 32, 우리어문학회, 65-95.

이상복(1975), "'하다' 동사에 대하여", 「연세어문학」, 6, 연세대학교 국어국문학과, 131-141.

이상억(1970), "국어의 사동·피동 구문연구", 서울대학교 석사학위논문.

이숙(2007), "'-게' 결과구문에 대한 연구", 「한국어학」, 34, 한국어학회, 233-256.

이승희(2004), "명령형 종결어미 '-게'의 형성에 대한 관견", 「국어학」, 44, 국어학회, 109-131.

이은경(2000), 「국어의 연결 어미 연구」, 태학사.

이은섭(2008a), "'여가' 구문과 '삼' 구문에서의 '로' 부사어의 통합적 의미역 할당", 「개신어문연구」, 27, 개신어문학회, 41-73.

이은섭(2008b), "'삼' 구문의 '로' 부사어의 문법과 의미", 「비교문화연구」, 12-1, 경희대학교 비교문화연구소, 157-182.

이지양(1996), "인용 구문의 융합", 「인문과학연구」, 1, 가톨릭대학교 인문과학연구소, 49-64.

이지영(2008), "'-은지'와 '-을지'의 통시적 변화", 「국어학」, 53, 국어학회, 113-140.

이창덕(1984), "동사 '하-'의 연구", 연세대학교 석사학위논문.

이필영(1993), 「국어의 인용구문 연구」, 탑출판사.

이필영(1995), "통사적 구성에서의 축약에 대하여", 「국어학」, 26, 국어학회, 1-32.

이현희(1985), "'ᄒ다' 어사의 성격에 대하여: 누러ᄒ다류와 엇더ᄒ다류를 중심으로", 「한신논문집」, 2, 한신대학교, 221-247.

이현희(1986), "중세국어 내적 화법의 성격", 「한신논문집」, 3, 한신대학교, 191-227.

이현희(1988), "중세국어 請願構文과 관련된 몇 문제", 「어학연구」, 24-3, 서울대학교 언어교육원, 349-379.

이현희(1994), 「중세국어 구문연구」, 신구문화사.

이희자·이종희(1999), 「(사전식) 텍스트 분석적 국어 어미의 연구」, 한국문화사.

임동훈(1995), "통사론과 통사 단위", 「어학연구」, 31-1, 서울대학교 언어교육원, 87-138.

임동훈(2011), "담화 화시와 사회적 화시", 「한국어 의미학」, 36, 한국어의미학회, 39-63.

임서현(2004), "한국어 동사 '하-'와 사건/개체유형 명사의 결합구조: 생성어휘부 이론에 입각한 탐구", 서울대학교 박사학위논문.

임서현·이정민(2004), "개체유형 명사와 동사 '하-'의 결합에 관한 생성어휘부 이
　　론적 접근", 「언어와 정보」 8-1, 한국언어정보학회, 77-100.

임창국(2006), "한국어 이차술어 구문의 통사", 「언어」 31-1, 한국언어학회, 125-141.

임홍빈(1975), "부사화와 대상성", 「국어학」 4, 국어학회, 39-60.

임홍빈(1979), "용언의 어근분리 현상에 대하여", 「언어」 4-2, 한국언어학회, 55-76.

임홍빈(2007), "어순에 관한 언어 유형적 접근과 한국어의 기본 어순", 「서강인문
　　논총」 22, 서강대학교 인문과학연구소, 53-120.

장경준(1998), "'-어 하(ᄒ)-'의 통합 현상에 관한 연구: 현대 국어와 15세기 국어
　　를 중심으로", 연세대학교 석사학위논문.

장경준(2002), "'-어 ᄒ() 하)-' 통합 현상과 관련한 몇 가지 문제", 「형태론」 4-2,
　　박이정, 239-253.

장윤희(2002), 「중세국어 종결어미 연구」, 태학사.

정성미(2006), "'실체성 명사+하-'의 구성에 관한 연구", 「인문과학연구」 15, 강원
　　대학교 인문과학연구소, 1-24.

정연주(2010), "'-어 하'와 통합하는 객관형용사의 의미 특성", 「한국어 의미학」
　　33, 한국어의미학회, 297-319.

정연주(2015), "형용사의 특성으로 설명되지 않는 형용사절", 「한국어 의미학」 50,
　　한국어의미학회, 189-209.

정원수(1989), "'x+하' 유형의 어형성에 대한 연구", 「언어연구」 6-1, 한국현대언
　　어학회, 285-321.

정유남(2013), "한국어 발화 양태 동사의 의미 연구", 「한국어 의미학」 40, 한국어
　　의미학회, 249-279.

정주리(2000), "구성문법적 접근에 의한 문장 의미 연구", 「한국어학」 12, 한국어
　　학회, 279-307.

정주리(2005), "'가다' 동사의 의미와 구문에 대한 구문문법적 접근", 「한국어 의미
　　학」 17, 한국어의미학회, 267-294.

정주리(2007), "통사의미론 연구의 현황과 전망", 「우리말연구」 21, 우리말학회,
　　105-134.

정혜선(2010), "'-고져'의 문법 기능 변화와 해석", 「형태론」 12-1, 형태론, 76-91.

정희창(2002), "중세 국어 引用文에 나타나는 'ᄒ야'의 문법 範疇", 「어문연구」

30-3, 한국어문교육연구회, 57-72.

조규설(1961), ""ᄒ다"류 용언 소고", 「어문학」 7, 한국어문학회, 31-40.

조미정(1987), "우리말 형용사의 특징과 문법동사 -하의 관계", 「국어국문학」 97, 국어국문학회, 193-203.

조일영·김일환(1999), "'NP로'의 의미역", 「청람어문학」 21, 청람어문학회, 1-22.

조항범(1998), 「註解 순천김씨묘출토간찰」, 태학사.

주시경(1910), 「국어문법」, 박문서관.

주지연(2008), "한국어 'V₁어V₂' 구성의 사건 유형 연구", 서울대학교 석사학위논문.

차재은·정명숙·신지영(2003), "공명음 사이의 /ㅎ/의 실현에 대한 음성, 음운론적 고찰", 「언어」 28-4, 한국언어학회, 765-784.

채숙희(2011a), "현대 한국어 인용구문 연구: 구어 자료를 중심으로", 서울대학교 박사학위논문.

채숙희(2011b), "結果의 '-라고'와 目的의 '-자고'에 對하여", 「어문연구」 39-3, 한국어문교육연구회, 97-119.

채희락(1996), ""하"의 특성과 경술어구문", 「어학연구」 32-3, 서울대학교 어학연구소, 409-476.

최동주(1996), "중세 국어 문법", 「국어의 시대별 변천 연구」 1, 국립국어연구원, 152-209.

최동주(2000), "국어 사동구문의 통시적 변화", 「언어학」 27, 한국언어학회, 303-327.

최재희(1992), "국어 의도관계 접속문 분석", 「(姜信沆敎授回甲紀念)국어학논문집」, 태학사, 835-854.

최현배(1937), 「우리말본」, 연희전문학교출판부.

최형용(2013), "구성 형태론은 가능한가", 「형태론」 15-1, 형태론, 82-114.

최호철(1993), "현대 국어 敍述語의 의미 연구: 義素 設定을 中心으로", 고려대학교 박사학위논문.

최호철(1995), "의소(義素)와 이의(異義)에 대하여", 「국어학」 25, 국어학회, 77-98.

최호철·홍종선·조일영·송향근·고창수(1998), "기계 번역을 위한 한국어 논항 체계 연구", 「한국어 의미학」 3, 한국어의미학회, 1-39.

하마노우에 미유키(1994), "기능문법의 관점에서 본 "-이다"", 「주시경학보」 13,

주시경연구소, 29-44.

하치근(1989), "국어 파생접미사의 통합 양상에 관한 연구", 「한글」 204, 한글학회, 5-38.

한정한(1993), "'하'의 조응적 특성과 통사정보", 「국어학」 23, 국어학회, 215-238.

홍기문(1956), 「향가해석」, 평양: 조선민주주의 인민공화국 과학원.

홍재성(1997), "이동동사와 기능동사", 「외국어로서의 한국어교육」 22-1, 연세대학교 한국어학당, 121-140.

홍재성(1999), "기능동사 구문 연구의 한 시각: 어휘적 접근", 「인문논총」 41, 서울대학교 인문학연구원, 135-173.

홍종선(1993), "국어 대용언 연구", 「국어국문학」 109, 국어국문학회, 83-101.

홍종선(1997), "근대 국어 문법", 「국어의 시대별 변천 연구」 2, 국립국어연구원, 143-190.

황국정(2004), "국어 동사 구문구조의 통시적 연구", 고려대학교 박사학위논문.

황국정(2011), "경주 지역어의 대상성 '-로' 구문에 관한 연구: 조사 '-로'와 '-을'이 기원적으로 이형태 관계였을 가능성에 대한 논의를 중심으로", 「한국어학」 50, 한국어학회, 261-288.

王力(1980), 「漢語史稿」 中冊, 中華書局. (박덕준 외 역(1997), 「중국어 어법 발전사」, 사람과 책.)

Bhat, D. N. S.(2004), *Pronouns*, Oxford University Press.

Bloomfield, L.(1933), *Language*, H. Holt and Company.

Booij, G.(2010), *Construction morphology*, Oxford University Press.

Bybee, J. L.(1985), *Morphology: A study of the relation between meaning and form*, John Benjamins Publishing.

Bybee, J. L.(2002), Sequentiality as the basis of constituent structure, *Typological Studies in Language 53*, 109-134.

Bybee, J. L.(2010), *Language, usage and cognition*, Cambridge University Press.

Bybee, J. L., Perkins, R., & Pagliuca, W.(1994), *The evolution of grammar: Tense, aspect, and modality in the languages of the world*, University of Chicago Press.

Bybee, J. L., & Thompson, S. A.(1997), Three Frequency Effects in Syntax, *Proceedings of the Twenty-Third Annual Meeting of the Berkeley Linguistics Society: General Session and Parasession on Pragmatics and Grammatical Structure*, 378-388.

Croft, W.(2001), *Radical construction grammar: Syntactic theory in typological perspective*, Oxford University Press.

Croft, W.(2003), Lexical rules vs. constructions: A false dichotomy, *Amsterdam studies in the theory and history of linguistic science series 4*, 49-68.

Cruse, D. A.(2000), *Meaning in language*, Oxford University Press.

Dąbrowska, E., & Lieven, E. V. M.(2005), Towards a lexically specific grammar of children's question constructions, *Cognitive Linguistics 16(3)*, 437-474.

Evans, N.(2012), Some problems in the typology of quotation: a canonical approach, in Brown, D., Chumakina, M., & Corbett, G. G. eds., *Canonical morphology and syntax*, Oxford University Press, 66-98.

Fillmore, C. J., Kay, P., & O'connor, M. C.(1988), Regularity and idiomaticity in grammatical constructions: The case of let alone, *Language 64(3)*, 501-538.

Fox, B. A.(2010), Introduction, in Amiridze, N., Davis, B. H., & Maclagan, M. eds., *Fillers, pauses and placeholders*, John Benjamins Publishing, 1-10.

Fox, B. A., Hayashi, M., & Jasperson, R.(1996), Resources and repair: A cross-linguistic study of syntax and repair, in Ochs, E., Schegloff, E. A., & Thompson, S. A. eds., *Interaction and grammar*, Cambridge University Press, 185-237.

Ganenkov, D., Lander, Y., & Maisak, T.(2007), "Placeholders" in Agul and Udi spontaneous narratives, In *Paper presented at the Conference on the Languages of the Caucasus 7*.

García Mayo, M. D. P., Ibarrola, A. L., & Liceras, J. M.(2005), Placeholders in the English interlanguage of bilingual (Basque/Spanish) children, *Language Learning 55(3)*, 445-489.

Gelman, S. A. & Brandone, A. C.(2010), Fast-mapping placeholders: Using words to talk about kinds, *Language Learning and Development 6(3)*, 223-240.

Givón, T.(2001), *Syntax: an introduction I, II*, John Benjamins Publishing.

Goldberg, A. E.(1995), *Constructions: A construction grammar approach to argument structure*, University of Chicago Press. (손영숙·정주리 역(2004), 「구문 문법」, 한국문화사.)

Goldberg, A. E.(2006), *Constructions at work: the nature of generalization in language*, Oxford University Press.

Grice, H. P.(1957), Meaning, *The Philosophical Review 66(3)*, 377-388.

Gundel, J. K.(2012), Pragmatics and information structure, in Allan, K., & Jaszczolt, K. M. eds., *The Cambridge Handbook of Pragmatics*, Cambridge University Press, 585-598.

Halliday, M. A. K. & Hasan, R.(1976), *Cohesion in English*, Longman.

Haspelmath, M.(1997), *Indefinite pronouns*, Clarendon Press.

Hopper, P. J. & Traugott, E. C.(1993), *Grammaticalization*, Cambridge University Press.

Jespersen, O.(1965), *A modern English grammar on historical principles, part VI, morphology*, George Allen and Unwin Ltd.

Keller, R.(1990), *Sprachwandel: Von der unsichtbaren Hand in der Sprache*, Tübingen, Francke. (이기숙 역(1994), 「언어변화」, 서광학술자료사.)

Keller, R.(1995), *Zeichentheorie: Zu einer Theorie semiotischen Wissens*, Tübingen, Basel. (이기숙 역(2000), 「기호와 해석」, 인간사랑.)

Lakoff, G. & Johnson, M.(1980), *Metaphors we live by*, University of Chicago Press. (노양진·나익주 역(1995), 「삶으로서의 은유」, 서광사.)

Lyons, J.(1977), *Semantics I, II*, Cambridge University Press. (강범모 역

(2011), 「의미론 1」, 한국문화사. 강범모 역(2013), 「의미론 2」, 한국문화사.)

Palancar, E. L.(2002), *The origin of agent markers*, Akademie Verlag.

Park, B. S.(1974), The Korean verb *ha* and verb complementation, *Language research 10-1*, Language Education Institute, Seoul National University, 46-82.

Pine, J. M. & Lieven, E. V. M.(1993), Reanalyzing rote-learned phrases: Individual differences in the transition to multi-word speech, *Journal of Child Language 20(3)*, 551-571.

Podlesskaja, V. I.(2006), Disfluency, cataphora or serialization: pro-verbs as discourse markers of hesitation, *The grammar and pragmatics of complex sentences in languages spoken in Europe and North and Central Asia, Book of abstracts*, Tomsk.

Ree, J. N.(1974), *Topics in Korean syntax with notes to Japanese*, Yonsei University Press.

Rowland, C. F. & Pine, J. M.(2000), Subject-auxiliary inversion errors and wh-question acquisition: "What children do know?", *Journal of Child Language 27(1)*, 157-181.

Schmidtke-Bode, K.(2009), *A typology of purpose clauses*, John Benjamins Publishing.

Shi, Y.(2002), *The establishment of modern Chinese grammar: The formation of the resultative construction and its effects*, John Benjamins Publishing.

Sperber, D. & Wilson, D.(1986), *Relevance: communication and cognition*, Basil Blackwell. (김태옥・이현호 역(1993), 「인지적 화용론: 적합성 이론과 커뮤니케이션」, 한신문화사.)

Taylor, J. R.(2012), *The mental corpus: How language is represented in the mind*, Oxford University Press.

Tomasello, M.(2003), *Constructing a Language: A Usage-Based Approach to Child Language Acquisition*, Harvard University Press. (김창구

역(2011), 「언어의 구축: 언어 습득의 용법 기반 이론」, 한국문화사.)

Traugott, E. C. & Dasher, R. B.(2002), *Regularity in semantic change*, Cambridge University Press.

Traugott, E. C. & Trousdale, G.(2013), *Constructionalization and constructional changes*, Oxford University Press.

Wouk, F.(2005), The syntax of repair in Indonesian, *Discourse Studies 7(2)*, 237-258.

〈부록〉 역사 말뭉치 문헌 목록 (연대순)

1446	訓民正音諺解	훈민언
1447	龍飛御天歌	용비가
1447	釋譜詳節	석보상
1447	月印千江之曲 上	월인천
1459	月印釋譜	월인석
1461	楞嚴經諺解	능엄언
1463	法華經諺解	법화경
1464	禪宗永嘉集諺解 下	선종영
1464	金剛經諺解	금강경
1464	般若波羅蜜多心經諺解	반야경
1464	阿彌陀經諺解	아미타
1465	圓覺經諺解	원각경
1466	救急方諺解	구급방
1467	牧牛子修心訣諺解	목우자
1472	蒙山法語諺解	몽산법
1481	三綱行實圖	삼강행
1481	初刊杜詩諺解	두시초
1482	金剛經三家解	금삼해
1482	南明集諺解	남명천
1485	觀音經諺解	관음경
1489	救急簡易方諺解	구급간
1490년대 이전	신창맹씨언간	신창맹
1496	眞言勸供	진언권
1496	六祖法寶壇經諺解 中	육조법
1500	改刊法華經	개법화
1514	續三綱行實圖	속삼강
1517	蒙山法語諺解 (고운사판)	몽산법_고
1517	飜譯小學	번소학
1518	二倫行實圖	이륜행
1518	呂氏鄕約諺解	여향언
1518	正俗諺解	정속언
1522	法集別行錄	법집별
1525	간이벽온방	간벽온
1525	蒙山法語 (심원사판)	몽산법_심
1527	訓蒙字會	훈몽자
1541	牛馬羊猪染疫病治療方	우마양
1542	分門瘟疫易解方	온역이
1554	救荒撮要	구황촬
1560	聖觀自在求修六字禪定諺解	성육자
1563	父母恩重經諺解	은중경
1567	蒙山和尙六道普說 (취암사판)	몽육도

1569	七大萬法	칠대만
156x	呂氏鄕約 (화산문고본)	여향언_화
1574	呂氏鄕約 (일사문고본)	여향언_일
1575	光州千字文	광주천
1576	百聯抄解	백련초
1576	新增類合	신증유
1577	蒙山法語 (송광사판)	몽산법_송
1577	法語錄 (빙발암판)	몽산법_빙
1577	初發心自警文諺解	초발심
1579	三綱行實圖 (동경대본)	삼강행_동
1579	禪家龜鑑諺解	선가귀
1579	重刊警民編 (동경대본)	경민중_동
1581	續三綱行實圖 (중간본)	속삼중
1583	石峯千字文	석봉천
1588	小學諺解	소학언
1590	大學諺解	대학초
1590	論語諺解	논어초
1590	孟子諺解	맹자초
1590	中庸諺解	중용초
1590	孝經諺解	효경초
1593	선조대왕국문교서	선조교서
159x	武藝諸譜	무예제
15xx	飜譯老乞大	번역노
15xx	飜譯朴通事	번역박
15xx	長壽經諺解	장수경
15xx	周易諺解	주역언
16세기	순천김씨언간	순천김
16세기	이응태묘출토언간	이응태
1608	諺解痘瘡集要	두창집
1608	諺解胎産集要	태산집
1611	內訓	내훈
1612	練兵指南	연병남
1613	東醫寶鑑 湯液篇	동의보
1613	詩經諺解	시경
1617	東國新續三綱行實圖 烈女圖	동국신 동삼열
1617	東國新續三綱行實圖 忠臣圖	동국신 동삼충
1617	東國新續三綱行實圖 孝子圖	동국신 동삼효
1623?	癸丑日記	계축일
163?	女訓諺解	여훈언
1632	家禮諺解	가례해
1632	重刊杜詩諺解	두시중
1635	新傳煮取焰硝方諺解	신염소
1635	火砲式 諺解	화포언
1636	丙子日記	병자기

1636	山城日記	산성일
1637?	勸念要錄	권념요
1653	辟瘟新方	벽온신
1657	語錄解	어록해
1658	警民編諺解	경민해
1660	新刊救荒撮要 (舊윤석창교수소장본)	신구황_윤
1661	千字文 (칠장사판)	천자_칠
1664	類合 (칠장사판, 전북대국문과영인본)	유합_칠
1669	語錄解 (개간본)	어록해_개
1670	老乞大諺解	노걸언
1672	痘瘡經驗方	두창경
1676	捷解新語 (초간본)	첩해초
1677	朴通事諺解	박통해
1686	新刊救荒撮要 (가람본)	신구황_가
1690	譯語類解	역어유
1695?	書傳諺解	서전언
16xx	馬經抄集諺解	마경언
16xx	서궁일기	서궁일
16xx	諺解臘藥症治方	납약증
16xx	우암선싱계녀서	계녀서
17세기	현풍곽씨언간	현풍곽
17~19세기	〈諺簡의 研究〉의 언간자료	언간
1700	類合 (영장사판)	유합_영
1700	千字文 (영장사판)	천자_영
1721	伍倫全備諺解	오륜전
1730	千字文 (송광사판)	천자_송
1736	女四書諺解	여사서
1737	御製內訓諺解	어내훈
1745	御製常訓諺解	어상훈
1746	御製自省篇諺解	어자해
1746	自省編諺解	자성해
1748	改修捷解新語	개첩해
1748	同文類解	동문해
1749	論語栗谷諺解	논율해
1749	大學栗谷先生諺解	대율해
1749	孟子栗谷先生諺解	맹율해
1749	中庸栗谷先生諺解	중율곡
1752	註解千字文 (중간본)	주천중
1752	地藏經諺解	지장해
1756	御製訓書諺解	어훈서
1756	闡義昭鑑諺解	천의해
1757	御製戒酒綸音	계주륜
1758	種德新編諺解	종덕해
1760	무목대왕충정록	낙무일~낙무십

1760	무목대왕충정록	무십이
1760	普賢行願品	보현행
1761	御製警世問答諺解	경세언
1762	御製警民音	경민음
1763	警世問答續錄諺解	경세속
1764	御製祖訓諺解	어조훈
1765	警世編	경세편
1765	朴通事新釋諺解	박신해
1765	御製百行願	백행원
1768	蒙語類解 上	몽유상
1768	蒙語類解 下	몽유하
1768	蒙語類解補	몽유보
1772	十九史略諺解	십구사
1774	三譯總解	삼역총
1775	譯語類解	역어류
1775	譯語類解補	역어해
1776	念佛普勸文	염불문
1777	明義錄諺解	명의해
1777	小兒論	소아론
1777	八歲兒	팔세아
1777	효유윤음	효유윤
1778	方言類釋	방언유
1778	續明義錄諺解	속명의
1781	어제유제주대정정의등읍부로민인서	제주읍
1782	유경기대소민인등윤음	경기대
1782	유중외대소신서윤음	중외윤
1783	어제유원춘도영동영서대소사민윤음	원춘윤
1783	어제유함경도남관북관대소사민윤음	함남관
1783	유경기민인윤음	경민윤
1783	유경기홍충도감사수령등윤음	경홍윤
1783	유경기홍충전라경상원춘함경육도윤음	六道윤
1783	유경상도관찰사급진읍수령윤음	상도윤
1783	유경상도도사겸독운어사김재인서	김재인
1783	유호남민인등윤음	호남윤
1783	유호서대소민인등윤음	호서윤
1783	字恤典則	자휼전
1784	어제사기호별진자윤음	기호윤
1784	어제왕세자책례후각도신군포절반탕감윤음	왕세윤
1785	어제유제주민인윤음	제주윤
1787	兵學指南	병학지
1788	加髢申禁事目	가체신
1788	유함경남북관대소민인등윤음	함남북
178x	倭語類解	왜유해
1790	蒙語老乞大	몽노중

1790	武藝圖譜通志諺解	무예도
1790	隣語大方	인어대
1790	捷解蒙語	첩해몽
1792	家禮釋義	가례석
1792	어제유양주포천부로민인등서	양주서
1792	增修無寃錄諺解	증수해
1793	어제유제주대정정의등읍부로민인서	제주서
1794	유제도도신윤음	도도윤
1794	유호남육읍민인등윤음	육읍윤
1795	重刊老乞大諺解	중노해
1796	敬信錄諺解	경신석
1796	冀說因果曲	인과곡
1797	어제양로무농반행소학오륜행실향음의식향약조례윤음	양노윤
1797	五倫行實圖	오륜행
1799	濟衆新編	제중신
17xx	션묘힝장	선조행
17xx	注生延嗣妙應眞經諺解	응진경
17xx	漢淸文鑑	한청문
17xx	형세언	낙형삼~낙형육
1810	蒙喩篇	몽유편
1839	유중외대소민인등척사윤음	유척윤
1852	太上感應篇圖說諺解	태상해
1868	醫宗損益	의종손
1869	閨閤叢書	규합총
1875	易言諺解	이언해
1880	한불ᄌ뎐	한불자
1881	어제유대쇼신료급중외민인등척사륜음	어척윤
1881	죠군령젹지	조군령
1882	경셕ᄌ지문	경석문
1882	어졔유팔도사도기로인민등륜음	팔도윤
1883	明聖經諺解	명성경
1883	진교절요	진교절
1884	관성제군오륜경	관성륜
1884	正蒙類語	정몽유
1884	텬쥬셩교빅문답	성교백
1885	쥬교요지 (목판본, 한국교회사연구소 영인)	주교요
1885	쥬년첨례광익 (활판, 감목 빅요왕 감쥰)	쥬첨광
1886	잠상즙요	잠상집
1887	예수성교젼셔	예수성
1889	ᄉ민필지	사민필
1889	여사수지	여사수
188x	성교절요 (활판본)	성교절
1892	성경직히	성경직

1894	李茂實千字文	무실천
1894	텬로력뎡	천로역
1894	훈ᄋ진언	훈아진
1895	國民小學讀本	국소학
1895	국한회어	국한회
1895	小學讀本	소학본
1895	유옥역전 (한국정신문화연구원 소장본)	유옥역
1895	眞理便讀三字經	진리독
1895	치명일기	치명일
1896	독립신문	독립신
1896	新訂尋常小學	신정소
1896~7	대죠션독립협회회보	독립보
1897	國文正理	국문정
1897	증남포목포각국죠계쟝졍	조계장
1897	한영자전	한영자
1898	믹일신문	매신문
1898	시편촬요	시편촬요
1898	협성회회보	협성보
19세기 말	북송연의	낙븍일~낙븍오
19세기 말	빙빙뎐 (도서출판 학고방에서 1995년에 출간된 자료 참고)	낙션일~낙션오
19세기 말	진주탑	낙십일~낙십삼
19세기 말	초한지	낙이영~낙이삼
19세기 말	후슈호뎐 (도서출판 학고방에서 1996년에 출간된 자료 참고)	낙일이~낙일구
19세기 말~20세기 초	빅학션전	빅학션전
19세기 말~20세기 초	강틱공젼	강틱공젼
19세기 말~20세기 초	계우사	계우사
19세기 말~20세기 초	고딕 초한젼징실기	쵸한젼징실기
19세기 말~20세기 초	고딕소셜 권용션젼	권용션젼
19세기 말~20세기 초	古代小說 郭海龍傳	곽해룡전
19세기 말~20세기 초	곽히룡젼	곽해룡전_아
19세기 말~20세기 초	古代小說 三仙記	삼션긔
19세기 말~20세기 초	고대소설 소운뎐	소운뎐
19세기 말~20세기 초	고대소설 양산백전	양산백전_인천
19세기 말~20세기 초	양산빅젼	양산빅젼京24
19세기 말~20세기 초	고대소설 인향전	인향전
19세기 말~20세기 초	古代小說 玄氏兩雄雙麟記	현씨양웅
19세기 말~20세기 초	고대소설 졍을션젼	졍을션젼
19세기 말~20세기 초	고대쇼셜 박씨부인젼	박씨부인전
19세기 말~20세기 초	곽분양젼	곽분양젼
19세기 말~20세기 초	괴산정진ᄉ젼	괴산정진ᄉ젼
19세기 말~20세기 초	구운몽	구운몽京32
19세기 말~20세기 초	구운몽	구운몽筆

19세기 말~20세기 초	금강취류	금강취류
19세기 말~20세기 초	금방울젼	금방울젼
19세기 말~20세기 초	금향뎡긔	금향뎡긔
19세기 말~20세기 초	김씨렬힝록	김씨렬힝록
19세기 말~20세기 초	김원젼	김원젼
19세기 말~20세기 초	김진옥젼	김진옥젼
19세기 말~20세기 초	김학공젼	김학공젼
19세기 말~20세기 초	김희경젼	김희경젼
19세기 말~20세기 초	남원고ᄉᆞ	남원고ᄉᆞ
19세기 말~20세기 초	녀장군젼	녀장군젼
19세기 말~20세기 초	녀즁호걸	녀즁호걸
19세기 말~20세기 초	님쟝군젼	님쟝군젼
19세기 말~20세기 초	당틴종젼	당틴종젼
19세기 말~20세기 초	댱빅젼	댱빅젼
19세기 말~20세기 초	댱경젼	댱경젼
19세기 말~20세기 초	뎐운치젼	뎐운치젼
19세기 말~20세기 초	됴웅젼	됴웅젼_홍
19세기 말~20세기 초	리봉빈젼	리봉빈젼
19세기 말~20세기 초	萬古烈女申叔舟夫人傳	신숙주부인
19세기 말~20세기 초	명듀보월빙	명듀보월빙
19세기 말~20세기 초	반씨젼	반씨젼
19세기 말~20세기 초	배비장젼	배비장젼
19세기 말~20세기 초	사각젼	사각젼
19세기 말~20세기 초	四姓奇逢林花鄭延	림화정연
19세기 말~20세기 초	산셩일긔	산셩일긔
19세기 말~20세기 초	삼국지	삼국지
19세기 말~20세기 초	삼국풍진 산양딕젼	산양딕젼
19세기 말~20세기 초	삼생긔연	삼생긔연
19세기 말~20세기 초	삼셜긔	삼셜기
19세기 말~20세기 초	생륙신젼	생륙신젼
19세기 말~20세기 초	샤시남졍긔	샤시남졍긔
19세기 말~20세기 초	셔유긔	셔유긔
19세기 말~20세기 초	셜뎡산실긔	셜뎡산
19세기 말~20세기 초	셜인귀젼	셜인귀젼
19세기 말~20세기 초	쇼딕셩젼	쇼딕셩젼_인천
19세기 말~20세기 초	쇼딕셩젼	쇼딕셩젼京16
19세기 말~20세기 초	소강절	소강절
19세기 말~20세기 초	소상강	소상강
19세기 말~20세기 초	소현셩녹	소현셩녹
19세기 말~20세기 초	쇼학ᄉᆞ젼	쇼학ᄉᆞ젼
19세기 말~20세기 초	숙영낭ᄌᆞ뎐	슉영낭ᄌᆞ_인천
19세기 말~20세기 초	슉영낭자젼	슉영낭자京16
19세기 말~20세기 초	슉향젼	슉향젼
19세기 말~20세기 초	신계후젼	신계후젼

19세기 말~20세기 초	신미녹	신미녹
19세기 말~20세기 초	심쳥젼	심쳥젼
19세기 말~20세기 초	쌍쥬긔연	쌍쥬긔연_인천
19세기 말~20세기 초	쌍쥬긔연	쌍쥬긔연京33
19세기 말~20세기 초	약산동ᄃᆡ	약산동ᄃᆡ
19세기 말~20세기 초	양풍뎐	양풍뎐京24
19세기 말~20세기 초	양현문직절긔	양현문
19세기 말~20세기 초	엄시효문쳥힝녹	엄시효문
19세기 말~20세기 초	열여춘향슈졀가라	춘향철종上
19세기 말~20세기 초	춘향젼	춘향철종下
19세기 말~20세기 초	옥누몽	옥누몽
19세기 말~20세기 초	옥쥬호연	옥쥬호연
19세기 말~20세기 초	옹고집전	옹고집전
19세기 말~20세기 초	월봉긔	월봉긔
19세기 말~20세기 초	월왕젼	월왕젼
19세기 말~20세기 초	유충열젼 (伸春完山重刊)	유충열젼完86
19세기 말~20세기 초	일ᄃᆡ용녀	일ᄃᆡ용녀
19세기 말~20세기 초	장ᄌᆞ방젼	장ᄌᆞ방젼
19세기 말~20세기 초	장풍운뎐	장풍운뎐
19세기 말~20세기 초	장한절효긔	장한절효긔
19세기 말~20세기 초	쟝화홍년뎐	쟝화홍년뎐
19세기 말~20세기 초	젹셩의젼	젹셩의젼
19세기 말~20세기 초	졍두경젼	졍두경젼
19세기 말~20세기 초	졔마무젼	졔마무젼
19세기 말~20세기 초	진대방젼	진대방젼
19세기 말~20세기 초	징셰비티록	징셰비티록
19세기 말~20세기 초	쵸한젼	쵸한완88
19세기 말~20세기 초	충의소셜 권익중실긔	권익중실긔
19세기 말~20세기 초	충의소셜 십생구사	십생구사
19세기 말~20세기 초	현슈문젼	현슈문젼
19세기 말~20세기 초	홍길동젼	홍길동京30
19세기 말~20세기 초	홍길동젼	홍길동24
19세기 말~20세기 초	황운젼	황운젼
19세기 말~20세기 초	흥부젼	흥부젼
1900	신약젼셔	신약전
1900~1909	신학월보	신학월
1905	기해일기	기해일
1905	소경과 안즘방이 문답	소경과
1906	車夫誤解	차부오히
1906	쥬교요지	쥬교요
1907	인국부인젼	애국부인
1907	귀의성	귀의성
1907	빈상설	빈상설
1907	혈의누	혈의누

1908	경세종	경세종
1908	계명성	계명성
1908	과학쇼셜 텰세계	철세계
1908	구마검	구마검
1908	금수회의록	금수회
1908	뎡탐쇼셜 쌍옥적	쌍옥적
1908	설중매	설중매
1908	셩산명경	셩산명경
1908	松籟琴	송뢰금
1908	신정천자문	신정천자문
1908	원앙도	원앙도
1908	은세계	은세계
1908	치악산	치악산
1908	홍도화	홍도화
1910	즈유종	즈유종
1910	歷代千字文	역대천
1911	모란병	모란병
1911	牧丹花	목단화
1911	신소설 월하가인	월하가인
1911	요지경	요지경
1911	日鮮語 新小說 東閣寒梅	동각한매
1911	일션어 신쇼셜 쥭셔루	죽서루
1911	花世界	화세계
1912	가뎡신소설 힝낙도젼	행락도
1912	가정소설 지봉춘	재봉춘
1912	과학쇼셜 비힝션	비행선
1912	구의산	구의산
1912	두견성	두견성
1912	만인계	만인계
1912	명월뎡	명월정
1912	琵琶聲	비파성
1912	산천초목	산천초목
1912	신소셜 마샹루	마상루
1912	신소셜 츄월싴	츄월색
1912	옥호긔연	옥호기연
1912	완월루	완월루
1912	최근소셜 고목화	고목화
1912	추풍감수록	추풍감수록
1912	현미경	현미경
1912	花의血	화의혈
1912	화중화	화중화
1912	황금탑	황금탑
1913	금의징셩	금의쟁성
1913	눈물	눈물

1913	부별천자문	부별천자문
1913	세검명	洗釰亭 세검명
1913	新說 雨中行人	우중행인
1913~4	금국화	금국화
1914	小說 金剛門	금강문
1914	鴈의聲	안의성
1914	츄텬명월	추텬명월
1915	공진회	공진회
1916	通學徑編	통학경
1918	무정	무정
1918	초학요선	초학요
1918	한자용법	한자용
1921	빈처	빈처
1922	녯날 숨은 蒼白하더이다	녯날숨은
1922	별을 안거든 우지나 말걸	별을안거든
1922	젊은이의 시절	젊은이의
1923	速修漢文訓蒙	한훈몽
1923	十七 圓 五十 錢	十七圓
1923	女理髮師	女理髮師
1923	春星	春星
1923	행랑자식	행랑자식
1923	환희(幻戲)	환희
1924	운수 조흔 날	운수조흔날
1924	自己를 찻기 前	自己를찻기
1924	電車 車掌의 日記 몃 節	전차차장
1925	J 醫師의 告白	J의사
1925	숨	숨
1925	쏭(桑葉)	쏭
1925	계집 하인	계집하인
1925	물레방아	물레방아
1925	池亨根	지형근
1925	脫出記 (小說)	탈출기
1926	靑春	靑春
1926	火焰에 싸인 寃恨	화염에싸인
192x	어머니	어머니
1930	薔薇 병들다	薔薇병
1932	흙	흙
1933	豚	豚
1933	영원의 미소	영원의미소
1933	총각과 맹꽁이	총각과맹
1934	만무방	만무방
1935	금	금
1935	金따는 콩밧	金따는
1935	노다지	노다지

1935	떡	떡
1935	산골	산골
1935	상록수	상록수
1935	소낙비	소낙비
1935	솟	솟
1935	심청	심청
1935	안해	안해
1936	가을	가을
1936	동백꽃	동백꽃
1936	두꺼비	두꺼비
1936	들	들
1936	메밀 꽃 필 무렵	메밀꽃필
1936	봄과 따라지	봄과따라
1936	봄밤	봄밤
1936	봄봄	봄봄
1936	生의 伴侶	생의반려
1936	슬픈 이야기	슬픈이야기
1936	야앵	야앵
1936	옥토끼	옥토끼
1936	이런 音樂會	이런音樂會
1936	貞操	정조
1937	따라지	따라지
1937	땡볕	땡볕
1937	연기	연기
1937	정분	정분
1938	쑥국새	쑥국새
1938	痴叔	치숙
1939	두포전	두포전
1939	애기	애기
1939	형	형
1940	뉘치려 할 때	뉘치려할때
1945	레듸 메이드 人生	레듸메이
1946	미스터 方	미스터방
1948	도야지	도야지
1948	民族의 罪人	民族의 罪人
1949	거울	이상시,9
1949	恐怖의 記錄	공포의기
1949	꽃나무	이상시,5
1949	날개	날개
1949	逢別記	봉별기
1949	素榮爲題	이상시,4
1949	鳥瞰圖(抄)	이상시,1
1949	易斷	이상시,3
1949	이런 詩	이상시,6

1949	一九三三, 六, 一	이상시,7
1949	正式	이상시,2
1949	紙碑	이상시,8
1949	지주회시	지주회시

정연주

고려대학교 문과대학 국어국문학과 졸업(2004)
고려대학교 대학원 국어국문학과 문학석사(2007)
고려대학교 대학원 국어국문학과 문학박사(2015)
고려대학교 민족문화연구원 전자텍스트연구소, 국어사전편찬실 연구원 역임
현 고려대학교, 가톨릭대학교, 성신여자대학교 강사

주요 논문

「감정동사의 범주 규정과 유형 분류」(2009)
「'-어 하-'와 통합하는 객관형용사의 의미 특성」(2010)
「양화사 '다'의 형성과 의미 확장」(2011)
「형용사의 특성으로 설명되지 않는 형용사절」(2015)
「의존명사 '줄'의 기능 특화 양상」(2016)
「형용사의 장형 부정 선호 현상의 동기」(2017)

國語學叢書 75

구문의 자리채우미 '하다' 연구

초판 1쇄 인쇄 2017년 11월 24일
초판 1쇄 발행 2017년 11월 30일
지은이 정연주
펴낸이 지현구 **펴낸곳** 태학사 **등록** 제406-2006-00008호
주소 경기도 파주시 광인사길 223
전화 마케팅부 (031) 955-7580~81 편집부 (031) 955-7584~91 **전송** (031) 955-0910
전자우편 thaehak4@chol.com **홈페이지** www.thaehaksa.com

값은 뒤표지에 있습니다.

ISBN 978-89-5966-931-8 94710
ISBN 978-89-7626-147-2 (세트)

國語學 叢書 目錄

國語學 叢書 目錄

國語學 叢書 目錄